Hermann Sudermann

Das Bilderbuch meiner Jugend

Mit einem Nachwort von Ernst Osterkamp

ein Ullstein Buch

ein Ullstein Buch
Nr. 22303
im Verlag Ullstein GmbH,
Frankfurt/M – Berlin

Ungekürzte Ausgabe

Umschlagentwurf:
Elżbieta Woźniewska-Krüger
unter Verwendung eines Gemäldes
von John Edward Newton
Archiv für Kunst und Geschichte,
Berlin
Alle Rechte vorbehalten
Taschenbuchausgabe mit Genehmigung
des Albert Langen – Georg Müller
Verlags, München · Wien
© by Albert Langen – Georg Müller
Verlag GmbH, München · Wien
Printed in Germany 1990
Druck und Verarbeitung:
Ebner Ulm
ISBN 3 548 22303 6

Juli 1990

CIP-Titelaufnahme
der Deutschen Bibliothek

Sudermann, Hermann:
Das Bilderbuch meiner Jugend / Hermann
Sudermann. Mit e. Nachw. von Ernst
Osterkamp. – Ungekürzte Ausg. –
Frankfurt/M; Berlin: Ullstein, 1990
    (Ullstein-Buch; Nr. 22303)
    ISBN 3-548-22303-6
NE: GT

Professor Dr. Oskar Vogt
in Freundschaft zugeeignet

INHALT

ERSTES KAPITEL

Zwischen den Wäldern

Der Vorderwald und der Hinterwald und dazwischen ein Gutshof, tief eingebettet in grünes Geheimnis.

Auf diesem Gutshof kam ich zur Welt. Doch nicht etwa im Herrenhause. So hoch verstiegen sich meines Lebens Sterne nicht. Gleich links am Torweg lag eine Brauerei – kein Fabrikpalast mit Mälzereitürmen und Dampfmaschinenbetrieb, mit kupferner Phantastik und eisstarrenden Wölbungen – o nein, ein dürftiger Feldsteinbau, durch nichts für seinen Beruf gebildet als vielleicht eine hölzerne Lukenreihe, durch die an manchen Tagen, in Dampfwolken gekleidet, ein Würzgeruch in die Weite zog.

Nach vorne hin angebaut waren zwei Stuben. Die Vorder- und die Hinterstube. Und in ebendieser Hinterstube kam ich zur Welt. In ihr verdröselte ich die Tage des ersten Traumes.

Und dann waren vor der Tür drei Birkenbäume. Es mögen ihrer auch vier gewesen sein oder fünf. Ich darf ruhig schwindeln, denn die Bäume sind lange weg, und niemand kann mich Lügen strafen. Meine Mutter natürlich ausgenommen. Aber die ist siebenundneunzig und erinnert sich vielleicht der Zahl auch nicht mehr.

Zwischen diesen Bäumen gab es Rasenbänke. Warum, weiß ich nicht. Zum Sitzen dienten sie keineswegs, denn da waren auch noch, von meiner Mutter Hand gezimmert, Holzbänke und Tische davor, um einkehrenden Ausflüglern, die sich eines Labetrunkes bedürftig fühlten, willkommenen Ruheplatz zu bieten.

Sie kamen zwar nie, diese Ausflügler, aber sie hätten doch

kommen können, und eine Konzession für das Gastwirt-
schaftsgewerbe war auch nicht da, aber »der Mensch hofft«,
sagte meine Mutter, und das sagt sie auch heute noch, während die Franzosen als Herren des Memellandes vor ihren
Fenstern spazierengehen.

Zwischen jenen Rasenbänken lag mein erstes Reich. Nach
vorne hin begrenzt durch den großen Weg, den ich beileibe
nicht betreten durfte, denn auf ihm fuhren die bösen Leiterwagen, von deren Rädern man zermalmt werden konnte, ehe
man es ahnte. Zur linken Seite begrenzt durch ein tiefliegen-
des Bachgerinsel, das natürlich nicht minder gefährlich war,
zumal ein krauses Gewirr verwilderter Himbeerbüsche es
tückisch verbarg.

Und jenseits des Baches begann der herrschaftliche Garten,
die erste Sehnsucht, das früheste Wunder meines Lebens.
Denn keine Herrlichkeit der Erde ließ sich denken, die dort
nicht zu finden war. Nicht bloß die Äpfel, auch die Äpfel-
kuchen wuchsen darin wild, und was man an Blumen mit nach
Hause tragen konnte, wenn man von Mama zur nachbar-
lichen Kaffeevisite mitgenommen war, sah man durch Monate
nicht in der blauen Vase auf dem Sofatische prunken. – Da
war auch die Geißblattlaube und die Sonnenuhr, von der ich
in »Frau Sorge« erzählt habe. Und eine Balkontreppe war da.
Von deren Höhe schaute man hernieder wie der liebe Gott
aus dem Abendrot.

Hatte beim Heimweg die Gittertür sich hinter uns zugetan,
dann war der Garten für lange Zeiten ein versunkener Garten,
in dessen unbetretbaren Gebieten nur die Träume sich heimisch fühlen durften. Er wurde kahl und schneite ein und
taute auf und grünte wieder, und immer blieb er das gleiche
Zauberland.

Inzwischen nahm die Eroberung der übrigen Erde ihren Anfang. Sie beschränkte sich fürs erste auf die Gegenden, die
jenseits des Torwegs bis zum Waldrande endlos sich erstreck-

ten. Da gab es Entdeckungen und Erlebnisse in immer sich erneuernder Fülle, haushohe Pilze mit flammenroten Dächern, Königskerzen und Schierlingsstauden, die bis zum Himmel wuchsen, zwei Ameisenhaufen, so groß wie der Eiskeller, der im Walddunkel verborgen schlief und der nur an der Hand des Vaters besucht werden durfte.

Diese Hand, knorrig, klammernd, von der Arbeit zu Eisen gehärtet, diese allmächtige Führerin, vor der die Welt sich neigte, vor der die Nähe schwand und die Ferne sich entschleierte, sie ist das erste und älteste, was ich von meinem Vater weiß.

Anfangs kam sie ganz von oben herab, und wenn man sie gefaßt hielt, mußte man den Arm nicht unbeträchtlich in die Höhe recken. Allgemach aber senkte sie sich tiefer, das Armgelenk tat nicht mehr weh, und man vermochte auszuschreiten, ohne daß man sich gezerrt und gezogen fühlte.

Zu dieser Hand gehörte ein Mann, der unermeßlich groß und schon immer sehr alt war. Und zu dem Mann gehörte ein Rasiermesser, eine blaue Schürze und ein Thermometer. Die blaue Schürze durfte man ihm bringen, wenn er zur Arbeit ging. Das Thermometer aber zu berühren, war verboten, denn wenn man es fallen ließ und es in Stücke brach, dann konnte nicht mehr gebraut werden, und dann mußten wir alle verhungern. Das Rasiermesser gar – an dem schnitt man sich zu Tode, so gräßlich scharf war es. Und darum lag es auch meistens unter Verschluß.

Mein Vater war wohl schon damals der stille Mann, als der er durch meine Jugend geht, denn er stammte von stillen Leuten, in deren Herzen und Häusern das Lachen verpönt war. Aber der Gottesanteil an Freude, der jedem Menschenkinde beschert ist, läßt sich ja nicht zum Schweigen bringen, zumal, wenn das Glück selber dazu die Musik macht. Und so mag wohl in jenen Jahren auch durch mein Elternhaus manch Lachen erklungen sein, und manch zweistimmiger Abendgesang mag mich und die Brüder in Schlaf gewiegt haben. – Zwei Brüder kamen nach mir in Abständen von anderthalb Jahren und dann – sieben Jahre nach meiner Geburt – ein dritter, alle drei zum Leiden, zwei zu frühem Tode bestimmt.

Aus jener Dämmerzeit weiß ich nichts mehr von ihnen. Mir ist im Gegenteil, als ob ich – auch in späteren Jahren – immer allein gewesen sei.

Nur daß der zweite an Krämpfen litt und daß meine Mutter oft auf Knien für ihn betete, wenn sein Körperchen blau und steif vor ihr auf dem Boden lag, ist mir dunkel in der Erinnerung. Und daß ich ihn eines Tages mit besonderer Inbrunst liebte, weil er ein schön bunt kariertes Röckchen bekommen hatte, mag als Zeugnis für die angeborene Äußerlichkeit meines Wesens unverschwiegen bleiben.

Meine Mutter war eine geschäftige kleine Frau, vom Morgen bis in die Nacht hinein auf die Wohlfahrt der Ihrigen und den Glanz des Hauses bedacht. Sie wusch und schneiderte, sie polierte und zimmerte, sie putzte und plättete immerzu. Das Lichtchen an ihrem Bette brannte bis zur Morgenhelle, und wenn mein Vater nachts aufstehen mußte, weil Maische abzulassen oder nach der Gärung zu sehen war, dann war sie es, die ihn wach rief.

Meine früheste Erinnerung an sie: Abenddämmerung – ich zwischen den Gittern meines Kinderbettes – sie singend über mich geneigt. Und plötzlich kommt eine Angst über mich, eine wahnsinnige, atemraubende Angst, sie könne eines Tages nicht mehr da sein, und ich müsse allein in die Welt, die große Welt jenseits des Waldes, unbehütet, unbetreut, den bösen Menschen zum Opfer.

Nun, *diese* Angst wenigstens hat sich als grundlos erwiesen, denn ich bin vierundsechzig und habe sie noch.

Die Welt aber jenseits des Waldes ist mir, bis ich ihn zum letzten Male durchfuhr, immer gefahrvoll geblieben.

Mit dem Walde selber, den Riesen darin und den Gespenstern, selbst mit den tollen Hunden, die zwischen den Stämmen dauernd ihr Wesen trieben, fand man sich schließlich ab; die Riesen tötete man, die Gespenster taten einem nichts, und den tollen Hunden, die bekanntlich geradeaus laufen müssen, ging man behutsam aus dem Wege – aber was dann kam!

Da war die große Landstraße, die nach der Grenze führte, und auf ihr Zigeuner und Landstreicher, die darauf brannten, kleine Jungen, die, um Kaffeebohnen oder Farinzucker zu holen, nach Werden zum Krämer geschickt waren, ihrer Barschaft zu berauben oder gar nach Rußland zu verschleppen, jenem wilden Lande, in dem man sich rettungslos verlor. Auf ihr gab es ferner betrunkene Litauer, welche vom Wagen her lachend mit »Ausschneiden« drohten – was das »Ausschneiden« war, wußte niemand zu sagen, aber es mußte etwas sehr Schreckliches sein, da sie bisweilen die Messer dabei zogen – oder gar alte Bettelweiber, die im Graben saßen und einem die Schnapsflasche hinstreckten. Und andere Schrecknisse mehr hatte die große Welt.

Ein Glück war, daß manchmal ein freundlicher Mann des Wegs kam und fragte: »Mein Jungchen, wem gehörst du?« Und wenn dann die Antwort lautete: »Ich bin Sudermanns Hermann aus Matziken«, dann wurde er nur noch freundlicher und nahm einen sogar bei der Hand, bis der Werdener Kramladen dalag – geweihter Boden, Kants Eltern haben darin gewohnt – oder bis auf dem Rückwege der links liegende Wald seine dunklen Tore dem befreit Erschauernden auftat.

Vom fünften Jahre ab wurde gelernt. Die Fibel bereitete wenig Schwierigkeiten, und bald waren die Lesestückchen erreicht, die sich den Probesätzen angliederten. Das Schreiben erwies sich als weniger mühelos, und die Schiefertafel krachte unter dem zersplitternden Griffel.

Aber Mama ermahnte: »Sei fleißig, mein Jungchen, wenn du

gut lesen und schreiben kannst, bekommst du zum Geburtstag den ›Kinderfreund‹.«

Und dieser »Kinderfreund« mußte etwas sehr Herrliches sein, denn sonst hätte Mama nicht immer von neuem auf ihn verwiesen. Die Verkörperung aller irdischen Lust und aller irdischen Weisheit mußte er sein, da sein Besitz so harte Prüfungen verlangte.

Und immer wieder erging die Frage: »Mamachen, bin ich soweit? Bin ich soweit?«

O nein, noch war ich lange nicht soweit, ja es konnte sich ereignen, daß selbst der sechste Geburtstag ihn nicht bescherte. Oh, diese Drohung kostete viele heimliche Tränen.

Da geschah es an einem rotdunstigen Abend, gegen Mitte September, daß meine Mutter, vom Markte aus Heydekrug heimkehrend, mit vieldeutigem Lächeln ein Buch vor mich hinlegte, das nicht viel dünner schien als die Bibel und das augenscheinlich für mich bestimmt war.

Hochklopfenden Herzens sah ich sie an.

Sie küßte mich und sagte: »Das ist er.«

In dieser Nacht habe ich nicht viel geschlafen, und da der Morgen immer noch auf sich warten ließ, so wagte ich es, leise aufzustehen, den Leuchter vom Tisch zu holen und das Talglicht – Mama goß sie selber, und nur selten verirrte sich eine vornehme Stearinkerze ins Haus – auf dem Kleiderstuhle in Brand zu setzen.

Niemals hat einem Backfisch ein verbotener Roman größere Erregung gebracht. Schon die erste Geschichte war von hinreißender Bedeutsamkeit und extra für mich zugeschnitten. Sie handelte von dem braven Karl, der sechs Jahre alt war und der an jedem Abend beim Zubettegehen Jäckchen und Höschen sorgsam gefaltet neben sich niederlegte und diese Ordnung mit kreuzweise darübergelagerten Strümpfen kunstreich vollendete.

Scheu besah ich mir den liederlichen Kleiderhaufen neben

mir, in dem die Strümpfe gänzlich fehlten und den der draufgestellte Messingleuchter schamlos bekrönte.

Wie himmelweit war ich noch von den Tugenden des braven Karl entfernt! Und nur ein Gedanke tröstete mich in meiner Zerknirschung: Karl war schon sechs Jahre gewesen, mir aber fehlten noch volle vierzehn Tage zu diesem achtungeinflößenden Alter. Wenn ich also die gegebene Frist benutzte, um mich von Grund aus zu bessern, so mußte es mir gelingen, an meinem sechsten Geburtstage in eine neue tugendhafte Epoche meines Lebens zu treten, in der das Beispiel des Knaben Karl mir nicht mehr fürchterlich werden konnte.

Resultat: meine Strümpfe liegen noch heute am Boden, wenn sie sich nicht zufällig in den umgekrempelten Beinlingen unauffindbar verloren haben.

Und so ist es mir mein Lebtag mit jeder Tugend ergangen.

Zu derselben Zeit stieg mir die Morgenröte der Lyrik auf. Wohl standen im »Kinderfreund« Gedichte, doch besinne ich mich nicht, daß sie irgendeinen Eindruck auf mich gemacht hätten. Und auch das Liederheft, das meine Mutter sich angelegt und lieber gleich selber vollgedichtet hatte, blieb mir verschlossen, aber –

– da gab es einen lahmen Schneider Held, der wohnte am Ausgange des Waldes – gleich wenn man die nach Rußland führende Landstraße betrat – in einer braunen, verfallenen Lehmkate, und seine Tochter Jette war Kindermädchen bei uns. So konnte es nicht fehlen, daß ich bisweilen an die Hand genommen wurde, wenn Jette ihre Eltern besuchte.

Es roch sehr muffig in dem niedrigen Raume, in dem zwischen Webstuhl und Himmelbett nur ein schmaler Gang zum Wohnen übrigblieb. Dieser Gang führte auf ein erblindetes Fenster zu. Auf dem Fensterbrett stand ein Strickkorb. Und in dem Strickkorb lag zu unterst ein Heft, kaum größer als eine Männerfaust, in jenem Löschpapier, aus dem die alten

Chroniken bestehen, die so schön in moderne Novellen umzufälschen sind. Dies war das »Arienheft«, das ich nicht
müde wurde, mir vorlesen zu lassen, denn ich selbst verstand
Geschriebenes noch nicht zu entziffern. Aber die in den Text
hineingezeichneten Bilder, die verstand ich gleich. – Da war
der »tapfere Lagienko« mit der Polenmütze, und den Mann,
dessen schier dreißig Jahre alter Mantel manchen Sturm erlebt
hatte, sehe ich noch heute lebendig vor mir. Nie im Leben haben Verse tiefer auf mich gewirkt. Schicksale, verderbenschwanger und unendliches Mitleid herausfordernd, witterten daraus empor. Bilder von Schlachtgetümmel und Sterbenot, von Schanzkörben und Flaggenspiel erfüllten die in
Ofenglut brütende Schneiderstube, in der weinerlich näselnd
ein Lied das andere ablöste. Und was übrigblieb, war das
flammenhaft aufsteigende Verlangen, einst ein großer Held
zu werden und dem bedrängten Vaterlande ein Retter zu
sein.
Heut' könnte das Vaterland den großen Retter brauchen.
Aber die Heldenhaftigkeit ist mir inzwischen vergangen. Es
wird sich wohl ein anderer darum bemühen müssen.

Zu derselben Zeit war es auch, daß ich Gott zum ersten Male
erlebte. Natürlich sprach ich schon lange in Mutters gefaltete
Hände hinein mein Abendgebet, auch sonst hatte ich mancherlei vom lieben Gott erfahren, doch ohne mir etwas Rechtes dabei denken zu können. Über Papas Macht ging nichts,
und wie der Mann beschaffen war, der immer da war und den
man doch nie zu sehen bekam, ließ sich nicht vorstellen.
Furcht hatte ich nicht vor ihm, aber neugierig war ich.
Eines Sonnabendabends – es war ein Sonnabend, das weiß ich
ganz genau – da saß ich am Fenster über einem Bande »Gartenlaube« und besah Bilder. (Von diesen Bänden werde ich
noch später zu reden haben.) Da blieb mein Blick an einer
Zeichnung – wenn ich nicht irre, von Ludwig Richter – hän

gen, ein Engelsgärtchen darstellend, und in mir erwachte eine nicht zu bändigende Sehnsucht, mit unter den spielenden Engeln zu sein. Und da sah ich zum Himmel hinauf, über den das Abendrot einen lichtdurchwirkten Vorhang breitete. Der Vorhang tat sich auseinander, und auf den Strahlen, die bis zur Erde herabreichten, kletterten leibhaftig die kleinen Engelchen in ganzen Reihen lustig hernieder. Daß sie in Wirklichkeit kämen, mit mir zu spielen, das glaubte ich nicht mehr, dazu war ich schon zu groß, aber daß ich sie schauen durfte, war Wonne genug. Und plötzlich streckte sich eine Hand aus dem Himmelsfenster, nicht drohend, nur mahnend – und dann war es auch keine Hand mehr, sondern war ein Auge, ein Gottesauge, und paßte auf, daß den Engelchen unten kein Leid geschah.

Und nun wußte ich mit einem Male, wie es zugehen konnte, daß Gott da war und *nicht* da war und daß ich immer unter seiner Obhut stand. Und in mich zog ein tiefer Friede, wie wenn ich auf der Mutter Schoße saß und an ihrer Brust einschlafen durfte.

An jenem Abend bin ich fromm geworden und blieb es lange.

Inzwischen erweiterte ich die Grenzen meines eigentlichen Reiches. Hinter den Scheunen des Gutshofes lag ein modriger Sumpf mit kohlschwarzen Gewässern, aus denen erlenbestandene Inseln geheimnisvoll emporwuchsen. Ein schilfiges Pflanzendickicht umwaldete ihre abschüssigen Ränder, und grellfarbene Blumen sprenkelten sich darein.

Mich dort aufzuhalten, war verboten, denn wenn so ein kleiner Kerl den Ufersaum nicht vorsichtig abtastete, ehe er ihn betrat, so war ein Unglück nicht fern.

Und eines Tages lag ich richtig in dem schwarzen Wasser, dessen morastiger Grund mich unrettbar verschlungen hätte, wären nicht Knechte, die in der Nähe arbeiteten, zur Hilfe herbeigeeilt. Und als sie mich herausgezogen hatten und ich jämmerlich weinend, mit klebrigem Schlamm behängt, wieder auf dem Trocknen stand, was taten sie, um mich zu strafen? Sie setzten mich in einen Futtertrog und stießen ihn und mich mit langen Stangen ins Wasser zurück.

Da schwamm ich nun, und als ich aus der ersten grausamen Furcht wieder zu mir gekommen war, da gefiel mir das Spiel nicht übel, ja so sehr verfehlte die Strafe ihren Zweck, daß ich an einem der nächsten Tage den Trog, der zum Tränken des Viehzeugs dort immer stand, mit meinen Armen selber ins Wasser schob und die gefahrvolle Fahrt auf eigene Faust unternahm. Ich landete an der nächsten Insel, und mich von einem Erlenstamme abstoßend kam ich auch wieder zurück. So geschah es mehrere Male, aber an einem schönen Tage kam ich nicht wieder zurück, sondern saß im Schilfe fest, das mich liebend umschlang und nicht wieder hergeben wollte. Und diesmal waren keine rettenden Knechte in der Nähe.

Die folgenden Stunden haben mich viel Tränen gekostet und viele Tränen auch meine suchende Mutter, bis abends die Knechte das Vieh zur Tränke führten und mich erlösten.

Von nun an mied ich das heimtückische Gewässer, aber es gab andere genug auf der Welt, die darauf warteten, mein Leben mit Abenteuerlichkeit zu begnaden. So bin ich eine richtige Wasserratte geworden, sonst wäre es wahrhaftig ein Wunder, daß ich hier sitze und schreibe.

Jenseits des Waldes, der bald durchschritten war, erstreckte sich die Heide, in der Ferne von Wäldern umsäumt, überall. Sich auf ihr herumzutreiben, war gleichfalls verboten, denn da gab es kein Merkmal, das Richtung und Rückweg sicherstellte. Und war man einmal ins Laufen gekommen, so lief man kreuz und quer und immer verkehrt.

Aber die Heide hatte es mir angetan. Die Rätsel der Weite

lockten mit tausend Armen. Und zu erleben gab es dort mehr als irgendwo in der Welt. Nirgends wölbte sich der hohe Himmel glockenhafter über der Erde, nirgends trieben die Wolken an ihm ein krauseres Spiel. Nirgends sandte die Sonne wohligere Gluten, nirgends ging sie in einem bunteren Bette zur Nachtruh'.

Im Heidekraut liegen und in den Himmel starren – was konnte es Schöneres geben auf dieser Welt –, wenn die Lerchen aus unsichtbaren Höhen ihr Triumphlied herniederschickten und die Hummeln ringsum den Brummbaß geigten? Wenn die Halme, die rings um die Stirne spielten, zu Palmenstämmen wuchsen und das an ihnen kletternde Getier zu Riesenvögeln und Drachen? Wenn die Lichtstrahlen, die um die Graskanten strichen, ein grün-rot-goldenes Feuerwerk entzündeten und aus jedem Sandkorn eine Flamme brach? –

– Und war man der Ruhe satt, dann gab es des Wanderns kein Ende. Bis zu jenem Birkengebüsch nur – und dann weiter noch bis zu dem Fichtenhügel. Dort mußte irgend etwas ganz Merkwürdiges sein, ein Krähennest oder ein Fuchsloch. Und immer noch weiter, bis die ferne Waldmauer drohend heranwuchs und man nicht mehr wußte: war es der Heimatswald oder ein anderer? Und irgendwo dahinter lag Rußland, das Wunderland, wo die Kosaken zu Hause sind und die Judenkringel und die Himbeerbonbons, aber von wo man auch nie mehr nach Hause kam. Dann war mit einem Male das Verirrtsein da, und Mama saß zu Hause und weinte. Schließlich habe ich doch immer noch heimgefunden, aber manchmal gab es hinterher Kopfweh und Fieber.

Von allen Rätseln, die mich umgaben, habe ich das dunkelste, das am heißesten umworbene, noch gar nicht genannt.

Das war der Hinterwald.

Wenn man den Gutshof durchquerte, ohne Furcht vor den Angriffen des Truthahns und dem Kettengerassel der Hunde, dann kam man an den hinteren Torweg, den zu durchschreiten noch strenger verboten war, denn dahinter hauste der wütende Bulle, der kleine Knaben einfach aufs Horn nahm. Und gesetzten Falles, daß man ihm glücklich entrann, dann fiel man den Hengsten zum Opfer, die mit den Hufen ausschlugen, oder dem großen Eber, der seine eigenen Kinder fraß und auch fremde sicherlich nicht verschonte. Und Zäune waren dort, die man durchkriechen mußte, und Wassergräben, viel zu breit, als daß man heil hinüberkam.

Und jenseits all dieser Gefahren erhob sich in blauender Ferne der Hinterwald, der Zauberwald, der Wald der Schlangen und der Wölfe, aus dem noch nie ein neugieriger Knabe lebendig hervorgekommen war.

Ihn nur von nahe zu sehen, an seinem Rande schüchtern entlangzustreifen, wurde allmählich die heimliche Sehnsucht des Einschlafens, der Traum des Halbwachseins, wurde der Wunsch aller Wünsche.

Und eines Julinachmittags, als die Eltern fortgefahren waren, nachdem sie mir wie immer das Gelübde abgenommen hatten, dem Schutze der heimischen Rasenbänke nicht zu entweichen, ergab ich mich ihm.

Oh, nicht wie Hans, der das Fürchten lernen wollte, zog ich aus, denn, um die Wahrheit zu sagen, ich fürchtete mich sehr. Schon vor dem Truthahn, obwohl er noch nie einen Menschen gebissen hatte, schon vor den Hunden, obwohl sie doch fest an den Ketten lagen. Und dann gar kam der Bulle. O Gott, der Bulle! Dicht am Wege stand er und glupte mich an. Aber ich hätte eher den Tod erlitten, als daß ich umgekehrt wäre. In einem Bogen der Ehrerbietung umkreiste ich ihn, und er hielt es nicht für der Mühe wert, mich zu spießen.

Dann folgte der Roßgarten, der glatt durchquert werden mußte. Doch die Hengste beachteten mich nicht, nur die Jährlinge kamen und beschnupperten mich, und daß die einem kleinen Jungen nichts tun, das wußte ich lange. Der Eber war überhaupt nicht zu sehen, und über die Wassergräben hatte man Bohlen gelegt, um mir den Weg zu erleichtern.

So stand ich plötzlich vor dem Hinterwalde. Nun hätte ich umkehren müssen, denn mein Ziel war ja erreicht. Aber der Hinterwald sah weit, weit schöner aus als andere Wälder, und der Wind, der in den Laubkronen wühlte, rief mir zu: Wer ein tüchtiger Kerl werden will, der fürchtet sich nicht.

Und während der Herzschlag mir zum Halse stieg, betrat ich, Schritt auf Schritt abmessend, den Rasenweg, der in die dunkeln Höhlungen führte.

Kein Wolf ließ sich sehen, keine Schlange ringelte sich mir entgegen. Nur Mäuse glitten raschelnd durch dürres Kraut.

Und dann wurde die Stille so tief, daß sie zu reden schien. Nur der Hall der eigenen Schritte hinderte, daß man sie hörte.

Am Wege blühten fremde Blumen, und fremdes Buschwerk säumte meinen Weg.

Das freilich war ein anderer Wald, als sonst wohl Wälder sind. Silberbehaarte, grünmoosige Säulen, wie ich sie nie gesehen hatte, hoben sich weit und breit, die steil ansteigenden Äste zu undurchdringlicher Wirrnis verschlingend.

Ich weiß nicht, ob es vielleicht gar Buchen waren, die dort wuchsen, oder ob mein Erinnern das Erlebte mit späteren Bildern durcheinanderwirrt – ich kann es auch nie mehr nachprüfen, denn bis auf wenige kümmerliche Unterholzreste ist seit langem alles niedergeschlagen – aber ein Wunderwald muß es gewesen sein, wie er bei uns dort oben nirgendwo zu finden ist. Sonst hätte der Eindruck des Niegeschauten, des Heiligen und Hallenhaften nicht so in mir haben festwurzeln können, sonst würde der Schauer der Andacht, der mich stets überrieselte, wenn ich jenes Tages gedachte, nicht auch noch in diesem Augenblicke durch meine Glieder gehen.

Und rings am Boden sproßte es wie von lauter jungen Palmen –

das war das Farnkraut, das ich auch noch nie gesehen hatte. – Und dann wieder kam ein Blumenfeld, das schimmerte bald wie gelber, bald wie violetter Samt, je nachdem der Wind sich hob oder senkte. Das ist eine Waldweizenlichtung gewesen, wie ich erst sechs Jahre später erfuhr, als ich ein großer Botaniker wurde.

Und mit einem Male war ein Fluß da. Wohl kein anderer als der Fluß, der auch im Vorderwald regierte und doch himmelweit von ihm verschieden. So gleiten die geheimnisvollen Ströme, in deren Wassern die Fee ihr Goldhaar wäscht.

Drüben aber erst war eine Art von Burgwall aufgebaut. Da ragte, von der Nachmittagssonne grell beschienen, eine Mauer von Schnee – Marmor, würde ich gesagt haben, wenn ich von Marmor schon etwas gewußt hätte – und darauf standen drei Reihen von Märchenbäumen mit blütenweißem Gezweig, auf dem wie Paradiesvögel goldgrüne Blättchen sich wiegten. Es waren nur junge Birken, Birken wie die, die mir vorm Auge gestanden hatten, seitdem es fürs Himmelslicht aufgetan worden war. Und doch hatte ich noch nie so Wunderbares geschaut.

Oft bin ich später den sandigen Steilhang drüben entlanggegangen, zwischen den Baumreihen mitten durch, die heute noch nicht höher sind als vor einem halben Jahrhundert. Und immer habe ich die Empfindung gehabt: Du schreitest auf den Mauern von Walhall.

Von fremden Menschen habe ich in den ersten sieben Jahren meines Lebens nur wenige kennengelernt. – Ein Hopfenreisender aus Nürnberg hat mir einmal eine Spielzeugschachtel mitgebracht. Dies Geschenk machte einen so tiefen Eindruck auf mich, daß ich den freundlichen Geber heute noch vor mir sehe.

Der Besitzer des Gutes wechselte, als ich etwa vier Jahre alt war. Mit der Familie des Fortziehenden, der Westphal hieß, hat meine Mutter eine innige Freundschaft unterhalten. Eine Liebesgeschichte hat sich darin abgespielt, von der sie noch heute mit verschleiernden Andeutungen leise zu erzählen weiß. Sein Nachfolger hat uns niemals nahegestanden. Dessen Kinder blieben mir fremd, auch als wir uns später in Heydekrug fast gegenüber wohnten.

In diesem Heydekrug, dem Kreisort und Marktflecken, der zusammen mit drei oder vier sich daran schließenden, langgestreckten Dörfern ein durchaus städtisch geartetes Gemeinwesen bildet, gab es eine »Ressource«, die gesellige Vereinigung der zwischen den Honoratioren und dem Handwerkerstande liegenden Mittelschicht. Sie feierte im Rosciusschen Saale drei- oder viermal während des Winters ein Tanzfest, dem eine Theateraufführung voranging.

Was das war: »Theater«? Meine Mutter mochte es mir noch so oft erklären, ich wurde daraus nicht klug. Nur daß es etwas unfaßbar Schönes und Herrliches sein mußte, begriff ich bald. Die Geschichten, die sich irgendeinmal zugetragen hatten, die Märchen, die ich mir heimlich weiterspann, zu Gegenwart, zu Wirklichkeit geworden, Träume, die nicht mehr Träume waren, erfüllte Sehnsucht, sichtbar gewordene Gottheit, berghohe Marzipantorten und ewige Weihnacht – das war Theater.

Die Vorbereitungen zu einer solchen Theaterfahrt erfüllten das Haus stets mit dem gleichen festlichen Wirrwarr. Die Lichter vor dem Spiegel wurden angezündet, Papa mußte ein schneeweißes Plätthemde haben, die Krinoline paßte schon wieder nicht, das Blondenhäubchen sollte umgenäht werden, weil die Bänder zu tief in den Nacken fielen, die Schildpattkämme waren verlorengegangen, und endlich, endlich – wurde der Longschal entfaltet.

Habt ihr eine Ahnung, was der Longschal war? Der Inbegriff allen irdischen Glanzes, die Musterkarte jeder möglichen Farbenpracht, Schönheit, Würde, Bezauberung, das alles war der Longschal, der von einem Feste zum anderen sorglich eingepackt in seiner seidenpapiernen Hülle lag.

Die Brüder waren zu Bette gebracht, ich aber saß starr vor lauter Feierlichkeit in meinem Winkelchen und dachte: »Jetzt fahren sie bald und sehen – Theater.«

Und wenn ich den Gutenachtkuß bekommen und versprochen hatte, recht brav zu sein, wenn draußen das Schlittengeläute verhallte und die Lichter vor dem Spiegel verloschen, wenn Jette kam und bettelte: »Geh schlafen, mein Jungchen«, dann fing mein Fest an, dann machte ich mir im Kinderwinkel ein Nest zurecht und ließ mir »Theater« vorspielen. Bis die Augen zufielen und keine Kraft mehr übrig war, den knöpfenden und ziehenden Händen Jettes zu widerstehen.

Am nächsten Morgen aber fand sich ein Stück Marzipantorte an meinem Bett. Das war Mamas Mitbringe – das war der erste Gruß, den meine Zukunft mir sandte. –

Und es kam ein Tag, ein Sonntag, da sagte Papa zu Mama: »Ich denke, er ist groß genug, wir können ihn in die Kirche mitnehmen.«

Da machte mein Herz einen Freudensprung, denn das große weiße Haus mit dem spitzen Turme, das in Werden geheimnisvoll hinter den dunkeln Lärchenbäumen lag, war schon immer ein Ziel meiner Wünsche gewesen. – Den guten Anzug hatte ich an, ich brauchte also nur die Sonntagsmütze aufzusetzen, und dann fuhren wir los.

Ich hatte noch nie einen »Saal« gesehen. Dieser ungeheure Raum, der bis zu den Dachsparren reichte und der so lang war, daß der verhangene Tisch mit dem Kreuz und den Lichtern, der am jenseitigen Ende stand, wie Kinderspielzeug erschien, der mußte ein Saal sein. Und so viel Menschen saßen darin, wie ich sie kaum auf dem Wochenmarkt beisammen gesehen hatte.

Von dem Orgelspiel und dem Choral habe ich keine Erinnerung behalten, aber plötzlich geschah etwas, das ich mein Lebtag nicht vergessen werde: Ganz fernab, dort, wo alles sehr klein war, zeigte sich in einer Seitentür eine schwarze Puppe, die ging nicht, sondern glitt oder schwebte – das sah ich nicht genau – auf den verhangenen Tisch zu, der viel höher gelegen war als die Bänke, auf denen wir saßen, und stellte sich davor und fing mit dunkler, schöner Stimme zu sprechen und zu singen an.

Mir wurde weh und feierlich zumut, mir war, als spräche der liebe Gott zu mir, und mit einem Male wußte ich: »So ist Theater.«

Auch als sich die Puppe vollends in einen Menschen verwandelt hatte, der einen noch höhergelegenen Balkon bestieg und von ihm herab so eindringlich auf die Zuhörer einredete, daß sie ringsum zu schnauben und zu schluchzen begannen, erlosch die Ahnung nicht: »So und nicht anders muß Theater sein.«

Nur daß es hier nichts zu lachen gab, während Mama doch nach manchem Abend erzählt hatte, daß es wieder sehr lustig gewesen sei, aber sie hatte auch immer hinzugefügt, sie selber freilich liebe die traurigen Stücke mehr.

Und darum entschied ich mich auch für sie.

Zweites Kapitel

Auf eigener Scholle

Das Dämmergrau der ersten Jahre fängt sich zu lichten an. Die Erinnerungen werden bewußter und knüpfen sich enger zusammen. Ich sehe einen Burschen von bald sieben Jahren, mit einer Seehundsfelltasche auf dem Rücken, tapfer den weiten Weg durch Wald- und Weideland zur Schule gehen. Die Furcht von früher her war abgetan, ja, es kam vor, daß er, wenn auf dem Heimwege ein Litauer gutmütig Halt machte, um ihn auf seinem Leiterwagen mitzunehmen, rasch hinten aufkletterte und ebenso rasch wieder absprang, um sich seitwärts in den Wald zu schlagen.

Diese Gänge dauerten nicht lange – nur vom August bis zum Oktober, dann wurde die Schule aufgelöst. Wie der freundliche Mann hieß, der den weinenden kleinen Strampel liebevoll zwischen die Knie nahm, habe ich vergessen. Und dann blieb ich zu Hause, bis im November der große Umschwung eintrat, der mich dem einsamen Waldgut entführte und mitten ins große Leben warf.

Mein Vater, der bislang auf dem Gute Pächter gewesen war, hatte durch rastlose Arbeit, durch Sorgen und Sparen so viel hinter sich gebracht, um die Anzahlung für ein eigenes Grundstück beschaffen und darauf eine Brauerei erbauen zu können.

Das Häuschen, in dem ich die ersten Dichterträume geträumt, in dem ich manche Nacht hindurch viele Bogen schönen, weißen Papiers verschrieben habe, in dem ich bis zum dreißigsten Jahre nach mancher wilden Wanderfahrt Zuflucht und Ausruh fand, steht heute neu aufgeputzt, wenn auch halb in die Erde gesunken, und meine alte Mutter wohnt ihm schräg gegenüber. Ich wollte es ankaufen und herrichten lassen, aber da ich es ebenso wie die dahinterliegende und jetzt in ein Wohnhaus verwandelte Brauerei hätte niederreißen und neu aufbauen müssen, und da überdies meine Mutter mir erklärte, sie fühle sich bei ihrem hohen Alter ohne Miteinwohner nicht sicher genug, so ließ ich mein Vorhaben fallen. Aber ich verspüre doch stets einen kleinen Stich im Gewissen, wenn ich bei meinen Besuchen in der Heimat an dem lieben Anwesen vorübergehe, dessen Bild von Jahr zu Jahr meinem Erinnern fremder wird.

Damals war es schneeweiß und blitzblank, und die nun verschwundene Vorlaube, die meiner Mutter unermüdliche Hand selber gezimmert hatte, schimmerte gastlich mit Ruhebänken und Schattengrün.

Der Beginn des neuen Lebens freilich war trübe genug. Jenem Novembertage, an dem wir aus unserem Waldwinkelchen in die ungewisse Fremde zogen, habe ich im zweiten Kapitel von »Frau Sorge« ein paar Zeilen gegönnt. Jawohl, Frau Sorge – die war fortan bei uns zu Hause. Meine Geleitverse sind nicht aus der Luft gegriffen, obwohl mein alter Vater mir böse gewesen ist, als er sie las. »Der Jung' bringt mich um meinen letzten Kredit«, hat er gesagt, »und ganz so schlimm ist es auch nie gewesen, denn für Sattessen habe ich immer gesorgt.«

Es ist wahr, mein lieber Alter, der du nun schon fünfunddreißig Jahre dein hartes Leben ausschläfst, für Sattessen hast du immer gesorgt, und ich möchte dir nun, da ich Überfluß habe, tausendfach wiedergeben, was du an mir getan! Statt dessen mußtest du in Not und Sorge sterben. Zwei Jahre zu früh. –

Und hier möchte ich gleich von meines Vaters Ursprung reden. Er war der Sprößling eines mennonitischen Bauerngeschlechts in der Elbinger Niederung, in der ebenso wie um Marienburg und Danzig herum die ihres Glaubens wegen aus

Holland vertriebenen Sektierer sich angesiedelt hatten. Mein Großvater hieß mit Vornamen Daniel, ebenso wie jener geistliche Liederdichter des sechzehnten Jahrhunderts, der in manchen Literaturgeschichten als mein Vorfahr genannt wird. Wie andere Parvenüs sich eine Ahnengalerie anschaffen, so habe ich mir nämlich einen Dichtervorfahren zugelegt, oder vielmehr: ich habe nicht widersprochen, wenn wohlwollende Biographen meiner dichterischen Sendung durch Herleitung von jenem frommen Pedanten Nachdruck zu geben versuchten. Es kann sein, es kann auch nicht sein. Wer will es beweisen? In Wahrheit schließt meine Familienchronik in wenig aristokratischer Weise mit dem genannten Bäuerlein ab, das in einem Winkel des Wickerauer Kirchhofs, zwei Meilen von Elbing, begraben liegen soll.

Warum mein Vater nicht Landmann wurde wie er, sondern, um Brauereidienste zu tun, nach der Stadt zog, ist mir nie klar geworden. Wahrscheinlich war ihm als jüngerem Kinde eines angeheirateten zweiten Mannes die Hoffnung verschlossen, sich jemals ein Eigenes zu erwerben. Von einer regelrechten Lehrzeit habe ich nie etwas gehört. Viel mehr als ein Brauknecht wird er am Beginne seiner Laufbahn nicht gewesen sein. Aber er war begabt und strebsam und las und lernte ohne Maßen, so daß er sich bereits ein Jahrzehnt später eine geachtete Stellung als Braumeister in Liebemühl bei Fischhausen hatte erobern können. Dort hat er meine Mutter kennengelernt, die als Tochter einer Schiffskapitänswitwe gesellschaftlich wohl über ihm stand, wenn sie auch arm war wie eine Kirchenmaus.

Er hat auch – scheu und von seinem Unwert überzeugt – erst viel später um sie geworben und ging zuvor nach Kurland, um sich in gleicher Stellung die Anfänge eines Heiratsgutes zu erwerben. Das muß ihm auch gelungen sein, denn nach etlichen Jahren kehrte er heim, sich seines Glückes zu versichern. Sein Antrag wurde angenommen, und als er nun nach

Kurland zurückeilen wollte, den Grund zu einem Hauswesen zu legen, blieb er zwei Meilen vor der russischen Grenze im Schneetreiben stecken. Während er in dem Heydekrüger Gasthause sehnsüchtig auf die Weiterfahrt des Postschlittens wartete, erfuhr er von einem Tischnachbarn, daß unfern des Ortes eine Pachtung angeboten wurde, die für ihn geschaffen schien.

Darum bin ich »zwischen den Wäldern« geboren, darum ist das Memelland, das geliebte und nun verlorene, meine Heimat geworden. Wäre jenes Schneetreiben nicht gewesen, so würde ich heute wohl ein Deutschrusse sein, oder die Letten hätten mich schon erschlagen.

Fürs erste kam ich mit zwei jüngeren Brüdern in die Schule der Frau Pfarrer Hugenberger. Diese stattliche, temperamentvolle Frau, die aus Schrullen und Ekstasen zusammengesetzt war und die später in Not und Einsamkeit verkam, war wegen schlechter Behandlung ihrem Manne davongegangen und hatte zwei Töchter mit sich genommen, die sie nicht minder malträtierte, als sie selbst malträtiert worden sein mag. Beide noch Kinder, frech, rotznasig und zu dummen Streichen allzeit bereit. Sie saßen mit uns zusammen auf der Schulbank und nährten dauernd den Geist des Widerstandes, der sich in geheimnisvollem Getuschel zu verstecken pflegte. Wen sie ins Vertrauen zogen, der stieg zu einer höheren Klasse des Menschentums empor; wer sich ausgeschlossen sah, der sank in Schmach und Schande.

Diese ersten Schuljahre, so wenig ich in ihnen gelernt haben mag, sind auf meine geistige Entwicklung von tiefgreifendem Einfluß gewesen. In ihnen habe ich die Leidenschaftlichkeit kennengelernt, mit der man eine Überzeugung pflegen und vertreten kann. Und so dauerhaft ist dieser Brand geworden, daß auch die Jahre des Alterns ihn nicht haben löschen können.

War ich schon fromm gewesen, so wurde ich es jetzt so sehr,

daß keine Inbrunst mir genugtun konnte. Wenn die Frau Pfarrer beim Morgengebete für uns Schüler als die räudigen Schäflein zu Gott dem Herrn um Vergebung flehte, dann wurde die Zerknirschung in mir so arg, daß ich oftmals beschloß, mir das Leben zu nehmen, weil ich seiner unwürdig war. Aber auch die Güte Gottes lehrte sie mich kennen und fachte Jubelstürme in mir an, deren ich nur Herr werden konnte, indem ich mich in der Brauerei auf den obersten Gerstenboden flüchtete, wo ich dann vor einer offenen Luke, die grünende Herrgottswelt tief unter mir, singend und weinend auf den Knien lag. Keine Macht der Welt hätte mich abhalten können, sonntags nach der Kirche zu pilgern, und wenn die Eltern daheim bleiben mußten, dann machte ich Knirps mich allein auf den Weg, der nun von der anderen Seite gemessen wohl auch eine Viertelmeile betrug. Und hatte ich den Pfarrer Hoffheinz, der in seiner Art nicht weniger leidenschaftlich war, auf der Kanzel knien und schluchzen gesehen, dann war es mir damit noch lange nicht genug, dann ging ich erst noch in die katholische Kirche und hörte die Messe. Kam ich dann schwach vor Hunger nach Hause und das Essen stand nicht gleich auf dem Tisch, dann schloß ich mich in dem Giebelzimmer ein, in dem wir Kinder zusammen mit Großmama schliefen, hängte mir eine bunte Bettdecke um und zelebrierte das Hochamt weiter, zu dem, wie ich erfahren hatte, sowieso ein vorheriges Fasten gehörte.

Und noch eine andere inbrünstige Liebe nährte Frau Pfarrer Hugenberger in mir: die Liebe zum Königshause. Die Erinnerung an jene Gefühlswelt ist mir für spätere Zeiten sehr wertvoll geblieben, denn ich habe nun immer gewußt, wie es in Kopf und Herz derjenigen aussieht, die, nach altpreußischem Muster erzogen, den König und das Königtum als den Mittelpunkt alles irdischen Denkens und Fühlens betrachten und in ersterbender Hingabe seinen Befehlen untertan sind. Ich muß gestehen, diese Verquickung von Krone und Altar, von Gottesmacht und Herrschertum ist nicht ohne glückbringende Harmonie, mag sie auch nur für die Armen im Geiste geschaffen sein. Über den Gram der vielgeliebten Königin Luise, die ja bekanntlich infolge der Schmach des Vaterlandes an gebrochenem Herzen starb, habe ich mehr Tränen des Mitleids geweint als über die Schmach des Vaterlandes selber. Und die, ich weiß nicht wieviel Ellen lange Leberwurst, die bei der Krönung des Königs von den Meistern der Fleischerinnung durch die Straßen Königsbergs getragen und dann an die jubelnde Menge verteilt wurde, bildete für mich den Höhepunkt aller menschlichen Freuden.

Freilich – bald kam der Umschwung. Doch davon später.

Im übrigen war es nur wirres Zeug, was Frau Pfarrer uns lehrte, aber in dieser Wirrnis lagen Schätze vergraben. Was sie auch immer vortrug, hatte Phantasie und schuf Phantasie. Die Welt wurde eine Bilderreihe und die Welt*geschichte* nicht minder. Ich habe damals Cäsar ermorden sehen, weit besser als später im Deutschen Theater, und als im März 1813 König Friedrich Wilhelm III. in Breslau einritt, habe ich selbst unter den Freiwilligen gestanden und ihm ins Angesicht den Schwur geleistet, für die Rettung Preußens zu sterben. In der Gletscherwelt des Monte Rosa war ich nicht weniger zu Hause als in den Palmenwäldern des Orinoko. In Sibirien habe ich als Verbannter die Aussätzigen gepflegt, und auf den Fidschiinseln habe ich mich im warmen, wellenbespülten Sande gerekelt.

Frau Pfarrer litt häufig an Schnupfen, und um Taschentücher zu sparen, kam sie morgens mit einem Bettlaken ins Schulzimmer, das ihr häufig von einer ihrer Töchter nachgetragen wurde wie eine Kurschleppe. Das breitete sie rings um das Podium aus, so daß sie, wenn sie erst saß, wie von Wolken getragen war, und manchmal schien es, besonders um die Nachmittagsdämmerung, als ob aus diesen Wolken heraus Bilder und Gestalten quollen in unermeßlicher Fülle, so daß man schließlich nicht mehr wußte, wo man war, und beim Schulschluß jäh zum Leben erweckt werden mußte.

Noch eine zweite Bildnerin war mir in jenen Jahren beschert, der ich lebenslangen Dank schulde. Sie hat mir Geist und Herz geweitet, hat die Fülle der inneren Bilder ins Unendliche vermehrt und meinen Überzeugungen endgültige Richtung gegeben.

In der Bodenkammer meines Elternhauses stand ein riesengroßer Kasten, bis zum Rande gefüllt mit mehr oder minder zerlumpten Blättern. Zehn Jahrgänge der »Gartenlaube«, vom Jahre 54 bis 64 reichend. Sie hatten meinem Vater auf seinen Wanderfahrten geistige Wegzehrung geboten und waren dann von ihm ins Eheleben übernommen worden. Die Nummerreihen, die er sich nach Rußland hatte senden lassen, zeichneten sich durch glänzendschwarze Übertünchung aus, die hier und da halbe, ja ganze Seiten bedeckte und eine unermeßliche Neugier schuf zu erfahren, was der russischen Zensur als verbrecherische Irrlehre und geistiger Seuchenstoff erschienen war. Aber kein Kratzen und Schaben, kein Aufweichen und Zerknittern half. So liegen die Blätter noch heute in meiner Mutter Rumpelkammer. Jenes Schutzmittel hat sich dauerhafter erwiesen als der Staat, den es zu schützen bestimmt war.

Doch immerhin blieb noch genug, um meiner durch Frau Pfarrer großgezogenen Königstreue das Lebensmark auszusaugen. Die »Gartenlaube« ist bis zum österreichischen Kriege die eigentliche Trägerin des demokratischen Gedankens, das freiheitliche Gewissen Deutschlands gewesen, und erst später, als die bismärckische Bezauberung einen neuen Glauben an die Sendung des Hohenzollernhauses wachrief, ist sie in dieses Lager übergegangen. Was mir damals in die Hände fiel, atmete noch Groll und Aufruhr. Auf jeder Seite gewitterte der Sturm von 48 nach, und überall stand ungeschrieben das Gelübde baldiger Vergeltung. So bin ich zwischen dem achten und zehnten Jahre vom Schleppenträger altpreußischen Vasallentums zum haarbuschigen Barrikadenkämpfer geworden, und noch als ich mich der Prima näherte, war es das Ziel geheimster Wünsche, für meine Ideen auf dem Schafotte zu sterben. Vor allem aber wuchs eine Stimmung in mir auf, die der Demokratie und ihren Verfechtern das Monopol waschechter Gesinnungstüchtigkeit zuerkannte, während alles, was dem Throne diente, zu den Schuften hinabsank. Das hat mich aber nicht gehindert, daß ich nach 70 dem deutschen Kaisertum inbrünstig ergeben war und der Kyffhäuserlegende dankzitternden Tribut darbrachte. Mit einem trüben Lächeln über all das hinzugleiten, fällt heute nicht schwer. Ihr, die ihr jung seid und nur den sorgenvollen Abend der Kaiserherrlichkeit habt schauen dürfen, ihr ahnt nicht, wie hold jene Torheit war!

Die leicht errungenen Triumphe des Jahres 66 habe ich noch nicht mit vollem Bewußtsein durchgekostet, sonst wären scharfumrissene Erinnerungen an jene Sommerwochen in mir wach geblieben. Marschierende Soldaten, ein paar Extrablätter und die Neuruppiner Bilderbogenchronik sind alles, was in meinem Hirn davon noch übrig ist. Um so lebhafter hat die Düppeler-Schanzen-Legende auf mich eingewirkt, weil sie sich allzeit mit Hilfe einiger Spaten in tobende Wirklichkeit umsetzen ließ.

Aber nicht nur den Sinn für Politik hat jener zerlumpte Blätterhaufen mir beigebracht. Auch die Pforten epischer Dichtung schloß er mir auf. Ihr werdet lachen, wenn ihr die Namen Ruppius und Temme hört, und werdet nicht glauben wollen, daß diese Längstvergangenen imstande waren, unermeßliche Reichtümer über den Werdenden auszuschütten. Mochten sie mir erzählen, was sie wollten, der eine dürftige Kriminalgeschichten aus meiner östlichen Heimat, die ich gar nicht als Heimat erkannte, der andere nüchterne Auswandererschicksale – die heißhungrige Phantasie sog Nahrung aus jedem Gestein und schuf zu dem einen Knabendasein noch Dutzende anderer Leben hinzu, die ich schauend und träumend weiterspann, bis ich nicht wußte, in welches von ihnen recht eigentlich dieser Körper gehörte.

Ähnliches mag jedes phantasiebegabte Kind an sich durchgemacht haben, aber nicht jedem war vergönnt, seine Einbildungskraft so ungehemmt zu entwickeln.

Zu jener Zeit stand's schlimm um meines Vaters Haus. Die Leute wollten sein Braunbier nicht trinken. Es war nicht schlechter als das der anderen Brauereien, aber er ermangelte der Fähigkeit, sich und sein Produkt in Szene zu setzen. Da war sein Konkurrent, Herr Münsterberg aus Werden, schon ein ganz anderer Kerl. Wenn der mit seinen flotten Vatermördern und der prallen, perlengestickten Zigarrentasche von Gasthaus zu Gasthaus fuhr, anpreisend und überredend, dann hätte ich den Wirt sehen mögen, der seinen Leistungen widerstand. Und wenn morgens der Werdener Bierwagen, mit Tonnen bergehoch beladen, auf der Chaussee an uns vorüberfuhr, dann standen wir alle angstvoll hinter der Gardine, und Mama preßte die Hand aufs Herz und ging schweigend nach hinten.

Und dann kam das schwerste aller Jahre – dann kam das Notstandsjahr.

Das war im Sommer 67, da gab es überhaupt keine Sonne mehr. Vom Juni an Tag für Tag nichts wie sickernder, suppender, trommelnder Regen. Das Erdreich weichte auf, der Roggen reifte nicht, die Erntefelder sahen aus wie Lehmtennen, denn alle Halme lagen glatt und braun und feuchtglänzend am Boden. Und das Schlimmste von allem: die Kartoffeln verfaulten. Was man zu Ende August als genießbar dem Boden entzog, hatte Haselnußgröße und war mit Pfropfen durchsetzt, sie gingen querdurch bis ans andere Ende. Erst gegen Mitte September stellte zugleich mit dem Herbstreif blauer Himmel sich ein – aber da war schon alles verloren. Das hieß hungern, und unter Umständen hieß es *ver*hungern.

Wer hätte in solchen Zeiten, in denen jeder Groschen ein Schatz ist, Bier trinken mögen!

Darum wurde auch im Sudermannschen Hause Schmalhans Küchenmeister. Freilich – wenn ich euch heute erzähle, daß die Butter vom Tische verschwand, daß die Fleischtage rar wurden und daß die Semmeln zur Sonntagskost aufstiegen, so macht euch das verflucht wenig Eindruck, denn wir haben Schlimmeres kennengelernt, und die meisten stecken noch dick mitten drin. Aber vergeßt nicht, daß das, was wir heute erleben, unseren Enkeln, falls sie inzwischen nicht eingegangen sind, manche Gänsehaut über den Leib jagen wird. Wer heute Jungmädchen ist, braucht bloß in die Jahre zu kommen, um als Märchentante die Kinder das Gruseln zu lehren, nur daß ihre Märchen einst härteste Wirklichkeit waren.

Und es gab damals auch viele, die waren noch weit ärmer als wir. Im Chausseegraben lagen sie familienweise und konnten vor Schwäche nicht weiter. Die Tür stand tagüber von Bettlern nicht still, und wenn man ihnen das übliche Zweipfennigstück gab, so schimpften sie, denn Kupfer kann man nicht essen. An den Markttagen war es besonders schlimm: dann belagerten sie die Haustür und prügelten sich um den Eintritt, und meine Mutter teilte unser Letztes mit ihnen. Die Kartoffeln, so schorfig, so klein wie sie waren, wurden in Kesseln gekocht und an die Draußenstehenden verteilt, die sie noch siedendheiß und mit den Schalen verschlangen.

In den Hausflur ließen wir sie ungern, denn was von ihnen zurückblieb, machte sich tagelang juckend bemerkbar. Jeden Abend gab's große Jagden in Hemde und Beinkleid, und hätte man damals schon gewußt, wo der Hungertyphus eigentlich herstammt, Mama wäre noch viel ängstlicher gewesen.

Als der harte ostpreußische Winter hereinbrach, wurde das Elend erst recht groß. Wahrhaftig, die eigene Not verschwand hinter der, die sich schlotternd und zähnefletschend tagtäglich rund um uns auftat. Und die Not erst, die sich nicht mehr sehen ließ! – Mama war tapfer wie immer. Mit den anderen Vorsteherinnen des Frauenvereins fuhr sie von Dorf zu Dorf, lindernd und helfend überall, wo Hilfe und Linderung gerade noch als Wunder vom Himmel herabfallen konnten.

So nahte das Weihnachtsfest. Und uns Kindern wurde bedeutet, daß dieses Mal infolge der großen Not an eine Bescherung nicht zu denken war; wir möchten uns zufriedengeben und uns derer erinnern, denen im Leben nie ein Weihnachtsbaum brennt. Das kam uns hart an, und von allen Entbehrungen, die das Notstandsjahr auferlegte, war dies entschieden die härteste. Aber in unserem tiefsten Innern ließ das Gefühl sich nicht zum Schweigen bringen: so schlimm kann es nicht werden, und Mama wird schon Rat schaffen.

Auch meldeten sich gewisse Anzeichen, daß allerhand Vorbereitungen im Schwange waren, die auf Großes und Heimliches hinwiesen. In der Weihnachtswoche konnten wir nicht mehr einschlafen, und wenn Großmama hinter ihrem Bettschirm tiefer atmete, dann schlüpften wir leise zur Tür hinaus und die Treppe hinunter, um zu erforschen, was unten geschah. In unseren Hemden standen wir frostzitternd im eiskalten Hausflur, bald der eine, bald der andere mit dem rechten Auge vorm Schlüsselloch, dessen Lichtschimmer bewies, daß Mama immer noch auf war. Mochte es zwölf sein oder zwei oder drei, Mama saß vor ihrem Arbeitskasten und nähte. Aber niemals zeigte sich ein Baumbehang oder ein vergoldeter Apfel.

Darum schwand uns bei Tage jegliche Hoffnung, aber in der nächsten Nacht begannen wir das Spiel der Sehnsucht aufs neue.

Der Weihnachtsabend kam heran, und wir durchstöberten sämtliche Winkel, aber nicht die Spur eines Tannenbäumchens ließ sich entdecken, und wenn wir uns Mama an den Hals hängten, blieb sie dabei: »In diesem Jahre gibt's keine Bescherung.«

Wäre nur das weiche und verschämte Lächeln nicht gewesen, mit dem sie sich aus unsrer Umklammerung löste, und da bei uns der Tannenbaum nicht schon am Abend, sondern nach alter Strandsitte erst am Weihnachtsmorgen angezündet wurde, so brauchten wir immer noch nicht zu verzagen.

In dieser Weihnachtsnacht schlossen wir drei kein Auge. Als die Uhr zwölf schlug, tappten wir zum ersten Male hinunter – da saß Mama noch vorm Nähzeug. Um eins zum zweiten Male – da war das Schlüsselloch verhängt.

Hatten wir in den vorigen Nächten Großmama erweckt, und hatte sie uns verraten? Oder waren wir vorher im Hausflur zu laut gewesen?

Wie dem auch sein mochte, Schlimmes konnte die neue Heimlichkeit nicht bedeuten.

Um zwei war noch Licht. Um drei auch noch. Um vier wurde es dunkel. Und um fünf saßen wir fertig angezogen auf unseren Stühlen, um, wenn wirklich die Glocke klang, den großen Augenblick nicht zu versäumen.

Um sechs erwachte Großmama und sagte wie immer: »Ich habe diese Nacht kein Auge zugemacht, so unartig seid ihr gewesen.«

Um sieben Uhr zündete sie Licht an und begann, sich hinter dem Bettschirm anzuziehen. Das tat sie freilich auch sonst um diese Zeit, aber heute war Feiertag – warum heute? Und dann schalt sie: »Kinder, die so böse sind, daß sie ihre alte Großmama nicht schlafen lassen, die wollen auch noch eine Bescherung haben?«

Da war es mit unserer Zuversicht von neuem zu Ende.

Um halb acht brach der erste Morgenstrahl durchs Fenster.

Nun war gar nichts mehr zu hoffen, denn bei Tage können die Weihnachtsbäume nicht brennen.

Aber plötzlich – noch heute, da ich dies niederschreibe, macht mein Herz einen Sprung – ging es tieftönig wie eine Kirchenglocke »Bum, bum, bum« durchs ganze Haus.

Und als wir hinunterstürmend die Tür des Wohnzimmers aufrissen, da brannte der Weihnachtsbaum genau so hell, wie er in glücklichen Jahren gebrannt hatte. Und ringsum standen die bunten Teller und lagen die Geschenke in nicht geringerer Fülle, als sie uns sonst beschert worden waren.

Zwar, sah man genauer hin, so fand es sich, daß in dem Stall ein Pferdchen fehlte und daß der Säbelgriff mit einer Draht-schlinge an der Klinge befestigt war – Böswillige hätten sagen können, es seien alte Bekannte –, wir aber staunten und jubel-ten und hatten nie eine reichere Weihnacht erlebt.

Später, als wir größer waren, hat meine Mutter uns erzählt, wie die Bescherung zustande gekommen war. Sie hat alles in allem nach heutigem Gelde drei Mark fünfundsiebzig ge-kostet. –

Auch jener böse Notstandswinter ging vorüber, und als das Haff und die Flüsse aufgetaut waren, lagen eines Tages am Heydekrüger Marktplatz zwei große Frachtkähne von einer seltsam bauchigen Form, wie wir sie noch niemals erblickt hatten. Die waren von Stettin übers Meer gekommen und bis zum Rande gefüllt mit Kartoffeln, eigroßen, glattschaligen, goldgelben Kartoffeln, wie sie uns schon fast aus dem Ge-dächtnis verschwunden waren.

Die Leute standen in Haufen ringsum und besahen sich das Wunder. Der Verteilungsausschuß ging ans Werk, und von nun an wurde es besser.

Von meiner alten Großmutter habe ich noch gar nichts er-zählt.

Fast jedes Menschenkind trägt ein Stückchen Poesie mit sich

herum, von dem es nichts weiß und die anderen nichts wissen und das in sehr seltenen Fällen Glück, doch meistens Unglück heißt.

Die Witwe eines Schiffskapitäns war sie, das sagte ich schon. Sie hieß Charlotte Raabe und hat ihr Leben in einem Häuschen verbracht, das hold eingebettet in Flieder und Linden am Abhange des Schwalbenberges liegt, von dessen Höhe man weithin über Pillau und das Haff und das Meer hinausschaut. Eine Landmark krönt ihn, ein mächtiger Ziegelbau, der zu jenen Zeiten noch nicht da war.

Als ihre fünf Kinder – drei Mädchen und zwei Knaben – gerade darauf warteten, erzogen zu werden, da geschah es, daß ihr Mann, der auf großer Fahrt nach Indien unterwegs war, mit seinem Schiffe nicht wiederkam. Da stieg sie denn, sobald ihre kleine Schar sie entbehren konnte, zum Schwalbenberg hinan und hielt Ausschau morgens und abends und sommers und winters. Die Leute mochten tausendmal sagen, das Schiff sei verloren und ihr Mann komme nie mehr, sie kehrte sich nicht daran und wartete. Und wenn sie noch lebte, so würde sie auch heute noch warten. Aber ihr Geist verwirrte sich nicht. Im Gegenteil: mir scharfem Blick und harten Händen meisterte sie ihre Not und erzog ihre Kinder streng und in der Furcht des Herrn, bis sie dem Leben gewachsen waren.

Der eine der Knaben ging zur See, der andere kam ins Lehrerseminar, das älteste der Mädchen heiratete einen Maurer, das jüngste einen Beamten, der gar noch adlig war, die mittlere wurde meine Mutter. Und als sie nun allen eine Versorgung geschaffen hatte, da fand sich's, daß für sie selbst keine Bleibe mehr war. Der Ältesten hatte sie ihr Häuschen vermacht, bei der ging es gar ärmlich zu, bei den anderen war es der angeheiratete Teil, der sie nicht mochte, kurz, sie zog umher und wußte nicht, bei wem von den Ihren sie ihr Haupt in Ruhe niederlegen konnte. So landete sie schließlich in meinem

Elternhause, wo sie auch gestorben ist. Mein Vater war immer gut zu ihr, aber sie war böse – was wir Rangen so »böse« nannten – und sie weinte hinter ihrem Bettschirm oft halbe Nächte lang. Erzählen konnte sie wundervoll. Sie hat mit ihren eigenen Augen Napoleon gesehen, und vor dem Donner der Schlacht von Friedland hat sie sich sehr gefürchtet und die Ohren voll Watte gestopft. Sie stammte aus gutbürgerlichem Hause – ihre Vorfahren waren Kantoren und Ärzte gewesen, und eine ihrer Jugendfreundinnen, die auch ich noch besucht habe, die »Tante« Ulrike von Yorck, war eine Nichte des großen Generals.

Wenn abends der Wintersturm die Nordwand des Hauses anheulte und die Gardinen vom kalten Zuge sich blähten, dann war ihre Zeit gekommen, dann lauschten wir ängstlich der traurigen Mär von Preußens Unglücksjahren und ahnten nicht, daß wir selber einst größeres Unglück erleben sollten.

Winterszeit – Schlittschuhzeit! *Ein* großes Fest.

Heute, da ich den Winter hasse und die kurzen Monate der Wärme und des Blühens als ein karges Gnadengeschenk auszukosten bestrebt bin, kann ich mir kaum noch vorstellen, mit welcher Inbrunst wir dem ersten Frost entgegenharrten. Freilich ist meine Heimat mit ihren Strömen und Überschwemmungen, mit ihren langen Kältezeiten und dem kurzlebigen Tauwetter dazwischen, das nur dazu dient, die Eisflächen vom Schnee zu befreien, für den Schlittschuh ein Betätigungsfeld wie kaum ein anderes in Deutschland.

Keine väterliche Strenge, keine mütterliche Sorge war unserer Leidenschaft gewachsen. Hätte man uns eingesperrt, wir wären zur Bodenluke hinausgeklettert. Hätte man uns die Schlittschuhe weggenommen, wir hätten uns welche aus Brettern und Messerklingen selber verfertigt. Und das haben wir gelegentlich mit Gottes Hilfe auch wirklich getan.

Wenn die Kälte unter zwanzig Grad Reaumur hinabsank und ohne erfrorene Finger und Nasenspitzen die Heimkehr unwahrscheinlich schien, dann mußten wir zu Hause bleiben, und das kostete Tränen genug. Aber sonst war uns volle Willkür gegönnt. Nur dem Einbrechen stand man von elterlicher Seite mit ausgesprochener Abneigung gegenüber, und kamen wir mit nassen Kleidern heim, so setzte es Haue.

Nach sehr harter Frostzeit, in der wir, bis zu den Augen vermummelt, gerade nur in die Schule gehen durften, geschah es eines Tages, daß ein linderes Lüftchen wehte: Minus 16 Reaumur, beinah wie im Juli. Da gab es natürlich kein Halten.

Mit meinem Bruder Otto, der anderthalb Jahre jünger war als ich, trieb ich mich auf dem Szieszefluß umher, und das lindere Lüftchen fegte das Eis vor uns blank, als sei es dazu gemietet.

Von Gefahr oder Unsicherheit war naturgemäß nicht die Rede. Nun gibt es jedoch in jedem strömenden Gewässer faule Stellen, die niemals recht zufrieren wollen. Sie sind dem Ortskundigen meistens bekannt, und auch ich wußte mit ihnen Bescheid. *Ein* Gutes aber mußte der klotzige Frost doch gehabt haben; darum lief ich jeder Vorsicht bar glatt in eine Blänke hinein und kam erst wieder zu mir, als ich im Wasser paddelnd die Kante des festeren Eises umklammert hielt.

Ein wenig mehr Schwung, und ich wäre nie mehr zum Vorschein gekommen. Mein Bruder half mir vollends heraus . . . Was nun beginnen? . . . Mit nassen Kleidern nach Hause zu kommen, war unmöglich. Noch unlängst hatte es ein Donnerwetter gegeben, und die Wegnahme der Schlittschuhe stand vor der Tür.

In solchen Fällen gibt es nur ein Mittel: man zieht sich aus, hängt die Kleider an einen Baum und läßt sie trocknen. Und so geschah es. Mein Bruder half mir die Schlittschuhe abschnallen. Die Stiefel behielt ich der Sicherheit wegen an, aber

Mantel, Jacke und Hosen schaukelten sich alsbald programmmäßig am nächsthängenden Aste.

Das Hemde hörte nach wenigen Augenblicken zu triefen auf. Das war schon ein schöner Erfolg – und das lindere Lüftchen wehte mir wollüstig um die klappernden Beine.

Ja, so stand ich nun da und schaute sehnsüchtig dem Prozeß des Trocknens zu. Der ging über Erwarten hurtig vonstatten.

Die Hosen fühlten sich nicht mehr im mindesten feucht an, doch wenn die Beinlinge einander berührten, dann gaben sie ein Geräusch von sich, als ob man Steine gegeneinander reibt.

Das kam uns unheimlich vor.

»Ich werde sie doch lieber anziehen«, sagte ich zu meinem Bruder. Aber als ich den Wunsch in die Tat umsetzen wollte, ergab es sich zu unserem Schrecken, daß die beiden Seiten so fest zusammengefroren waren, als wären sie zu einem Stücke verwachsen. Mit dem Schlittschuh wurden sie rasch auseinandergeschlagen, bis sie zwei Röhren bildeten, die ohne jeden Beistand auf dem Eise standen wie Männer. In diese Röhren kroch ich wieder hinein, desgleichen in die gewaltsam geweiteten Ärmel, und dann kam der Heimweg. Daß er im Laufschritt vonstatten ging, wird jeder mir glauben, auch ohne daß ich's beteure.

Mama hatte eben die Lampe angesteckt und maß uns mit flüchtiger Teilnahme.

»War es auch nicht zu kalt?« fragte sie.

»Ach, es war wundervoll!« erwiderte ich und freute mich, daß sie nicht daran dachte, uns zu betasten.

»Wenn ich mich jetzt an den warmen Ofen setze«, so überlegte ich, »dann müssen die Kleider bis zum Abendbrot trocken sein.«

Also gut. Den lauen Kaffee verschmähte ich, um keine Zeit zu verlieren, und drückte mich dicht an die heißen Kacheln.

Um den Sofatisch herum entwickelte sich das abendliche Familienleben. Mama saß über ihr Nähzeug gebeugt, Großmama strickte, und die beiden Brüder – der jüngste war noch nicht so weit – machten tugendhaft ihre Schularbeit.

Derweilen saß ich am Ofen und zitterte.

Da ereignete es sich, daß Mamas Händen irgendein Zeugstück entfiel. Sie bückte sich – bückte sich noch einmal – und ihr Blick wich nicht mehr vom Boden.

»Was ist das schon wieder?« fragte sie, mit dem Finger auf eine Dielenritze weisend, in der ein dünnes, dunkles Rinnsal dahergesickert kam. Der Finger erhob sich langsam und folgte der Richtung des Rinnsals bis zu dessen Quelle, die nirgendwo anders als am Ofen und gerade da sich befand, wo ich meine zwei Füße hingestellt hatte.

Sie stand auf, kam geradewegs auf mich zu, ihre prüfenden Hände glitten an meinem Körper entlang, und da war es mit dem Geheimtun zu Ende.

Aber dieses Mal gab es *keine* Haue, nicht einmal ein Scheltwort gab es. Ich wurde eilends ins Bett gestopft, bekam heißen Holundertee zu trinken, und am nächsten Morgen war nichts geschehen.

Oh, ihr glückseligen Schlittschuhfahrten ins weite Land hinaus! Späterhin habe ich einmal versucht, Kunstläufer zu werden – es ist mir mißlungen – gerade nur bis zum »Gegendreier« hab ich's gebracht. – Aber alle Seligkeiten des aufgestachelten und befriedigten Ehrgeizes sind unvergleichbar der weltentdeckenden Abenteuerlichkeit, mit der ein beflügelter Kinderfuß den blauen Fernen entgegeneilt.

Mein Auge hat manches von den Wundern der Welt geschaut. Ich habe die funkelnde Gletscherwelt zu meinen Füßen sich breiten sehen, ich bin auf schaukelndem Kamel und mit dem Kompaß als Führer in den sandigen, granitdurchstarrten Unendlichkeiten der Libyschen Wüste umhergeirrt, ich bin auf dem Indischen Ozean gefahren wie die seligen Götter, und die grüne, triefende Dämmerung des tropischen Urwalds hat mir ihre Geheimnisse hergeben müssen. Aber das Schönste von allem hat mir meine arme litauische Heimat geboten.

Gegen den Ausgang des Winters hin, im Monat März, wenn die erste Schneeschmelze die weiten Wiesen zu einem uferlosen See gewandelt hat, aus dem nur hier und da ein Gehöft oder eine Baumkronengruppe gleich Inseln herausragt, dann pflegt bei blauendem Frühlingshimmel ein kurzer, milder Frost noch einmal einzusetzen, der um die Mittagsstunde bei Windstille zu widersinniger Wärme wird.

Dann pflegen sich die Wasserflächen noch einmal mit einer leichten Eiskruste zu bedecken, die bei Tage leise abschmilzt und zur Nacht wieder stärker wird. Sie wird gerade stark genug, um einen Schlittschuhläufer zu tragen, und ist so glasklar und durchsichtig, daß man nichts von ihr gewahrt, selbst wenn man dicht über ihr dahinfährt. Im Gegenteil, man sieht nichts weiter wie unter ihr das niedergebogene grüne Gras und die Fischchen, die glitzernd in den Gräben hin und her schießen. Wäre das Klingen und Klirren nicht, mit dem die Schlittschuhe das Eis durchschneiden, man würde des Glaubens sein, erdentbunden durch die Lüfte zu schweben. Und schließlich glaubt man es wirklich. Nie, selbst im Traume nicht, habe ich die Illusion des Fliegens so ungeschmälert durchgekostet wie an jenen sonnenklaren Märznachmittagen, an denen Himmel und Erde in eins zusammenwuchsen und alle Langsamkeit und alle Schwere in lachender Wonne sich löste.

Der große Strom, der sonst ein sagenhaftes Dasein führte, da er wohl eine Meile entfernt war und von Kleinjungensbeinen niemals erreicht werden konnte, lag schon nach zehn Minuten in königlicher Ruhe da – weiße Schollengebirge, an den Rändern von blauleuchtenden Spiegeln übergossen. Auf diesen Spiegeln fuhr man hinaus in die fremde Welt, und das Herz jubelte nahenden Feenländern entgegen.

Und eines kam – sich dehnend zu lichtüberströmter Unendlichkeit. Der Strom wurde breiter und breiter – und plötzlich war er nicht mehr da – hatte sich aufgelöst in unabsehbarem Leuchten und Glitzern. Das Auge ertrank in Fluten des veilchenfarbenen Glanzes, die über breite kristallene Brücken daherströmten. Die Bläue rechts und links, die sich weitab in Nebeln verlor, glich nicht der Bläue des Inneneises, sie war durchmustert von Funken und Blitzen, als habe sie einen Sternenhimmel verschluckt, und dunkle, schmale Bänder zogen sich quer hindurch. Das waren die Schrecken der Schlittengespanne, die offenen Stellen, in die man hineinfuhr wie in den Rachen des Todes.

Umkehren oder weiter hinaus? Nein, weiter hinaus. Trotz Herzklopfen und Todesgefahr. Einen Trunk Unendlichkeit trinken, ein Staubkorn werden wie jener Schlitten, der weit, weit in der Ferne als schwarzes Pünktchen quer über das Haff kroch.

Das Eis erklang, die Risse donnerten, und so flog man hinein in die Lichtwelt. Bis sie anfing, sich purpurn zu färben, bis das Blau sich zu Rosa verklärte und der blasse Märzenmond plötzlich am Himmel stand.

Dann aber dalli zur Umkehr! Der Abendfrost kam, die Kleider dampften, und konnte man noch in leidlicher Dämmerung zurück über den Stromdamm klettern, dann war man heilfroh.

Und dann plötzlich war alles zu Silber geworden. Silbern die Dächer – silbern die Baumkroneninseln – silbern die Bläue des Eises. Selbst das Gras, das verzaubert unter gläserner Decke des Frühlings harrte, war mit Silberfunken besetzt. Aber die Fischchen schliefen.

Und war man am Heimatufer gelandet und stapfte mit steifen Beinen dem Elternhause zu, dann wußte man niemals mehr, wo man recht eigentlich gewesen war. In einem Traumland? Auf einer Himmelswiese? In jenem Märchengarten, dessen goldene Pforte nur Glückskindern sich auftut?

An einem solchen blauleuchtenden Märzentage geschah es, daß die beiden Töchter der Frau Pfarrer Hugenberger ihrer Mutter davonrannten.

Als wir morgens in das Schulzimmer kamen, fanden wir unsere Lehrerin in Hut und Mantel, tränenüberströmt und händeringend zwischen den Bänken umherirren.

»Die Undankbaren!« schrie sie. »Die entarteten Geschöpfe! Die Schlangen, die ich an meinem Busen genährt habe! Denen ich jeden Bissen vorgekaut und jeden Trunk zwischen den Händen gewärmt habe! . . . Aber ich werde hinter ihnen herfahren! Ich werde sie einfangen! Und dann werde ich sie züchtigen, wie noch nie Kinder gezüchtigt worden sind . . . Und ich kenne auch ihre Mitschuldigen! Ich weiß, wer mit ihnen zusammen das saubere Plänchen ausgeheckt hat!«

Damit sah sie uns der Reihe nach drohend an, und wir knickten schuldvoll zusammen.

»Für heute habt ihr frei«, fuhr sie fort, »aber morgen werde ich unter euch treten und fürchterliche Musterung halten! Dann gnade euch Gott und auch euren Eltern und Elterseltern, die solche Verworfenheit gezeugt haben.«

Das war so ihre Redeweise – und nicht bloß an Tagen der Katastrophe.

Und dann toste sie von dannen, denn der Wagen, auf dem sie den Entflohenen nachsetzen wollte, machte sich draußen bemerkbar.

Wir Schulkinder – zehn oder zwölf an der Zahl – schickten uns an, nach Hause zu gehen und den unverhofften Feiertag bestmöglich auszunutzen.

Da gewahrte ich, daß Ottilie – Ottilie Settegast, das liebe, blonde Mädel mit den zwei Mäuseschwänzchen im Nacken –, die mir seit langem von allen Gefährtinnen am besten gefiel, in einem Winkel saß und weinte.

Ich wußte auch sofort, *warum* sie weinte, denn nicht umsonst hatte sie seit Wochen mit den Davongelaufenen zusammengesteckt und getuschelt, und da sie als Tochter eines Auswärtigen – des Besitzers von Oszkarten – über Mittag in der Schule blieb und sich ihr Mitgebrachtes auf dem Herde der Frau Pfarrer wärmen ließ, hatte sie doppelt und dreifach Gelegenheit gehabt, das verbrecherische Komplott schmieden zu helfen.

Mein Herz wurde von Mitleid weit, ich wartete, bis die Brüder und sämtliche anderen das Zimmer verlassen hatten, und trat dann an sie heran, um sie zu fragen, was ihr fehle.

Ihr fehle nichts, und ich möge meiner Wege gehen.

Aber so leichten Kaufes war ich nicht abzufinden. »Wenn du nun wirklich dabei gewesen bist«, sagte ich, »das schadet ja nichts, ich würde auch geholfen haben, aber ihr habt mich ja nicht ins Vertrauen gezogen.«

Da wurde sie weicher. »Was soll ich nun anfangen?« klagte sie, »ich sitze hier ganz allein, und der Wagen holt mich erst abends.«

»Du gehst zu deinem Onkel«, riet ich.

Ihr Onkel war der alte Apotheker Settegast, von dem ich späterhin noch viel zu erzählen haben werde.

Nein, das könne sie nicht. Wenn man ihre rotgeweinten Augen sähe, dann würde man sich was denken, und dann bekäme sie Schelte.

»Komm mit, Schlittschuh laufen.«

Das möchte sie schon, aber sie habe keine Schlittschuhe da.

»Ich werde dir welche besorgen.«

Damit wollte ich hinauslaufen, aber sie bat so sehr, ich möchte sie nicht allein lassen, daß ich sie mit mir nahm und an unserem Gartenzaun warten hieß, bis ich meinem Bruder Franz die Schlittschuhe, mit denen er eben abziehen wollte, für zehn Hosenknöpfe – ich besaß sie noch gar nicht, aber ich hätte sie mir im Notfalle von den Sonntagskleidern geschnitten – mühsam abgehandelt hatte.

Auf die Wiesen gingen wir nicht – da hätten wir an der Apotheke vorbei müssen – aber hinter dem Dorfe gab es rings um einen sandigen Hügel einen tiefgelegenen Roßgarten, der um diese Zeit meistens überschwemmt war. Dort trieben sich nur Volksschüler herum, und die zählten nicht.

Von jenen Vormittagsstunden habe ich keinen Augenblick vergessen. Wir wiegten uns in der wärmenden Märzensonne, wie Katzen im Thymian spielen, und in mir fragte eine Stimme: »Was ist das nur? Was ist das nur? Warum ist die Welt so schön, und warum ist es so schön, Ottiliens Hand zu halten? Und wenn sie spricht, warum sind ihre Worte so anders, als anderer Menschen Worte jemals gewesen sind?«

Und sie hatte so viel Vertrauen zu mir. Sie erzählte von ihrem Geheimbuch. Und von den Streichen ihrer großen Brüder erzählte sie, die in Memel auf dem Gymnasium waren. Und von einem Freunde, den sie zu Weihnachten mitgebracht hatten. Der verehre sie sehr, aber sie mache sich nichts aus ihm.

Jetzt wußte ich, ich verehrte sie auch, und jenen hätte ich ermorden können, obwohl sie sich nichts aus ihm machte.

Als der Mittag kam, wurden wir hungrig. Sie hatte Furcht, in die leere Wohnung der Frau Pfarrer zurückzukehren, und ich wiederum getraute mich nicht, sie zu uns einzuladen, denn fremde Tischgäste mitzubringen war in unserm Haushalt nicht Sitte.

Und damals aßen wir auch noch von Wachstuch.

Ich beschloß also, bei ihr zu bleiben, rannte rasch nach Hause und erreichte unter dem Vorwande, Frau Pfarrer habe mich beauftragt, in der unverschlossenen Wohnung nach dem Rechten zu sehen, daß ich beim Mittagessen fehlen durfte. Sogar zwei dickbelegte Semmeln bekam ich auf den Weg, damit mir nicht schwach würde.

Nun hausten wir beide zusammen bis zum Abend. Wir machten Feuer im Herde und wärmten ihr Mittagbrot. Sie hatte Wurstsuppe mit, das weiß ich noch heute, in einer breithalsigen Flasche, wie man sie sonst zum Einmachen braucht, und einen zusammengeklappten Eierkuchen, von dem ich abbeißen durfte. Nie hatte mir im Leben etwas so schön geschmeckt.

Und dann wuschen wir auf wie gelernte Dienstmädchen und brachten auch gleich die ganze Wohnung in Ordnung. Unser Eifer war gar nicht zu bändigen, und immerzu ersannen wir neue Geschäfte, bis plötzlich der Wagen draußen stand, der Ottilien abholen kam.

Mir war das Herz schließlich so beklommen gewesen, daß ich mich beinahe freute, als sie von hinnen fuhr. Nun stand ich allein in dem leeren Schulzimmer, in dem es plötzlich eiskalt war, denn an Heizen hatte niemand gedacht, und ich fing an, mich zu fürchten. Aber ich hatte nicht den Mut, nach Hause zu gehen. Mir war, als müsse sich etwas ereignen, irgend etwas Großes, Freudiges, noch nie Dagewesenes.

Ihre Büchertasche hatte sie liegen lassen. Vielleicht, daß sie den Kutscher umkehren ließ und sie holte. Ich sah ihre Schreibhefte durch und küßte die Stelle, auf der ihre Hand zuletzt gelegen hatte. Ich setzte mich auf ihren Platz und streichelte die Kante, an die sie sich lehnte. Und derweilen fürchtete ich mich immer mehr, denn es fing an, dunkel zu werden.

Da faßte ich endlich einen Entschluß, legte den Schlüssel unter die Strohmatte und machte, daß ich davonkam.

Am selbigen Abend saß ich bis zur Schlafenszeit im Ofenwinkel der dunklen Vorderstube und malte mir aus, wie ich ein großer Mann werden würde, ein General, ein Minister oder ein Dichter, und wie ich dann eines Tages heimkommen und den Rittergutsbesitzer Settegast um die Hand seiner Tochter bitten würde, die mir nun nicht mehr verweigert werden konnte, wenn auch mein Vater nicht zu den »Honoratioren« gehörte.

Am nächsten Morgen saßen die beiden Missetäterinnen auf ihren Plätzen, als wäre nichts geschehen. Frau Pfarrer flocht in ihr Morgengebet eine Stelle ein, in der von mißratenen Töchtern die Rede war, die Gottes Gnade in die verzeihenden Arme der schwergeprüften Mutter zurückgeführt habe. Und dann stiegen wir beruhigt in die französischen Konjugationen hinein.

Ich schielte unverwandt nach Ottiliens Platz hinüber, auf dem auch sie saß, als wäre nichts geschehen. Sie hatte die Arme vor ihrer Grammatik gefaltet, und die Mäusezöpfchen hingen über die Blätter.

Mein Auge bat und bettelte, vier Tadel bekam ich mindestens, aber nicht einmal beim Tadeln sah sie mich an.

Trotzdem muß von dem, was zwischen uns geschehen war, etwas durchgesickert sein, denn eines Tages wurde mir mitten in der Stunde ein zusammengefalteter Zettel zugeschoben, auf dem stand: »O.S. liebt H.S.« Ich schrieb darunter: »H.S. liebt O.S.« und schickte den Zettel zurück.

Nun gab es drüben unter den Mädchen ein Kichern ohne Ende. Ottilie aber war böse und grüßte mich nicht mehr.

Das hat mich wochenlang herzbrechenden Kummer gekostet, und der finstere Ofenwinkel erlebte verzweifelte Schwüre und heroische Entschlüsse ohne Zahl.

Bis eines Tages durch die gleiche Post ein Pillenschächtelchen an mich gelangte. Darin lag ein blauer Perlenring, und auf dem Boden waren mit Bleistift die Worte geschrieben: »O.S. für H.S.«

Diesmal quittierte ich nicht, denn ein Blick auf Ottiliens glutübergossenes Gesichtchen verriet mir, daß drüben ein Ränkespiel im Schwange war. Ich bin auch nie dahintergekommen, ob der Ring in Wahrheit von ihr stammte, aber gehütet habe ich ihn als Heiligtum viele Monate lang. –

Eines Tages blieb sie aus, und uns wurde erzählt, sie habe eine Gouvernante bekommen. Von nun an sah ich sie nur noch, wenn sie gelegentlich einmal auf der Chaussee vorüberfuhr.

Ich glaube, ich habe den Oszkarter Wagen an der Art seines Rasselns von weitem gekannt, denn eine Ahnung sagte mir schon immer im voraus: »Jetzt kommt sie.«

Dann versteckte ich mich hinter dem wilden Wein unserer Veranda. Um nichts in der Welt hätte ich hervorzutreten und sie zu grüßen gewagt, und leuchtete ihr rotes Jäckchen auf – das trug sie auf ihren Fahrten immer von Sommeranfang an –, dann stach es mir wie eine züngelnde Flamme mitten ins Herz. Dann bin ich hinter die Brauerei gelaufen, wo der Schwengel der großen Pumpe als Traumschaukel immer für mich bereit hing, und habe gelacht und geweint und bin sehr glücklich gewesen.

Von dem frühen und tragischen Tode Ottiliens werde ich noch zu erzählen haben. –

DRITTES KAPITEL

Neues Werden

Eines Tages, als ich etwa elf Jahre alt war, fand meine Mutter mich tränenüberströmt in einer Ecke sitzen und erfuhr von mir, daß Frau Pfarrer beschlossen hatte, wegen meiner Verworfenheit – wenn ich nicht irre, hatte ich eine Zeichenvorlage mit Tinte beschmutzt – acht Tage lang eine besondere Fürbitte für mich in das Morgengebet einzulegen.

Da erklärte sie: »Es geht mit der Frau nicht länger. Sie wird nächstens gänzlich überschnappen.«

Schon am nächsten Morgen hieß sie uns zu Hause bleiben und meldete uns in der anderen, der angeseheneren Privatschule an, obgleich das Schulgeld dort um ein Erkleckliches höher war.

Von nun an befand ich mich in einer neuen Welt: der Welt der Regelmäßigkeit, der Ordnung, der Disziplin. Von nun an war ich in die bürgerliche Gesellschaft eingereiht, die mir das Fangnetz ihrer Gebote und ihrer Staffelungen für immer über den Nacken warf.

Bei Fräulein Hubert gab es keine Fürbitten, kein Händeringen, keine Kniefälle, kein Strafgericht im Namen des allrächenden Gottes, aber auch keine Fluchten mehr in Märchenländer, kein Schwelgen und keinen Rausch an den üppigen Tafeln der Phantasie.

Fräulein Hubert war eine energische alte Jungfer mit blecherner Trompetenstimme und einem Augenpaar, das ordnete und befahl, ohne daß es eines Wortes bedurfte.

Gegen ihre Strafen gab es keine Auflehnung – auch eine innere nicht –, denn sie waren immer gerecht. Und wenn sie einmal besonders hart ausfielen, dann trat bescheiden aus dem Hintergrunde Fräulein Julie hervor, ihre noch ältere Schwester, die immer krank war und immer lächelte, und brachte die Sache mit einem gütigen Scherze wieder in Ordnung.

Fräulein Julie hatte sich Englisch vorbehalten – denn sie war im Lande unserer Exvettern Erzieherin gewesen – und Zeichnen außerdem. Sie besaß viele dicke Mappen, die wir mitten in der Stunde besehen durften, »denn das Auge muß wissen, was schön ist«, sagte sie, »ehe die Hand den ersten Strich tut«.

Unter den Vorlagen gab es eine, die mein höchstes Entzücken hervorrief und die ich nicht müde wurde anzustaunen, bis es mir endlich erlaubt war, sie abzuzeichnen.

Sie stellte die vorspringende Ecke eines säulengetragenen Palastes dar, den ein anderer Säulenpalast im Hintergrunde flankierte.

Die Hände zitterten mir vor Erregung, als ich die Säulen nachmalen durfte. Eine Art von heiliger Raserei war über mich gekommen, und diese Raserei für alles, was Säule ist, habe ich heute noch ... Man kann sich vorstellen, was später Italien mir wurde.

Bei Fräulein Hubert lernten wir ungefähr das, was das Gouvernantenexamen einer Lehrerin zu lehren erlaubt. Und dazu gehörte *nicht* Latein und Mathematik. Hier mußten Extrastunden ergänzend eingreifen, die ein junger, hübscher Eleve des Katasterkontrolleurs aus funkelnagelneuer Erkenntnis – denn er war eben aus der Untersekunda abgegangen – mir für drei Mark im Monat mit Herablassung verabfolgte. Ich wurde viel geprügelt und lernte wenig, und *was* ich lernte, erregte mir Abscheu, ein Gefühl, das – für Latein wenigstens – so lange vorhielt, als ich dessen bedurfte.

Wichtiger noch als die Lehrstunden, die mich in ein festes Gefüge elementaren Wissens hineinführten, war für meine Entwicklung der Verkehr mit meinen neuen Genossen. Es ist eine Binsenwahrheit, daß nicht unsere Erzieher uns erziehen, sondern die, die mit uns gemeinsam erzogen werden.

Wer ich war, *was* ich war, welche ursprünglichen Eigenschaften ich mir zusprechen muß und welche mir aberkennen, das weiß ich nicht, denn mein Wesen war mir selbstverständlich. Und darum mußte nach meiner Ansicht auch jedes anderen Wesen im Grunde ihm gleichen. Meine Mutter sagt, ich sei ein stiller, scheuer Knabe gewesen, leicht erfreut und leicht gekränkt, und habe gern einsame Wege gesucht.

Mag dem so sein, eines ist klar: daß ich bei meinen Spielgefährten niemals beliebt war. Die Mädchen mochten mich allenfalls leiden, ohne mir jedoch ein wärmeres Interesse zu schenken, die Jungen aber zeigten mir die kalte Achsel und quälten mich, wo sie nur konnten.

Da waren zwei, die durch fast meine ganze Jugendzeit gehen, da ich ihnen in der Heimat immer wieder begegnete, bis ich auf der Obersekunda noch einmal dauernd mit ihnen zusammentraf. Der eine hieß Louis Damerau, der andere Albin Dobinsky, und ein dritter war noch da, den ich nicht nennen darf, da er sich später einem Verwandten von mir freundlich erwiesen hat. Ich will ihm den falschen Namen Hallgarten geben, der mit seinem rechten keine Ähnlichkeit hat.

Diese sogenannten Jugendfreunde, mit denen ich auf der Schulbank und später am Kneiptische unzählige Male beisammen saß, waren die ersten, die meine leicht verwundbare Seele mit dem ätzenden Gifte der Demütigung und der Verbitterung durchtränkten, die mir das Gefühl zu kosten gaben, daß ich etwas Geringeres sei als die anderen, und eine Stimmung des Gedrückt- und Geducktseins in mir schufen, die im späteren Leben bei jeder Attacke meiner Umgebung lähmend hervortrat. Aus ihr erklären sich manche Mängel meines Charakters, an denen ich zeitweise zu tragen hatte wie an einem Verhängnis und deren schlimmsten Teil, Schlaffheit und Mutlosigkeit, ich erst in den Jahren des Alterns überwand.

Daß sie mich von ihren Spielen und ihren Spaziergängen ausschlossen, daß sie ohne mich baden gingen, daß sie mit den Mädchen geheimnisvolle Verabredungen trafen, die ich nicht mitanhören durfte, war alsbald eine Gewöhnung, die nicht weniger schmerzte, weil sie sich stets aufs neue wiederholte. Aber sie wußten mich noch empfindlicher zu treffen.

Die Kargheit der häuslichen Lebensführung brachte es mit sich, daß meine Mutter uns Jungens die Kleider selber schneiderte, und so war ihr wohl ein Paar Hosen einmal zu weit geraten. Solche Hosen trugen die Brettschneider, weil sie bei dem ewigen Sichbücken eine Spannung über gewissen Körperteilen schlecht vertragen hätten. Diese Ähnlichkeit hatten meine Freunde alsbald entdeckt, und wo ich ging und stand, hallte das Wort »Brettschneider« hinter mir her. Was half's, daß ich mich wutglühend wehrte, daß ich mit Fäusten blindlings auf die Höhnenden dreinschlug – sie waren ja größer und darum auch stärker als ich, und schließlich wurde ich stets noch verprügelt.

Ich besinne mich nicht, daß je im Leben eine Kränkung mich härter getroffen, mich in tiefere Verzweiflung gestürzt hätte. Wahrscheinlich war es der Zusammenhang mit der Enge des Elternhauses, die ich herausempfand. Mochte eine Anspielung meinen Feinden auch noch so fern gelegen haben, dieser Zusammenhang traf die weheste Stelle meiner Seele, denn er schnitt mir mit schärferer Schneide als alles sonst ein Menetekel darüber ins Fleisch, wohin ich gehörte.

Jede preußische Kleinstadt, jede Siedlung, die nicht rein ländlichen Charakter trägt, zerfällt in vier streng gesonderte Schichten, die nach ihrer gesellschaftlichen Formung und der in ihnen herrschenden Sitte Erziehung und Lebensgang des darin Geborenen unweigerlich bestimmen. Aus einer in die andere überzugehen, ist schwer, fast unmöglich, und gemeinhin vermag kein Ehrgeiz, kein Erfolg die Trennung zu überbrücken.

Die oberste Kaste sind die Honoratioren. Dazu gehören die Studierten, die Gutsbesitzer, die wohlhabenden Kaufleute und einige wenige sonst, die durch Anbiederung oder Konnexionen darin Unterschlupf finden. Die zweite Kaste heißt der Mittelstand; zu ihm wird alles gerechnet, was noch halbwegs auf Ansehen oder Bildung Anspruch machen kann: die mittleren Beamten, die besseren Gastwirte, das Gros der Ladenbesitzer und viele sonst, die sich des Verkehrs mit der »Crème« nicht würdig fühlen. Von ihr wiederum durch Klüfte getrennt ist der Handwerkerstand, dessen Nachwuchs die Volksschule besucht und der in Schützen- und Turnvereinen seine gesellschaftliche Zusammenfassung erfährt. Die Dienenden, die Armen und Namenlosen, bilden die letzte Schicht. Von ihr wird geschwiegen, also schweige auch ich.

Daß mein Elternhaus sich nicht zu den ersten – den Honoratioren – zählen wollte und durfte, sondern im Mittelstande seinen Platz hatte, war der große Schmerz meiner Kindheit. Vielleicht wurzelt in ihm letzten Endes mein Ehrgeiz, mein Trotz, mein Fleiß, mein Streben zur Höhe.

Wenn es nach den Wünschen meiner Mutter gegangen wäre, so hätten wir wohl der »ersten« Ressource beitreten können – wir hatten Freunde darin und waren auch »aufgefordert« worden, wie sie oft mit einigem Stolz betonte. Aber mein Vater, in dem das niederdeutsche Bauernblut allemal revoltierte, wenn das Verkehren mit Höhergestellten in Frage stand, erklärte rundweg: »Dort haben wir nichts zu suchen.«

Und für sich hatte er zweifellos recht. Er, der an Brautagen noch immer die blaue Schürze trug, der oft statt des Knechtes den Bierwagen aufs Land hinaussteuerte – im Orte selbst wär's freilich auch nach seiner Auffassung eine Schande gewesen –, er, dem im Gespräch mit Studierten die Zunge gelähmt war und der eine sonnabendliche Préférencepartie mit dem katholischen Pfarrer hinterher vor uns und sich selbst zu entschuldigen für nötig fand, indem er sagte: Mit dem Manne zu spielen, dabei vergebe man sich nichts, denn er sei auch nur von schlichter Herkunft – nein, mein Vater hatte dort nichts zu suchen, und er ist dieser Erwägung treu geblieben bis an sein Ende.

Dazu kam die Not, die immer gleichbleibende quälende Not, die ihn ganze Nächte lang stöhnend und händeringend im Zimmer umherlaufen ließ. Oft wachte ich auf und hörte durch den Fußboden sein wortlos fluchendes: »Äh, äh, äh.« Und die Stimme der Mutter, die selber weinend ihm Trost zusprach.

Wahrlich, einer Dichterlaune entstammt meine »Frau Sorge« nicht.

Wer mit solchen Tönen im Ohr, mit solchen Bildern vorm Auge ins Leben tritt, der ist dem holden Leichtsinn verloren; und mögen auch alle Instinkte in ihm der Freude entgegenstreben, er wird sich ins Dunkel gebannt fühlen, solange bis Fürchten und Wünschen in einem Lächeln des Verzichtens zusammenfließen.

Als ich das zwölfte Jahr überschritten hatte, begann die Frage des künftigen Berufs um mich herum zu spuken.

Meine »Freunderln« saßen schon längst auf den hohen Schulen von Tilsit, die *mir* natürlich verschlossen blieben, denn das notwendige Pensionsgeld hätte mein Vater niemals erschwingen können. Und doch wich der Gedanke, daß ich Realschule oder Gymnasium besuchen müsse, bei Tag und bei Nacht nicht mehr aus meinem Hirn.

Meine Mutter sah den stillen Jammer wohl, in dem ich vor mich hinlebte, und manchmal, wenn ich über das Buch hinweg, vor dem ich saß, gierig ins Leere starrte, schlich sie sich tröstend hinter mich, nahm meinen Kopf in beide Arme und flüsterte zu mir nieder: »Verzage nicht, mein Jungchen, es wird vielleicht gehen.«

Ja, aber wie? Das blieb mir so lange ein Rätsel, bis eines Tages von der guten Tante aus Elbing ein Brief ankam. In dem stand, sie wolle es mit mir versuchen – für vier Taler monatlich könne ich bei ihr Pension und sogar noch Klavierstunden haben, die meine Kusine Marie bereit sei mir zweimal wöchentlich zu erteilen.

Damit war mein Schicksal entschieden, und die Notbehelfe des Försters und des Volksschullehrers, die mir bisher als das verhältnismäßig Höchststehende in lockenden Farben vors Auge geführt worden waren, sanken weit zurück ins Reich der Angstträume. Ein heimlicher Bittbrief meiner Mutter, von dem selbst Vater keine Ahnung gehabt, hatte das Wunder zustande gebracht, gegen das er sich nicht mehr zu wehren vermochte, zumal Mama erklärte, daß sie ein Viertel, ja die Hälfte des Betrages durch das Milchgeld selber aufbringen wolle.

Dies »Milchgeld« hat noch zwanzig Jahre lang in meinem Leben eine Rolle gespielt, und wenn das Messer mir *ganz* dicht an der Kehle saß, dann kam es als letzte Rettung dazwischen. Die eine Kuh, die uns im Stalle stand, hat alles geschafft. Was von ihrer Milch übrigblieb, wenn die Häuslichkeit versorgt war, durfte verkauft werden, und der Erlös davon floß in Mutterchens Tasche.

Wieviel Söhne auf Erden mögen durch solch ein »Milchgeld« schon vor Niedergang, vor Untergang bewahrt geblieben sein! –

Die »gute Tante« in Elbing, Frau Agnete Neufeldt mit Namen, hatte schon immer in unserem Hause eine Rolle gespielt. Sie »lebte von ihren Zinsen«, sie besaß sogar eine »Villa«, wie die Sage ging, und hatte schon deshalb etwas Feenartiges an sich, wenngleich ein greifbares Zeugnis hierfür bis dahin sich nicht zu uns verirrt hatte. Nun aber war es da und zog mich in jene Feenländer, in denen Wohlstand und Würde, Bildung und Feinsein zu Hause sind.

Daheim begann alsbald eine fiebernde Tätigkeit, denn meine

Aussteuer mußte so glanzvoll ausfallen, daß ich selbst in höheren und höchsten Kreisen nicht über die Achsel angesehen wurde.

Zwei Anzüge bekam ich, im Hoffmannschen Laden vom besten Tuche abgeschnitten, und nicht etwa im Hause gemacht wie bisher, o nein, bei einem wirklichen Schneider, Paetzel mit Namen, der sich noch weit später, als ich mit den Swells vom S.C. in Wettbewerb zu treten hatte, als Künstler von Gottes Gnaden erwies. Daß ich mit meiner Leibwäsche auf eine Hochzeitsreise hätte gehen können, brauche ich keinem zu versichern, der meine Mutter je gekannt hat. Aber sogar zwei »Schlipse« bekam ich mit auf den Weg, von ihr selber auf kleine Pappbögen gespannt – denn »Selbstbinder« gab es in meinem Gesichtskreis noch nicht –, der eine von braunem Brokatstoff für die Sonn- und Feiertage, der andere – nun, also den anderen hab' ich vergessen, wie man den Alltag ja meistens vergißt.

Mich selber hatte wieder einmal ein Wahnsinn gepackt, der Wahnsinn nämlich, auf die Tertia zu kommen. Damerau und Dobinsky waren mittlerweile auf der Tertia angelangt, darum also durfte ich mich nicht lumpen lassen.

Dabei sah es bei mir mit Latein und Mathematik höchst windig aus – der junge Katastergehilfe hatte sich längst dem Suff ergeben und darum die Stunden einschlafen lassen –, mein Französisch war mäßig, mein Englisch half mir nichts, denn es wurde erst auf der Tertia begonnen, von Naturwissenschaft hatte ich keinen Schimmer, Geschichte und Geographie zählten nicht – so blieb also nur die Literatur, in der ich erhebliche Schätze gesammelt hatte.

Sogar Schillers Dramen konnte ich sämtlich, und über die Gegensätzlichkeit in den Charakteren des Karl und des Franz Moor hatte ich jüngst meinem Vater einen längeren Vortrag gehalten, der finsterem Stillschweigen begegnet war, denn alles, wovon er nichts wußte, erregte ihm bitteren Gram.

Und noch heute bin ich mir nicht darüber klar, ob der Widerwille, mit dem er meinen Bildungsaufstieg später begleitet hat, im Innersten nicht auf Groll über das eigene Schicksal beruhte.

Viertes Kapitel

Bei der guten Tante in Elbing

Unter der Obhut des Herrn Hoffmann, desselben Herrn
Hoffmann, bei dem die zwei Tuchanzüge gekauft waren und
der sich jetzt zur Leipziger Messe begab, um neuen Vorrat zu
schaffen, fuhr ich an einem sonnigen Aprilmorgen von dannen – bis Tilsit mit der Post –, von dort mit dem Personen-
zuge weiter.

Bei Herrn Hoffmann – gesegnet sei sein Andenken! – war
zwei Tage vorher große Gesellschaft gewesen, und darum
hatte seine sorgliche Gattin ihm einen ganzen Freßkober mit
gefüllten Blätterteigschnitten vollgepackt – Dinge, von denen
man im Sudermannschen Hause gerade nur eine Ahnung bekam, wenn Mama auf »Ressource« gewesen war. Und wenn
ich mit vollen Händen herausholen durfte, mehr als mein
Herz begehrte, dann war es wie eine glückliche Vorbedeu-
tung für die Üppigkeit kommender Zeiten, war fast eine Reise
ins Schlaraffenland.

Die Nacht über saß ich wach in meiner harten Ecke und malte
mir die Wonnen künftiger Tage.

Am meisten freute ich mich auf Onkel Heinrich.

Onkel Heinrich war der einzige rechte Bruder meines Vaters
und hatte in meinem Elternhause eine Stellung von märchen-
hafter Wichtigkeit. Er war der Besitzer des Hotels »Zum goldenen Löwen« gewesen, das er verkauft hatte, als seine Frau,
eine sehr üppige und vornehme Frau – beider oft angestaun-
tes Bildnis hing in unserer guten Stube – ihm nach einer geheimnisvollen Krankheit, bei der alles zu Zucker wird, vom
Tode entrissen worden war. Was er seither getan hatte, darüber war Genaues nicht mehr zu uns gedrungen. Er lebte bei

den Verwandten, wie es hieß, gewiß als ein wohlhabender und lebensfroher Rentner, bereit, auch seinem dankbaren Neffen einen Anteil an den Genüssen des eigenen Daseins zu vergönnen.

Dieser Onkel Heinrich würde mich mit Fuhrwerk vom Bahnhof abholen kommen, so hatte die Tante in ihrem letzten Briefe geschrieben, und als ich in Elbing um fünf Uhr früh dem Zuge entstiegen war, sah ich mich herzpochend nach der Karosse und ihrem Kutscher um, die meiner warteten. Wo sie waren, da konnte auch Onkel Heinrich nicht fern sein.

Aber nichts dergleichen ließ sich bemerken. Hinter dem knallgelben Postwagen stand nur ein klappriges Brettergefährt, auf dem ein zweifelhaft aussehender Mann mit langem Fetthaar und einer roten Nase zigarrenlutschend kauerte. Als der mich in meiner Ratlosigkeit suchend dastehen sah, winkte er mir zutraulich mit seiner Peitsche und rief: »Wenn du der Hermann bist, mein Jungchen, dann komm nur! Der Gaul ist zwar noch nie im Leben durchgegangen, aber mir ist gesagt worden, ich soll ihn nicht allein lassen.«

Sehr beklommen trat ich näher, und als er sich mit zwei feuchten Schmatzlippen zu mir herniederneigte, kletterte ich auf die Radnabe und küßte ihn tapfer, während ein verdächtiger Dunst, den ich von Krügen und Landstraße her wohl kannte, lähmend über mich herfiel.

Das war mein Onkel Heinrich.

Als ich meinen Koffer besorgt hatte, fuhren wir quer durch die noch schlafende Stadt, und überall glitzerten in der Morgensonne die hohlgebogenen Fensterscheiben, die ich in solcher Fülle an keinem anderen Ort der Erde gefunden habe.

Das sprach von Glanz und Glück und Lebensfülle, aber mir war das Herz sehr schwer.

»Hier ist der ›Goldene Löwe‹«, sagte mein Onkel und wies mit der Peitsche nach einem hohen, kahlen und kleinfenstrigen Hause, das altmodisch eingeklemmt zwischen ähnlichen

Giebelbauten stand, und mit einem von Bitterkeit freien, fast fröhlichen Lachen fügte er hinzu: »Ja, ja, mein Jungchen, das *war* einmal.«

Dann kam der breite Elbingfluß, von bauchigen Kähnen und schwarzen Dampfern voll – und dann ein Stadtteil, der mit seltsamen himmelhohen, schwarzweißen Fachwerkhäusern dicht besetzt war, ein Stadtteil, in dem kein Mensch sich sehen ließ, in dem keine Gardine leuchtete, in dem alles tot und erstorben schien.

»Das ist die Speicherinsel«, erklärte mein Onkel.

Und dann war es plötzlich wie auf dem Lande. Noch kahle Chausseebäume säumten die Straße ein, ein Dorfgasthaus mit Einfahrt und Wolmen winkte zur Ankehr, Obstgärten rüsteten sich zum Blühen, ein Ackerfeld, frisch aufgebrochen, dunstete –

»Hier sind wir«, sagte mein Onkel, auf ein stattliches blitzblankes Haus hinweisend, dessen Fensterglas so hohl geschliffen glitzerte wie in allen den gastlichen Wohnungen, die ich mit heimlichem Neid hinter mir hatte zurücksinken sehen.

Das also war eine »Villa«! Und als ich vom Wagen sprang, war das Herz mir wieder ganz leicht.

Und dann kam eine kleine, verschrumpelte Frau mit langen Zähnen und tränigen Augen mir freundlich entgegen, wischte sich die Reibeisenhände an einer blauen Küchenschürze und umhalste mich. Ein hochaufgeschossenes Jungfräulein, braunzopfig, blinkäugig und auch im übrigen leidlich wohlgetan, reichte mir die vollen Lippen zum Kusse – das war meine Kusine Marie.

In einem sonnendurchglänzten Giebelzimmer, in dem – das sah ich auf den ersten Blick – ein Pianino meiner Künstlertaten harrte, stand auf dem Sofatische die Kaffeekanne und das Butterbrot.

Ich war daheim.

Nach zwei Tagen, vollgefüllt mit den Wonnen neuen Schauens und neuen Liebhabens, machte meine Tante sich mit mir auf den Weg, mich in der Realschule anzumelden. An den Besuch des Gymnasiums hätte ich niemals zu denken gewagt. Ein späteres Studium war selbstverständlich ausgeschlossen, und bis zum höheren Postfach und ähnlichen Berufen kam man als Realabiturient ja auch.

»Der Herr Direktor lassen bitten«, sagte der Schuldiener.

In einem blaudämmerigen Raume stand ein droßer, dicker Herr mit rotwallendem Barte und stechenden Brillengläsern.

Das war der Direktor Brunnemann, der Allgewaltige, der mein künftiges Schicksal zwischen den Fingern hielt.

»Was hast du für eine Vorbildung, mein Sohn?«

»Ich habe Latein gelernt, ich habe Mathematik gelernt, ich habe Literaturgeschichte gelernt, und die beiden Sprachen hab ich auch gelernt,« schnurrte ich herunter, um meiner Verzagtheit Herr zu werden.

»Halt, halt«, sagte er lachend, »sonst kann ich dir schließlich nur noch eine Lehrerstelle anbieten.«

Die Prüfung ergab, daß ich über die Anfangsgründe hinaus so gut wie gar nichts wußte.

»Also Quarta«, entschied der Direktor.

Da verlegte ich mich aufs Bitten. »Ach, versuchen Sie es doch mit mir, Herr Direktor! Ich werde mir *solche* Mühe geben, ich werde *so* fleißig sein! Wenigstens versuchen könnten Sie es.«

Und auch die Tante half mit. »Er kommt da von weit hinten her«, sagte sie. »Aus dem Litauischen. Da sind die Leute noch nicht so weit. Aber er ist ein aufgeweckter Junge und wird sich schon machen.«

»Gut«, sagte der Direktor, »ich werde dich also für die Tertia notieren; aber daß du binnen vier Wochen nach der Quarta zurückversetzt werden wirst, darauf kannst du dich verlassen.«

Die Drohung schreckte mich nicht. In heller Seligkeit verließ ich das Schulgebäude. Und der Vetter, Tantens Sohn, ein murkliger Junge mit grellen, kohlschwarzen Fanatikeraugen, der als Apothekerlehrling der Welt zu Leibe ging, goß uns, als wir bei ihm ansprachen, zwei heimliche Magenschnäpse ein: erstens, um das große Glück zu begießen, und zweitens, weil er gerade allein war.

O Schicksal, der du Liebe in Haß und Haß in Liebe wandelst, wie kläglich spielst du mit uns! Dieser Vetter, der mir jahrelang der Inbegriff aller jungmännlichen Tugenden war, dem ich noch als Student mit heißer Verehrung anhing, hat später Broschüren gegen mich geschrieben und ist jahrelang auf den Berliner Redaktionen herumgelaufen, um mich als Landesverräter, als Meineidigen und, was weiß ich, sonst noch zu denunzieren. –

An demselben Tage lernte ich den ersten wirklichen Freund kennen, den das Leben mir bescheren sollte.

Er hieß Julius Blechschmidt, und seine Mutter, mit der meine Tante einen matten Verkehr unterhielt, war die Witwe eines höheren Beamten, die durch Weißzeugnähen ihrer kärglichen Pension die sehr nötige Aufbesserung schuf.

Er war ein wilder Bursche, älter und kleiner als ich, mit schwarzer, schlichter Mähne und einem Paar Augen von dunkelflammender Schönheit. Da er im zweiten Jahre auf der Tertia saß, mußte er naturgemäß mein Mentor werden, und dies Geschäft hat er so gründlich besorgt, daß es in den nächsten zwei Jahren keinen dummen und wüsten Streich in der Klasse gab, in den ich nicht mit Zagen und Widerwillen verwickelt gewesen wäre.

Zwei- oder dreimal habe ich dank ihm dicht vor der Relegation gestanden, aber immer hat seine Indianernatur unsere Untaten zu verwischen gewußt. Die ärgsten darf ich auch jetzt nicht erzählen, denn sie waren schlimmer als verbrecherisch – unappetitlich waren sie.

Aber ich liebte ihn – liebte ihn mit der ganzen Hingabe des einsamen, leichtverzagten, vom Leben unsanft behandelten Knaben. Sein Denken und Handeln, wie sehr es meiner innersten Natur auch widerstreben mochte, war für mich Vorbild und unerreichbares Ideal. Vielleicht fühlte ich, daß er dem Naturwalten weit näherstand als ich, daß ungebändigte Naturtriebe in ihm wirkten, vor denen mein Sinn sich willenlos beugen mußte. Trotz seiner Kleinheit war er von unheimlicher Muskelstärke, ein Turner, ein Schwimmer, ein Schlittschuhläufer von Gottes Gnaden. Mit allem, was Tierzeug heißt, auf du und du und in der Pflanzenwelt zu Hause wie ein Botaniker von Fach. Vieles von dem, was ich ihm verdanke, lebt heute noch in mir.

Die Schulstunden nahmen ihren Anfang.
Als Letztangekommener bekam ich den letzten Platz, und daß er mir auch von Wissenschafts wegen gebührte, stellte sich rasch heraus.
Unser Ordinarius hieß Kutsch, ehemaliger Volksschullehrer und nur aufgrund altbewährter Ungebundenheiten – Preußen war damals noch nicht zu einer Maschine umreglementiert – zum Dienst auf Tertia zugelassen. Ein großer, starker Mann mit scharfen, hellgrauen Herrscheraugen und einem langen Bartbesen, an dem er unaufhörlich zerrte. Jupiter tonans, wenn er wollte; und wenn er *nicht* wollte, ein galoschenschlürfender Pedant, der das Klassenbuch mit Tadeln füllte und seine Gutherzigkeit im Zügel hielt, so daß sie nur bei Spaziergängen und auf dem Schulhof beseligend zum Vorschein kam. Dieser Mann hatte mich, seitdem mir in der Geometriestunde die erste blödsinnige Antwort entfallen war, auf die Plempe seines Humors gespießt, und wenn er eine Frage an mich tat, brüllte die Klasse, noch ehe ich den Mund aufgetan hatte. Bis meine deutschen Aufsätze ihm eine mürrische Achtung abnötigten. Aber das kam erst später.

Noch weit schlimmer stand es mit Latein. Als das erste Extemporale zurückgegeben wurde, zeigte das beste 0 Fehler, das schlechteste hingegen 54. Die 0 Fehler hatte Claaßen I, die 54 Sudermann – von dem nächstschlechten durch die Ziffer 31 getrennt. Ein so skandalöses Ergebnis war auf der Tertia noch nicht dagewesen, wie der alte Lateinlehrer Genrich, der mir mein Lebtag ein Schrecknis geblieben ist – ich träume noch jetzt manchmal von ihm – mit schrillem Gelächter der Klasse verkündete.

Somit war es kein Wunder, daß eines Tages während der Mathematikstunde der Direktor bei uns erschien und ohne weitere Einleitung zu mir sagte: »Sudermann, pack deine Bücher, wir gehen jetzt nach der Quarta.«

Ich schrie hell auf: »Nein, nein, nein, Herr Direktor! Nein, nein, nein!«

Und als der Direktor mich mit einem Griff seines linken Armes aus der Bank zog, ließ ich mich auf die Knie fallen, hielt mich an dem Ständer des Schultisches fest und schrie schluchzend: »Ich gehe nicht, ich gehe nicht, ich gehe nicht.«

Die beiden großen Männer sahen sich an, strichen sich lächelnd die langen Bärte und wußten nicht, was beginnen.

»Ich werde ihn auf den Arm nehmen müssen«, sagte Kutsch, der zugleich Turnlehrer war und über herkulische Kräfte verfügte.

Noch verzweifelter umklammerte ich meinen Pfosten; man hätte mir die Arme abhacken müssen, um mich von ihm zu lösen.

»Vielleicht sehen wir noch eine Weile zu«, sagte der Direktor.

Der andere zuckte die Achseln. »Viel Zweck hat es zwar nicht«, erwiderte er.

»Man kann nie wissen«, sagte der Direktor, der immer noch neben mir stand. Zugleich fühlte ich ein leises Streichen über mein Haar.

Dann reichten sich die beiden Mächtigen abschiednehmend die Hände, und ich war gerettet.

Nun hebt an, ihr Zimbeln, ihr Posaunen, zu klirren und zu schmettern, denn ich will singen ein hohes Lied der jungen Liebe!

Meine Kusine war es nicht. Nach wenigen Tagen inbrünstiger Zuneigung, wie sie die körperliche Nähe eines reifenden Weibwesens zwangsgemäß mit sich brachte, glitten meine Gefühle für sie in das sanfte Bette des Geschwisterlichen, aus dem sie nie mehr hinausstrebten.

Eine andere war's, weit holder, weit herrlicher, weit geheimnisvoller – ein halbflügger Cherub – eine Maienkönigin.

Als meine Mutter einst junges Mädchen war, hatte sie, um dem ärmlichen Witwenhaushalt daheim einige Erleichterung zu schaffen, ihr Brot in der Fremde suchen müssen und war über Haff nach Elbing gegangen, um in das Spielwarengeschäft von Franz Horning als Ladnerin einzutreten.

Daraus hatten sich Freundschaftsbeziehungen entwickelt, die auch nach ihrer Verheiratung durch Neujahrs- und Geburtstagsbriefe sorgsam gepflegt wurden und dahin führten, daß ich von ihr den Auftrag erhielt, mich alsbald nach meiner Ankunft bei Frau Hornig vorzustellen und dieser mütterlichen Freundin, deren Mann inzwischen gestorben war, ihre dankbaren Grüße auszurichten.

Als meine Kusine von dem bevorstehenden Besuche erfuhr, den meine Schüchternheit von einem Sonntage zum anderen hinausschob, hub ein heftiges Necken an und ich wurde zur Zielscheibe ihres Spotts.

»In die Klara wirst du dich auf der Stelle verknallen. Sie sitzt zwar noch auf der IIb, obgleich sie auch schon über vierzehn ist« – sie selber gereichte längst schon der Ib zur Zierde – »aber sie ist größer als ich und hat schon Tanzstunden genommen und ist überhaupt sehr kokett und sehr eitel, und alle Primaner laufen ihr nach.«

Als Abschreckungsmittel diente diese Charakteristik nicht, wenn ich auch noch zu grün war, um zu wittern, daß der Neid sie diktiert hatte. Ich brauchte mich nun nicht erst zu verknallen, ich saß in Liebe schon drin bis über die Ohren.

Bei Tage mied ich die Straße, in der das Hornigsche Haus gelegen war, obgleich mein Schulweg durch sie hindurchführte; aber wenn die Dämmerung kam, schlich ich mich leise an ihm vorüber, den schielenden Blick nach dem Fenster gewandt, an dem die Angebetete sitzen mußte.

Ich hatte sie noch nie mit meinen Augen gesehen, ich *wollte* sie auch gar nicht sehen, denn ich fürchtete, bei ihrem Anblick zur Erde zu sinken. Zog sich mir doch das Herz bis zum Taumeln zusammen, wenn ich nur daran dachte.

Aber meine Mutter mahnte schon. In jedem Briefe stand: »Warum bist Du noch nicht bei Hornigs gewesen?« Und in dem letzten gar: »Schreibe nicht eher wieder, als bis Du mir von Deinem Besuche berichten kannst.«

Nun gab es keinen Aufschub mehr, und als der nächste Sonntagnachmittag kam, rückte ich die brokatne Krawattenschleife noch etwas weltmännischer zurecht, memorierte die schöngeistigen Wendungen, die ich für ein erstes Auftreten in der großen Welt seit langem auswendig konnte – das Verhältnis von Karl zu Franz Moor spielte darin keine unerhebliche Rolle –, und trat in Gottes Namen den Weg zu meiner Hinrichtung an.

Aber es ging alles vorzüglich. Die alte Frau Hornig empfing mich mit wahrhafter Freude, ein verkümmertes blaßgelbes Mädchen, das nicht gern aufstand, weil es verwachsen war, besah mich mit heimlicher Rührung, und ich sprudelte wie ein Wasserfall, ohne daß ich mein literarisches Wissen zu strapazieren brauchte.

Wie gesagt, alles ging vorzüglich – nur Klara machte gerade

eine Landpartie nach Vogelsang, was zur Folge hatte, daß meine Kusine mir vorm Schlafengehen ein Extrataschentuch überreichte.

»Zum Naßweinen«, sagte die mitleidige Seele. –

Vierzehn Tage später erhielt ich eine Einladung zum Sonntagsbraten.

»Iß dich nur ordentlich satt«, gab die gute Tante mir auf den Weg, »damit es auch zum Abendbrot noch etwas vorhält.« Und die Kusine griente. –

Diesmal war sie da.

Hoch, schlank, lieblächelnd, mit unwahrscheinlich blauen Augen und breiten, tiefdunklen Brauenbogen, die das langwimprig beschattete Augenblau noch unwahrscheinlicher machten, so stand sie vor mir und reichte mir unwürdigem Nichts, mir dummem, krummem Letzten der Tertia eine kameradschaftlich zugreifende Hand. Sie – mir! Sie, der schon die Primaner nachliefen!

Und als mich auch die anderen begrüßt hatten, erklärte sie mir, wie sehr es ihr leid getan habe, daß sie damals nicht zu Hause gewesen war – und das nächste Mal müsse ich jedenfalls mitkommen.

Ein Rausch von Selbstgefühl übermannte mich. Ja, wenn die Dinge so lagen, daß ich von ihr *nicht* verachtet, *nicht* als kindisch und belanglos beiseite geworfen wurde, dann würde ich der Lage schon Herr werden, dann würde ich es am Ende gar mit den Primanern aufnehmen können.

Wir setzten uns zu Tisch. Ein Bruder von ihr, ein lockiger junger Herr, der wie ein Künstler aussah und der mir gleich anvertraut hatte, daß er dem Geschäfte alsbald einen neuen Aufschwung geben würde, vervollständigte die Tafelrunde.

Ich fühlte mich im Himmel. Ich hatte noch nie im Leben meinen Geist so frohbeschwingt über die Erdenschwere hingleiten sehen – da, als die heiße Suppe gelöffelt wurde, merkte ich: Ich hatte mein Taschentuch vergessen.

Aus! Erledigt meine Hoffnungen und Träume! Verscherzt die ungewohnte Gönnerschaft des Glücks! Wohlgefühl, Unbefangenheit, Redefluß, alles untergegangen in der einen qualvollen Frage: »Wo nehme ich ein Taschentuch her?«

Alles kommt zu seinem Ende, auch diese Mittagsstunde ging vorbei. Stumm, linkisch, blödsinnige Antworten stammelnd und nur darauf bedacht, mein Schnüffeln zu verbergen, ließ ich die Minuten verrinnen und schielte nach der Tür in dem aussichtslosen Verlangen, das Hasenpanier zu ergreifen.

Als aber nach manch peinlicher Pause und manch erzwungenem Notgespräch das »Gesegnete Mahlzeit« erklungen war – der gegebene Augenblick, mich mit diskreter Bitte an den Sohn des Hauses zu wenden –, da hielt ich mich nicht länger, erklärte meinen liebenswürdigen Wirten, ich hätte daheim höchst Dringendes zu tun, und floh – von den Furien gehetzt.

Damit war meine Rolle in dem Hause der Geliebten ausgespielt. Nie wieder wagte ich, dessen Schwelle zu übertreten. Nie wieder flog eine Einladung mir zu. Aber in meinem Herzen hegte ich hoffnungslos und trotzig die Liebe zu der Schönsten, der Herrlichsten auf Erden, alle die kommenden Zeiten hindurch.

Wenn ich nachts von meinem Freunde Blechschmidt heimging, stand ich stundenlang vor ihrer Tür, wenn ich sie auf der Straße kommen sah, kehrte ich um oder lief auf die andere Seite, und wenn ich ihr doch entgegengehen mußte und ihr lächelnder Blick auf mir Grüßendem ruhte, dann hatte ich stets das Gefühl des Blindwerdens und Hinsinkens, so daß es mir hinterher als ein Wunder erschien, daß ich in leidlich vorwurfsfreier Haltung an ihr vorbeikam. Und die neu aufgepeitschte Scham wühlte dann immer noch tagelang.

Das ging so, bis nach zwei Jahren – doch ich will lieber der Reihe nach erzählen. –

In der Schule hielt ich mich leidlich. Von einer Rückversetzung war nicht mehr die Rede gewesen. Die Lehrer duldeten mich, und wenn den Klassenarbeiten eine neue Platzordnung folgte, rückte ich meistens ein paar Sitze nach oben. Nur in Latein blieb ich schlecht, und wenn der Oberlehrer Genrich eine Frage an mich richtete, brauchte ich nur in seine höhnisch funkelnden Augengläser zu sehen, damit mir die Sprache versagte.

Um so besser gedieh mir die Naturwissenschaft. Jetzt im Sommer gab es Botanik. Im Winter sollte Zoologie ihr folgen. Nach Physik und Chemie, den Sehnsuchtsfächern der Wissensgierigen, schielte ich vermessen empor wie die Gläubigen nach der Pforte des Paradieses.

Aber an Botanik hielt ich mich schadlos. Sie machte mir das Leben zu einem großen Fest. Sie schenkte mir die ersten Freuden kameradschaftlichen Wanderns und führte mich an bedachtsamer Hand in die Vorhöfe, in die Tempelhallen, in das Allerheiligste der großen Mutter.

Die Natur meiner litauischen Heimat habe ich ein wenig zu schildern versucht. Sie trägt ausgesprochen nordischen Charakter. Aus ihren Heiden und Mooren schaut schon das Antlitz der Sarmatischen Ebene. Hier um Elbing herum tat die Fülle der deutschen Marschen, die Lieblichkeit des deutschen Laubwaldes zum ersten Male ihre Wunder vor mir auf. Auf der Scheide zwischen Niederung und Hügelland gelegen, während Haff, Meer und Düne in wenigen Stunden zu erreichen sind, bietet diese Stadt in ihrer Umgebung einen Reichtum und eine Buntheit von Naturbildern wie kaum eine andere unseres Vaterlandes.

Freilich, ohne Führer und ohne Lernluft offenbart sich auch hier dem Auge nichts. Den Führer hatte ich in meinem Freunde, und die Lernluft, erst einmal angefacht, wuchs alsbald zur Leidenschaft.

Wenn ich am Sonnabend nach rasch geschlungenem Mittagessen mit Blechschmidt und anderen Schulgefährten zu den Wäldern hinauszog, die hinter dem Luftort Vogelsang manche Meile weit die Höhen bedecken, dann fühlte ich in meiner Brust einen Funken von der Glut der alten Konquistadoren, die ins Ungewisse hinaussteuerten, um sich die Welt und ihre Schätze zu erobern.

Was ich heimbrachte, war meist nur eine Botanisiertrommel voll halbverwelktem Unkraut, aber zwischen den schlaff hängenden Blüten schimmerten Perlen neuer Erkenntnis.

Ein ungeschriebener Ehrenkodex gebot, daß wir von jeder Pflanze, die wir fanden, den lateinischen Art- und Gattungsnamen, die Klasse des Linnéschen und die Familie des natürlichen Systems auswendig wußten, weit genauer, als es in der Klasse von uns verlangt wurde. Und ebenso mußten wir in den geschwisterlichen Arten, in den Familienmerkmalen, auch in der Frage des Standortes und der Verbreitungsbezirke zu Hause sein.

Der Nichtwissende wurde als Bönhase betrachtet und von tiefgründigen Gesprächen ferngehalten.

So blieb es nicht aus, daß meine Kenntnisse in reißendem Tempo sich vermehrten und daß ich, der ich bei meiner Ankunft einen Hahnenfuß von einer Kuhblume nicht hatte unterscheiden können, selbst im Kreise der Eingeweihten wohl gelitten war.

Um gewisser rarer und geheimnisvoller Einzelstücke habhaft zu werden, unternahmen wir große Entdeckungsfahrten, von denen wir entweder in hellem Triumph oder schwer gedemütigt nach Hause kamen.

Der mörderische Sonnentau, die berühmte Linnaea borealis und etliche Orchideen, vor allem die Wunderblume, das heißumworbene Cypripedium calceolus, waren das Ziel unserer Sehnsucht, das Gaukelspiel unserer Träume und der Siegespreis manches Beutezugs.

Der Mann, der dieses segnende Feuer entzündet hatte, das

aus den Seelen der Gefährten zwingend zu mir übersprang, darf nicht vergessen sein. Er war der vierte Oberlehrer und hieß Doktor Nagel. In späteren Jahren, als er die Direktorialgeschäfte versah, hat er bei Gelegenheit eines Schuljubiläums an mich geschrieben, und ich habe ihm in meiner Antwort nicht einmal gedankt.

Wie wichtig die Pflanzensuche auch erschien, so war sie doch nur der Samenkeim, aus dem die inbrünstige Liebe zur Natur in mir erwuchs. Nie gekannte Ekstasen durchfieberten das Hirn, wenn auf die Blätterdome das Abendschweigen seine dunklen Flügel niedersenkte, wenn über den safrangelben Hügeln und den rosig umnebelten Türmen der fernen Stadt die sinkende Sonne ihren Flammenbogen baute, in dem das perlmutterne Band des Flusses sich mählich erbleichend verlor.

Wie sie entstanden, aus welchen Quellen sie sich nährten, ich wüßte es nicht zu sagen. Sie waren da und verschmolzen alles je Gefühlte und Gedachte im Feuerofen ihres Hellsehertums zu einem brodelnden Gemisch von Welterlösung, Lebensgier und Gottesanbetung.

Der Frömmigkeitsdrang, der einst das Kind vor die Altäre gezwungen hatte, um dann in Not und Nüchternheit zu versinken, war wieder erstanden und strömte sich angesichts der täglich neue Wunder spendenden Natur in stummen Lobgesängen aus.

Nicht immer stumm. Der deutsche Aufsatz war ja da, der alle vier Wochen niedergeschrieben wurde. Da hinein ließ manches sich bannen, von dessen Überfülle Herz und Hirn erzitterten, und wenn das Heft von Herrn Kutsch zurückgegeben wurde, erlebte ich meistens einen verwunderten Blick, wohl auch ein leises Kopfschütteln oder ein verhaltenes Lob, nie aber eine bessere Nummer als »im ganzen gut« oder »befriedigend«.

Und dann sorgte auch Freund Blechschmidt dafür, daß ich

ein Musterknabe nicht werden konnte. Fast jeden Tag gab es eine neue Nichtsnutzigkeit, an der ich teilzunehmen hatte, wollte ich nicht für ewig aus dem Kreise der Helden verbannt sein. Denn Helden waren sie und blieben sie für mich, er und sein Kumpan Christoph, der sommersprossige Recke, von dem die Sage ging, daß er schon »bei Mädchen« gewesen war, und die anderen vier oder fünf, die in der Klasse eine Schrekkensherrschaft führten und bei jedem Banditenstreich die Rädelsführer waren.

Wer hat vor fünfzig Jahren die Gaslaternen der Speicherinsel entzweigeschmissen? Wer hat den Katzenmord in der Junkerstraße auf dem Gewissen? Wer brach nachts in den Kasinogarten ein und bekränzte mit den Girlanden, die dem morgigen Sommerfeste dienen sollten, die Badeanstalt, in der wir gerade Freischwimmen feierten?

Oh, meine lieben Elbinger, ich könnte euch mit Enthüllungen aufwarten, daß euch die Augen übergehen!

Aber ich würde prahlen, wenn ich behaupten wollte, daß ich gerne dabei war.

Ich hatte stets ein viel zu starkes Herzklopfen, und auch das Entwischen und heimliche Wiederkommen war viel zu schwer, als daß ich mit Behagen Räuber oder gar Räuberhauptmann hätte spielen können.

Und wäre jener genannte Onkel Heinrich nicht gewesen, der manche Schandtat vertuschen half, die gute Tante hätte mich wohl bald an die Luft gesetzt.

Ach ja, der Onkel Heinrich – das ist ein böses Kapitel!

»Mit dem Mann ist nichts mehr anzufangen«, sagte alltäglich die gute Tante, »er faulenzt und trinkt und läßt sich von seinen mildtätigen Verwandten erhalten, wo doch das Leben ohnehin schon so teuer ist.«

Derweilen schlief Onkel Heinrich im Keller auf einer Strohschütte und deckte sich mit seinem Mantel zu. In die Wohnräume ließen Tante und Kusine ihn ungern herein, denn auch wenn er nicht getrunken hatte, verbreitete er um sich einen eigentümlichen Dunst, den Dunst von Leuten, die nachts ihre Kleider nicht von sich tun.

Bei Tage war er meistens unterwegs. Sich eine Stelle zu besorgen, wie er sagte. Aber es wurde nicht viel daraus. Wenn er abends wiederkam, stieß er wohl mit der Zunge an und hatte feuchtglänzende Äuglein, aber dafür war er auch um eine Hoffnung ärmer geworden. So lautete die regelmäßig wiederkehrende Wendung, die das Resultat seiner Bemühungen kennzeichnete.

Trotz dieses zunehmenden Verarmens war er ein höchst fideler alter Knabe, der sich in seinem Kellerloch ganz wohl fühlte. Man darf seinen Aufenthaltsort durchaus nicht mit einer menschlichen Wohnung vergleichen, es war ein mit Ziegeln gepflasterter und in Ziegeln gemauerter Raum, dessen Boden bei Überschwemmung manchmal unter Wasser stand. Dann mußte Onkel Heinrich seinen Schlafplatz erhöhen, indem er etliche Lagen Ziegel unterpflanzte, eine alte Tür darüberlegte und die Strohschicht enger zusammenzog.

Er nannte das »seine obere Etage beziehen«.

Als ich ihn zum ersten Male so vorfand, erschrak ich heftig, und die Tränen schossen mir in die Augen. Aber er tröstete mich.

»Ich schwebe hier wie der Geist Gottes über den Wassern«, sagte er, »und solange ich keinen Rheumatismus kriege, bin ich so gut wie im Himmel. Jedenfalls bitte die Tante um nichts, und vor allen Dingen: Schreibe es nicht deinem Vater. Helfen kann er mir nicht und grämt sich bloß unnütz.«

Da er als ehemaliger Besitzer des »Goldenen Löwen« im Hotelgewerbe wohl bewandert war, so beschäftigte er sich häufig in dem benachbarten Wirtshause, indem er den Pferden der ankehrenden Fuhrwerke Futter gab und mit deren Herren einen Schnaps trank: waren sie doch zum großen Teil seine Schulkameraden gewesen. Ich nehme an, daß er auch seine Revenuen von ihnen bezog, die er dann sorgsam wieder in Schnaps anlegte.

Man sieht bereits: Viel Staat war mit meinem Onkel nicht zu machen und ist es auch heute noch nicht, selbst wenn ich mir noch so viel Mühe gebe, ihn herauszufrisieren.

Dabei war er in Wirklichkeit ein Philosoph, der aus allen Geschehnissen seine Lehren zog und danach handelte.

Wenn er vor der Kellertreppe im warmen Sonnenschein saß, wonach er in Anbetracht mancher feuchten Nacht ein lebhaftes Bedürfnis hatte, und ich gesellte mich zu ihm, erging er sich oft in erbaulichen Meditationen.

»Was fehlt mir eigentlich?« sagte er einmal. »Die Tante hat mir Kaffee mit Schmalzbrot heruntergeschickt, die zwei Zigarren, die ich von gestern noch habe, sind zwar etwas abgeblättert, aber schmecken werden sie doch, und fürs übrige sorgt die liebe Sonne. Nenne mir einen Menschen, der sich rühmen kann, daß es ihm besser geht.«

Wenn etwas auf der Welt ihm Leiden bereitete, dann war es nur die Erinnerung an seine einstige Wohlhabenheit und die Umstände, denen er sie verdankt hatte.

»Eines sage ich dir, mein Sohn: heirate nie eine Reiche! Vermiete dich als Dreschknecht oder als Stiefelputzer, aber niemals als Ehemann.«

Und weiter: »Du wächst auf und denkst, du bist ein Mensch. Ja prost! Schoßhundchen bist du und trägst ein goldenes Halsband, woran eine Uhr hängt. Und wenn du unartig bist, wird dir das Taschengeld entzogen, und wenn du aus Verzweiflung mal einen gehoben hast, dann mußt du auf dem Sofa schlafen, wo du dich nicht einmal ordentlich ausstrecken kannst. Viel lieber im Wasser, viel lieber im Sarg, als noch einmal auf *dem* Sofa.«

»Aber ich will nichts gegen sie gesagt haben«, fuhr er fort, sich ängstlich umschauend, als könnte der Schatten derer, die er bei mir verklagt hatte, unversehens im Kellerhalse hinter ihm stehen. »Alles in allem war sie eine gute Frau und eine hübsche Frau und eine korpulente Frau und auch immer sehr zärtlich, aber meistens dann, wenn mir nicht gerade zärtlich zumute war.«

Und er schauderte leise in sich hinein, wie er wohl oft getan haben mochte, wenn er zärtlich zu sein hatte und ihm nicht zärtlich zumute war.

Über die gute Tante äußerte er sich nie. »Wes Brot ich eß, des Lied ich sing«, sagte er einmal, »und wenn mir das Brot in der Kehle stecken bleibt, dann tut es das Lied erst recht.«

Um so beredter war die gute Tante, wenn sie auf ihn zu sprechen kam. Und das tat sie, wie schon angedeutet, morgens, mittags und abends.

»Man müßte ihn nach Amerika abschieben«, sagte sie eines Tages, »denn sonst bleibt er mir auf dem Halse. Wenn nur die Verwandten was zur Überfahrt beisteuern möchten! An deinen Vater denke ich nicht, lieber Hermann, denn der hat sowieso nichts, aber der Onkel Jakob und die Tante aus Robach und die Tante Annchen – die könnten schon zahlen.«

Und dann erging sie sich in bitteren Klagen über die Hartherzigkeit der Verwandten und stellte fest, daß sie die einzige sei, die ein gutes Herz vom Himmel mitbekommen habe.

»Darum werde ich auch immer für dumm genommen«, fuhr sie fort. »Zum Beispiel mit deinem Pensionsgeld komme ich lange nicht aus, selbst wenn ich den Taler für die Klavierstunde dazurechne, denn du bist ein starker Esser, mein Sohn. Marie hat schon erklärt, daß sie dir den Unterricht umsonst geben will, denn die hat das gute Herz von mir geerbt, geradeso wie ihr Bruder.«

Mit diesem Unterricht hatte es eine eigene Bewandtnis. Er war eigentlich niemals begonnen worden und tat sich nur darin kund, daß ich allmählich, statt der mir ans Herz gelegten Fingerübungen, das Lied »Kommt ein Vogel geflogen« mit Zeige- und Mittelfinger tadellos herunterspielte. Ja, ich mochte anfangen, was ich wollte, immer wurde »Kommt ein Vogel geflogen« daraus.

Meine Kusine sagte von sich selber, daß sie die ihr vielleicht noch fehlende Technik durch Gefühlstiefe vollauf zu ersetzen imstande sei, und darin mochte sie recht haben, denn das »Gebet der Jungfrau«, in dessen Wiedergabe sie sich hervortat, gedieh zwar nur selten bis zum Schlusse, aber was ich davon zu hören bekam, erfüllte mich stets mit Rührung und geheimem Sehnen. Noch schöner war ein anderes, genannt »Les Cloches du Monastère«, worin der Klang der Abendglocken in herzbewegender Weise nachgeahmt wurde. Ich bewunderte es schon deshalb so sehr, weil es auf dem Titelblatt als »Salonstück« bezeichnet war. Ich sah dann immer ein goldgetäfeltes Gemach, in dem schöne Frauen und vornehm gekleidete Männer tief ergriffen diesen Tönen lauschten, und darum war es auch eigentlich viel zu schade für mich.

Mein Verhältnis zu Tante und Kusine gestaltete sich im übrigen durchaus erfreulich. Ich sah in beiden etwas wie höhere Wesen, getragen von den Tugenden strengster Gerechtigkeit und unanfechtbaren Edelsinns. Auch mein Mitleid mit Onkel Heinrich tat diesen Gefühlen nicht den mindesten Abbruch; denn ich erfuhr es ja täglich, daß er so viel Wohltat eigentlich gar nicht verdiene und daß alle anderen, die nicht so guten und einfältigen Herzens seien, sich längst von ihm losgesagt haben würden.

Denn überhaupt die anderen! Wenn die Dämmerung niedersank und Tante sich einen vorjährigen Apfel schälte, dann erfuhren wir haarsträubende Beispiele von der Tücke und der Hartherzigkeit unserer Mitmenschen und ebenso auch von der allgemeinen Verschwendungssucht, der Vermögensverfall und Untergang als göttliche Strafe stets auf dem Fuße folgten.

Ja, es sah schlimm aus in der Welt! In der Pangritzkolonie – einem Armenviertel vor der Stadt – gab es Leute, die aus reiner Niedertracht einem die Miete nicht zahlten und denen man noch viel zu viel Güte erwies, wenn man sie bloß an die Luft setzte. Die Familie, die das Parterrestockwerk hier unten innehatte, die war ja freilich noch nichts schuldig geblieben, aber daß die Frau in Samt und Seide ging und daß der Mann an höchst unsichere Leute Darlehen vergab, das *mußte* sich rächen. Und wer sich aufs Prophezeien verstand, der sah schon heute klar, daß sie eines Tages mit Schimpf und Schande aus dem Hause fliegen würden.

Und die Kusine ballte die kleinen, harten Fäuste dazu, und ihre Augen blitzten, als könnte sie die Stunde dieses Triumphes kaum noch erwarten.

Kam gelegentlich der Vetter zu Besuch, dann trug auch er ein wohlgerüttelt Maß an Bitterkeit herzu. Aber all das Süße, das sich in seinen Taschen barg, milderte die Stimmung um ein Erkleckliches. Da waren Brustbonbons und Apothekerschnäpse und Magenmorsellen und kandierter Ingwer und eine gewisse Art von Brausepulver, die einen himmlischen Apfelgeschmack entwickelte. Vor allem aber waren es Fruchtsäfte, in deren Mischen er Meister war, und diese Kunst, die ihn zu den Sternen führen sollte, hat ihm später auch den Hals gebrochen.

Uns schufen die bewußten Gaben – die eigentlich unbewußte Abgaben waren – stets einen Feiertag, denn auf andere Weise wären wir solcher Genüsse nie teilhaftig geworden. –

Von der Sparsamkeit der guten Tante kann ich wirklich nicht Rühmens genug machen. Sie war kein Vorzug, kein Verdienst, keine mühsam errungene Selbstverleugnung, o nein, sie war schlichte und überzeugende Natur, die auch mich überzeugte.

Daß ich morgens auf den Kaffee verzichtete und das Geld für die mir zustehenden zwei Semmeln in die Tasche steckte, um es in Theaterbilletts anzulegen, fiel schließlich auf mich selber zurück, und wenn die Tante um zwei Uhr mittags den Hunger meines noch nüchternen Magens nicht immer zu stillen vermochte, so war das meine Schuld und nicht die ihre. Zudem standen meistens irgendwo in der Küche kalte Kartoffeln, an denen man sich schadlos hielt, während man vorgab, daß man sich gründlicher waschen müsse und nur darum den Riegel vorgelegt habe. Das Schlimmste, was einem passieren konnte, war, daß die spätere Abendmahlzeit überschlagen werden mußte, weil das Material für die dazu gehörigen Bratkartoffeln sich in rätselhafter Weise verringert hatte. Im »Überschlagen« von Mahlzeiten war die gute Tante sowieso Meisterin. Sie wies gern auf die Vorteile hin, die die Vereinigung von Vesper und Abendbrot für die menschliche Gesundheit mit sich bringt, sie fand auch, daß kalter Kaffee schön mache und daß gewärmter mit einer guten Schnitte Feinbrot dazu ein Souper von fünf Gängen förderlich zu ersetzen imstande sei.

Und was das Hungern betraf, so hatte die gute Tante sicherlich recht, wenn sie sagte, daß ein Junge von dreizehn Jahren, der mitten im Wachstum stehe, überhaupt nicht satt zu machen sei.

Damit tröstete ich mich und gedieh vorzüglich. Es kann also so schlimm nicht gewesen sein.

FÜNFTES KAPITEL

Was der Sommer sonst noch brachte

Krieg brachte er, den großen, glorreichen Krieg, dessen Folgen uns heute an Leib und Leben gehen.

An einem heißen Julitage war es – und unser Kutsch hatte den Panama auf, den er beim Gegengruße nur mit dem Finger berührte, um, wie er sagte, die Krempe zu schonen – nein, heute hatte er ihn *nicht* auf, sondern trug ihn am Knopfloch und wischte sich mit der Hand dauernd über die bis in den Nacken reichende Stirn.

»Jungens, wißt ihr schon, was geschehen ist?« rief er uns an, als wir scheu grüßend an ihm vorüber in den Schulhof drängten.

Nein! Wie sollten wir? Wir hatten bis abends spät im Wasser gelegen, und was derweilen auf dem Lande geschah, interessierte uns wenig.

»Der Napoleon hat Preußen den Krieg erklärt!«

»Hurra!« schrien wir, und wohl keinen gab es unter uns, der nicht in demselben Augenblicke zu sich gesagt hätte: »Ach, wärest du nur drei Jahre älter!«

Auf dem Schulhofe kribbelte es wie in einem Ameisenhaufen, obwohl wir schon längst in den Klassen hätten sitzen müssen. Die Ordinarien hatten ihre Pflegebefohlenen um sich versammelt und hielten ihnen tönende Reden. Auch um Kutsch bildete sich sofort eine Gruppe, der er den Stand der Dinge auseinandersetzte, und so erfuhr ich die Geschichte von dem Angebot der spanischen Krone und der Frechheit des Benedetti.

Der Direx, auf dessen Glatze die Schweißtropfen blinkten, stand in einer Ecke mit seinen Primanern. Dort mußte was

Besonderes los sein, denn er wandte sich bald zu dem einen, bald zu dem anderen und drückte ihm beide Hände, und einen umarmte er.

»Die gehen mit«, flüsterte Claaßen I, mein Nachbar.

Unser Haufe stob auseinander und drängte sich um die Glücklichen.

»Die gehen mit! Die gehen mit!«

Und dann sagte der Direx: »Kommt, meine lieben Kinder alle! Wir wollen in die Aula und beten.«

Das taten wir jeden Morgen, sobald die Schulglocke klang. Aber heute klang die Schulglocke nicht. Es gab auch kein Drängeln und kein Geschubse. Wir schritten still hinter den Lehrern her und manche, die Freunde waren, hielten sich bei der Hand. Was sonst als weichlich streng verpönt war.

Als Choral sangen wir: »Lobe den Herrn«, und dann, als der letzte Ton verhallt war, sprach der Direx selber das Morgengebet.

Von Preußens Kraft sprach er und Preußens Pflichtbewußtsein, und daß jetzt alle deutschen Stämme um Preußen sich scharen würden wie die Küchlein um ihre Mutter. »Jetzt wird es sich zeigen«, rief er, »daß die Sehnsucht unseres Lebens kein Wahngebilde war und daß es noch ein Deutschland gibt, würdig seines Namens, würdig seiner Vergangenheit, würdig des Schicksals, das über ihm waltet.«

Die Geschichte des Jahres 1870 hat ihm recht gegeben. Ob die Geschichte des Jahres 1922 auch?

Die ersten Siege von Wörth und Spichern feierten wir noch in der Schule. Aber dann kamen die großen Ferien, und in ihnen sank – mit dem Geratter der ganzen Weltmaschine – auch der Krieg in die Nebel des Wesenlosen zurück. –

An einem Sonnenmorgen im Frühaugust steuerte ich auf der zweiten Trift des Dorfes Ellerwald dem Nogatdamme zu. Nicht fern von ihm lag die Wirtschaft des Onkel Jakob, auf der ich die nächsten Ferienwochen verleben durfte.

Onkel Jakob war der Senior meiner väterlichen Familie, und sein Bauernhof bedeutete uns nicht weniger als das Ahnenschloß den verzweigten Sprossen einer ritterlichen Sippe.

Es ist keine leere Einbildung, wenn man sich etwas darauf zugute tut, dem Bauerntum zu entstammen. Zum Größenwahn hat man freilich ebensowenig das Recht, wie wenn man an den Stufen eines Thrones geboren wurde, aber es ist ein eigen Ding zu wissen, daß man irgendwo in mütterlicher Erde wurzelt, nicht anders als der Rebstock, über den dasselbe Strohdach sich schützend neigt, das schon vielen aufsprossenden Geschlechtern als Obhut und Zuflucht gegolten.

Dabei war der Hof, auf dem mein Vater einst das Licht der Welt erblickt hatte, schon längst in fremde Hände übergegangen, aber irgendwohin strebt das irrlichternde Stammesgefühl der auseinandergesprengten Stücke eines Blutsverbands. Und so hatte mein Vater mich früh gelehrt, das Anwesen des Onkel Jakob als eine Art von Urheimat zu betrachten.

Deutlich sehe ich vor mir das blutbraun gestrichene Giebelhaus, an dessen Schwelle ich nach stundenlanger Wanderung endlich landete. Niederdeutscher Sitte folgend reihten sich unter einem Dache Stallung und Scheune, letztere im rechten Winkel, ihm an. Ein Blumengarten – holländisch gezirkelt – lagerte sich ihm vor und ging auf seiner Hinterseite in üppige Obstanlagen über.

Der Hof – ein Bauernhof wie alle – grün begrast, mit Mistgrube und Göpelwerk – ein Speicher, der auf der Gegenseite das Geviert berandete – ein Staketentor, das es zur Straße hin abschloß – ein Schweinehauf, der mir entgegentrottete – Gänse, Enten, Hühner, Tauben überall – und das Ganze in einen roten Mittagsdunst gewickelt, der mich wohlig in seine Mitte nahm: So tat das Eden jener Tage sich vor mir auf.

Was nun folgte, war ein großes Fest des Faulenzens und des Satt-gegessen-seins – ein Rekeln an Grabenrändern, ein

Hocken in Obstbäumen, ein Thronen auf Erntewagen, ein Jagen auf ungesatteltem Pferde – Ulk, Jubel, Traum und Schwermut des Glückes.

Einen Vetter hatte ich, etliche Jahre älter als ich, der als Kronprinz galt und von dem die gute Tante zu erzählen wußte, daß er den Erlös der letzten Rapsernte im Gasthause verspielt habe. Mochte es war sein oder nicht – ich habe ihn nie danach gefragt –: die bloße Möglichkeit eines solchen Streiches umgab ihn für mein Auge mit der Glorie des Lebemannes und machte mich ihm gänzlich untertan.

Er durfte es sich erlauben, beim Frühstückskaffee eine Schnitte Käse, dick mit Butter bestrichen, statt des Brotes zu verwenden, und der Onkel lächelte nachsichtig, vielleicht sogar ein wenig stolz, wenn er ihm zusah.

Onkel Jakob war ein kleiner, stämmiger Mann mit Adlernase und vorspringendem Kinn, bartlos und schon schneeweiß. Man sagte von ihm, er sei hart wie Eisen, und so wird es wohl auch gewesen sein. Aber ich habe nur Liebes und Gütiges von ihm erfahren. Und ein wenig Mitleid mischte sich darein; ich war ja der Sohn des Bruders, »dem es schlecht ging«, und deshalb darauf angewiesen, mich mit brotlosen Künsten wie Studium und dergleichen zu befassen.

Eine Tante und drei Kusinen waren auch da. Die Tante hatte sich aufs Altenteil gesetzt und wachte aus einem behaglichen Vorsichhindröseln nur auf, wenn's irgendwohin »auf Gastgebot« ging. Die drei Kusinen waren reizlos, nüchtern und entbehrten des Weibtums – das fühlte ich bereits in meinem dreizehnjährigen Instinkt.

Trotzdem steckten die armen Dinger voll von Sehnsucht nach Leben und Jugendlust. Daß sie nicht tanzen durften, versteht sich von selbst – das wäre eine Sündhaftigkeit gewesen, die im Himmel nie Vergebung gefunden hätte; aber selbst das Tragen von weißen Blusen war ihnen von ihrem Vater als Verführung zur Weltlichkeit strengstens verboten.

Die Tochter des Nachbarn, der Warkentin hieß und doch auch Mennonit war, durfte sogar Klavier spielen – manchmal an stillen Abenden kam ein Getön herübergeweht, das freilich dem Klappern eines Mühlwerks mehr ähnelte als einem Saitenspiel – und *sie* durften nicht einmal weiße Blusen tragen!

Darüber floß dann manche heimliche Träne, und ich, der fremde Vetter, empfing Bekenntnisse, die einer Auflehnung gegen das vierte Gebot bedenklich nahekamen.

Aber Onkel Jakob wußte, was er sich und seinem Gotte schuldig war, und an diesem Verdikt und manchem ähnlichen ist nie gerüttelt worden. In seiner Würde als Prediger und Ältester der Mennonitengemeinde hatte er einen vorbildlichen Wandel zu führen, der sich naturgemäß auch auf sein Haus erstreckte.

Diese Gemeinde, die alte genannt, war so strengen Sinnes, daß sie es verschmähte, sich gleich der neuen, die zumeist aus Stadtleuten bestand, einen studierten Pfarrer zu halten, weil es ihr sündhaft erschien, das Produkt einer fremden Wissenschaft zwischen sich und ihren Herrgott zu stellen. Wenn ich mich nicht irre, war sogar das Orgelspiel verpönt; doch kann mein Gedächtnis sich täuschen.

Die Nüchternheit des protestantischen Gottesdienstes wurde zum phantastischen Pomp, verglichen mit den Betübungen der Sektierer, von denen ich stamme. Die Gemeinde hatte zwei Gotteshäuser: eines in Elbing, eins auf dem Lande, in denen abwechselnd Kirchendienst stattfand.

Die gute Tante hielt darauf, daß ich, obwohl evangelisch getauft, niemals daheim blieb, wenn sie selbst ihn besuchte, und die engen, schwarzen Handschuhe, ohne die ich mich meinem Gotte niemals nähern durfte, bereiteten mir an nachfolgenden Wintertagen Qualen, die heute in meiner Erinnerung mit der mennonitischen Religion untrennbar verwachsen sind.

Man denke sich einen angekalkten Saal, mit Kirchenbänken vollgestellt, an dessen einem Ende eine hölzerne Estrade emporragt, die von einer Seitenwand zur anderen reicht. Auf ihr eine Lehnenbank, in der Mitte getrennt durch eine sechseckige Kanzel. So sah die Kirche aus.

Nun denke man sich aber weiter die Lehnenbank gefüllt mit etwa zwölf silberlockigen Greisen, von denen wohl die Hälfte in engerem oder weiterem Verwandtschaftsverhältnis zu einem steht, und man wird gerne glauben, daß ein hergeflogener Vogel wie ich sich eines wohligen Zugehörigkeitsgefühls nicht erwehren konnte, mochte er sich noch so sehr im Käfig wissen.

Meinen Onkel Jakob habe ich dreimal predigen gehört: einmal während jener Ferien in der Landkirche, zweimal später in der Stadt. Es war immer dasselbe gequälte Hochdeutsch, aus dem ich Schlingel natürlich zuerst die grammatikalischen Schnitzer heraushörte, voll antiquierter Wendungen, die aus Predigtbüchern des siebzehnten Jahrhunderts ausgeschrieben waren, und mit Binsenwahrheiten gespickt, deren Quellen alte Kalender sein mochten. Aber dazwischen stieg bisweilen eine düstere Inbrunst empor, die ich in dem dürftigen Humor des gesättigten Verstandesmenschen niemals gesucht hätte. Ob sie aus eigenen Seelentiefen flammte, ob sie ihm aus den Zeiten der Religionsverfolgungen als Vätererbe überkommen war, ich weiß es nicht; aber dann fühlte ich mich ihm nahe und war stolz darauf, Blut von seinem Blute in meinen Adern zu haben.

Zu Ende des Monats verließ ich den Hof, um nach dem Wunsche meines Vaters den Rest der Ferienzeit bei einer Tante zu verleben, die jenseits der Nogat in dem Dorfe Robach ein Wirtshaus besaß. Tante Lieschen ist mir von allen väterlichen Verwandten die liebste gewesen. Die Härte und der Geiz, die bei ihnen Gemeingut schienen, waren in ihr so weit herabgemildert, daß ich sie mit den anderen Menschen, die mir begegnet waren, in eine Reihe stellen konnte, und als ich sie siebzehn Jahre später am Sarge meines Vaters wiedersah, war sie mir kaum eine Fremde.

In ihrer Schankstube saß ich damals stunden- und stundenlang und hörte mit Gier den Gesprächen der Kahnschiffer und der Landleute zu, die zu einem Schnaps oder einer Stange Braunbier angekehrt waren. Eine nicht endenwollende Bilderreihe rollte sich vor mir auf, und tausend Leben lebte ich, während einer der Gäste nach dem anderen sein Schicksal auf ausgestreckten Händen an mir vorübertrug.

Vom Kriege war nicht allzuoft die Rede. Die Zeitungsnachrichten wurden kurz abgehandelt und dann beiseite gelegt. In den Hirnen dieser Menschen hatte das Gewaltige, das sich vollzog, noch keine Wurzel geschlagen, und ob auch dieser oder jener den Sohn oder Bruder »draußen« hatte, man redete davon nur, als wäre er irgendwo unterwegs und würde nächstens wiederkehren. Daß man Verluste beklagte, habe ich niemals gehört.

Aber eines Tages kam männiglich aus seiner Ruhe. Ein Gerücht, aus Marienburg stammend, war den Nogatdamm entlanggelaufen und traf um vier Uhr nachmittags in Robach ein.

Der Napoleon sollte gefangen sein und mit ihm seine ganze Armee.

Die Kahnschiffer wußten noch nichts, aber die fuhren ja langsam, der matten Strömung anheimgegeben. Marktleute waren es, die die Freudenmär von einem Wirtshaus zum anderen trugen.

Da gab es von Tisch zu Tisch ein heftiges Verbrüdern. Ich aber kroch in den hintersten Winkel des Obstgartens und weinte mir das Übermaß des Glückes von der Seele herunter.

SECHSTES KAPITEL

Ein stiller Wahnsinn

Welcher Art er diesmal war, das sage ich erst später. Fürs erste kam ich rundgenudelt und höchst vernünftig von der Fettweide zur guten Tante zurück.

Das Wintersemester begann, denn die Michaelisferien waren mit den großen in eins gezogen worden, und ob auch der Name inmitten dunstiger Septembergluten fast wie ein Hohn klang, der Herbst ließ nicht lange mehr auf sich warten.

Schluchten und Höhen färbten sich rot, und wenn wir gerade erst angefangen hatten, die Wälder zu durchstreifen, saß uns der Abend im Nacken. Auch kühl wurde es, und ein Lagerfeuer schien dringend vonnöten.

In der Dämmerung kauerten wir dann rings um das prasselnde Reisig und rösteten gestohlene Kartoffeln.

Je tiefer die Dunkelheit niedersank, desto betörender loderte die grellgelbe Flamme. Lederstrumpfgedanken wurden wach, Unkas und Chingagook schienen kein leerer Wahn mehr.

Wachen wurden gestellt, damit die böswilligen Bleichgesichter unsere Freuden nicht störten, die Friedenspfeife, mit Bindfaden und welken Kastanienblättern wacker gestopft, ging im Kreise herum, und selbst das Feuerwasser war manchmal zur Hand.

Nur ein gediegener Präriebrand fehlte noch immer. Woher aber ihn nehmen, da Flur und Wiese saftig grünten und selbst das Kartoffelkraut noch wenig dürr im Boden stak?

Aber auch ein brennender Wald war nicht zu verachten. Man hatte nur nötig, die Reisigbündel ein wenig zu verstreuen und das übrige dem lieben Herrgott anzuvertrauen.

Zwei oder drei von uns benahmen sich zaghaft – darunter natürlich ich, dessen Schwachseligkeit berühmt war – schließlich aber wurden auch wir von dem hochgemuten Plane mitgerissen.

Schwierigkeiten zeigten sich nirgends. Wo immer ein kohlender Stecken hingeworfen wurde, da flackerte es lichterloh, und bald umgab uns das vorschriftsmäßige Flammenmeer.

Wer von uns es zuerst mit der Angst bekam, weiß ich nicht mehr – mich hatte sie nie ganz verlassen – vielleicht war es Blechschmidt, der Anführer selber, denn seine Vertrautheit mit der Natur konnte das Unheil am ehesten bemessen, kurz, in einem bestimmten Augenblicke stürzten wir alle, von der gleichen Panik ergriffen, zum Bache hinunter, der im Grunde der Schlucht friedlich dahinlief, und schöpften die Botanisiertrommeln voll, deren Lötung freilich für Feuerwehrzwecke nicht vorgesehen war und die darum leer oben ankamen, nachdem sie uns Jacken und Hosen patschnaß gemacht hatten.

So standen wir ratlos dem drohenden Verderben gegenüber, das unter Umständen tragische Maße angenommen hätte, denn auch die unteren Buchenzweige flammten bereits, wenn nicht die gefürchteten Bleichgesichter – in Gestalt von fünf oder sechs stämmigen Holzknechten – als Retter auf dem Plane erschienen wären.

Vom Wasserschöpfen hielten sie nichts. Sie schnitten sich rasch mannslange Äste von den Bäumen und schlugen mit solcher Gewalt auf die brennende Fläche ein, daß jede Flamme sich duckte und im Nu zu rauchender Kohle erstorben war.

Noch hatte keiner von uns in seinem Schrecken an das zunächst Gebotene, die schleunige Flucht, gedacht. Da hielt einer der Männer zwei von den Unsern, darunter auch Blechschmidt, bereits am Schlafittchen.

Nun war es mit dem Fliehen für uns andere vorbei, denn im

Stiche konnten wir die ergriffenen Gefährten natürlich nicht lassen. Die schrecklichen Männer drohten mit Prügeln und Polizei, und wir standen ringsum und weinten und flehten. Doch sie blieben unerbittliche Rächer, bis einer von uns, der sein Oktobertaschengeld noch nicht angegriffen hatte, auf den Gedanken kam, ihnen ein Lösegeld anzubieten. Da wurden sie weich. Jeder von uns suchte seine paar Pfennige hervor, doch es war ihnen noch immer zu wenig. Erst als ich das einzige, was ich besaß, meine silberne Uhr, hinzulegen wollte, da fingen sie an zu lachen und sagten: »Pascholl.«

Wie rasch wir uns dünne machten, wird jeder sich ausmalen können, dem je das Notizbuch eines Schutzmannes bedrohlich vor den Augen tanzte.

Unser Heimweg war schweigsam, und des herbstlichen Waldbrandes wurde nie mehr gedacht.

Der Herbst schritt voran, und die deutschen Siege mehrten sich. Der Kapitulation von Metz folgte die Schlacht von Orleans, und der Ring um Paris schloß sich enger. Ab und zu wogten die Fahnen rings um die Giebel der alten Hansehäuser, und abends flammten die Lichterreihen.

Und dann kam der Winterfrost – jener unbarmherzige Frost, dessen Gedenken die Kriegsgeschichte späten Geschlechtern aufbewahrt.

Freilich, wir haben von dem allen jetzt Schlimmeres erlebt; wir haben vier Winter lang zum Monde emporgestarrt und haben gedacht: »Jetzt liegen sie unbehaust im schneeigen Felsengewirr der Karpaten, auf den vereisten Mooren des Pripjet, und keiner erlöst sie.«

Und keiner erlöst *uns* von dem Jammer, den ihre Siege uns schufen!

Damals hing steter Glockenklang in der Luft, und ein Brausen war in den Seelen von unverwelklichem Ruhm und für die Ewigkeit errichteter Größe. Das Wort »Preußen« verschwand aus Rede und Schrift, und ein anderes stieg, schüchtern erst und mit dem Zagen des allzu Kühnen behaftet, dann ernsthaft, herrscherhaft, jedes Lächeln besiegend, an seine Stelle.

»Deutschland« hieß das Wort. Mahnung, Forderung, ungestümer Wille lag darin. Wer es aussprach, dessen Auge leuchtete, dessen Herz wurde weit, dessen Phantasie jagte sich mit den Raben des Kyffhäuserbergs.

So kam der achtzehnte Januar heran, und was im Spiegelsaale zu Versailles geschah, war nur das Selbstverständliche, das kommen *mußte,* war die Einlösung der Schuld, die wir vom Weltenschicksal zu fordern hatten.

Als ich abends durch die finstere Speicherinsel zur Stadt ging, um die Festbeleuchtung zu beschauen, da hatte selbst der Himmel illuminiert. In violetten Bogen, mit rosigen Stalaktiten behängt, von blutroten Pfeilerreihen getragen, stand ein Nordlicht hoch über der irdischen Welt, in Flammendunst verfließend und aus Flammendunst wieder geboren.

Nun – und –? Nutzanwendung?

Für heute gibt es keine, *noch* gibt es keine.

Damals freilich war es leicht, sich ein Symbol daraus zu bauen. Gott selbst hatte gesprochen. Jetzt haben wir ihn zum Schweigen verdammt, und so lange wird er kein Zeichen geben, als bis der Gott in uns ihn dazu zwingt.

Es ist ein großes Glück für mich, daß ich jene Tage schon mit Bewußtsein habe durchleben dürfen, denn an ihnen besitze ich einen Maßstab für das Ungeheure, das in Tun und Leiden uns jüngstens auferlegt war. Mit ihm verglichen erscheint alles damals als Kinderspiel. Das bürgerliche Leben blieb im gewohnten Gleise, nirgends fehlte es an Menschenkraft, nirgends war ein Nahrungsmangel bemerkbar, und kaum hatte der Tanz begonnen, da war er auch schon zu Ende.

Zwischen der Feier von Versailles und dem Abschluß des Waffenstillstands lagen nur zehn Tage, und kaum einen Monat später waren die Friedensbedingungen festgelegt. Wir brauchten ja auch nicht soviel Zeit wie diesmal die Alliierten, denn wir hatten es nicht im Sinne, durch ungezählte Rutenstreiche das von uns besiegte Volk dem Verderben entgegenzupeitschen.

Und ich möchte wetten – ich weiß nur leider nicht mit wem –, wenn nach Jahrzehnten oder Jahrhunderten, gleichviel, Frankreich wieder einmal vor uns auf dem Rücken liegen wird, dann werden wir nicht weniger gutmütig sein, als jene Festzeit von uns verlangte.

Festzeit. Jawohl. Das war sie. Doch ob auch die Dankchoräle und die feierlichen Ansprachen in engen Zwischenräumen einander folgten, unsere Arbeit erlitt keinen Abbruch. Im Gegenteil. Wir waren so dringlich am Werke, als hätte die Tertia B ein gutes Stück des neuen Reiches aufzubauen.

Wir wußten wohl: Die Welt sah auf uns. Die Tertia B war nicht etwa eine Untertertia, die zu der Tertia A als einer Oberstufe sehnend emporblickte, beide standen als gleichberechtigte Coeten wetteifernd nebeneinander da, von beiden konnte man auf direktem Wege zu der hohen Würde eines Untersekundaners gelangen; aber in beiden galt ein zweijähriger Kursus, der nur ausnahmsweise und in ganz seltenen Fällen zu einem Jahre verkürzt werden konnte.

Daß ich, der ich als der Schlechteste begonnen hatte, ich, der ich nur aus Gnade und Barmherzigkeit in der Klasse hatte bleiben dürfen, eines so ungeheuren Vorzugs nie teilhaftig werden konnte, verstand sich von selbst. Ich hätte auch nie darauf zu hoffen gewagt, und wenn ich jetzt erzählte, ich sei von dem wilden Ehrgeiz gepackt worden, durch fleißiges Streben das zweite der vorgeschriebenen Jahre kühn zu überspringen, so würde ich schwindeln, und dann wäre der Gedanke, derartiges könne sich vielleicht ereignen, auch kein Wahnsinn gewesen.

Wann und wie er mir nahegebracht wurde, weiß ich nicht mehr. Jedenfalls in mir selber war er nicht entstanden. Das hätte das Bewußtsein meines Unwertes, das tief in mir festsaß, nie erlaubt. Wahrscheinlich hat mein Freund Blechschmidt, der nun das zweite Jahr bald hinter sich hatte, in einer Stunde faulenzenden Schwelgens den Wunsch geäußert, mit mir auch später zusammen zu bleiben, und weil der Mensch was zum Träumen haben muß, so hatte meine Phantasie sich dieses Gedankens bemächtigt, der sie fortan nicht mehr verließ. Wenn ich im Bette die Augen schloß, wenn der Mond mich nicht schlafen ließ, wenn die Frühmorgenhelle mich aus den Posen jagte, dann war er da. Doch er verschwand sofort, wenn die Möglichkeit des Geschehens sich ausweisen sollte. Ich brauchte ja nur meine Schulhefte durchzusehen, in denen das Prädikat »Ungenügend« noch immer eine Rolle spielte, um zu wissen, daß er nichts weiter als eben ein Wahnsinn war.

Und *weil* er es war, mußte er mit Gewalt erstickt werden. Der Mittel gab es manche: Romanlesen, Herbariumkleben, Schachspielen und vor allem die Schlittschuhbahn. Nicht etwa die große, die vornehme, die »Entree« kostete und auf der die Jeunesse dorée der Stadt in wonnigen Künsten sich wiegte. Das Entree hätte ich mir allenfalls vom Frühstücksbrote absparen können – nein, daran lag es nicht, aber dort lief Klara Hornig, dort lief sie allnachmittäglich, und ihr unter die Augen zu treten, ehe man es den Matadoren gleichtun konnte, wäre eine nie zu verschmerzende Schande gewesen. Aber es gab Winkelbahnen, wo man trainieren konnte, den Bogen vorwärts, den Bogen rückwärts, den Dreier, die Schleife, und was weiß ich. Stundenlang, ganze Abende lang, bis Himmel und Erde zu feurigem Reigen ineinanderflossen, bis vor Hunger die Beine schlotterten und der Heimweg kaum noch zu bewältigen war.

Und manchmal nach Tauwetter wurde die Welt eine einzige

Schlittschuhbahn. Dann trat Freund Blechschmidt als Führer in seine Rechte, und dann zogen wir rudelweise hinaus, stromabwärts bis auf das Haff, stromaufwärts bis zum Drausensee, von dem der Elbingfluß herkommt. Meilen und Meilen flogen dahin, und wer Müdigkeit zeigte, der war ein Hundsfott.

Eines Sonntagvormittags, erinnere ich mich, gegen den Frühling hin, graudunstig, bei dürftigem Nachtfrost – da liefen wir beide, Blechschmidt und ich, auf unsicherem Eise zum Drausensee hin. Solange wir den Fluß unter uns hatten, ging alles vorzüglich, das Neueis lag glatt auf dem alten, Risse und Blänken wurden wohlweislich vermieden, und brach man ein, so schlüpfte man wieder hinaus.

Als aber das Röhricht des Sees rings um uns aufstieg, da wurde die Sache verdächtig. Zwischen den Halmen quoll das Wasser in kleinen Springbrunnen hoch, und was als Blankeis sich vor uns erstreckte, war, genauer besehen, nur unter dünner Glashaut schillerndes Wasser. Nichts hielt hier fest als die Schlittenbahn, die wie ein weißes Band quer über den See lief und deren Masse durch monatelanges Befahren zäh und beständig geworden war. – Sie wogte längsweg unter unseren vorgebeugten Leibern, und wenn die Spitze unseres Schlittschuhs rechts oder links um eines Zolles Breite über den Rand hinausgriff, dann hakte sie unter das Eis.

Das Herz hatte mir schon lange gezittert, und plötzlich wurde mir klar, daß der Tod als dritter neben uns fuhr.

»Kehr um«, bat ich Blechschmidt, der schweigend vor mir dahinlief.

»Geht nicht!« rief er zurück. »Wenn wir stehen bleiben, liegen wir drin.«

Und als ich nochmals bat, schrie er ganz heiser: »Im Takt bleiben – sonst bricht es!«

Und so liefen wir weiter auf einer Schaukelbahn von Tisches Breite, während rechts und links bis in unabsehbare Ferne

Wasser und Eis in knisterndem, gurgelndem Spiele sich miteinander vergnügten.

Ich dachte an Mutter, ich dachte an Vater, und was die gute Tante wohl sagen würde, wenn ich nie mehr nach Hause käme, und an Klara Hornig dachte ich auch.

»Stopp«, sagte Blechschmidt plötzlich, »wir sind drüben.«

Das Röhricht des jenseitigen Ufers lag hinter uns – ich hatte es gar nicht bemerkt – und vor uns weißfleckiger Sturzacker, zu dem der Weg in schwarzen Schollen hinanstieg.

Nirgends ein Dorf – nur einzelne Höfe in nebliger Ferne.

»Also zurück«, sagte Blechschmidt zwischen zusammengebissenen Zähnen, und seine Augen brannten in den Sonnennebel hinein, der die trügerische Fläche gnädig verhüllte.

Der Mann, der über den Bodensee ritt, hat es besser gehabt. Er konnte sich des überstandenen Wagnisses in Ruhe erfreuen, wir aber mußten ihm noch einmal die Stirne bieten, denn uns in unbekannter Gegend zu verlieren, fremde Leute um Obdach und Essen anzugehen und schließlich auch noch das Bahngeld zur Rückfahrt zu erbetteln – der Gedanke war abgetan, ehe wir ihn dachten.

In ahnlungslosem Leichtsinn waren wir auf die schmale Bahn hinausgeglitten, im vollen Bewußtsein der Todesgefahr kehrten wir wieder zurück. Eine halbe Stunde – dreiviertel Stunden – ich weiß nicht, wie lange sie währte. Wir sind ihr ja fraglos entronnen, aber wenn ich heute an jenem See vorüberfahre, durchschauert es mich noch immer.

Und der Menschheit ganzer Jammer faßt mich an, wenn ich eines anderen Begebnisses gedenke, das in derselben Zeit sich abgespielt hat.

Mit Onkel Heinrich ging es nun wirklich nicht länger mehr. Und hätte ich es nicht selber gewußt, so erfuhr ich es von der guten Tante täglich aufs neue. Darum hatten die Elbinger Verwandten sich zusammengetan und ein Zwischendeckbillett für ihn erworben, das die Aufgabe hatte, ihn auf amerikanischem Boden dem Glücke, der Wohlfahrt und der seelischen Gesundung geradewegs in die Arme zu führen.

Ihn selbst hatte ich lange nicht zu Gesicht bekommen, aber als ich am Abend vor seiner Wegfahrt nach der Stadt ging, fühlte ich mich in der Dunkelheit der Straße plötzlich an der Schulter gefaßt, während ein nur zu bekannter Dunst grüßend über mich herstrich.

»Du bist ein guter Junge, Hermann«, hörte ich des Onkels Stimme, »und ich bin sicher, du wirst nie einen Stein auf mich werfen. Sie schieben mich nun ab, und das ist auch ganz richtig, denn was sollen sie mit mir anfangen? Ich habe auch ganz gern ›Ja‹ gesagt. Verrecken kann man überall, und *wenn* man's tut, braucht man in der Fremde keinen um Entschuldigung zu bitten. Grüß deinen Vater von mir und sage ihm: Um seinetwillen tut es mir leid, daß ich so viel Schande über die Familie gebracht habe.«

»Du hast ja gar nicht, Onkel«, sagte ich.

»Findst du?« fragte er, und seine Stimme zitterte in Tränen, aber weinen tat er ja immer, das brachte der Alkohol so mit sich. »Na! Für uns Mennisten ist es übergenug, denn wir sind als nüchterne Leute berühmt. Ich möchte dir gern heute abend erzählen, wie das alles gekommen ist. Aber wenn ich's recht überleg', dann weiß ich es selber nicht mehr . . . Das ist wohl so im menschlichen Leben . . . ein kleines Steinchen baut sich aufs andere . . . und immer noch eins – und noch eins, und mit einem Male fällt die ganze Pastete zusammen . . . So bin *ich* nun zusammengefallen und weiß noch nicht mal warum . . . Denn der Schnaps – der ist es nicht, der kam erst hinterher, als nichts mehr zu wollen war . . . ich kann dir also nicht mal sagen: nimm dir ein abschreckendes Beispiel an mir . . . im Gegenteil: Trink man immer hübsch einen, es ist das einzige, was einem bleibt, wenn alles andere flöten gegangen ist . . . ich könnt dir ja so viel sagen . . . so viel sagen. Der ganze Dreckeimer, der sich menschliches Leben nennt, der liegt heute abend ausgeschüttet vor mir, aber ich möchte dich nicht irremachen ... ich will bloß noch 'n bißchen vor den ›Goldenen Löwen‹ gehen, 'reinlassen tun sie mich nicht mehr, denn ich hab zuviel Kneipschulden da. Aber vielleicht hast du ein paar Silbergroschen bei dir, ich zahl sie dir morgen zurück, wenn sie mir das Geld zur Wegzehrung geben, denn ohne jeden Heller werden sie mich ja nicht lassen. Und so kann ich mir noch einen vergnügten Abend machen.«

Ich gab ihm das Wenige, das ich besaß, das Schluchzen verbeißend, das mich jäh überkam, und er verschwand im Dunkeln.

Als ich zwei Stunden später von Blechschmidt, mit dem ich Mathematik geochst hatte, nach Hause ging, sah ich ihn vor dem »Goldenen Löwen« stehen, wie er, sich wärmend, von einem Fuß auf den anderen trat und mit steifen Lippen ein Lied dazu pfiff, das mißtönig in einem Eishauch erstarrte. Und ob es Rücksicht war oder Feigheit oder Mangel an Herz, ich kann es nicht sagen – kurz, ich schlich in weitem Bogen um ihn herum.

Am nächsten Tage um die Dämmerung erschien er sehr flott in Tantens Wohnung, die er sonst nicht mehr betrat, nahm Reisepaß, Fahrkarten und mit dem Bargeld, das wohl oder übel hinzugefügt werden mußte, die nötigen Ermahnungen in Empfang, es nicht vor der Abreise schon zu verjuxen.

»Was ihr euch denkt«, sagte er triumphierend. »Hätte ich solch eine Summe nur ein einziges Mal in Händen gehabt, so wäre es von mir als Anlagekapital nutzbringend verwertet worden, und ich stünde jetzt als reicher Mann vor euch. Aber ihr werdet's erleben: In einem Jahre bin ich es sowieso, und schließlich werdet ihr noch die lachenden Erben.«

Dann ließ er sich die Zigarren einwickeln, die er als Abschiedsgeschenk von irgendeinem Kumpan erhalten haben mochte – bis auf die eine, die er sich zwischen die Zähne steckte –, und verschwand. Verschwand aus meinem Leben für immerdar. Selbst sein Andenken nahm er mit sich fort.

Bis ein paar Jahre später seine Todesnachricht über das große Wasser kam.

Ich war gerade auf Sommerferien zu Hause, als sie meinem Vater aus Elbing geschrieben wurde.

Er starrte eine Weile lang auf den Bogen nieder, der sie enthielt, dann stieß er das hoffnungslose, das grausam verzweifelnde »Äh« hervor, in dem seine Weltanschauung sich zusammenfaßte, und schritt hinaus.

Von da an bis heute ist des verlorenen Mannes auf Erden nie mehr gedacht worden. Und somit schließ ich die Akten über ihn.

Bald darauf geschah mir ein Unglück, dem ich das Glück meines Lebens, Bildung, Aufstieg, Dichtertum, alles verdanke. Ich wurde von einem älteren und stärkeren Mitschüler namens Hamann mit dem linken Knie gegen den unteren Haspen der Klassentür geschleudert und trug eine tiefe Wunde davon, die mich wochenlang ans Bett und dann noch ans Zimmer fesselte.

Vorläufig ahnte ich von dem künftigen Glücke noch nichts – ich will auch erst später davon erzählen. Nur das eine war mir beim Liegen klar: Daß, wenn der Gedanke an die Untersekunda schon früher ein Wahnsinn gewesen war, er jetzt endgültig zu den Toten geworfen werden muße. Denn ob auch Blechschmidt mich mit der inzwischen über uns ausgeschütteten Fülle der Erkenntnisse zu versorgen bestrebt war – viel davon hatte er nicht kapiert, und ich kapierte noch weniger. Daß ich die Zeit verwertete, um ein Bändchen Goethischer Gedichte auswendig zu lernen, und daß ich in Humboldts »Kosmos« eine neue Bibel fand, konnte mir zur Versetzung nichts helfen.

Fahrt also wohl, ihr Träume von Frühlingsglück und nahender Herrlichkeit! Fahr wohl, du stiller Wahnsinn, an dessen schweifenden Bildern meine lechzende Seele sich satt trank!

Eines Tages berichtete mir Blechschmidt, daß der Ordinarius Kutsch, als ich beim Montagsaufruf als immer noch fehlend gemeldet wurde, das Wörtchen »schade« hörbar vor sich hin gemurmelt habe.

Schade? Warum hatte er »schade« gesagt? Das tat er doch sonst nicht, wenn jemand zu Hause blieb.

Also Scharpie in das Loch gestopft – eine Barchentbinde ums Knie gewickelt und trotz Schmerzen und neuer Entzündung humpelnd zur Schule!

Ein harter Weg – und noch härter das Sitzen – stundenlang, ganze Vormittage lang, während die Muskeln steif wurden und das Blut vom Bein bis zur Stirne ticktackte.

Aber Kutsch lächelte befriedigt und ließ sogar den Eckplatz an meiner linken Seite leer machen, damit ich gelegentlich das Bein auf die Bank legen konnte.

Und siehe da! Der stille Wahnsinn erblühte von neuem. Und als ich einmal – frei nach dem »Kosmos« – von der Weltanschauung des Ptolemäus zu berichten gewußt hatte, da wurde er ein *lauter* Wahnsinn, der mir tags und nachts die Ohren vollschrie, so daß ich mich nicht bergen konnte vor dem Gram, daß es eben doch nur ein Wahnsinn war.

Der Schulschluß kam immer näher. Mutmaßliche Versetzungslisten liefen von Bank zu Bank. *Mein* Name befand sich auf keiner. Wie sollte er auch?

Heftig umstritten war ein anderer. »Von Dommer« lautete er. Der ihn führte, saß schon seit runden zwei Jahren auf den Bänken der Tertia B, und noch immer blieb er Antwort für Antwort schuldig. Ein harmlos gefälliges Kerlchen, bei allen beliebt, auch bei den Lehrern, obwohl sie nichts mit ihm anfangen konnten.

»Ich rate dir, lieber jetzt schon abzugehen, Dommer«, hatte Kutsch einmal gesagt, »du machst deinen Eltern nur unnütze Sorgen, und das Einjährige kriegst du ja doch nie.«

In ergebungsvollem Verzicht war der Gescholtene zusammengeknickt.

Aber man wußte: Er hatte mächtige Gönner, und seine Aussichten hoben sich wieder.

Ach, wie beneidete ich ihn! Für mich trat keiner ein. Und wäre selbst ein Fürsprech dagewesen, Genrich, der Erzfeind, hätte ihn mundtot gemacht.

Am Morgen des Schulschlusses – draußen brannte die Märzensonne, und die fallenden Eiszapfen klirrten – da saß ich mit meinem noch steifen Knie in der Aula, eingeklemmt auf den Plätzen der Tertia, während der Herzschlag mir den Atem benahm. So arg wirtschaftete er, daß von Zeit zu Zeit mich ein Schwindelanfall nach rechts oder nach links hinsinken ließ, bis der Rippenstoß des Nachbarn mich wieder in Haltung brachte.

Mit der Sexta ging es los. Aber wer von den kleinen Hosenscheißern nach Sexta kam – was ging uns das an? Dann folgte die Quinta, dann folgte die Quarta, und dann begann es windig zu werden. Noch eine Atempause lang war uns Erwartung gegönnt, denn erst mußten die nach den beiden Tertien Nachrückenden abgetan sei.

Nun aber wurde es ernst.

»Nach der Untersekunda werden versetzt: erstens von der Tertia B – –« so kam es wie ein eintöniger Singsang aus dem Munde des Direx. Mit Claaßen I begann es. Wie anders? Er war ja der unbestrittene Beste. Und dann ging es weiter. Und weiter und weiter. Der Name Blechschmidt erklang, und der Name Christoph erklang und viele andere.

Aber der eine Name, der eine arme, unbedeutende, gleichgültige Name, den ich so gern gehört hätte, weil er zufällig der meine war, blieb aus. – Selbst als die Liste ganz, aber auch *ganz* zu Ende war.

Vielleicht hat er ihn überlesen und wird ihn gleich nachholen, so tröstete eine letzte, schwache Hoffnung.

Nein, er holte nichts nach! Ungerührt von dem Gedanken, ein heißes Jugendglück zerstört zu haben, begann er genau so eintönig wie vorhin mit der Liste der Tertia A.

Vorbei! Aus!

Und nun merkte ich erst, wie bitter das Knie schmerzte.

Gar nicht erst wieder nach Hause gehen! In den Elbingfluß springen! schrie es in mir.

Die Verlesung der A-Tertianer war beendet. Aber anstatt zur Sekunda überzugehen, räusperte er sich, rückte die Brille zurecht, sah auf das Blatt, sah in den Saal, lächelte leise, und die Stimme ein wenig erhebend, doch immer noch gleichgültig genug, sprach er die Worte:

»Dazu kommen noch außerdem – von Dommer und Sudermann.«

SIEBENTES KAPITEL

Lausebengel

Die erste Höhe menschlichen Ehrgeizes war erklommen. Nun durfte keiner mehr den unreifen Jungen belächeln, und wenn ich Klara Hornig gesprochen hätte, so würde die bloße Tatsache, daß ich ein Sekundaner war, sie mit unanfechtbarer Achtung erfüllt haben.

Der Frühling schickte seine ersten Boten ins Land. Der gelbe Kornelstrauch blühte, die beiden Pestwurze ließen sich einheimsen, als ob sie den ganzen Winter auf uns gewartet hätten, und der Huflattich war mit einem Male auch da.

Nun begann ein neues Strolchen bergan, talab. Wie gewissensruhig, wie herrscherhaft vollzog sich Suchen und Finden!

Nichts Fremdes, nichts Unbestimmbares gab es in Wald und Flur, und wo irgendein Kräutlein noch Zweifel bereitete, da halfen Flora und »Schlüssel« bereitwillig nach, ihm das Bekenntnis von Nam' und Art aus dem Blütenboden zu lokken.

In der Schule ging alles glatt seinen wohleingefriedeten Weg. Die neuen Lehrer, zum Teil sehr jung, ließen uns leben, wenn wir sie nur leben ließen, und das taten wir leider nicht immer. Einen, der schwindsüchtig war, haben wir richtig zu Tode geärgert. Und daß ich mitmachte, ohne Mitleid, ohne Erbarmen, dessen schäme ich mich heute noch.

Zwei neue Lehrfächer gab es: Physik und Chemie, mit Experimenten, die uns höchst komisch anmuteten, weil wir dasaßen wie die großen Herren und uns was vormachen ließen. Daß irgendein Stoff ins Wasser geworfen wird und infolgedessen zu brennen anfängt, war an sich schon ulkig genug;

daß man dergleichen aber als Lernen behandelte, grenzte bereits ans Schlaraffenland.

Auch die Lateinstunde hatte nichts Bedrohliches mehr. Die Exerzitien schrieb man ab, und beim Übersetzen legte man eine »Pliete« zwischen die Blätter.

So blieb für Wanderfahrten Zeit und Muße übergenug. Jetzt kamen wir am Sonnabendabend nur noch selten nach Hause und übernachteten irgendwo auf Heuschobern oder auf Strohlagern, die freundliche Gastwirte uns rings um den kalten Kachelofen ausbreiten ließen. Und morgens gab es für zehn Pfennige einen Topf Kaffee und ein Butterbrot noch obenein.

Was vor einem Jahre ein ängstliches Mitzotteln gewesen war, wurde jetzt bewußt Kameradsein, wurde Anspruch auf Gleichberechtigung und Sitz im hohen Rat.

Zwar als Held sah ich mich immer noch nicht gewertet. Wie sollte ich auch? Erlebt hatte ich nichts, Geld hatte ich auch nicht, und der Ersatz dafür, die große Schnauze, war mir vom Schicksal versagt. So mußte ich zufrieden sein, wenn man mich ungeschoren ließ, während ich in Heimlichkeit die Schätze barg, die jede neue Wanderung über mich ausschüttete.

Hoheitsrechte der Persönlichkeit, Weltbefreiung, Gottschauen, Aufruhr und Umsturz als Andacht und Gebet, das alles drang, aus dem Rotdunst der Dämmerung geboren, beseligend und berauschend in mich ein. Manchmal wußte ich nicht, wohin mit der Fülle der Gedanken und Gesichte, und rannte wie ein Wilder durch den nächtlichen Wald, während die Gefährten in ihrer Ermüdung lange schon schliefen. Dafür war ich morgens von der Streu nicht hochzukriegen und mußte oft tüchtig durchgewalkt werden, bis ich – noch immer schlaftrunken taumelnd – hinter den anderen weiterzog.

Immer mehr teilte sich mein Leben in zwei Stockwerke. In dem unteren wohnte ich gemeinsam mit allen, die um mich waren; dort kannte man mich als harmlos-stillen Burschen, der sich nur mäßig wehrte, wenn man ihn höhnte und verhaute, und der nach jedem Zusammenstoß rasch wieder gut war. Das obere gehörte mir allein. Von dort stieg eine Jakobsleiter geradewegs in den Himmel. Dort war ich König und Volksmann, Weltumsegler und Prophet. Dort hielt ich Zwiesprache mit den Großen aller Zeiten, dort rollte ein großes Bilderbuch sich unaufhörlich vor mir ab. Dort war ich edel, tapfer, großmütig, von unermeßlichem Reichtum, Liebling der Frauen und Beherrscher der Männer. Dort schlug ich die Klügsten durch die Macht meiner Rede und kam an Fülle des Wissens selbst den Gelehrtesten gleich. Kurz: alles, was mir dort unten versagt war, fiel mir hier oben als Mitgift des Schicksals von selber zu.

Dieses Kartenhaus geträumter Größe, zwischen dessen luftigen Wänden mir nur zu wohl war, fiel eines Tages kläglich zusammen, angesichts einer Entdeckung, die mir jede Selbstachtung nahm und mich jäh in den Rachen der Verworfenheit stürzte.

Schon seit einiger Zeit war mir ein seltsames Gefühl auf dem Kopfe bemerkbar geworden, das halb Schmerz und halb Kitzel war und mich bis tief in den Nacken hinein mit Schauern übergoß. Unter dem Drucke der Hand und dem Kratzen der Nägel verlor es sich meistens, aber wenn ich stillsitzen mußte, wie bei Tische oder gar auf der Schulbank, quälte es mich so sehr, daß ich manchmal, ohne erst um Erlaubnis zu fragen, aufsprang und zur Türe hinauslief.

Es war eine Krankheit – sicherlich – aber eine, von der man nicht sprechen durfte. Das sagte mir eine Ahnung, die quälerischer war als die Qual selber.

Und eines Tages wurde es offenbar, das Schreckliche, nicht zu Begreifende: Ich hatte Läuse.

Ich, Sudermanns Hermann, der Sohn ordentlicher Eltern und Mutters Liebling, ich, der Auserwählte, der auf den Höhen der Menschheit zu Hause war und es an Edelsinn mit dem Edelsten aufnehmen konnte, ich hatte Läuse. Läuse, wie die Bettlerkinder, die verschmutzten und verwahrlosten, die daheim die Stuben nicht betreten durften.

Es war in dem städtischen Petroleumschuppen, dessen Verwaltung der guten Tante anvertraut war, wo ich beim Herausgeben der Fässer die niederschmetternde Entdeckung gemacht hatte. Als die Fuhrleute fort waren, schloß ich, um nicht überrascht zu werden, von innen das Tor, rannte weinend von Stapel zu Stapel und schrie in meiner Ratlosigkeit immerzu: »Mama, Mama, Mama!«

Aber Mama war fern, und wenn ich statt ihrer der guten Tante zu beichten gewagt hätte, ihr, die für weit geringere Fehler ein Verzeihen nicht kannte, ich würde auf der Stelle an die Luft gesetzt worden sein.

Aber auch an Blechschmidt als Mitwisser war nicht zu denken. Mühsam hatte ich mir unter den Gefährten einige Achtung erobert; die Hänseleien, die mich früher so oft in Verzweiflung gehetzt hatten, fingen gerade an, etwas seltener zu werden – wenn er nicht reinen Mund hielt, eher hätte ich mich in den Elbingfluß stürzen können, als den Fluten des nun sich ergießenden Hohnes gewachsen zu sein.

So hieß es denn, die Last der Schmach in Schweigen weiterschleppen und auf ein Wunder warten, das sie von mir nahm.

In den Tagen und Wochen, die jetzt folgten, habe ich alle Martern eines wunden Gewissens kennengelernt. Dem Mörder, der seine Blutschuld als Geheimnis seines Lebens mit sich trägt, kann nicht viel schlimmer zumute sein.

Ein paar Jahre später, als ich in der Prima saß, kam eines Abends ein Mitschüler, der mir sonst gar nicht sehr nahestand, mit eigentümlich scheuem Umblick auf meine Bude geschlichen, verriegelte die Tür hinter sich, fiel plötzlich, wie von der Axt gefällt, vor mir zusammen und schluchzte in die hohlen Hände hinein: »Ich bin syphilitisch.« Und als ich ihn aufrichtete und tröstend mit ihm zu Rate ging, da dachte ich in Erinnerung an jene Tage immerzu: »Der Glückliche, daß er es sagen kann!«

Was die täglich wachsende Verzweiflung schließlich aus mir gemacht hätte, weiß ich nicht, wenn ich mich nicht eines Tages von der guten Tante plötzlich in einen Stuhl gedrückt und, ehe ich mich wehren konnte, durch zwei, drei Striche eines Staubkammes rettungslos überführt gefunden hätte.

Und – Dank sei ihr! – ich wurde *nicht* zu den Verbrechern geworfen, ich wurde *nicht* aus dem Hause gejagt, nur ein respektables Gericht Schandfleck bekam ich, weil ich das Unheil so lange an mir geduldet hatte, bis dessen Spuren ohne mein Wissen rings um mich offenbar geworden waren.

Auch in der Folgezeit bemühte sie sich redlich, den Mantel der Liebe über meine Untat zu breiten, aber wenn sie, wie sonst, in der Dämmerung die Schlechtigkeit der Welt einer fürchterlichen Musterung unterwarf, konnte sie sich doch nicht entbrechen, auch die räudigen, krätzigen und verlausten Mitgeschöpfe mit einem gelegentlichen Bannstrahl zu bedenken. Die Kusine aber nickte in frühreifer Hennenhaftigkeit dazu und kratzte sich mit dem Nagel des kleinen Fingers erst hinter dem rechten und, wenn ich dies zu übersehen geruhte, weit übergreifend auch hinter dem linken Ohr.

Was tat mir das noch! Als ein Erlöster durfte ich den Kopf wieder erheben und furchtlos der Zukunft entgegengehen.

Doch volle Entsühnung erhielt ich erst, als ich in den großen Ferien, die ich in diesem Jahre – o Übermaß des Glückes! – daheim im Elternhause verleben durfte, mir ein Herz fassend, der Mutter beichtete, und wie sie dann meinen entehrten Wuschelkopf zwischen ihre zwei Hände nahm, einen Kuß darauf drückte und nichts weiter sagte als »Mein armer Jung«, da war mit einem Male alles in Ordnung.

Manche Gewissensnot, manches Schuldgefühl habe ich zeit

meines Lebens in mir beherbergen und, wenn es sich nicht wieder abstoßen ließ, meinem Wesen eineignen müssen, keines aber hat mich grausamer geschüttelt als die Angst des dreizehnjährigen Knaben, in Ungeziefer verkommend aus den Reihen der anständigen Menschen ausscheiden zu müssen.

Ach, jene großen Ferien! Jetzt sah ich erst, wieviel darbende Liebe in mir aufgespeichert lag, die im Geben und Nehmen nach Sättigung verlangte. Der Mutter hing ich am Schürzenband von früh bis spät, so daß sie sich nur mit lachender Mühe meiner erwehrte. Und selbst an Vater wagte ich mich heran, der mit Staunen – und jetzt wohl auch mit ein wenig Stolz – die Überfülle meiner grünen Weisheit über sich herströmen ließ. Die jüngeren Brüder, die noch immer bei Fräulein Hubert die Schulbank drückten, sollten binnen sechs Wochen große Botaniker werden und enttäuschten mich tief, als sie mir eines Tages erklärten, das Unkraut in den Chausseegräben könne ihnen gestohlen werden.
Meine ehemaligen Schulfreunde begrüßten mich gönnerhaft von oben herab und waren höchst unangenehm berührt, als sie von mir erfuhren, daß ich geradeso auf der Sekunda saß wie sie selber.
Als ich aber bekennen mußte, daß ich weder einer verbotenen Schülerverbindung angehörte noch überhaupt jemals an einem Kneiptisch gesessen hatte, verfiel ich aufs neue ihrer Verachtung, die zu tragen mein Schicksal war. Aber jetzt grämte ich mich nicht mehr um sie, denn meine Gestirne wandelten auf anderem Wege zur Höhe. Nur wenn ich sie mit den blondzöpfigen Backfischen in ulkender Vertrautheit am Elternhause vorüberziehen sah, gab es mir immer noch einen Stich ins Herz.
Und dann kam der Abschied. Der Abschied auch von den Fleischtöpfen Ägyptens, denn dazu war – verglichen mit der

Hungerkost da draußen – die notgedrungene Sparsamkeit des Elternhauses hochgediehen.

Und als ich wieder bei der guten Tante saß, wurde ein Heimweh daraus, wie ich es noch nie im Leben verspürt hatte. Ich wandelte umher wie in einem bösen Traum und schluckte Tränen, wo ich saß und stand. Aber auch das verwehte, und die Forderungen des Tages zertraten den Rest aller Kindergefühle.

Der neue Winter kam, und ein neuer Wahnsinn mit ihm. Der Wahnsinn fürs Theater.

Vor Jahren habe ich einmal in der Geschichte meines Erstlingswerkes davon erzählt. Ich habe von meiner hoffnungslosen Liebe zu der Tragödin Hermine Claar-Delia erzählt, die als Valentine bei uns gastierte, und von dem heiligen Schwur, ihr mein erstes Bühnenwerk zu weihen.

Wenn ich an jene Wintertage zurückdenke und die herzfressenden Nöte, die ich zwischen den Faßreihen des Petroleumschuppens in segnender Einsamkeit durchkämpfte, darf ich wohl sagen, daß mein Lebensschicksal damals ins Rollen kam. Aber noch fast zweier Jahrzehnte der Irrungen und Abwegigkeiten bedurfte es, um mich zum Ziele zu führen.

Freilich: gelangt man je ans Ziel? Kann das bodenlose Faß, in das eine Jugendphantasie Traum auf Traum und Plan auf Plan hineingießt, selbst durch ein ausgelebtes Leben – und mag es noch so sehr der Arbeit gehört haben – sich vollfüllen lassen?

Gleichviel! Was damals in die Höhe stieg, um dann durch harte Notwendigkeiten geduckt und verschüttet zu werden, war sicherlich ein Urinstinkt, der im Tiefsten meines Wesens wurzelte. Mochte das Leben ihn auch tausendmal als Wahnsinn ausrotten und auf den Schutthaufen werfen, er wuchs immer wieder, bis ihm zu folgen eines Tages Beruf und Gesetz war.

Ein Mittel gab es schon damals, dem Drang, der keinen Namen hatte und der mich eher ängstigte als beglückte, einigermaßen Luft zu schaffen. Das war – ich sagte es schon – der deutsche Aufsatz. Nicht etwa, daß ich ihm mit Freude entgegengesehen hätte, im Gegenteil. Ich war genau so faul wie jeder andere. Aber in der Nacht vor dem Ablieferungstermin überfiel mich regelmäßig eine Art von Raserei. Um zehn ging's mürrisch an die Arbeit, um elf war ich mir klar, daß ich sie nie im Leben fertigkriegen würde, gegen Mitternacht kam ich langsam in Zug, um ein Uhr warf ich den Kleck zur Seite und fing gleich an, ins reine zu schreiben. Um zwei Uhr mußte die Lampe neu aufgefüllt werden, auch erklammten die Finger, weil der Ofen längst kalt war. Aber das tat nichts, denn jetzt heizte ich ja von innen. Um drei Uhr rannte ich mit brennenden Backen im Zimmer herum und wußte nicht, wie der Menge der Bilder Herr werden, die sich mir aufdrängten. Um vier Uhr hatte ich die vorschriftsmäßige Seitenzahl längst überschritten, aber noch war so viel Notwendiges zu sagen, daß ich unmöglich aufhören konnte. Und weil es um fünf Uhr zum Schlafengehen zu spät war, so schrieb ich lieber gleich bis zur Schulzeit.

Diese Schriftstücke trugen mir bei der Rückgabe regelmäßig die Mahnung ein, mich vor Verstiegenheiten zu hüten, die den Sinn fürs praktische Leben nur beeinträchtigen könnten. Aber wenn ich den Schaden besah, fand ich als Zensur ein »Gut« oder ein »Sehr gut«, und damit gab ich mich gerne zufrieden.

Um dieselbe Zeit fing ich an, den Konfirmandenunterricht zu besuchen. Mit wenig Erbauung, wie ich gestehen muß, denn der christliche Dogmenglaube war längst für mich abgetan. Der Gott der Abendröten und des Sternenhimmels, der Gott, mit dem ich am Schluß meiner Aufsätze gern eine betende Zwiesprache hielt, weil die Ekstase, in die ich mich allgemach hineingeschrieben hatte, als höchster Steigerung des Visionären bedurfte, dieser oberste Herr meiner Träume hatte mit der Bekrönung des hölzernen Lehrgebäudes, die die protestantische Konfession uns als Gott präsentierte, wenig zu schaffen.

Wichtiger waren die feinen, schmalwangigen Mädelchen, die in der Sakristei uns gegenübersaßen und mit denen ein lebhaftes Augenspiel dauernd im Schwange war, das den grauen Schmus des Superintendenten leidlich verklärte. Gelegenheit, uns ihnen zu nähern, war niemals gegeben, und die Blödigkeit der Flegeljahre verwehrte jeden Geniestreich. So blieb es bei einem aussichtslosen Anschmachten, das bis zu einer wirklichen Herzensnot niemals gedieh.

Und dann war ja auch Klara Hornig noch da.

Ich hatte sie nie aus dem Sinne verloren, und je heftiger meine Kusine sie als Ausbund aller Verwerflichkeiten darstellte, desto schmerzlicher blühte meine Liebe zu ihr. Wenn sie wirklich so kokett, putzsüchtig, nach Eroberungen lüstern und vom Hochmutsteufel besessen war, von welch schwindelnder Höhe herab würde sie, die schon im Kronornat ihrer Balltriumphe einherschritt, auf mich, den armseligen Schüler, herabsehen?

Daß ich inzwischen mühelos zur Obersekunda eingegangen war und daß ich bereits – schön, aber falsch – die Baßpartien sang, konnte nicht viel daran ändern.

Und so kam – zwischen Ostern und Pfingsten – das Fest meiner Einsegnung heran.

Um es mit mir zu feiern, hatte meine Mutter die Kosten der langen Reise nicht gescheut und war eines Abends behende und um ihr Gepäck besorgt dem Zuge entstiegen.

Ob sie der guten Tante schon je begegnet war, weiß ich nicht mehr. Jedenfalls brachte sie nach ihrer Art einen prallen Sack voll Liebe für sie mit, und auch die gute Tante kam ihrem Gast mit unverhohlener Herzlichkeit entgegen. Aber aus den

Blicken, die sie alsbald mit der Kusine wechselte, ersah ich, der ich sie beide kannte, daß den Dämmerungen nunmehr ein neues Material für tadelnde Weltbetrachtung geliefert worden war.

Meine Mutter machte schon am zweiten Tage große Augen, als sie die bewährte Taktik des mehrmaligen Kaffeewärmens, der auf Vorrat gärenden Graupen und der wegen Kostspieligkeit aufzuschiebenden Fleischmahlzeit kennenzulernen und zu billigen Gelegenheit hatte.

Darum sah mich meine Mutter wohl auch in unbewachten Augenblicken so ängstlich und verstohlen an, darum fand sie, daß meine Backen sehr hohl und meine Arme sehr dünn seien, aber wer so wie ich in die Höhe schießt, pflegt ja immer mager zu sein, und außerdem fehlte mir als Kräftigungsmittel die Turnstunde, an der ich meines schwach gebliebenen Knies wegen nicht mehr teilnehmen durfte. Von den zwei zugunsten des Theaterbesuches unterschlagenen Frühstücksemmeln gar nicht zu reden.

Die Einsegnungsfeier ging schmerzlos vorüber. Den Braten für die Festmahlzeit hatte meine Mutter geliefert, und die gute Tante hatte Königsberger Klopse daraus gemacht, weil dieses Gericht durch Reibbrot in segensreicher Weise gestreckt werden kann.

Während wir uns zum Nachtisch an dem Wackelpeter gütlich taten – einem süßen Buchweizenpuddig, mit Mandeln gespickt, der unser Leibgericht war – sagte meine Mutter so nebenher:

»Heute um die Kaffeezeit wollen wir dann zu Hornigs gehen, lieber Hermann.«

O Gott, o Gott!

Mir sank das Herz in die neuen Einsegnungsschuhe, und die Augen meiner Kusine funkelten grünlich.

»Heute nicht, heute nicht!« flehte ich, um Zeit zu gewinnen, und meine Mutter fand, daß man mir nachgeben könne, zumal sich erwarten lasse, daß am morgigen Alltag ein jeder zu Hause sei.

Auf dieses Argument hin wäre ich lieber doch heute gegangen, aber das war nun verfahren.

Gegen Abend brachte mir meine Kusine geheimnisvoll einen Stehspiegel getragen mit den Worten: »Damit du sehen kannst, ob du schön genug bist.«

Aber sie kam viel zu spät, ich hatte schon lange davor gesessen.

In dieser Nacht schlief ich wenig. Zuerst einmal: wie in die Erscheinung treten? Die Sonntagsjacke war sehr knapp geworden, der neue Einsegnungsrock hingegen aufs Auswachsen berechnet, und eines so wenig weltmännisch wie das andere.

Sodann die Unterhaltung! Was spricht man mit einer jungen Dame, der im Ballsaal gehuldigt wird wie einer Königin? Aus den Romanen wußte ich ja ungefähr, wie die Löwen der Gesellschaft sich in solchen Fällen benehmen; aber würde ich es ihnen gleichtun können, ich, der ich vor zwei Jahren als Rotznase vor ihr geflohen war? Das Blut erstarrte mir in den Gliedern, wenn ich jener Niederlage gedachte.

Was half alles Grübeln? Wenn mich kein Wunder vor dem Gange errettete, stand eine Demütigung mir bevor, an der ich neue zwei Jahre lang und länger noch zu tragen haben würde, denn die alte war ja noch nicht verschmerzt.

Die Schulstunden vergingen, ohne daß ich ahnte, was rings um mich geschah.

Als ich nachmittags heimkam, fand ich meine Mutter schon gerüstet. Ich wollte mich umziehen.

»Bleib nur lieber, wie du bist«, sagte sie mit einem kleinen Wohlgefallen, das mir unendlich gut tat.

Und dann gingen wir los.

Wieder stand ich vor der dunklen Tür, von der ich zwei Jahre lang einen jeden Sparren in Erinnerung behalten hatte.

Und da war auch die alte Frau Hornig und fragte: »Womit kann ich dienen?«

Und dann gab es einen doppelten Freudenschrei, und die beiden Frauen lagen sich in den Armen.

Die verwachsene Schwester mit dem bleichen Duldergesicht kam gleichfalls zum Vorschein; mit der gab's dieselbe Aufführung.

Aber dann war ich an der Reihe.

»Ist das wirklich Ihr Sohn Hermann? In zwei Jahren so groß und so –? Nie hätte ich ihn wiedererkannt ... Und warum ist er nicht mehr bei uns gewesen? ... Es muß ihm doch gar nicht gefallen haben ... Wir haben uns so oft gefragt: ›Warum kommt der nette Junge nicht wieder?‹ ... Aber daß er inzwischen ein so großer junger Herr geworden ist, das haben wir uns natürlich nicht träumen lassen ... Klara! Klara! Komm mal rasch 'rein und sieh, wer da ist. Du wirst Augen machen!«

Und da war sie und machte Augen. Machte die großen, großen blauen Augen, die ich vor mir gesehen hatte tags und nachts und immer und vor denen ich ausgerissen war in der Brückstraße und auf der Eisbahn und in Vogelsang und überall – zwei lange Jahre lang. Und sie war auch heute nicht hochmütig und durchaus keine Balldame, sondern ein liebes, liebes Mädel von siebzehn Jahren – hochaufgeschossen zwar, aber eben ein Mädel, nicht viel anders als unsere Einsegnungsschwestern, fein und schmalwangig und mit leise erblühendem Busen.

Ich fühlte, wie die lähmende Not von mir niedersank gleich einem zerlumpten Bettlergewand und wie ein freier, froher und klarer Mensch daraus emporstieg.

Oh, jetzt war ich nicht mehr das Jungchen, das, ungelenk aus Litauens Hinterwald hervorgekrochen, mit seinen Armen und Beinen im Kampfe lag, um schließlich eines fehlenden Taschentuchs wegen das Weite zu suchen. – Jetzt war ich erprobt im Wettstreit mit Besseren als ich, jetzt stand ich meinen Mann, auch jungen Mädeln gegenüber ... Ich hatte gelebt, ich war gewachsen, und mein Geist reckte sich sehnsüchtig dem kommenden Zwiegespräch entgegen.

Das kam sehr bald.

Meine Mutter mußte sich doch den Laden zeigen lassen, in dem sie als Verkäuferin einst gewaltet hatte. Da gab es Veränderungen ohne Zahl: die Puppenabteilung hatte einen erheblichen Zuwachs erfahren, Dampfmaschinen und Eisenbahnen waren hinzugekommen und, was weiß ich, sonst noch.

Kurz, es ergab sich, daß nach kaum einer halben Stunde Klara und ich uns gegenübersaßen und unsere Weltanschauungen tauschten, ernsthaft und feurig, als hätten wir nichts Eiligeres zu tun, als einander den Grund unserer empfindsamen Seelen zu zeigen.

Und wie ich der aufquellenden Gedankenlust in glücklichem Spiel die Zügel schießen ließ, da sprang sie auf, lehnte die Hände gegen den kalten Ofen und wiegte sich von rechts nach links – beifällig lauschend und mit einem kleinen Erstaunen im Blick, das mich vollends berauschte.

»Ach, wie schade!« rief sie plötzlich in meine Rede hinein.

»Schade, was?« fragte ich.

»Nun, glauben Sie, ich habe es nicht gemerkt, daß Sie nichts von mir haben wissen wollen?« sagte sie lachend.

»Wieso denn?« stammelte ich, fühlend, wie ich rot wurde bis in den Nacken hinein.

»Nun – zum Beispiel, daß Sie immer auf die andere Seite gingen, wenn ich Ihnen entgegenkam.«

»Das haben Sie wirklich gesehen?«

»Und ich habe mich dann immer gefragt, was ich Ihnen eigentlich Böses getan habe, aber gewiß steckte Ihre Kusine dahinter, denn ich weiß, die hat schon auf der Schule nicht gut von mir gesprochen.«

»Zu mir hat sie es nicht getan«, rief ich, froh, wie gut die Lüge mir gelang, »und wenn sie es getan *hätte,* so würde ich das gar nicht geduldet haben.«

Nun war es an ihr, rot zu werden. Und wir flohen mit kühnem Satze zur deutschen Literatur hinüber, wo wir sicheren Boden unter den Füßen hatten. In der Liebe für »Waldmeisters Brautfahrt« und »Was sich der Wald erzählt« kamen wir freudig überein, und »Prinzessin Ilse« gereichte uns beiden zum Entzücken. Um so strenger verfuhr ich gegen Geibel, den sie nicht kannte. Daß ein fünffüßiger Jambenvers »O Sophonisbe, Sophonisbe o« der deutschen Sprachkunst zur Schande gereiche, gab sie mir willig zu. Auch versprach sie mir, einem jüngeren Dichter mit Namen Paul Heyse vertrauensvoll näherzutreten, obwohl sie vor den sittlichen Zügellosigkeiten in seinen Novellen bereits gewarnt worden war.

Mit Wonne bemerkte ich, daß ich von Minute zu Minute größeren Einfluß auf sie gewann, und als ich für die Erhabenheiten Hamerlings kühne Worte der Begeisterung fand, hörte sie mir so hingegeben zu, als wäre ich der Bote einer anderen Welt.

Da kamen unsere Mütter zurück, und die arme blasse Schwester trug Sahnebaisers auf den Tisch, die der Konditor inzwischen geliefert hatte.

Der Traum des seelischen Ineinanderfließens war ausgeträumt. Schweigend saßen wir da, während die Fortschritte, die die Spielwarenbranche in den letzten zwanzig Jahren gemacht hatte, sachkundig erörtert wurden. – Der Sohn und Erbe des Geschäfts war leider verreist, sonst hätte ich noch Engeres und Weiteres darüber erfahren. Aber während ich mit vorgebeugtem Körper, von Lerneifer geschwellt, den Darlegungen der alten Dame lauschte, fühlte ich bisweilen, in Seligkeit erschauernd, einen großen, fragenden Blick an mir vorübergleiten, der sich alsdann in süßer Nachdenklichkeit verlor.

Und so schieden wir. Ich sollte bald wiederkommen. Ich

sollte mit nach Vogelsang, auch in den Kasinogarten sollte ich mit, in jenen heiligen Bezirk, der für die Masse der nicht Erwählten ein verbotenes und ewig ersehntes Eden war.

Weit tat die Fülle des Lebens ihre goldenen Tore vor mir auf. Es war zu viel an Sonne und an erfüllter Sehnsucht, was an jenem Tage auf mein Haupt herniedersank. Zu viel für einen armen Burschen, dem das Schicksal seinen Platz auf der Schattenseite angewiesen hatte.

Es kam auch anders, ganz anders kam es.

Kurze Zeit, nachdem meine Mutter Elbing verlassen hatte, wurde ich, ohne es zu wollen, vom Nebenzimmer her, Zeuge eines der beliebten Dämmerungsgespräche, in denen Tante und Kusine sich über die Schlechtigkeit der Menschen einig wurden.

Und diesmal war sein Gegenstand kein anderer als ich.

Zu meiner Bestürzung erfuhr ich, daß ich ein gemeiner Flegel, ein gefährlicher Lüderjan, ein Lausebengel sei, der sich von Tag zu Tag mehr zu einer Landplage auswüchse, zumal sein Appetit jede Schranke der Bescheidenheit zu sprengen drohe. Besonders seitdem meine Mutter hier gewesen sei, die, obwohl von Hungerleidern abstammend, doch einen bedenklichen Hang zum Großtun und zur Verschwendung gezeigt habe, sei mit mir kein Auskommen mehr, und der Verkehr bei den Hornigs, deren Dünkelhaftigkeit schon dadurch erwiesen sei, daß sie sich in die Kasinogesellschaft eingedrängt hätten – während andere doch auch sehr anständige Leute höchstens in der Bürgerressource aufgenommen sein wollten –, schlüge dem Faß vollends den Boden aus. Darum müsse die erste sich bietende Gelegenheit benutzt werden, um mich endgültig fortzugraulen.

Ich trat ihnen nicht entgegen. Ich forderte keine Genugtuung, nicht einmal mich zu verteidigen, beschloß ich. Ich schlich auf Zehenspitzen zur Tür hinaus, holte mir den Schlüssel zum Petroleumschuppen vom Nagel herab und lief bis tief in die Nacht an den Holzpfeilern entlang, die den grasbewachsenen Hof im Rechteck umgaben. Hier hatte ich schon manche Not durchkämpft, hier mußte mir auch heute Erlösung werden.

Fort, fort aus diesem unseligen Hause! Das war das A und O jeder Erwägung. Was aber beginnen? Daß mein Vater die Summe, die eine regelrechte Knabenpension verlangte, nicht würde aufbringen können, verstand sich von selbst – nicht in Elbing und nirgends. So blieb nur eines: die Schule verlassen und einen der Berufe ergreifen, für die das Einjährigenzeugnis ausreichend war. Das hieß freilich dem Aufstieg zur Höhe, der Erfüllung tiefheimlicher Wünsche, das hieß allen Hoffnungen und Träumen für immer Valet sagen. Aber was half's? Nicht einen Tag länger als nötig in diesem Hause, in dem ich als lästiger Eindringling galt.

Die Auswahl der sich mir bietenden Berufe war nicht klein. Kaufmann, Buchhändler, mittlerer Beamter und dergleichen. Aber vor dem allen hatte ich einen Horror, denn es führte mich von der Wissenschaft fort und – wie ich annahm – dem Stumpfsinn in die Arme. Nur eines blieb, das sich einer höheren Lebensbetätigung anähnlichen ließ, das sogar ein späteres Universitätsstudium verlangte – wobei sich die Möglichkeit, auch andere Kollegia zu hören, von selber ergab –, das war die Laufbahn des Apothekers.

Zudem: Apotheker sein, war halb ein Chemiker sein, und Chemie hieß gerade mein neuester Wahnsinn. Ich hatte mir unlängst ein sogenanntes Laboratorium angeschafft, eine Kiste voll Retorten und Kolben und Pipetten und Büretten und wie das teuflische Handwerkszeug alles hieß, mit dessen Hilfe man unsagbare Mixturen mischte, die furchtbar stanken und Löcher in die Sonntagshosen brannten.

Dies Laboratorium konnte man ins Großartige ausbauen, konnte darin arbeiten, soweit die Freistunden reichten, konnte große Erfindungen machen, um schließlich bei einer

Professur zu landen, wie sie berühmten Männern zuteil wird, auch wenn sie die landläufige Karriere nicht hinter sich haben.

Kurz und rund: Apotheker. Apotheker, wie es der Vetter war, der sich längst schon als Pharmazeut den Wind der großen Welt um die Nase wehen ließ und der jetzt von Haspe in Westfalen aus – dort, wo der »Ulk« zu Hause war – Kistchen mit Magenmorsellen, mit Ingwerschnäpsen und mit selbstgemischten, auf Erden noch nicht dagewesenen Fruchtsäften heimschickte.

Am nächsten Mittag schrieb ich einen Brief nach Hause, ich bäte beim alten Settegast in Heydekrug anzufragen, ob er mich als Lehrling in seine Apotheke aufnehmen wolle. Und, um meine Eignung klarzustellen – klarzustellen, daß ich für diesen Posten eigentlich schon viel zu schade sei –, fügte ich auf einem Extrabogen ein Verzeichnis all meiner chemischen und botanischen Kenntnisse hinzu, das meinem künftigen Lehrherrn gewaltig imponieren mußte. Mit Fremdwörtern, wie sie in Stöckhardts »Schule der Chemie« zu finden waren, sparte ich nicht. Was die »Analyse« und die »Synthese« von einem Jünger der Wissenschaft verlangten, war längst schon von mir durchdacht und durchdrungen, die offizinelle Pflanzenkunde beherrschte ich so nebenbei, und was das praktische Experimentieren anbelangt, so war ich schon längst in meinem eigenen Laboratorium erfolgreich tätig gewesen.

Noch heute bin ich meinen Eltern dankbar, daß sie diesen Ausbruch bengelhaften Größenwahns mit sicherer Ahnung unterdrückten: Sonst hätte der alte Settegast sich wohl dafür bedankt, mir umgehend seine Einwilligung zu schicken.

Nun erst hatte meine Stunde geschlagen. Nun erst fürchterliche Abrechnung halten!

Als ich mit dem mütterlichen Brief in der Hand vor Tante und Kusine hintrat, wurde freilich nichts weiter als die bescheidene Erklärung daraus, daß ich ihnen nicht länger zur Last fallen und das Haus schon am morgigen Tage verlassen wolle.

»Ganz, wie du meinst«, sagte die gute Tante gelassen, und die Augen der Kusine funkelten grünlich. –

Mit hochklopfendem Herzen pochte ich an demselben Nachmittage an die Tür des direktorialen Sprechzimmers. Noch immer hoffte ich, irgendein Wunder werde geschehen, das mir den Abgang ersparte.

Aber nichts weiter ereignete sich, als daß der Allgewaltige mich ein paar Sekunden lang hinter den stechenden Brillengläsern hervor nachdenklich ansah, dann ein paar Worte murmelte, die ich nicht verstand, und mir das rasch geschriebene Entlassungszeugnis mit einem Glückwunsch für mein Leben huldvoll überreichte.

Und so wild und verbissen war ich, daß mir auch in diesem Augenblicke verzweifelten Entsagens nicht eine Träne in die Augen trat.

ACHTES KAPITEL

Die Apotheke

Die Welt, die meine Welt gewesen war, versank.

An ihre Stelle trat ein Verkaufsraum mit rechtwinklig gegliedertem Ladentisch, mit langen Regalen an den Wänden und einem schrankartigen Aufbau in der Mitte, in dem neben den offenstehenden ätherischen Ölen hinter einer Verschlußtür die Gifte sich befanden.

Die Gifte! Das war das Geheimnisvolle, das Romantische bei der Sache. Nicht bloß mich selber, ganze Familien, ganze Dörfer, ganze Städte vermochte ich umzubringen, falls es mir Spaß machte. Oft, wenn niemand mich überraschen konnte, liebkoste ich die breithalsigen Fläschchen und fühlte mich als Herr über Leben und Tod.

Meine amtliche Tätigkeit hingegen bestand fürs erste nur in Tütendrehen. Ich lernte es rasch, ich kann es auch heute noch und bin gerne bereit, es Zweiflern zu beweisen. *Diese* Kunst wenigstens werden meine Kritiker mir nicht abstreiten können.

Sodann fand ich mich in die Obliegenheiten des Handverkaufes eingeweiht. Und dabei verblieb es bis auf weiteres. Brustbonbons, Kamillentee, Rhabarber, Lakritzen, Magentropfen, Appetitpulver für die Schweine, Bibergeil, Honig, Asa foetida – eine böse Nummer übrigens –, und weiß der Deibel, was sonst noch, alles ging alsbald mit flotter Selbstverständlichkeit durch meine Hände. Die Brustbonbons stehen in dieser Herzählung mit Fug und Recht an erster Stelle, denn sie erregten in mir auch privatim eine greifbare Anteilnahme, die sich allerdings sehr bald in Schaudern verwandelte.

Zu den genannten Dingen gesellte sich allerhand Rätselhaftes, das leise gefordert und aus höchst harmlosen Flaschen oder Büchsen mit würdiger Sachlichkeit verabfolgt wurde: Muttertropfen, Liebestränke, Juckpulver, Mückenfett nebst vielen wilden Rezepten, in denen die Zauberkunst weiser Frauen sich austobte.

Der »alte Settegast«, mein hochverehrter Chef, erteilte mir selbst die nötigen Unterweisungen, denn einen Gehilfen gab es nicht.

Als ein wohltätiger Geist geht dieser Mann durch manches Jahr meiner Jugend. Sein Haus blieb mir eine zweite Heimat, auch lange, nachdem ich nicht mehr darin tätig war, und noch als Student half ich an den Markttagen, an denen kundige Hände nottaten, aus Lust und Liebe fleißig mit, dem Litauervolke, das sich in Scharen vor dem Ladentische drängte, seine quacksalbrischen Wünsche zu erfüllen. Es wurde mein Stolz, in seiner Sprache mit ihm zu reden und mich in dem Sinn seines Stammelns zurechtzufinden.

Aber mein Ehrgeiz ging höher. Den Handverkauf hatte ich in vier Wochen ausgelernt. Ich kannte den Platz eines jeden Medikaments, ich wußte seinen Preis und war mit dem Kauderwelsch der Forderungen restlos vertraut.

Der höheren Tätigkeit aber, die sich nun daran schließen mußte, stand ein Verbot der obersten Medizinalbehörde gegenüber, demzufolge Lehrlingen erst in dem dritten Jahre ihrer Lehrzeit das Rezeptieren unter Aufsicht gestattet ist.

Vor mir lagen zwei endlose Jahre ödesten Kommistums, ehe ich daran denken konnte, das Allerheiligste des Rezeptiertisches zu betreten, und dabei schien selbst hier nichts Schwieriges zu erlernen. Das Pillendrehen, das Verreiben, das Aufkochen, das Filtrieren hatte ich dem alten Settegast bald abgeguckt; es war mir doch gestattet, ihm mit kleinen Handreichungen zur Seite zu stehen.

Wenn er aber Mittagsstunde schlief und eine Überraschung durch ihn nicht zu befürchten war, dann machte ich mich in aller Heimlichkeit und mit Herzklopfen daran, selbständig die Aufgaben zu lösen, die die Rätselschrift der Ärzte uns stellte. Die Ladentür hielt ich offen, damit die Klingel ihn nicht weckte, und wenn ein Käufer sich meldete, legte ich bedeutungsvoll den Finger an die Lippen, worauf seine Rede sofort zu ängstlichem Flüstern herabsank, denn daß der alte Settegast um die Siebzig war und darum der Mittagsruhe dringend bedurfte, das wußte ein jeder.

So gelang es mir allgemach, jede Salbe, jede Mixtur, deren Rezept im Augenblick vorlag, bis zu Aufschrift und Fahne gebrauchsreif zustande zu bringen. War ich fertig, dann reinigte ich eilends das Handwerkszeug, stellte Gewichte und Flaschen an ihren Platz und steckte das fertige Medikament in die Tasche, um es abends in meinem Koffer zu verstauen, wo es vor Späheraugen sicher war.

Und kam der alte Settegast gegen die Vesperzeit mit rotgedrückter Backe gähnend zum Vorschein, um die Tränke noch einmal zu brauen, die Salben noch einmal zu reiben, dann stand neben ihm einer, der mit gierigen Augen zusah, um sicher zu sein, daß er die Handwerksregeln genau beobachtet hatte.

Dies spielte sich im zweiten Monat meiner Lehrzeit ab. Im Juli hatte sie ihren Anfang genommen, und als der September zu Ende ging, da war die Apothekerei für meine Neugier erledigt. Wieviel Unheil ich angerichtet, wieviel Giftmorde ich mir aufs Gewissen geladen hätte, wenn ich im Ernst mit meiner unreifen Kunst auf die leidende Menschheit losgelassen worden wäre, das bleibe dahingestellt. Jedenfalls bildete ich in meiner Großmannssucht mir ein, ich hätte nichts mehr zu lernen.

Inzwischen war die Reue über meinen voreiligen Schritt von Tag zu Tag in mir gewachsen.

Wenn ich spät abends die Doppeltür der Apotheke geschlossen und die Hängelampe gelöscht hatte, dann ging ich auf mein Zimmer und überlegte: »Was haben sie heute in der Klasse getan? Wie weit sind sie im Ovid gekommen? Welche Gleichungen haben sie gelöst? Welche französischen Syntaxregeln sind an der Reihe gewesen?«

Meine Bücher hatte ich alle mitgebracht; die standen in einem schmalen Schranke neben dem brüchigen Sofa und sahen mich vorwurfsvoll an; und nicht eher gaben sie Ruhe, als bis ich sie aufgeschlagen und versucht hatte nachzuarbeiten, was heute von mir versäumt worden war.

Aber nach dem anstrengenden Tagewerk, das mich von sieben Uhr früh bis zehn Uhr abends auf den Beinen gehalten hatte – denn der eine Stuhl, der in der Fensterecke hinter dem Rezeptiertisch stand, war nicht für mich zum Sitzen da – nach so viel Laufen und Mühsal war ich viel zu müde, um die geistige Arbeit zu bewältigen, die die Angst, aus dem Reiche des Wissens für immer verbannt zu sein, von mir verlangte. Die lateinischen Verse gaben keinen Sinn, und die Gleichungen blieben ohne Lösung. Meistens aber schlief ich schon nach etlichen Minuten über den Büchern ein und wachte erst auf, wenn die Sonne mich weckte.

Daß unter diesen Umständen meine Kräfte nicht wuchsen, kann man sich vorstellen.

Wenn der freie Nachmittag kam, der mir alle vierzehn Tage beschert war und den ich natürlich im Elternhause verbrachte, dann ging ich im Dusel umher bis gegen die Dämmerung. Schließlich fiel ich vom Stuhl aus und oft noch mitten im Reden seitwärts auf irgendein Bett und blieb in schwerem Schlafe so liegen, bis um elf Uhr die Mutter mich mahnend hochrief, denn es war höchste Zeit für den Rückweg.

Die freien Sonntage, die mir gleichfalls allvierzehntägig blühten, verliefen nicht viel anders, nur daß ich einen Arm voll Bücher mit heimbrachte, aus denen ich wunder wie viel zu lernen gedachte.

Doch meistens entstand nichts anderes als ein verstiegener

Brief an Blechschmidt, in dem von seelischer Erhabenheit und wunschlosem Verzichten die Rede war. Bis ich eines Tages von ihm die Nachricht erhielt, daß das blöde Pennälertum ihm längst schon zum Halse herauskomme und daß ihn dürste, sich an den Brüsten des Lebens einen Rausch anzutrinken. Zu diesem Zwecke habe er beschlossen, ein kühner Seefahrer zu werden und vorerst in Hamburg als Schiffsjunge Dienste zu nehmen. Er werde mich an der Fülle seiner Erfahrungen gern teilnehmen lassen und darum ein Tagebuch führen, das einst als Persönlichkeitsdokument von hohem Werte der Nachwelt übergeben werden solle.

Dieses Tagebuch begann und nahm zugleich ein Ende auf seiner Durchfahrt durch Berlin. Es bestand in einer zwölf Seiten langen Schilderung des Besuches, den er dem Orpheum abgestattet hatte, einem Institute, das in die Sprache der heutigen Zeit übersetzt, sich »Amorsäle« nennen würde, und enthielt ekstatische Betrachtungen über das Übermaß der Gnaden, das weibliches Wohlwollen dem Mannestum zu schenken imstande sei.

Die Mitteilung, daß er aus Lust an der fremden Natur wie auch aus plötzlichem Mangel an Kleingeld den Weg nach Hamburg zu Fuß fortsetzen wolle, fand sich als Nachschrift. Dann blieben die Briefe aus, und erst viel später – Jahre später – habe ich noch einen von ihm erhalten, den letzten in diesem Leben, worin er mir mitteilte, daß er aus den tiefsten Tiefen menschlichen Schmutzes heraus den Heiland gefunden habe, durch den er zu jauchzender Gotteskindschaft geführt worden sei.

So lösten sich die inneren Zusammenhänge mit meinem früheren Dasein. Auch das Bild Klara Hornigs verblaßte. Ohne Abschied war ich von ihr gegangen, und siebzehn Jahre verflossen, ehe ich sie noch einmal sprach.

Jetzt quälte mich mein neues Leben so sehr, so grausam fraß an mir der Gedanke, das Heil meiner Seele im Zorne verscherzt zu haben, daß jedes Erinnern daneben verschwand. Dem mütterlichen Auge blieb mein Leiden nicht verborgen. Manchmal fühlte ich eine rauhe Hand tröstend über meine Stirn gleiten, und öfter als früher sprach eine in Mitleid zitternde Stimme: »Du armer Jung.«

Mein Vater war in dieser Zeit stets gut zu mir. Seiner Vorstellung von bürgerlichem Vorwärtskommen entsprach mein Werdegang und die Zukunft, der ich entgegensteuerte. Auch ging es damals im Geschäft leidlich gut, wodurch er im Verkehr mit seiner Umgebung milder gestimmt wurde. Ich besinne mich nicht, daß er mich jemals gescholten hätte, und manchmal, wenn er mir zum Willkomm die Hand bot, lag ein halbes Lächeln auf seinen verdüsterten Zügen.

Hart kam es mich an, als ich in den Michaelisferien meine »Freunderln« auf der Chaussee vorüberschlendern sah. Sie begrüßten mich lässig als einen, dessen Ebenbürtigkeit nicht mehr in Frage stand, und ließen sich eines Tages sogar herab, mich in meiner Apotheke zu beehren, um sich, wie es die Sitte wollte, einen Schnaps von mir mischen zu lassen. Ohne Bezahlung natürlich, denn ich war ja allein. Daß ich das Geld dafür schleunigst aus meiner Tasche in den Kassenspalt gleiten ließ, geschah weniger aus Engigkeit des Gewissens als aus dem Gefühl heraus, daß ich für sie nichts geschenkt nehmen dürfe. –

Zu jener Zeit begann mein schwaches Knie, das anderthalb Jahre lang ganz unbemerkt geblieben war, sich wieder fühlbar zu machen. Das lange Stehen, das an den Markttagen von vier Uhr morgens bis zehn Uhr abends währte, tat den schlaff gewordenen Sehnen nicht wohl. Die Müdigkeiten wuchsen von Woche zu Woche und wurden so arg, daß ich oftmals eine Schublade herauszog, um auf ihren Kanten Ausruh zu finden.

Dem alten Settegast sagte ich nichts davon, denn es war mein Ehrgeiz, untadelhaft befunden zu werden. Aber von seinen beiden Töchtern – älteren Mädchen, die mir ein gleichmütiges Wohlwollen schenkten – fiel der einen dies heimliche Hocken auf, und sie befragte mich prüfend. Rot geworden wich ich aus, und um nicht beobachtet zu werden, versagte ich mir fortan auch dieses zeitweilige Rasten.

Vor meinem Chef hatte ich furchtbare Angst. Er behandelte mich mit einer sachlichen Strenge, die mir selbstverständlich schien, denn einem mildherzigen Manne war ich eigentlich noch nie begegnet. Am meisten fürchtete ich mich vor seinen Zornausbrüchen, die unausbleiblich waren, wenn mir irgendein Werkzeug unter den Händen zu Schaden kam, denn wie alte Leute pflegen, hing er mit Leidenschaft an jedem Fetzen und jeder Scherbe, an die er gewöhnt war.

Die Krone von allem, die große Kostbarkeit des Hauses war eine mächtige Reibeschale aus feinstem Biskuitporzellan, die nur in seltenen Fällen, wenn ein Massenprodukt erzeugt werden sollte, aus ihrem Behälter hervorgeholt wurde.

Eines Tages war Brustpulver zu mischen.

»Wenn Sie versprechen, hübsch vorsichtig zu sein, will ich Ihnen die große Schale dazu geben«, sagte mein Chef.

Ich lachte über den Verdacht, daß man der großen Schale ein Leid antun könne, deren schwindelnder Wert über jede Fahrlässigkeit erhaben war.

Und der Chef ging ohne Besorgnis zur Ruhe, denn es war gerade zwei Uhr nachmittags.

Mit der schuldigen Ehrfurcht rieb ich darauflos. Ich rieb und rieb und rieb stärker, denn die Weite der Rundung verlangte den höheren Schwung.

Da, mit einem Male, gab es einen feinen Knick, nicht anders, als wenn man ein Glasstäbchen bricht, und die beiden edelgewölbten Hälften legten sich friedlich auseinander, als ob das so sein müßte.

Das Herz stand mir still. Was nun? Kein Taschengeld reichte aus, um diesen Verlust zu ersetzen. Selbst wenn man viele

Monate lang sparte. Wie dem Wüten des Zorns widerstehen, das mir schon die Glieder zum Zittern brachte, wenn mir nur eine leere Flasche aus den Händen geglitten war?

Nach Hause stürzen? Vater um Geld anflehen? Aber ich durfte ja meinen Posten nicht verlassen, und was auch geschah, die Entdeckung mußte in jedem Falle vorangehen.

In meiner Verzweiflung rannte ich zwischen Kräuterboden und Spritkeller treppauf, treppab. Nirgends Hilfe, nirgends Rettung!

Einen Brief schreiben, aus dem Hause fliehen und nie mehr wiederkommen, das war noch das beste.

Aber da stand er schon, unausgeschlafen, mürrisch und zum Schelten bereit.

Ich duckte mich, drückte die Hände gegen den Magen, der vor Aufregung weh tat, und stammelte leise und ins Leere hinein: »Ich hab die große Schale zerschlagen.«

Und – was tat er? Er blickte mich ein paar Sekunden lang an, kaute mit dem zahnlosen Munde und sagte: »Na, trösten Sie sich nur, das kann vorkommen.«

Noch heute möchte ich dem alten Manne dankbar die Hand küssen, wenn ich an das Glück des Erlöstseins denke, das mich in diesem Augenblick heiß überströmte.

Trotz solcher Güte wagte ich nicht, meinen Chef zum Mitwisser der Leiden zu machen, unter denen ich mich durch die Tage quälte. Wie hätte er mir auch helfen können? Ja, in meinem tiefsten Innern *wollte* ich gar nicht, daß er mir hülfe. *Fort* wollte ich, auf die Schule zurück, und dazu bot mein schwaches Knie die einzige Handhabe.

Wenn Vater zu überzeugen war, daß es nicht länger so ging, daß ich drohte, Krüppel zu werden – dann vielleicht –

Nicht auszudenken war dies übermenschliche Glück. Ein Wahnsinn war's – wie so manches andere in meinem Leben. Aber gerade deshalb biß ich mich darin fest.

Und eines Tages wagte ich es, meine Mutter zur Vertrauten zu machen.

Sie nickte traurig und sagte: »Glaubst du, mein Jungchen, daß ich das nicht lange schon weiß?«

Ja, mehr als das. Sie hatte in sorgsamer Bohrarbeit schon darauf hingewirkt, Papa dem Gedanken freundlich zu stimmen. Aber zehn Taler monatlich Pension – und Schulgeld – und Bücher! Noch immer war nicht dran zu denken.

Vielleicht, wenn der Arzt ein Machtwort sprach.

Ja. *Welcher* Arzt? Eigentlich hatten wir keinen. Ein junger Dachs war als Vertreter des abwesenden Physikus unlängst in Heydekrug erschienen, doch nur wenige hielten zu ihm.

Aber aus Ruß, dem eine Meile entfernten großen Kirchdorf, kam täglich einer herüber. Doktor Kittel mit Namen, ein mächtiger Kerl. Ein Riese an Tatkraft und Ausdauer. Tausend Märchen waren über ihn beständig im Umlauf. Ganze Tafelrunden hatte er lachend unter den Tisch getrunken. Mit einem roten Unterrock bekleidet war er eine Meile weit bäuchlings über das brüchige Haffeis gerutscht, weil er anders von einer Wöchnerin, der er Lebensrettung gebracht hatte, nicht hatte heimkommen können. Und dergleichen mehr.

Täglich schritt er an meinem Standplatz vorüber, um in des Alten Zimmer, das für die höchsten Honorationen eine halbheimliche Weinkneipe war, ein paar Rezepte zu schreiben und zugleich eine Flasche des berühmten Settegastschen Rotweins zu kippen. Dann streifte mich sein großes, rollendes Auge mit einem anteillosen Blicke, sein Brüllbaß grollte »Morjn«, und wie eine wehende Flamme verschwand sein brandroter Wotansbart hinter der Tür.

Und diesen Mann, zu dem ich mit grenzenloser Ehrfurcht emporsah, dem gegenüber die Stimme mir verschlug, wenn er sich, wie es wohl vorkam, mit einer geschäftlichen Frage an mich wandte, sollte ich festhalten und um Hilfe angehen? Woher den Mut nehmen zu solchem Wagnis?

Da, eines Mittags, während der alte Settegast ihn zur Haustür geleitete, kehrte er plötzlich um, maß mich eine Weile unter den tief herabgezogenen Herrscherbrauen hervor und sagte: »Sie sind der junge Sudermann?«

Ich bejahte stammelnd.

»Dann kommen Sie mal hinter den Rezeptiertisch und lassen Sie die Hosen herab.«

Der Rezeptiertisch hatte einen Aufbau, der, was in seinem Bereiche geschah, den Blicken der Eintretenden entzog, so daß man sich hinter ihm ruhig auskleiden konnte.

Und, zum Alten gewandt, fügte er erläuternd hinzu: »Seine Mutter hat an mich geschrieben, daß er das Stehen nicht aushält, weil er ein krankes Knie hat. Wollen gleich mal sehen.«

Die Narbe, die auf der Kniescheibe glühte, fiel ihm natürlich sofort in die Augen. »Aha«, sagte er. »Aber das wäre noch kein Grund.«

Dann ließ er die Kniescheibe zwischen Daumen und Zeigefinger hin und her gleiten und strich an den Sehnen entlang.

»Gelenkbändererschlaffung – unverkennbar«, brummelte er vor sich hin und dann mir ins Gesicht: »Binden tragen, junger Mann, und sich einen anderen Beruf aussuchen. Morjn, Herr Settegast.«

Das Herz schlug mir im Halse. Gelöste Ketten fielen an mir nieder. Ich hätte heulen und schreien mögen in meiner Wonne, aber der Alte war ja da.

»Der Kreisphysikus kommt nächstens zurück«, sagte er. »Ich möchte Sie gern behalten, und bleiben möchten Sie wohl auch gern?«

»Selbstverständlich«, log ich, während neue Angst mich befiel.

»Dann fragen wir zur Sicherheit auch noch den.«

Wir haben auch den noch gefragt, aber es hat am Resultat nichts geändert.

Der böse Rohling, der mich vor zwei Jahren gegen den Tür-
haspen geworfen hatte, ist mein Retter gewesen, sonst stünde
ich noch heute hinter dem Rezeptiertisch und braute bei
Grippe schleimlösende Tränke.

Meine Mutter hatte derweilen in manchem nächtlichen
Wortkampf das Tor des neuen Paradieses für mich aufgebrochen, und als ich an jenem Nachmittag, etwas mehr hinkend
als nötig und gleisnerische Traurigkeit auf dem Gesicht, im
Elternhause erschien, den Urteilsspruch des Arztes mitzuteilen, da hatte mein Vater bereits eingewilligt, daß im gegebe-
nen Falle Mutter mit mir nach Tilsit fahren dürfe, mich auf
dem dortigen Realgymnasium zum Eintritt anzumelden.
Und so geschah es.
Etliche Tage später setzten wir uns in den Postwagen und
klapperten die sieben Meilen ab, die mich von Glück und
Hoffnung trennten.
Und wieder, wie damals, als ich zur Tertia emporstrebte,
stand ich vor einem Schulgewaltigen, der mich mit Richter-
augen wog.
Ein starker Mann mit wohlgetragenem Schmerbauch, grau-
lichem Bürstenhaar und einer Maurerfraise, die sich in den
Vatermördern, wie sie bei älteren Herren noch manchmal zu
sehen waren, halb verbarg.
Koch hieß er, und dieser Name steht golden eingepreßt in
dem Buche meines Lebens.
Auch er machte Schwierigkeiten, geradeso wie damals der erste. Aber sie waren nur Kinderspiel, verglichen mit der Not
jener Stunde.
Meinen Ovid rasselte ich herunter, denn ich hatte mir die
Stelle ja aussuchen dürfen, und die unregelmäßigen Verben
gehörten zum eisernen Bestand meiner französischen Künste. Zwar daß ich von Trigonometrie noch nichts wußte, war
an sich eine faule Sache, aber »ich werd sie bald nachgeholt

haben«, sagte ich keck, »ich hab schon Schlimmeres fertig-
gekriegt.«

»Na, was denn?« fragte er schmunzelnd.

Da erzählte ich ihm frischweg die Geschichte von der miß-
lungenen Rückversetzung nach Quarta und dem übersprun-
genen Zweitjahr.

»Das gefällt mir nicht übel«, sagte er, »nur müssen Sie sich
vor Selbstgefälligkeit hüten, mein Freund.«

Ich wurde rot und schämte mich so sehr, daß mir die Freude,
zurück zur Obersekunda zu kommen, fürs erste versalzen
war.

Dann ging's auf die Suche nach einer Pension.

Wer meiner Mutter den Namen »Frau Rendant Reimer« zuerst genannt hat, weiß ich nicht mehr, jedenfalls standen wir
zwei Stunden später vor einer freundlichen, alten und ver-
mickerten Frau, die uns erklärte, ja, sie habe einen Platz frei,
und wir möchten nur näher treten.

Und als das Nötigste geregelt war – acht Taler monatlich und
einen Taler für die Bedienung – da ergab es sich bei der übli-
chen Suche nach etwaigen Beziehungen, daß meine Mutter
und sie eigentlich halbe Kusinen waren und daß der bezopfte
und gepuderte Mann auf dem verklierten Ölbild, das am
Ofen über dem Sorgenstuhl hing, niemand anders sein
konnte als mein leiblicher Urgroßvater. Wir freuten uns sehr,
und die beiden Frauen beschlossen ein sofortiges »Du«. Um
aber die neue Freundschaft auch zu besiegeln, bekam ich das
Ölbild, das aus irgendeiner Erbschaft einmal hierhergekom-
men war, zum Abschied gleich unter den Arm gepackt:
»Denn in euer Haus gehört es mit größerem Recht als in das
meine.« So sagte die neue Verwandte.

Wir gingen zum Postwagen und sprachen kein Wort. Als wir
in den grauen Polstern saßen, nahm meine Mutter das Bild auf
den Schoß und suchte nach Ähnlichkeiten mit diesem und jenem. Den Großvater selber hatte sie niemals gekannt.

Ich aber schloß die Augen, dachte an die kommende glückliche Lernzeit und fand, daß das Leben ein Märchen sei. Und ein schönes.

Und an den Mann mit dem Wotansbart und den rollenden Götteraugen dachte ich auch. Er hatte mir ja zu all dem Glücke verholfen.

Heute ist er ein erblindeter Greis und lebt als Patriarch, angebetet von der aufblühenden Jugend, in Königsberg auf der Germanenkneipe, wo ich ihn noch vor kurzem besuchte. Während des Krieges hat er der Burschenschaft Schriftführerdienste getan und zwischen den in allen Ländern der Welt kämpfenden Kommilitonen einen Briefwechsel aufrechterhalten, so daß ein jeder vom anderen wußte, wo und wie er gerade die Haut zu Markte trug.

Wir sind im späteren Leben Freunde geworden, und wenn ich diese Erinnerungen fortführe, werde ich noch manchmal von ihm zu reden haben. Ich verdanke ihm den Stoff zu der »Reise nach Tilsit«, die in meinen »Litauischen Geschichten« steht. Und erfunden hat er ihn nicht.

Wir leben *immer* im Märchen, nur merken wir's selten.

NEUNTES KAPITEL

Weibliches, Allzuweibliches

Und wiederum tat eine neue Welt sich vor mir auf.

Was dort in Elbing bei allem Gedeihen dumpfe Gewissensnot und wachsende Revolte gewesen war, wurde hier zu Behagen, Gutwilligkeit, Sich-umhegt-wissen und dem täglich erneuerten Glück, am rechten Platze zu sein.

Ein Haus, in dem Frieden, Herzensbildung und zarteste Rücksichtnahme herrschten, tat sich mir auf. Kleinbürgerlich in seinen Formen, doch verklärt durch die Güte, die jeder dem anderen entgegenbrachte und von ihm als selbstverständlich zurückempfing.

In der Klasse stand ich meinen Mann. Zwar fehlte mir viel, und die Sinus- und Kosinusscherze waren so einfach nicht, wie ich sie mir vorgestellt hatte. Aber die deutschen Aufsätze dienten als Rückhalt und hatten mir bald den Platz erobert, den ich mir wünschte. Als einer davon bei der Rückgabe zur Verlesung gelangt war, sagte ein Kamerad nach Schluß der Stunde: »Mensch, wo hast du das her? Das war ja beinah wie aus der ›Gartenlaube‹.«

Ich glaube nicht, daß ein Lob mich jemals so stolz gemacht hat wie dieses.

Die Stelle des Musterschülers, die in Elbing Claaßen I innegehabt hatte, war einem ehemaligen Heydekrüger zugefallen, dem Sohn eines Steuerkontrolleurs, der einst die Maische der väterlichen Brauerei überwacht hatte und meinen Eltern gut Freund gewesen war. Gustav Schulz hieß er und war ein stiller, anspruchsloser kleiner Bursch, von jedem Kneipenwesen, aber auch von jedem Strebertum gleich weit entfernt. Daß er die besten Extemporalien machte, verstand sich von selbst, und niemand neidete sie ihm, ebensowenig wie er mir den deutschen Aufsatz neidete.

»Wenn er nur wollte, würde er uns alle in die Tasche stecken«, hat er später einmal zu meiner Mutter gesagt, als ich durch die Prima auf dem Blumenboot junggrünender Libertinage segelte.

Oh, ich wollte schon! Ich bin niemals ein Faulenzer gewesen, aber der Verführungen waren zu viele. Zu viele der süßen Mädelchen, die auf dem Trottoir der »Hohen Straße« ihren Abendspaziergang machten, hätten meine Abwesenheit als eine Kränkung betrachtet. (Sie promenieren noch heute, wie ich unlängst festgestellt habe, und sie sind noch genau so süß wie damals, aber keine mehr schaute sich nach mir um.) Und dann: Wären die nächtlichen Bierreisen ohne meine Führung von statten gegangen, wie hätte ich – nein, davon später.

Fürs erste saß ich bieder in der Ecke des schmählich kalt werdenden Ofens und büffelte Nacht für Nacht, denn das Examen, das vor dem Übergange nach der Prima von uns gefordert wurde, wollte auch von mir, dem Außenseiter, in Ehren bestanden sein.

Ich glaube nicht, daß für die Wissenschaft sehr viel dabei herauskam. Es war wohl mehr das Verlangen, mich des vom Himmel gefallenen Glückes würdig zu erweisen, das mich in den Kleidern hielt bis an den Morgen. Und dazu gesellte sich der Lebensdrang, der so lange mühsam unterdrückte, der, alle Regeln des Vernünftigen sprengend, den ordnungsmäßigen Bettschlaf zum überflüssigen Ballast warf.

Zwischen zwei und drei Uhr morgens gab es für die Fleißigen eine Extrabelohnung, um derentwillen allein das Aufbleiben sich lohnte. Dann, wenn vom Bäcker die Butterwecken glühheiß aus dem Ofen geschoben wurden, fanden wir uns zu fünfen oder sechsen – nicht selten bei zwanzig Grad Kälte – vor dem geschlossenen Bäckerladen ein und polterten so lange, bis ein verschlafener Lehrjunge uns das noch kaum anzufassende Gebäck zum Guckfenster hinausschob. Und so verschlangen wir es, ohne daß der Magen sich wehrte. Zum Nachspülen daheim noch ein Wasserglas mit eben aufgebrühtem Kaffee, und dann sollte es weitergehen.

Aber der Kopf wollte nicht mehr. Zwischen Wand und Ofen gab es eine immer heiß bleibende Stelle – dieselbe Stelle, von der in anderen Fällen die Dackel ohne ausgiebige Haue nicht zu vertreiben sind –, da wurde er hineingesteckt und durfte Ausruh halten, zuerst bis um halb fünf die Dragoner ihren Weckruf in die Finsternis hinaustrompeteten – und dann immer so weiter, bis in der Winterdämmerung das Frühstück plötzlich auf dem Tische stand.

Das nannte sich dann: Die Nacht durchgearbeitet haben.

Aber so reckenfrisch war der jugendliche Körper, so sprungfedergleich der unverbrauchte Geist, daß selbst dieser Unfug keine schädigenden Folgen hatte. Und die Schulstunden verrannen in flotter Regsamkeit, als hätte ich die Nacht über geruhsam in den Federn gelegen.

Meine Mitschüler hatten im allgemeinen nichts gegen mich einzuwenden. Ich war kein Augendiener und kein Spielverderber und half und ließ mir helfen, wie das Gesetz der Gegenseitigkeit es mit sich brachte.

Nur zweie gab es, die mich von der Stunde meines Eintritts an mit scheelen Augen betrachtet hatten und kein Mittel unversucht ließen, die Klasse gegen mich aufzuputschen. Das waren die, die mir aus alten Zeiten nahestanden, meine Heimatsgenossen, die Gespielen meiner Kindheit, mit denen ich so nach Jahren wieder zusammentraf: Louis Damerau und Albin Dobinsky.

Offenbar hatten sie erwartet, daß von neuem eine trübe Flut des Hänselns und Verhöhnens über mich ausgegossen werden könnte, und waren tief enttäuscht, als niemand sich willens zeigte, mit ihnen gemeinsam gegen mich loszugehen.

Und dann versuchten sie es auf eigene Faust. Als es mir eines

Nachmittags geglückt war, mich bei irgendeiner Versteine-rungsfrage in der Vorgeschichte der Bärlappgewächse be-wandert zu zeigen – ich glaube, der »Kosmos« trug wie an vielem, auch hieran die Schuld –, da erklärte Dobinsky, das gehe nicht mehr so weiter, ich müsse geduckt werden, und wenn niemand sonst Spaß daran habe, dann werde er selber sich der Mühe unterziehen.

Nach Schluß des Unterrichts ließ er mich auffordern, noch ein weniges dazubleiben.

Ich wußte, was das bedeutete, und daß es nun aufs Ganze ging. Wenn ich auch kein Knirps mehr war, wie einst auf der Tertia, als ich jede Keile hilflos in Empfang nehmen mußte, sondern ein geschmeidiger und langgestreckter Bursch, der sich im Notfall wohl zu wehren vermochte, so war doch nicht daran zu denken, daß ich einem baumlangen Muskelmen-schen, wie jener es war, würde standhalten können.

Die Klasse leerte sich; nur wenige, die auf das Schauspiel neu-gierig waren, blieben zurück.

Dobinsky trat mir entgegen und strich sich die Ärmel hoch wie ein Fleischer.

»Was willst du eigentlich von mir?« fragte ich.

»Das wirst du gleich sehen«, sagte er, kriegte mich an der Brust zu packen und warf mich der Länge nach über den nächststehenden Schultisch.

Ich zappelte, und er versuchte, mich mit den Knien niederzu-drücken. Da fuhr ihm von unten her meine Faust ins Gesicht und wieder und immer wieder. – Warmes Blut rann mir über die Augen – ob es meines war oder seines, das wußte ich nicht – ich stieß nur blindlings drauflos, als gälte es alle die Missetaten zu rächen, die ich seit undenklichen Zeiten von ihm erlitten hatte.

Und siehe, der eiserne Schraubstock seiner Fäuste lockerte sich, die Last seines Körpers hob sich von mir, und als ich die Augen wischend mich aufrichtete, sah ich ihn gegen das Fensterbrett gelehnt, wie er blasend und prustend und von den anderen betreut, das blutüberströmte Gesicht zu reinigen versuchte.

Von diesem Tage an hatte ich Ruhe. Auch Louis Damerau wurde betulich, und wenige Monate später verschwanden sie beide aus meinem Gesichtskreis. Der eine wurde Kaufmann und soll in Moskau gestorben sein, von dem anderen, der die sogenannte »mittlere« Gerichtskarriere einschlug, habe ich nichts mehr gehört.

Der dritte im Bunde – ich habe ihn Hallgarten genannt – war, als ich Ostern zur Prima kam, auf dem Gymnasium gerade mit dem Abitur fertig geworden. Als ich ihn bei der Heimfahrt auf dem Memeldampfer traf, trug er die rote Mulusmütze, stand also himmelhoch über mir.

Aber auch ich hatte mein kleines Examen nicht ruhmlos bestanden. *Eine* Begebenheit daraus gab mir Grund zu berechtigtem Stolze.

Wenn ich auch das meiste leidlich nachgearbeitet hatte – selbst die böse Trigonometrie barg keine Geheimnisse mehr –, so war ich doch zufällig in Geographie »Renonce« geblieben. So sagten wir, um der schrankenlosen, durch keinen Anflug von Wissen getrübten Ignoranz vollklingenden Ausdruck zu geben.

Eines Tages in der Geschichtsstunde sagte der Lehrer, der wie üblich beide Fächer zugleich versah, ganz unverhofft: »Ich werde heute die Geographieprüfung abhalten.«

Der Schreck fuhr mir heiß durch die Glieder, denn ich hatte gehofft, in den vierzehn Tagen, die bis zu dem voraussichtlichen Zeitpunkt noch fehlten, auch diese Lücke ausfüllen zu können. Je näher die Fragemarter mir auf den Leib rückte, desto stärker fühlte ich mich von Angstfieber geschüttelt, und als ich ihr wirklich standhalten mußte, da saß ich stocksteif und stierte mit verschwommenen Blicken schweigend ins Leere.

»Da Sie sonst ein ordentlicher Schüler sind«, sagte der Prüfende, »so will ich annehmen, daß eine augenblickliche Verwirrung schuld ist, und werde Sie morgen mittag in meiner Wohnung erwarten, um Sie noch einmal abzufragen.«

In mir jubelte es. Von vier Uhr nachmittags bis acht Uhr früh – sechzehn geschlagene Stunden – da mußte sich so ein lumpiges Nebenfach doch erledigen lassen.

Also los! Mit Südamerika begann ich, denn in den Anden war ich einmal mit meinem Freunde Alexander von Humboldt sehr zu Hause gewesen. Um sieben ging ich zu den Vereinigten Staaten über, um zehn war Afrika abgetan, um eins fuhr ich in Turkestan und in Tibet spazieren, als hätte Sven Hedin, den es damals noch gar nicht gab, mich mit auf Reisen genommen. Die heißen Semmeln schenkte ich mir, und in das Ofenloch kroch ich noch weniger. Aber als die Dragoner Reveille bliesen, da gab es in den Ländern unserer heutigen und künftigen Feinde keinen Fluß und keine Stadt, die ich nicht herzählen konnte.

»So«, sagte ich um sieben und klappte den Atlas zu, »wenn nicht zufällig auch die Geographie des Mars von mir verlangt werden sollte, dann wird die Chose schon gehen.«

Und sie ging.

»Merkwürdig«, sagte der Oberlehrer nach halbstündiger Prüfung, »ich hätte es nicht für möglich gehalten, daß solche Zerstreutheiten wie Ihre gestrige vorkommen könnten.« –

Diese Geschichte erzählte ich – vielleicht noch etwas ruhmrediger als hier – auf dem Dampfboot meinem Freunde Hallgarten.

»Ich wette, du bist ein elender Schwindler, Sudermann«, sagte er, »und wenn du es nicht bist, dann laß dir von mir drei Fragen vorlegen.«

»Bitte schön«, sagte ich gelassen.

Da wurde er stutzig und sann nach, um sie recht schwierig auszugestalten.

Die erste lautete: »Wie heißt der Hafen von Mekka?«

»Dschedda«, sagte ich.

Die zweite lautete: »Welches ist die Südspitze des Plateaus von Dekhan?«

»Das Alidschiri- und das Neladschirigebirge«, sagte ich.

Da verzichtete er auf die dritte, und als ich vorschlug, daß er sich nun seinerseits von mir drei Fragen vorlegen lassen solle, fand er, auf dem Verdeck sei es im April noch recht kühl, und er wolle einmal in die Kajüte gehen, sich die Füße zu wärmen.

Daß ich dieses dumme Frage- und Antwortspiel durch fast fünfzig Jahre in der Erinnerung behalten habe, beweist, wie wund mein Selbstgefühl und wie groß mein Triumph diesem Menschen gegenüber war, der mir noch manches Mal in hämischer Herablassung gegenübergestanden hat, bis er es vorzog, mir unverhüllte Feindschaft zu zeigen.

Nun folgten zwei glückliche Jahre, und das Herz wird mir weit, wenn ich ihrer gedenke. Jahre, nicht des Leichtsinns – dazu drang allzuviel des Großen, Neuen, Erlebenswerten auf mich ein – aber Jahre sich streckender Kraft und frohbewußten Gedeihens, mit Lernen nur so weit ausgefüllt, daß die Seligkeit des täglichen Flanierens und des nächtlichen Bummelns dadurch nicht beeinflußt wurde.

Wie eine Wiese im Juni, auf der die Glücksblumen so hoch stehen, daß man nicht nötig hat, sich nach ihnen zu bücken, so breitete die Jugend sich vor mir aus ... Wohlwollen, Kameradschaft, Freundschaft und nicht zum mindesten verheißende Liebe, wohin das Auge sich wandte ... Eine beträchtliche Dosis von bösem Gewissen war auch dabei, aber das galt nur als Würze, um dem Leben den geheimnisvollen Geschmack des Regellosen zu verleihen.

Die Pension der neuentdeckten Verwandten hatte ich verlassen, weil deren zarte Gesundheit mit der Sorge um hoch aufschießende Unbändigkeit sich nicht vertrug. Aber ich blieb in Verkehr mit ihnen und fand in ihrem Hause stets eine vertraute Zuflucht.

Das Heim, in das ich übersiedelte, war das Pensionat, das die Witwe des früheren Realschuldirektors Tagmann für Schüler und Schülerinnen der höheren Lehranstalten unterhielt. Hier hausten Männlein und Weiblein in Frieden und Freude dicht beisammen. Hier war das biblische Segenswort »Kindlein, liebet euch untereinander« ununterbrochen in Geltung. Wie Jungens und Backfische eben einander lieben können. In Scheu, in Unschuld, in Angst, sich zu verraten, von holden Anzeichen, denen niemals Gewißheit folgte, umgeben wie von rosenfarbenen Schleiern, untertauchend in ein Meer der Träume und der Hoffnungen, die in ein Nichts zerflossen, wenn man ihnen Resultate zu geben versuchte.

Zwei Zimmer waren den Jungen vorbehalten. In dem ersten – kleineren – wohnte ich mit meinem Stubenknochen, einem älteren Primaner des Gymnasiums, das größere war gefüllt mit einem Gekribbel von Kleinzeug, für das in der Stunde des Schlafengehens allerhand Bankenbetten aufgeschlagen wurden.

Dahinter begann das Reich der Mädchen, durch eine nie verschlossene Tür von uns getrennt.

Die Mahlzeiten nahmen wir gemeinsam an dem großen Familientische. Er war nicht immer reich besetzt – im Gegenteil! Aber wer hätte so viel hungrige Mäuler satt machen können? Zudem halfen die Freßkober, die in ununterbrochener Folge – heut für den, morgen für jenen – vom Postboten abgegeben wurden, erfolgreich mit, das andere Bibelwort: »Was ist das unter so viele?«, ebenso *ad absurdum* zu führen, wie das christliche Wunder es tat.

Weniger als sie waren die Tischgespräche dazu angetan, die Mängel des Menüs vergessen zu machen. Sie bestanden im großen ganzen aus einem nicht immer sehr dringenden »Bitte, greifen Sie doch zu«, von seiten unserer Pensionsmutter und einem bescheiden ablehnenden »Oh, ich danke«, wenn unser Appetit sich gerade zu Höchstleistungen bereit fühlte.

Und doch hoben uns die Mahlzeiten zum Gipfel unseres Glückes, denn bei ihnen saßen wir unseren Flammen in vertrauter Nähe gegenüber und durften uns satt sehen an den heißgeliebten Zügen, die uns im Traum der Nächte umgaukelten.

Ich sage hier immer wieder »wir« und »uns«; doch eigentlich darf ich nur von mir selber sprechen, denn die Insassen der großen Stube waren noch viel zu grün, um für das Ewigweibliche Verständnis zu haben. Mein Stubenknochen aber liebte mehr das Reelle. Das Reelle, das mit der Kellnerin beginnt und mit dem Hang fürs Küchenpersonal noch lange nicht endet.

Er hatte auf diesem Gebiet schon erkleckliche Erfolge zu verzeichnen, und das kleine Haus mit den grünumrahmten Blinkfenstern, an denen wir mit scheuem Seitenblick vorübergingen, während sich hinter den glattgespannten Erbstüllgardinen morgens, mittags und abends die gleichen verheißungsvollen Pudermäntel zeigten, hatte für ihn keine Geheimnisse mehr.

Und manchmal umstand ihn auch das Gekribbel des Nebenzimmers ehrfurchtsvoll lauschend, wenn er seine Erfahrungen im Liebesleben – wie *er* es verstand – mit der Würde unangefochtener Autorität belehrend zum besten gab.

Ich selber fühlte bei seinen Erzählungen stets einen kleinen Herzstich, denn mein nur theoretisches Wissen von diesen Dingen wäre auch dann beschämend gewesen, wenn er nicht oft mit einem halb höhnischen und halb ermunternden Seitenhieb auf meine jugendliche Ahnungslosigkeit geschlossen hätte.

Oh, meine Lieben, dies sind keine zweideutigen Scherze, und

mancher junge Bursch, der sich jahrelang als ein Verworfener fühlt, weil Mannheit in ihm die Flügel regt, rast glatt in sein Verderben, wenn ihm nicht zu richtiger Zeit ein Kumpan begegnet, der beispielgebend seinen eigenen Instinkten derb und gesund die Zügel schießen läßt.

Aber meine Stunde hatte noch nicht geschlagen, und was auch fleischlich in mir vorgehen mochte, ich sublimierte es zu Empfindungen, die meine Seele segneten, während sie für mein Nervenleben eine Überempfindlichkeit schufen, die alle Wonnen und alle Qualen, alle Angst und alle Tollheit dieser Jahre in mir verdreifachten.

Tollheit vor allem. Denn nun war ich nicht mehr der zaghaft mitzottelnde Jämmerling, als der ich früher an den Abenteuern meiner Genossen teilgenommen hatte. Jetzt wurde ich selbst eine Art Rädelsführer bei allen Gefahren, in die unser Lebensdurst uns hineintrieb.

Daß Kneipen mit Relegation bedroht war, das wußten wir alle. Es genügte, in der offenen Haustür eines Gasthauses gesehen worden zu sein, um in eine hochnotpeinliche Untersuchung verwickelt zu werden.

Aber das hinderte uns nicht, uns ein paarmal wöchentlich, am Sonnabend ganz sicher, in irgendeinem verborgenen Winkel zu jauchzendem Gelage zusammenzufinden.

Studentische Manieren nachzuäffen, wie es sonst üblich ist, vermieden wir. Und so war es uns vergönnt, ohne den öden Schematismus stumpfsinniger Trinksitten, der aus freien, frohen Jungen freche Sklaven und plumpe Despoten macht – ich werde noch später davon zu reden haben –, uns unseres aufblühenden Daseins zu freuen.

Hatten wir etwa um Mitternacht uns das nötige Quantum zu Gemüte geführt, um uns als Halbgötter zu fühlen, dann begann erst das eigentliche Fest, die Bierreise.

Rudelweise zogen wir von Wirtshaus zu Wirtshaus, von Spelunke zu Spelunke, taten schön mit den Kellnerinnen und prügelten uns mit den Gästen. Waren wir Sieger geblieben, so schloß sich daran oft ein großes Versöhnungsfest, bei dem wir uns mit Heringsbändigern und Barbiergesellen in den Armen lagen.

Da ich mich damals schon manchmal rasieren ließ, so konnte es sich ereignen, daß mich eines Tages der bedienende Bartkratzer mit einem traulichen »Du« anredete und mir den Vorschlag machte, mich bei seinem nächsten Ausgang auf meiner Bude zu besuchen.

Ich war so benommen durch das Glück der neuen Freundschaft, daß ich nicht den Mut fand, ihn mit einer Grobheit abzutun; und da er zum Überfluß auch meine Adresse erfahren hatte, trat er richtig kurze Zeit darauf mit silbernem Tändelstöckchen und frischgeschmalzten Locken bei mir an. Aber glücklicherweise hatte ich meinem Stubenknochen das neue Leid geklagt, und dank seiner Dazwischenkunft befand sich mein Gast bald wieder im Vollgenuß der frischen Luft.

Doch nicht immer liefen unsere Begegnungen in jähe Freundschaft aus. Waren wir rabiat gesonnen, dann galt auch für uns die alte Revolutionsparole: »Blut muß fließen knüppel-, knüppeldick.«

Und dann geschah es wohl, daß der Wirt nach der Polizei schrie.

Zwar der alte Wachtmeister Ploksties kannte uns schon, und wenn wir ihm eine Seidel und eine Zigarre spendierten, so kam es ihm auf einen kleinen Landfriedensbruch nicht an. Aber einmal geriet ein Neuer unversehens in so ein Blutbad hinein und erklärte uns sämtlich für arretiert.

Da war der Scherz am Ende, und die trotzigen Raufbolde verwandelten sich blitzschnell in winselnde Jammerlappen. So kamen wir noch mit dem blauen Auge davon, das wir dem Gegner geschlagen hatten, aber die Lust an solchen Rempeleien war uns für lange versalzen.

Zudem begannen zartere, wenn auch nicht minder verbotene

Freuden, die herrlichen Offenbarungen der Bestialität alsbald sieghaft zu verdrängen.

Der Winter kam heran, und Herr Dubois machte den hohen Besuchern der höheren Schulen, wie auch einer verehrlichen jungen Kaufmannschaft die ergebene Anzeige, daß seine rühmlichst bekannten Tanzzirkel demnächst von neuem eröffnet werden würden.

Um Tanzstunden zu nehmen, bedurfte es der direktorialen Erlaubnis, und diese wurde in Anbetracht der verlorenen Lernzeit nur ungern und selten erteilt, auch später durch verdoppelte Strenge leicht wieder verleidet.

Da ich ohnehin im Taumel des Verbotenen dahinlebte, fiel es mir nicht schwer, auch das Tanzenlernen als Geheimbetrieb in Angriff zu nehmen – freilich auf die Gefahr hin, »geschaßt« zu werden, falls das Verbrechen ans Tageslicht kam.

Ihr Tangobeflissenen und Jimmykünstler werdet euch kaum vorstellen können, mit welch inbrünstiger Hingabe wir uns im Polkaschritt und im Rheinländer die Meisterschaft erkämpften. Die für Ballettleistungen ganz besonders Begabten wagten sich sogar an den »Galopp mit Touren«, und ich muß sehr bitten, nicht zu lächeln, wenn ich verrate, daß das Chassieren in der Diagonale quer durch den großen Kasinosaal eine Sache war, um die ich von den Mitstrebenden heiß beneidet wurde. Im übrigen war ja auch immer schon die alte holde Walzerwiege da, die, geschaukelt von den Sehnsüchten der Seele und des Fleisches, uns verzückten Lehrlingen der Liebe den ersten Traum seligen Nahseins gab.

Die Sitte wollte es, daß die mit Vornehmheit und Glücksgütern Gesegneten unter den Eltern unserer Tanzschwestern je einen Hausball veranstalteten, mit dem die ersten gesellschaftlichen Erfolge der in die Welt hinaustretenden jungen Tochter gleichsam ihre Weihe erhielten.

Zu solchen Bällen wurden die besseren Herren aus der Reihe

der Tanzschüler, also vor allem die Primaner, regelmäßig hinzugezogen, und so fand ich alsbald meinen Arbeitstisch nicht weniger mit gedruckten Einladungskarten bedeckt als etwa ein Gesellschaftslöwe des Berliner Westens während der Hochsaison. Und es konnte vorkommen, daß ich an den sechs Morgen, die eine Arbeitswoche leider nur hat, aus dem Frack in die Alltagsjacke schlüpfte, ohne mein gutes Bett auch nur mit einem Blicke gestreift zu haben.

Das menschliche Gedächtnis ist undankbar, und die meisten jener Feste sind mir daraus entschwunden; aber das eine wird als Inbegriff aller irdischen Herrlichkeiten darin wohnen bleiben bis an mein Ende.

Also, Kinder, also, Kinder, habt ihr eine Ahnung, was die Konditorei von Decomin war? Nein, könnt ihr nicht. Ihr wißt ja überhaupt nicht mehr, wie es in einer richtigen Konditorei bis Anno 14 aussah. Nun denkt euch aber, alles, was ihr bei Schilling, bei Kranzler, bei Rumpelmeier – und wie die über Deutschland verstreuten Paradiese sonst noch heißen mögen – je geschaut, begehrt und geschleckt habt, ins Ungemessene, nicht zu Begreifende gesteigert. Lest meine schon zitierte »Reise nach Tilsit«. Da habe ich sie zu schildern versucht. Ach, leider! Sie läßt sich nicht schildern.

Und die Tochter dieses Zauberreiches war meine Lieblingstänzerin, und eines Tages war ich darin zu Gast geladen.

Ich besinne mich auf einen Turm aus Makronenmasse mit einer nicht näher zu definierenden Sahnenfüllung, ganz und gar von Zuckerschleiern umsponnen. Ich besinne mich auf gewisse Törtchen, mit einer Creme von Süßmandelbutter überwölbt, wie ich sie später in Paris gegessen und für eine liebe Freundin über die Grenze geschmuggelt habe. Ich besinne mich dunkel noch auf tausend andere süße Dinge, für die in unserem Magen immer noch Platz war, ob wir uns gleich an den in ihrem Gefieder servierten Fasanen, an den Puten und Rehrücken und dem rosigen Yorkschinken, zu dem eine geheimnisvolle Purpursoße gehörte, längst schon satt gegessen haben mußten.

Und zu dem allen denkt euch liebe, liebe Jungmädelchen, bei denen man Hahn im Korbe war, mit denen man ulkte und koste – das vielverbergende Wort »Flirten« gab es noch nicht – bis an den mahnenden Morgen, und sagt, daß ich dazumal *nicht* im Schlaraffenlande gewesen bin! –

Daß unter diesen Umständen die pflichtgemäßen Schularbeiten Schund- und Schluderware werden mußten, liegt auf der Hand. In der Klasse benutzte ich die weniger belangreichen Stunden, um mich hinter der gedankenvoll zur Stirn geführten Hand nach Kräften auszuschlafen. Und wenn mich auch angesichts der Gewaltigen – selbst in kritischen Momenten – oft ein seliges Dröseln überfiel, in dem Walzerklänge mit Macaulay oder der Henriade um die Vorherrschaft stritten, schließlich schlüpfte ich immer noch durch. Aber die Präparationen waren jämmerlich und mußten durch kecke Stegreifleistungen notdürftig ersetzt werden.

In den lebenden Sprachen ging das ganz gut. Latein aber war meine Schwäche geblieben, und eine Seite Sallust hätte, wenn man von den Lettern absah, ebensogut Arabisch sein können.

Unser alter Lateinlehrer machte uns Gott sei Dank die Arbeit bequem. In jeder Stunde kamen regelmäßig drei Mann an die Reihe, und da er der Platzordnung folgte, so ließ sich der Tag, ja, die Minute genau berechnen, in der ein jeder zum Vortrag aufgerufen wurde.

Ich war entschlossen, wenn meine Stunde geschlagen hatte, vor Mit- und Nachwelt zu glänzen. Aber in den Sternen stand es anders geschrieben.

Um sieben Uhr früh war ich nach Hause gekommen, und als ich um acht in der Klasse saß, hatte ich noch nicht einen einzigen Blick in die »Pliete« getan.

Die erste Stunde aber war Latein. Eine noch nie erlebte Katastrophe stand mir bevor. Was in jener Geographieprüfung geschehen war, konnte sich schwerlich wiederholen, denn in einer Nacht läßt Latein sich nicht lernen.

Als einzige Rettung winkten mir noch die Minuten des Morgengebetes; halfen sie mir nicht, dann mußte das Unheil seinen Weg gehen. Hinter dem Rücken eines stämmigen Vordermannes versteckt, versuchte ich rasch des mir zufallenden Pensums Meister zu werden. Aber die hirnverwirrende, gedankenlähmende Hitze, die mich zeit meines Lebens in den entscheidenden Augenblicken bedroht hat, warf mir rote Schleier vor die Augen und verwandelte die Buchstaben in tanzende Fratzen.

Der Gesang war vorüber, doch von dem Gebet hatte ich noch kein »Amen« gehört, da plötzlich schallte durch den weiten Saal – mein Name.

Mit einem kleinen Aufschrei fuhr ich hoch. Buch und Pliete entfielen meinen Händen.

Mein erster Gedanke war: »Jetzt blüht dir deiner Sünden Lohn, jetzt sollst du vor der ganzen Schule zur Rechenschaft gezogen werden.«

»Vortreten«, hörte ich vom Podium der Lehrer her etliche Stimmen.

Eine Gasse bildete sich, und taumelnd, halb bewußtlos, halb blind vor Entsetzen, schritt ich der Länge nach durch den Saal, bis ich vor dem Katheder stand, auf dem der Direktor meiner harrte.

Das Strafgericht konnte sich vollziehen.

Und es vollzog sich ungefähr mit folgenden Worten:

»Von den Werken unseres größten Dichters, die die Schillerstiftung alljährlich den höheren Lehranstalten für ihre besten Schüler zur Verfügung stellt, ist in diesem Jahre ein Exemplar auf die Realschule zu Tilsit gefallen. Das Lehrerkollegium hat beschlossen, Ihnen, mein Lieber, dieses Exemplar mit Inschrift als Belohnung für Ihren treuen Fleiß und Ihre durch keinerlei Leichtsinn geschmälerten Leistungen zu überreichen. Fahren Sie so fort, damit Sie der Anstalt auch weiterhin zur Freude gereichen.«

Vier der bekannten goldgeschmückten Kalikobände senkten sich zu mir herab, dann noch ein Händedruck, und ich durfte zurücktreten.

Eine Viertelstunde später sagte der Oberlehrer: »Wir werden nun also von Ihnen erfahren, mein lieber Sudermann, wie sich nach den Worten unseres Sallust der glatte Catilina in einer so verzwickten Situation weiter verhielt.«

»O mein Gott«, dachte ich, »welch ein Wunder rettet mich vor dieser doppelten Schande?«

Aber das Wunder war schon da, und es war gar kein Wunder, sondern einfache Folge des eben Geschehenen.

»Nun, nun, ich sehe schon«, fuhr er fort, »wir werden heute nichts aus ihm herauskriegen! Lassen wir ihn in der Betäubung seines Glückes. Der Folgende!«

Und so war ich auch diesmal gerettet. –

Aber bald darauf ereilte das Schicksal mich doch.

Unser Direktor hatte mehrere hübsche Töchter, darunter eine mit Namen Elise, der ich auf einer Anzahl von Tanzgesellschaften begegnet war und eine heiße Verehrung entgegentrug.

Ein Gedicht von ihrer Hand, das ich auf verschwiegenen Wegen von ihr eingefordert hatte, liegt neben mir in dem »Poesiealbum«, das mich mit all den Erinnerungszeichen an jene goldene Zeit treu durch das Leben geleitet hat, und malt mir ein weiches, unregelmäßiges Gesichtchen mit üppigem Munde und leidenschaftlichen Augen.

Diese meine geheime Flamme muß ihrem Vater wohl von unserem gelegentlichen Zusammensein erzählt haben, denn als ich eines Tages in der Literaturstunde über den großen Epiker Ernst Schulze und seine »Bezauberte Rose« unerwartete Auskunft gegeben hatte – oh, meine deutschen Dichter kannte ich! – da nickte er nicht in beifälliger Genugtuung, wie es sonst wohl der Fall war, sondern sagte mit jäh aufblitzender Strenge: »Sudermann, stehen Sie auf!«

Da wußte ich alles. Denn Aufstehen gab es auf der Prima nur, wenn ein Gewitter sich austoben wollte.

»Haben Sie etwa Tanzstunden genommen?«

»Ja, Herr Direktor.«

»Wissern Sie nicht, daß dazu nach den Schulgesetzen meine Erlaubnis erforderlich ist?«

»Ja, Herr Direktor.«

»Warum haben Sie sie also nicht eingeholt?«

»Weil ich mir denken konnte, daß ich sie nicht erhalten würde.«

Es war mein Glück, das mir diese dumm-dreiste Antwort eingab.

Über sein Gesicht huschte für einen Augenblick das Schmunzeln gütigen Verstehens, das uns allen der Himmel war. Wie rasch es auch wieder von Strenge verschlungen wurde, ich hatte es wohl bemerkt, und der Alp hob sich von meiner Brust. Ich würde nicht mehr »geschaßt« werden, das wußte ich nun.

»Ich will in diesem Falle von einer exemplarischen Bestrafung absehen«, sagte er, »denn Ihr freimütiges Geständnis entwaffnet mich; aber ich erwarte von Ihnen, daß Sie diese Verfehlung durch doppelten Eifer wiedergutmachen werden.«

»Jawohl, Herr Direktor.«

Gesegnet sei er im Grabe für seine Großmut. Hätte er Ernst gemacht, meine Zukunft wäre doch noch in die Brüche gegangen.

Es kommt die Zeit im Jugendleben, da Unschuld ein Verschulden wird.

Schon lange konnte ich meinen glücklich erworbenen schlechten Ruf nur mit Mühe aufrechterhalten. Im Notfalle spielte ich den blasierten jungen Lebemann, dem nichts gut genug ist. Aber diese Rolle drohte an der hie und da aufsteigenden Skepsis meiner Gefährten zu scheitern, besonders, da ich mir bei argwöhnischer Prüfung das Stottern und Rotwerden noch nicht ganz abgewöhnt hatte.

Am meisten schämte ich mich vor meinem Stubenknochen, der behauptete, ich finge mittlerweile an, alte Jungfer zu werden. Um diesen Charakter zu betonen, hatte er mir zu Weihnachten ein Schoßhündchen aus Papiermaché geschenkt, und wenn einer aus dem Gekribbel zur Vesper das »Storchnest« benannte Schmalzgebäck heimbrachte, verlangte er, daß es sorgfältig vor mir versteckt werden müsse, da alles, was mit dem Storch zusammenhinge, mein jungfräuliches Schamgefühl gröblich zu verletzen geeignet sei.

Diesem bedrückenden Zustande mußte ein Ende gemacht werden. Und eines Sonnabendnachmittags trat ich bei helllichtem Tage, begleitet von seinen Segenswünschen und denen der zwei größten des Gekribbels – die anderen waren nicht ins Geheimnis gezogen worden –, den schweren Weg nach dem kleinen Hause mit dem Spionspiegel und den grünen Fensterrahmen an, dessen Bild in den Geheimschränken meiner Seele schon längst herumrumorte.

Das Herz klopfte mir sehr, und beinah wäre ich im letzten Augenblick noch vorübergegangen; aber als ich mich vorsichtig umdrehte, gewahrte ich, daß ich aus dem Fenster meines Zimmers heraus mit Sorgfalt beobachtet wurde. Da gab es kein Zaudern mehr.

Mit Todesverachtung klopfte ich an.

In dem Spion erschienen zwei fressende Augen, und dann wurde mir aufgetan.

»Immer 'rein, junger Herr«, sagte im Dunkel des Hausflurs die Wartefrau, die in der Nacht »Pscht, pscht« zu machen pflegte, wenn ein Männerschritt in der hallenden Straße sich hören ließ.

Und sie fuhr fort: »Die Irma und die Gertrude sind mit Madamchen in Jakobsruh zum Kaffeekonzert, aber die Elvira ist da.«

Damit stieß sie die Tür auf, die nach der rechten Seite führte.

Am Fenster saß in weißer, halboffener Nachtjacke eine Frauengestalt, die mir beim ersten Anblick recht mütterlich vorkam. Aus einem blassen, hübschen, etwas verquollenen Gesicht lächelten zwei wasserblaue Augen mir ein gleichmütiges Willkommen. Und dann gab es einen kleinen Schrei, über das runde Blondinengesicht mit der behaglichen Stupsnase breitete sich Flammenröte – und dann war sie draußen.

Ich hatte ein widriges Gefühl, als würde ich nun hinausgewiesen werden. Vielleicht, weil ich noch auf der Schule saß. Oder aus einem anderen Grunde. Wer konnte wissen?

Auf der Spiegelkommode stand ein porzellaner Mops mit weitgeöffnetem Rachen. Später einmal erfuhr ich, daß hier das »Handgeld« des Tages hineingeworfen wurde, das als glückbringend von allen gemeinsam verjubelt zu werden pflegte. Die Bilder des alten Kaisers und der Kaiserin hingen über dem Sofa und darunter ein gerahmter Spruch, der von irgendwelchen Zierden des deutschen Weibes handelte.

Mir wurde von Minute zu Minute bänglicher zu Sinn, und schon erwog ich den Gedanken, mich geräuschlos zurückzuziehen, da öffnete sich die Tür, und herein rauschte in schmelzübersätem Ballkleide die mütterliche Dame, auf die ich gewartet hatte.

»Ich habe mir bloß ein bißchen anziehen wollen, mein Härr«, sagte sie mit distanzschaffender Würde, »denn wänn man so sältenen Besuch hat, muß man ihn doch ein bißchen Ehre erweisen.«

Ich wußte nichts zu erwidern, und die Kehle wurde mir eng.

Ich, der ich mit einem halben Dutzend Kellnerinnen auf Du

und Du stand, der ich noch unlängst mit der blonden Ida im »Reichsadler« einen kolossalen Fez aufgeführt hatte, ich benahm mich wie ein schüchterner Schulknabe. Wie der kleine Hans Gehrt benahm ich mich, wenn die Frau Direktor ihn anredete. Vor keiner Fürstin hätte ich lächerlicher dastehen können als vor dieser Hetäre, die nicht einmal ein richtiges Deutsch sprach.

»Wollen wir uns nich ein bißchen bequem machen?« fuhr sie fort und ließ sich auf dem Sofa nieder, indem sie die Fülle des Schmelzkleides fächerförmig um sich her ausbreitete.

Ich setzte mich auf den Stuhl ihr gegenüber und legte die Mütze auf den Tisch.

Ihre Augen wurden schwärmerisch. »Achott«, sagte sie, »daß ich Ihnen mal kännenlärnen wirde, das hab ich mir char nich jedacht.«

»Warum gerade mich?« fragte ich erschrocken. Sollte mein Ruf als Bummler schon bis hierher gedrungen sein?

»Na, Sie jehn doch alle Tage morjens, mittags und abends bei uns voriber ... Härrchott, Härrchott, wo jehen Sie bloß immer mit die vielen Bicher hin? Sie jehn wohl aufs Biro?«

Sie wußte natürlich, daß ich ein Schüler war, aber sie wußte auch, daß wir bei Besuch ihres Hauses mit Relegation bedroht wurden, und darum hielt sie es für richtiger, sich dumm zu stellen.

»Und dann jehn Sie auch immer mit so nätten Meedchen auf die Eisbahn! Achott! Was sind das bloß fir nätte Meedchen!«

Und wieder wurden ihre Augen schwärmerisch.

»Auch im Theater hab' ich Ihnen schon jesehen ... Sie jehn wohl sehr järne ins Theater?«

Ich bejahte, diesmal streng nach der Wahrheit.

»Ich jeh' *auch* järn ins Theater ... Don Karlos und so ... Achott, was is die Prinzessin Eboli fir ein nättes Meedchen! ... Is nich wahr?«

»O gewiß.«

»Ich les auch järn in de Bicher ... Ja, die ›Reiber‹, die hab ich auch jesehn ... Aber das von die ›Kabale und die Liebe‹, das hab ich bloß jelesen ... Achott, die arme Luise is so ein nättes Meedchen! ... Ich kann *auch* Limonade machen. Ich bin ieberhaupt fir die sießen Sachen.«

In diesem Stil sprachen wir weiter über die deutsche Literatur. Noch manche Frauengestalt, die mir teuer war, behauptete vor ihrem Urteil den Rang als »nättes Meedchen«, und jedesmal erhielten ihre großen, blaßblauen Augen denselben feuchtschwärmerischen Glanz.

Und dann erst, als wir auch Irmas und Gertrudens als »nätter Meedchen« teilnehmend gedacht hatten – »achott, was werden die bloß neidisch sein!« – wandten wir uns tapfer dem eigentlichen Zwecke meines Kommens zu. –

Ich habe im Verlauf des Winters auch Irma kennengelernt, selbst Gertrudens Vorzüge blieben mir nicht verschlossen; das Wesen des Weibes aber, und was es an Glück und Not, an Verwirrung und Gefahr einem Werdenden zu geben hat, wurde mir erst später von meinem Schicksal kundgetan.

In dem Gärtchen meines Elternhauses, in dem von Fliederbüschen und Kirschbäumen halb beschattet buntgesprenkelte Blumenrabatten unter der Pflege meiner Mutter dankbar gediehen, stand nicht fern der Straße, dem Zaun des Nachbargrundstücks angelehnt, eine weiße Bank.

Hier hatte ich mit Hilfe einer Getreideplane und eines Küchentisches mein Hauptquartier aufgeschlagen.

Und mit so viel Wissensgier und Arbeitsdrang war ich geladen, daß die langen Junitage nicht ausreichten, um ihrer Herr zu werden. Des Morgens saß ich schon um sechs in meinem Winkel, und wenn des Abends gegen zehn die Buchstaben zu verschwimmen begannen, dann zog ich noch auf den Kirchhof, um in der Spätdämmerung, ausgestreckt auf irgendeiner fremden Bank – denn eine eigene Grabstätte hatten wir damals noch nicht – zu phantasieren und zu philosophieren und nebenher das Fürchten zu lernen – oder vielmehr das Nichtfürchten – denn um Mitternacht zwischen Gräbern zu liegen, war immerhin eine Kraftprobe.

Zu jener Zeit schrieb ich auch eine Novelle – oder »Arabeske«, denn dies galt mir als eine vornehmere Kunstgattung . . .

»Was der Wind rauscht« hieß das Ding, und wenn ich es heute lese, bin ich mehr als über die Unbehilflichkeit meiner Äußerungsart erstaunt über den Gefühlsüberschwang, der – nach meiner Erinnerung – aus jedem noch so belanglosen Bildchen damals emporspritzte.

Mein ganzes Dasein war ein großer Hymnensang, ein Taumeln von Ekstase zu Ekstase, zugleich aber auch ein höchst praktisches Vorwärtswollen, und was ich an Büchern verschlang, wurde restlos dem Assoziationsstrom zugeführt.

Fürs Abitur zu büffeln, schien nicht mehr nötig. Und so glaubte ich, mich ohne böses Gewissen an Literatur und Philosophie und Religionswissenschaft – Strauß und Renan waren modern – schadlos halten zu dürfen.

In diese glückliche Reifezeit fiel das Erlebnis, das mich bis in die Grundfesten meines Wesens erschütterte.

Ein Freund unseres Hauses – ich will ihn unbenannt lassen – hatte ein Gut zu kaufen. Für sich oder einen anderen, das weiß ich nicht mehr genau.

Und weil ich zu jener Zeit in meinem Heimatorte wohl gelitten war, so wunderte ich mich nicht, daß er eines Morgens vor unserer Türe hielt und mich aufforderte, ihn auf der Besichtigungsfahrt zu begleiten. Einen warmen Mantel müsse ich mitnehmen, denn wir würden wahrscheinlich den größten Teil der Nacht unterwegs sein.

Und so fuhren wir los.

Zwei, drei, vier Meilen, fünf Meilen – durch Gegenden, die

ich gerade vom Hörensagen kannte und die mir so fremd erschienen, als lägen sie auf dem Monde.

Endlich, um die Vesperzeit, landeten wir auf einem Gutshof, stattlich, von tiefroten Scheunen und Stallungen umstanden, mit einem Herrenhause, dessen einstöckige Front in schneeweißer Gastlichkeit aus Weinspalieren hervorsah.

Der Besitzer, ein älterer, breitbärtiger Recke, stand mit seinen Hunden zum Willkomm vor der Tür.

Und als die Männer sich die Hände geschüttelt hatten und mein Gönner einen abschätzenden Blick in die Runde schickte, der sein Wohlgefallen allzu lebendig verriet, da sagte der Hausherr mit spottendem Auflachen: »Sie denken wohl, daß *das* hier zum Verkaufe steht? Nee, mein Lieber, so 'n Schmuckkästchen kriegen Sie nicht in die Pfoten, aber hübsch ist das andere auch, nur brauchen wir noch eine Stunde, um hinzukommen.«

»Wenn man seit neun Uhr früh auf dem Wagen hockt«, sagte mein Gönner, »ist das nicht sehr verlockend – für mich nicht und für den jungen Mann auch nicht.«

Doch darin irrte er sich. Ich würde bis ans Ende der Welt gefahren sein, so gierig war ich nach neuem Erleben.

»Der Jüngling kann ja hier bleiben«, sagte der Hausherr, mir die Hand reichend, »aber *Sie* müssen mit. Kommen Sie 'rein. Unterdessen kann angespannt werden.«

Damit schob er mich in einen halbdunkeln Flur, in dem eine buntmiedrige junge Magd sich meines Mantels und meines Hutes bemächtigte. Er sagte ihr ein paar litauische Worte, worauf sie knicksend mich bat, ihr zu folgen.

Zuerst ging es eine Holztreppe hoch auf einen winkligen Bodenraum, in dem es nach Rauch und nach Mäusen roch, und dann in ein schmales, weißschimmerndes Zimmer, vor dessen Fenster das grüne Gold sonnengetränkten Lindenlaubes sich ausspannte. Die junge Magd, deren rot- und blaudurchflochtene Zöpfe sich wie eine Krone über der Stirn aufbauten, hängte Hut und Mantel an die Tür und lächelte mich an.

»Was soll ich nun?« fragte ich.

»Zum Kaffee kommen«, erwiderte sie, und da sie bei meinem Nähertreten ruhevoll stehen blieb, nahm ich sie rasch in den Arm und küßte sie ab, wie sich's als Wegzoll gehört.

Unten tat ein lichtdurchfluteter Raum saalartig sich vor mir auf. Der Samowar schickte wirbelndes Gewölk in das Bereich der Sonnenbänder empor, und eine Frauenhand streckte sich mir entgegen.

Die, zu der sie gehörte, stand dunkel und lichtumsponnen zwischen der Sonne und mir. Drum sah ich fürs erste nichts von ihr. Erst als sie sich den beiden Herren zuwandte, erkannte ich ein noch ganz junges, längliches Gesichtchen, das ein Rahmen von bräunlichen Schmachtlocken, wie aus lauter glitzernden Schlangen geflochten, bis zum Halse hinunter zierlich umgab. Und dann sah ich in ein Paar schmale, dunkle Schleieraugen, deren Schatten sich bis gegen die Schläfe hinzogen und in denen beim Anblick meiner junggrünen Hilflosigkeit ein Willkommen leutselig erblühte.

Es gab frische Waffeln, die sie uns mit einer Silberschippe selber auf die Teller legte, und hinterher einen Kümmel aus Mitau, dessen Flaschenhals von dicken Zuckerkristallen blinkte.

Und dann wurde der Wagen gemeldet.

»Na – will der Jüngling nu mitfahren oder nicht?« fragte der Hausherr.

»O Gott«, dachte ich, »wer hilft mir, daß ich hier bleiben kann?«

Aber es war keine Hilfe mehr nötig. Mein bloßes Zögern hatte genügt, um die Entscheidung zu bringen.

»Na, schön«, sagte er, »dann leisten Sie meiner Frau so lange Gesellschaft. Es wird sowieso ermüdend werden – das Kacheln über die Felder.«

Und so fuhren sie von dannen.

»Wir wollen ein bißchen in den Garten gehen«, sagte die Hausfrau, das Taschentuch einsteckend, mit dem sie dem Wagen nachgewinkt hatte.

Und das taten wir auch.

»Nun mußt du eine Unterhaltung beginnen«, ermahnte ich mich. Im Unterhaltungmachen war ich Meister – das wußte ich nicht bloß von den Tanzstunden her – aber heute fiel mir nicht das mindeste ein.

Ein Glück war es, daß hinter dem Gutshause mitten in einem Grasrondell eine Banane stand, die ihre zerrissenen Blattwedel in die Lüfte streckte. Ich hatte gar nicht gewußt, daß eine so herrliche Tropenpflanze in unserem kalten Nordosten ihr Fortkommen findet, und das sagte ich ihr.

»Wir schneiden sie im Herbste ab«, erwiderte sie, »und legen den Wurzelstock in den Keller. Im Frühling lebt sie dann wieder auf, genau so wie die Menschen.«

Ich sagte, daß ich gerade im Winter ein doppeltes Leben führe.

»Ja, Sie vielleicht«, seufzte sie, »aber hier ist es sehr einsam.«

Und dann erzählte sie, daß sie auch einmal in Tilsit zur Schule gegangen sei und später sogar ein Jahr in Lausanne gelebt habe – wegen des höheren Schliffes.

»Aber jetzt brauche ich ihn nicht mehr«, fügte sie mit einem Achelzucken hinzu, »denn hier verbauert man doch.«

Nun hätte ich sie eigentlich trösten müssen, aber ich wagte es nicht. Je offener sie sich gab, desto beklommener wurde mir zumute. Es war, als ob ihr Zutrauen mir Klammern um die Seele legte und mir mit ängstlichen Mahnungen den Mund verschloß.

Darum geriet das Gespräch auch allmählich wieder ins Stokken. Ich würgte und räusperte mich, aber, wie sehr ich auch suchte, nirgends fand sich ein Thema, es in Fluß zu bringen.

Ihre Schritte beschleunigten sich. Ich zottelte hinter ihr her wie ein Hündchen, und der Herzschlag saß mir im Halse; denn ich dachte, da ich doch nichts zu sagen wisse, lohne es ihr nicht mehr, höflich neben mir herzugehen.

Vor einem moorigen Wasserloch, um das herum Reste einer steinernen Einfassung verstreut lagen, machte sie Halt.

»Hier hat sich einmal ein junges Dienstmädchen hineingestürzt«, sagte sie. »Finden Sie nicht auch, daß sie ganz klug getan hat?«

»Es kommt darauf an«, erwiderte ich. Gescheiteres fiel mir nicht ein. Und ich lachte blöde dazu.

Auch sie lachte. Lachte so hell, als ob ich einen sehr guten Witz gemacht hätte. Und dann ging sie weiter.

Vor uns lagen nun im Rotfeuer des beginnenden Abends die weithin sich erstreckenden Koppeln, auf denen Remonten und Jungvieh in bunten Rudeln sich jagten.

»Ach, wie ist das schön!« rief ich, um doch etwas zu sagen.

»Es kommt darauf an«, erwiderte sie – gerade so wie ich vorhin –, und ich dachte: »Jetzt verhöhnt sie dich schon.«

Dann machten wir kehrt und schritten dem Hause zu.

»Wäre diese Quälerei doch schon zu Ende!« dachte ich, während die Pausen des Gespräches sich dauernd verlängerten. Am liebsten wäre ich ihr davongelaufen, aber das ging wohl nicht an, und so trottete ich dümmlich neben ihr her und sah den Steinchen zu, die aus dem lockeren Kies vor mir hersprangen.

Es schien, als hätte sie meine Gefühle erraten, denn vor den Stufen der Gartenterrasse reichte sie mir abschiednehmend die Hand und sagte: »Ich muß Sie nun allein lassen, denn ich habe für den Abendbrottisch zu sorgen, und inzwischen werden ja wohl auch die Herren da sein.«

Damit war ich abgedankt für immer, denn wenn erst die beiden Herren wieder auf dem Plane waren, sank ich von selber ins Nichts zurück.

So sehr ärgerte ich mich ob meines Stumpfsinns, daß ich am

liebsten geweint und getobt hätte. Ich wanderte unablässig vom Garten zum Hofraum und vom Hofraum zum Garten zurück, wohl volle zwei Stunden lang, und rief von Zeit zu Zeit vor mich hin: »Ach, ist das schön, ist das schön!« Wenn mich aber einer gefragt hätte, was mir eigentlich so schön erschiene, so hätte ich es nicht zu sagen gewußt.

Ein paar Hunde hatten sich angefunden und zogen treulich hinter mir her. Da ich ihre Namen nicht wußte, so gab ich ihnen irgendwelche, die mir gerade einfielen, und sie hörten auch auf diese.

Und plötzlich – es war schon fast dunkel geworden – da tobten sie von mir fort und durch das Gartentor einem Reiter entgegen, der im Galopp auf den Hof gesprengt kam. Ein halbwüchsiger Junge, der sich Sporen an die nackten Füße geschnallt hatte. Er wolle die gnädige Frau sprechen, sagte er einem der Hofleute, und als sie, von diesem gerufen, auf der Anfahrt erschien, berichtete er ihr, der Herr ließe sagen, man würde mit der Besichtigung heute nicht mehr fertig werden, und sie möchte Bettbezüge schicken und eine Flasche Rum zum Abendgrog.

Ein heißer Schreck durchrieselte mich. Wenn ich zum Abendessen mit ihr allein blieb, dann mußte die Qual des Nichtredenkönnens aufs neue zermalmend über mich herfallen. Ich umklammerte die Staketen des Gartenzauns, zwischen die ich meine Nase hindurchgequetscht hatte, um dem Schauplatz näher zu sein, und überlegte, ob ich sie nicht um ein Pferd bitten solle, damit ich, von dem Jungen geführt, den Herren nachreiten könne.

Aber da war sie auch schon fort – fort, ohne sich auch nur nach mir umgeschaut zu haben.

Und eine Weile später kam die Dienstmagd – dieselbe, die ich eben abgeküßt hatte – reichte dem Jungen einen Packen aufs Pferd, und während er eilends davonritt, wandte sie sich dem Garten und der Stelle zu, wo ich hinter dem Zaune lauerte.

»Die jnedje Frau läßt zum Ambrot bitten«, flüsterte sie, die Augen nicht aufhebend, und ich schämte mich vor ihr, wie sie sich vor mir.

Als ich klopfenden Herzens das Gartenzimmer betrat, war es schon so dämmerig geworden, daß ich die Gestalt der Herrin gerade noch erkennen konnte.

Sie streckte mir die Hand entgegen und sagte, auf die Hängelampe weisend: »Ich fürchte, in dem Behälter wird kein Petroleum sein, denn wir essen im Sommer immer bei Tageslicht. Wollen wir uns Lichter holen lassen oder im Dunkeln essen?«

»Im Dunkeln essen!« stieß ich hervor, denn so hoffte ich meiner Befangenheit am ehesten Herr werden zu können.

»Na, gut«, sagte sie, »und wenn Sie den Mund nicht mehr finden können, dann melden Sie's nur, und dann werd' ich Sie füttern.«

In mir jubelte es hell auf, denn wenn sie so zutraulich mit mir scherzte, dann konnte sie mich unmöglich verachten. Aber zu reden wußte ich darum immer noch nichts.

Und dann merkte ich, daß ich vor Hunger zitterte und mir der Magen wehtat, denn ich hatte den ganzen Tag über noch nichts Rechtes gegessen.

Sie legte mir die Hälften der jungen Hühnchen auf den Teller und einen Berg Salat dazu, den dicke Sahne fest zusammenhielt. Auch Rotwein schenkte sie mir ein, von dem ich schon beim ersten Schluck einen heißen Kopf bekam.

Und plötzlich war die Lähmung fort. Lachend fragte ich sie, ob sie es mit einem so dummen Jungen noch länger aushalten wolle, und was sie sich wohl gedacht habe, als ich heute nachmittag so blöde gewesen war.

»Das will ich Ihnen sagen«, erwiderte sie ganz ernst, »ich dachte, ich langweile Sie.«

»Sie – mich?« Ich schrie es beinahe. »Wie kamen Sie bloß auf eine solche Idee?«

»Die liegt doch sehr nahe«, erwiderte sie, »da ich ja nur eine Landpomeranze bin.«

»Sie sind die – Sie sind – Sie sind – – –«

Weiter kam ich nicht.

»Nicht doch«, unterbrach sie mein Stammeln und legte ihre Hand abwehrend auf die meine. »Lassen Sie nur die Schmeicheleien, ich glaube ja doch nicht daran.«

Das gab mir noch mehr Mut.

Noch nie im Leben sei mir eine Frau so gütig entgegengekommen, so sagte ich, und noch nie im Leben hätte ich zu jemandem so viel Vertrauen in mir gefühlt. Ich hätte mir bisher nur nicht erlaubt, ihm Worte zu leihen. Und wenn sie es sich gefallen lassen wolle, so möchte ich ihr am liebsten mein ganzes Herz ausschütten.

»Tun Sie das nur«, sagte sie, sich in ihrem Stuhle zurücklehnend, »ich höre Ihnen gern zu.«

Da zerbrachen in mir die letzten Dämme. Was ich noch nie einem Menschen zu bekennen gewagt hatte, selbst meiner Mutter nicht, das mußte ich bedingungslos vor dieser Fremden ausschütten, von der ich kaum mehr als einen Schatten sah.

Ein Dichter wollte ich werden, ein Dichter wie Goethe und Schiller. Aber da sich das nicht lernen lasse, so müsse ich irgendein gleichgültiges Brotstudium wählen. Und auch das sei so einfach nicht, denn Geld hätte ich nicht und würde es auch niemals bekommen. Wohl wolle ich mit Freuden hungern, aber um schließlich Lehrer zu werden, wovor ich ein Grauen hätte, lohne sich das ganze menschliche Leben nicht. Als Realschüler stünden mir auch nur die Naturwissenschaften und die neueren Sprachen offen. Zu Naturwissenschaften hätte ich wohl eine unbändige Lust, aber sie würden mich am Ende von meinem Dichterberufe so weit entfernen, daß ich den Rückweg nicht mehr fände. Und was die neueren Sprachen beträfe, so könnten sie mir gestohlen bleiben, aber sie gäben mir immerhin die Möglichkeit, mich mit den verschiedenen Literaturen zu beschäftigen, was mich der Dichterei wieder etwas näher brächte. Und darauf allein käme es an.

Das alles berichtete ich ihr und trank den schweren Rotwein dazu in langen Zügen. So voll von seliger Dankbarkeit war ich, weil ich mich aussprechen durfte, daß ich am liebsten vor ihr in den Staub gesunken wäre, um ihr die Füße zu küssen.

Ein Schweigen entstand. Mein Atem ging schwer und stoßweise durch das Dunkel, und wenn ich ihn anhielt, dann konnte ich auch ihr Atmen hören.

»Also so werden Sie Dichter«, sagte sie dann und stand auf.

»Wer sagt Ihnen«, rief ich, »daß ich je einer sein werde? Ein Wahnsinn ist es und nicht mehr. Nur ein einziger Trost bleibt mir, daß mir im Leben schon mancher Wahnsinn gelungen ist. Vielleicht wird es auch dieser einmal.«

»So hat jeder sein Wünschen«, sagte sie. »Sie möchten Dichter werden, und ich möchte ein Kindchen haben.«

»Bloß *Ihr* Wunsch ist nicht so vermessen«, erwiderte ich.

»Vielleicht doch«, seufzte sie und wandte sich der offenen Gartentür zu.

Nun sah ich im Dämmer der Sommernacht endlich wieder ihr Gesicht. Die feinen Nasenflügel bebten, und die weit gewordenen Schleieraugen starrten zu den Sternen empor. Dann kehrte sie sie lächelnd wieder der Erde zu.

»Ich werde die Erdbeeren an mich nehmen«, sagte sie, »und Sie nehmen den Wein; so können wir dann noch auf der Terrasse sitzen.«

Und das taten wir auch. Wir aßen die Erdbeeren, die gleichfalls in dicker Sahne steckten, und tranken den Wein dazu, der mir mit jedem Schlucke einen neuen Blutstrom durch die Adern goß. Meine Backen brannten, und durch den ganzen Körper hüpfte das Blut.

»Schwer wird Ihnen das Leben ja werden«, hörte ich meine neue Freundin sagen, »und am schwersten wohl durch Sie selber; aber das schadet nichts, denn die Frauen werden Sie gerne haben.«

Ich erschrak. Wann hätte je eine Frau mich gerne gehabt? Wann hätte ich je daran gedacht, daß eine Frau mich gern haben *könnte?*

Und das sagte ich ihr.

»Oder vorläufig die Mädchen«, gab sie lächelnd zur Antwort, »und davon haben Sie ja auch wohl schon die Beweise.«

Ich dachte an Klara Hornig, an Hedwig Tagmann, an Magda Tagmann, an Elise Koch und alle die anderen, die ich der Reihe nach durchgeliebt hatte; aber ob ich je auf Gegenliebe gestoßen war – eine wirkliche und reelle Gegenliebe – wer konnte das wissen?

Und das sagte ich ihr auch.

Ein Schimmer von Rührung, den ich mehr fühlte, als ich ihn sah, hatte sich in ihren Zügen verfangen, während sie mich mit den wieder schmalen Schleieraugen von unten herauf gleichsam prüfend betrachtete.

Und dann plötzlich schoß sie hoch.

»Ich habe Kopfweh«, sagte sie, »und muß mich zurückziehen.

Ich werde dem Mädchen klingeln, daß sie Sie auf Ihr Zimmer führt. Gute Nacht.«

Ich saß da, als hätte ich einen Axthieb erhalten. Kaum, daß ich die dargebotene Hand ergriff, die sich nach zuckendem Drucke rasch wieder zurückzog.

Und dann war sie verschwunden.

Die blondgekrönte junge Magd kam mit einer Kerze in der Hand und stellte sich wartend in der offenen Glastür auf. Am liebsten wäre ich in den finsteren Garten hinuntergestürmt, um den heißen Überschwang meiner Seele dort zu kühlen, aber ich fand nicht den Mut dazu und folgte ihr gehorsam – die knarrende Holztreppe hoch – über den Estrich des Bodenraumes – in das Mansardenzimmer hinein, in dem eine verfangene Fledermaus, hier und da anstoßend, die lockere Tapete entlangglitt.

Die Magd stellte die Kerze auf den Tisch, und ohne mich eines Blickes zu würdigen, machte sie sich daran, das geängstigte Tier zu verscheuchen.

Aber das Zimmer war zu schmal, als daß sie an mir vorbeigekonnt hätte, ohne mich leise zu streifen. Und als ich den lieben, vogelnestigen Duft, den diese Naturkinder an sich tragen, über mich herströmen fühlte, überfiel mich eine Art von Raserei. Halb besinnungslos riß ich sie an mich und bedeckte Wangen und Hals mit meinen Küssen. Sie wehrte sich verzweifelt, aber das tun sie ja immer, auch wenn sie im Innersten willig sind. Und schließlich lag sie in Ermattung über meine Knie gestreckt, aber sie gab sich noch nicht gefangen.

»Ich muß ja 'runter«, flüsterte sie bittend.

»Dann komm noch einmal«, bat nun auch ich.

Sie sagte nicht Ja, sie sagte nicht Nein, sie lachte nur hell auf und glitt dann zur Türe hinaus.

Kaum war sie fort, da packte mich die Reue.

Unwürdiger, der ich war! Nicht allein, daß ich das Gastrecht des fremden Hauses schmählich verletzte, auch an seiner Herrin, der Edlen, der Hohen, der Großmütigen, die mir ihr Vertrauen gegönnt und das meine gnädig empfangen hatte, war ich zum Frevler geworden.

Ich rannte umher wie ein Verrückter. Wenn die blonde Magd nun wirklich kam – würde ich die Kraft haben, sie ihrer Wege gehen zu heißen? Sicherlich nicht, denn jede Fiber in mir schrie nach ihr, schrie nach dem Erlöstsein, das sie dann brachte.

Bisweilen hielt ich an und lauschte. Nichts rührte sich mehr. Auch die letzten Lichter des Hauses schienen erloschen. Die Gartenseite wenigstens lag in Dunkel vergraben. – So auch der Wirtschaftsflügel, der sich dran schloß.

Und dann wanderte ich von neuem. Die Fledermaus und ich –
wir durchmaßen den Raum um die Wette – hin und her – hin
und her – ich weiß nicht, wie lange – stundenlang – Ewigkei-
ten lang.

»Nun kann sie nicht mehr kommen«, rief eine Stimme in mir
voll schmerzenden Verzichts. Und eine andere rief dagegen:
»Gott sei Dank, daß sie nun nicht mehr kommen kann.«

Aber trotzdem lauschte ich immer von neuem. Und immer
von neuem rannte ich stampfend umher.

Die Fledermaus ruhte bisweilen, ich ruhte nie.

Und plötzlich – es mag gegen zwei Uhr gewesen sein – da war
es mir, als hörte ich tief unten ein leises Knarren der Treppe,
das sich verstärkte und wieder einschlief.

Ich lauschte, aber nichts ließ sich hören, bis nach einer Weile,
als ich schon längst wieder wanderte, das Knarren von neuem
begann. Aber diesmal dauerte es länger und hörte erst auf, als
es am oberen Treppenrande angelangt war.

Sie kam. Sie kam also doch noch!

»Verschließe die Tür«, rief es in mir, »damit der Tag nicht
entweiht werde, der dir das Frauenideal geschenkt hat, das
dich fortan durchs Leben geleiten soll!«

Aber die Hand, die den Riegel vorschieben sollte, fand nicht
die Kraft dazu.

Und dann war auch nichts mehr zu hören. Wie ertrunken in
Nacht und Schweigen schien alles, was an Liebe und Sünde
und Abenteuer gemahnte.

Eine Weile lauschte ich noch, das Ohr ans Schlüsselloch gedrückt, dann begann ich die Wanderung von neuem. Und die
Fledermaus glitt immer an Wänden und Decke entlang.

Da, wie ich in der Gegend der Tür für einen Augenblick anhielt, war es mir, als hörte ich ein Rascheln draußen auf dem
Estrich. Nicht lauter, als Mäuse rascheln, aber deutlich genug, um mich wissen zu lassen, daß ich hier oben nicht mehr
allein war.

Ich riß die Türe auf. Da stand, keine fünf Schritte vor mir, eine Kerze in der Hand, mit finsteren Augen mich anstarrend – die Herrin des Hauses.

Mit einem Aufschrei fuhr ich zurück. Wie aus weiter Ferne hörte ich ihre Stimme hart und strafend, als sie sagte: »Wenn Sie die Nacht über spazierengehen wollen, warum ziehen Sie dann nicht wenigstens die Stiefel aus? ... Ich hätte schon längst ein Mädchen zu Ihnen heraufgeschickt, aber die schlafen alle im Wirtschaftshaus, darum bin ich schließlich selber gekommen.«

»Verzeihung«, stammelte ich, »das habe ich nicht bedacht.« Und dabei muß ich wohl eine sehr klägliche Armesündermiene gemacht haben, denn während der Schimmer eines begütigenden Lächelns über ihr Gesicht hinglitt, fuhr sie in weicherem Tone fort: »Nun, nun, es ist ja noch nicht Morgen. Und ausschlafen können wir immer noch. Aber nun gehen Sie auch wirklich zur Ruhe, lieber Junge.«

Wie ich sie die Worte »lieber Junge« sagen hörte, da löste sich plötzlich die Spannung, die süß und quälerisch, abirrend und ahnungsvoll, seit vielen Stunden mein Wesen beherrscht hatte. Ich warf mich auf einen der beiden Stühle, die vor dem Tische standen, barg den Kopf in den verschränkten Armen und weinte bitterlich.

Hinter mir hörte ich etwas wie das Schließen der Tür und hörte langsam sich nähernde Schritte. Dann fühlte ich eine Hand schwerlastend in meinem Haar und fühlte, wie heiße Tropfen auf meinen Nacken niedersanken.

O mein Gott! auch sie weinte! Weinte um mich!

Und dann setzte sie sich neben mich auf den zweiten Stuhl, lehnte ihren Kopf an meinen Kopf, und über meine rechte Backe legte sich das duftige Buschwerk der gelösten Lokken.

»Geben Sie acht«, sagte ich, immer noch schluchzend, »es ist eine Fledermaus im Zimmer.«

»Sie ist schon draußen«, gab sie schluchzend zurück.

Und wie ich nun den Arm um ihren Nacken legte, da war es um uns geschehen.

Als ich am späten Morgen aus seliger Betäubung erwachte, sah ich die junge Magd mit verschämtem Lächeln in der offenen Türe stehen.

Da erst fiel mir ein, daß sie vielleicht immer noch hätte kommen können, und ein posthumer Schreck rieselte mir durchs Gebein.

»Die Herren sind wieder da«, hörte ich sie sagen, »und Sie möchten sich rasch anziehen. Es soll gleich gefahren werden.«

Ich kam herunter, von den beiden lachend begrüßt.

Aber die Hausfrau ließ sich entschuldigen. Sie habe schreckliches Kopfweh.

Lange und schwer habe ich an diesem Erlebnis getragen.

Daß man die Ehe bricht, das wußte ich von meinen Romanen her, aber dann später, wenn die Scheidung vollzogen ist, heiratet man sich, oder man flieht schon vorher gemeinsam in die weite Welt.

Ich aber war noch nicht siebzehn, und was ich besaß, reichte als Reisegeld gerade bis Tilsit.

Ich selber durfte ihr natürlich nicht schreiben – die gebotene Danksagung ausgenommen – aber mit jeder Post erwartete ich einen Brief, in dem sie Verantwortung von mir verlangte und ihr Schicksal in meine Hände gab.

Doch dieser Brief ist nie gekommen.

Und dann begann ich, die Frauen um mich her mit anderen – frecheren – Augen anzusehen.

Die verschlossenen Heiligtümer, an deren Schwelle man sonst wunschlos vorübergeht, hatten lockende Pforten aufgetan. Hinter ihnen stand kein verhülltes Isisbild mehr, von dem den Schleier heben den Tod bedeutete, sondern ein Weib von Fleisch und Blut, das Begehren atmete, wie man es selber begehrte.

Eines neuen – noch schwerer wiegenden – Erlebnisses bedurfte es, um mich die Ehrfurcht vor dem Weibtum und seiner irdischen Sendung wieder zu lehren.

Doch bis dahin vergingen – ich glaube – sechs Jahre.

ZEHNTES KAPITEL

Die Abschiedsrede

Im Frühherbst erhielt ich auf Empfehlung des Direktors, der durch Zuschanzung von Nachhilfestunden und anderen kleinen Gewinsten um die Mehrung meines Taschengeldes väterlich besorgt war, den Auftrag, die Bibliothek eines verstorbenen Gymnasiallehrers zu ordnen und zu katalogisieren.

Vier Taler und etliche Bücher, die ich mir selbst sollte aussuchen dürfen, waren mir als Belohnung zugesagt.

Mit Feuereifer stürzte ich mich nach dem täglichen Schulschluß in die willkommene Arbeit hinein und kramte in den verwahrlosten Regalen nach Herzenslust, bis die Dunkelheit mich aus dem Hause trieb.

Vor Antritt der Michaelisferien sollte ich fertig sein. Viel Zeit war nicht zu verlieren.

Da kam mir ein Unglück in die Quere, das tief in mein Gemütsleben einschnitt.

Ich war nun in meiner Pension der Älteste geworden und trug für das Gekribbel im Nebenzimmer eine gewisse Verantwortung, die allemal dringlich wurde, wenn ein Streit zu schlichten oder ein Bummel zu rügen war oder wenn ein Unwohlsein nach Beobachtung verlangte.

Und so geschah es eines Morgens, als ich mich gerade zum Schulgange rüstete, daß der kleine Hans Gehrt, ein liebes Jungchen, das in der Quinta saß und still und pflichttreu seine Wege ging, in meine Stube kam und zu mir sagte: »Du – mir ist so schlecht – ich bin heute schon fünfmal draußen gewesen.«

Ich sah ihn an. Sein Gesicht war grau und verfallen, und während er vor mir stand, hielt er sich an der Tischplatte fest.

Da schickte ich ihn zu Bette und ließ die Frau Direktor bitten, für ihn Sorge zu tragen.

Als ich mittags aus der Schule kam, war gerade der Arzt da. Er sagte, es habe nichts auf sich – ein leichter Fall von Cholera nostras, der in wenigen Tagen behoben sein würde.

Aber der kleine Kerl kümmerte sich nicht um ärztliche Prophezeiungen, sondern wurde immer noch matter.

Wir saßen um sein Bett herum und wollten ihn aufheitern, aber er hatte nicht viel Sinn dafür und sagte, er wolle doch lieber schlafen.

Als die Hängelampe angezündet wurde, meinte er, es wäre heute so dunkel, und als wir gerade zum Abendbrot gerufen wurden, neigte er das Kinn ein wenig auf die Brust herab und war tot.

Da saßen wir nun, und ein jeder dachte wohl in seinem Innern, das sei ein schlechter Scherz, und er würde gleich wieder lebendig sein. Aber den Gefallen tat er uns nicht. Der Arzt, der rasch noch einmal gerufen wurde, erklärte, es sei doch wohl ein Fall von Cholera asiatica, wir möchten die nötige Desinfektion einleiten und im übrigen die Räume so rasch als möglich verlassen.

Die Frau Direktor war fassungslos, und wenn die Zwischentür zu den Mädeln sich öffnete, hörte man ein vieltöniges Schluchzen.

Die Sorge für all das Gekribbel war nun mir überlassen.

Vor dem nächsten Morgen fuhr kein Zug und kein Dampfboot, und die Septembernacht war lang. Der Gedanke, mit meinen Schutzbefohlenen ein Hotel aufzusuchen, kam mir gar nicht zu Sinn, denn so viel Geld, wie eine solche Ausschweifung verlangt hätte, gab es nicht auf der Welt.

Wir mußten also eine Bierreise machen. Oder eine Schnapsreise vielmehr, denn Bier ist bei Choleragefahr nicht sehr nützlich.

Noch einen letzten Blick warf ich auf das schmale Gesichtchen, das weiß geworden in den weißen Kissen lag, legte, um die nötige Desinfektion einzuleiten, ein Stückchen Chlorkalk auf die erstarrten Lippen und ging, stolz auf diese bedachtsame und sachgemäße Handlung, mit meiner kleinen – fünf- oder sechsköpfigen – Herde von dannen.

Fürs erste führte ich sie in unser sonnabendliches Stammlokal, wo ich mich einigermaßen zu Hause fühlte.

Das Erstaunen der Gäste sowohl wie der Kellnerin und des Wirtes war groß. Aber als ich von unserem traurigen Schicksal erzählt hatte, begegnete man uns mit um so zarterer Rücksicht. Zwar das bewußte Hinterzimmer, auf das ich gehofft hatte, war heute abend vergeben. Dafür räumte man uns ein langes Eckpolster ein, und bald dampfte – als Allheilmittel gegen Cholera und alle sonstigen Nöte – vor jedem der Knirpse ein steifes Glas Grog.

Das tranken sie aus und wurden plötzlich sehr lustig. Ich mochte sie mit noch soviel Ernst auf die Schwere der Situation aufmerksam machen, sie kicherten und zwickten einander und begannen, die gefüllten Zündholzständer benutzend, ein Ränkespiel mit den übrigen Gästen.

Ich sah ein, daß ich als Pädagoge kein gutes Debut gehabt hatte, und da die Lage unhaltbar zu werden drohte, bezahlte ich rasch und zog weiter.

Aus zwei anderen Wirtshäusern warf man uns kurzerhand wieder hinaus.

Die Nacht war kalt und neblig, und die Kleinsten erklärten, sie seien müde und möchten zu Bette.

In meiner Ratlosigkeit besann ich mich auf die blonde Ida, die mir in Treuen gewogen war. Wohl ließ der »Reichsadler«, in dem sie als Kellnerin waltete, an gutem Ruf manches zu wünschen übrig, doch wenn ich ihre wohlerprobte Mildherzigkeit anrief, würde sie, das wußte ich, uns nicht im Stiche lassen.

Im »Reichsadler« war großer Betrieb. Der blaue Rauch mit

dem Messer zu schneiden, Geschrei, Betrunkenheit und erotischer Hochdruck.

»Chott steh mir bei!« rief die blonde Ida, sich mühsam der Gäste erwehrend, die gerade an ihrem Busen herumsuchten, »jetzt wer'n wir noch ä Kleinkinderschul.«

Rasch trat ich an sie heran, erklärte ihr leise, was mich zu ihr getrieben hatte, und bat sie, uns gnädig zu helfen.

»Achott, die armen Jungchen!« sagte sie, weinender Güte voll. »Jeht man solange da 'rein.«

Und sie öffnete uns die Tür zu einem Orte, der zur Gastfreundschaft nur geeignet erscheint, wenn man seiner gerade dringend bedarf.

Es dauerte ziemlich lange, ehe der Rückweg uns freistand.

Ich hörte meine Freundin schelten und wettern, als wäre sie Richterin über alle Laster der Welt. Das Gröhlen der trunkenen Stimmen wurde schwächer, und als die Tür sich wieder auftat, lag vor uns blauschimmernde Leere.

»Nu will ich eich aber flegen!« sagte die blonde Ida, in süßer Mütterlichkeit erstrahlend. »De Kich is zwar schon lang jeschlossen, aber warme Wirstchen mach ich eich doch, wenn ihr wollt. Auch Biefstick a la Tartare könnt ihr krijen. Alles, was ich unter dem Härzen hab, könnt ihr krijen.«

Aber meine Schützlinge waren bloß müde. Darum bekam jeder seinen bettweichen Sitzplatz, die Hängelampe wurde herabgeschraubt, und so saßen wir still bis zum Morgen.

Nur die blonde Ida konnte sich keine Ruhe gönnen. Sie ging von einem zum anderen, besah und streichelte ihn und fand der Rührung kein Ende.

Schließlich zog ich sie neben mich nieder. Sie lehnte den zärtlichen Kopf an meine Schulter und flüsterte: »Achott, ich bin so jlicklich mit die lieben Jungchen.« Und so entschlief auch sie. –

Wie wir morgens hinaus und zu unseren Sachen gekommen sind, dessen kann ich mich nicht mehr erinnern.

Ich finde mich auf dem Deck des großen Dampfers wieder, der mich den Memelstrom abwärts nach Ruß beförderte, von wo die Heimat nicht fern war.

Doch nur wenige Tage hielt ich es dort aus. Die Aufgabe, die ich übernommen hatte, mahnte mich bei Tag und bei Nacht. Und schließlich sagte ich mir: »Mag geschehen, was da wolle, du mußt zurück.«

Meine Pension fand ich natürlich verödet. Auch die Töchter, meine verflossenen Flammen, waren aufs Land geflüchtet, nur Frau Direktor hielt tapfer der Seuche stand, die oben und unten tagtäglich neue Opfer forderte.

Man sagte uns, die ganze Stadt sei verschont geblieben, und nur dies eine Haus werde vom Unheil heimgesucht.

Ich fühlte mich selig in meinem Heldentum. Der große Napoleon, der, wie im Louvre das Grossche Bild uns zeigt, seine Finger in die Wunden der Pestkranken tauchte, war ein Schwächling gegen mich, und wenn auf der Straße die Mitschüler in weitem Bogen um mich herumgingen, saß mir ein Hohngelächter in der Kehle.

Der Katalog mußte unter diesen Umständen rasch zu seinem Ende kommen.

Jubelnd gedachte ich der vier Taler, wie auch der auszuwählenden Bücher, aber wenn ich abends in den vereinsamten Räumen den Kopf unter die Bettdecke steckte, während verdächtige Geräusche wie Todesstöhnen oder Stampfen von Leichenträgern mir in die Ohren drangen, wurde mir doch recht bänglich zumute.

Ja, auch das Heldsein will gelernt werden. –

Der Winter kam. Die Abgangsprüfung drohte, und immer noch war über meine Zukunft nichts entschieden.

»Laß mich nur machen«, sagte meine Mutter, »vielleicht setz ich's durch.«

Daß sie an der Arbeit war, bewiesen mir in den Weihnachtsferien die grimmigen Blicke des Vaters, der viele Tage lang, ohne mir ein Wort zu gönnen, an mir vorüberschritt.

Mit seinen Geschäften ging es schlecht. Er wurde alt und kränklich, und wenn auch mein zweiter Bruder den Hauptteil der körperlichen Arbeit von seinen Schultern nahm, die Sorge um das, was werden würde, lastete nur um so schwerer.

Wie kärglich unsere Verhältnisse waren, wird man am besten daraus ermessen, daß mein Vater, als er am Weihnachtsmorgen vor dem heißen Ofen stehend sich ein Loch in die neuen Geschenkhosen gebrannt hatte, in ein bitteres Weinen ausbrach ob des Verlustes, den ihm das Schicksal zugefügt hatte.

Der harte Mann in Tränen um solch einer Jämmerlichkeit willen – es war ein herzbrechender Anblick. Und wenn ich ihm in meinem Innern jemals Vorwürfe machte, so habe ich auch immer hieran gedacht.

Mich hatte der Dorfschneider Paetzel nach meinen Angaben inzwischen aufs feinste ausstaffiert. Und um den Eindruck gepflegten Lebemanntums zu vollenden, trug ich auf der linken Brustseite meines englisch geschnittenen Jacketts eine Zigarrentasche – ich hatte sie als Entgelt für Gefälligkeitsnachhilfe unlängst erhalten –, die mit ihren geschnitzten Elfenbeinplatten und den roten Maroquinfalten dazwischen den Gipfel aller denkbaren Vornehmheit bildete.

So konnte ich den Triumph erleben, daß, als ich zur selben Zeit im Gasthause mit einem fremden Mitglied der Landsmannschaft Littuania zusammentraf, nach kurzer Musterung von ihm mit der seufzenden Frage bedacht wurde: »Nun, Sie werden wohl nur bei den Normannen einspringen, nicht wahr?«

Wer bedenkt, daß die Königsberger Normannen als das galten, was in Bonn die Preußen und in Heidelberg die Saxo-Borussen bedeuten, der wird diesen Ausruf zu würdigen wissen.

Und ich armes Luder hatte noch nicht einmal eine Ahnung, wie ich den ersten Monatswechsel würde aufbringen können.

Und wieder einmal fingen die Dachrinnen zu tropfen an, wieder einmal lachte die Februarsonne ihr widersinniges Lachen, und wenn es abends zu frieren begann wie am Nordpol, dann rief im Herzen freudiger Vorwitz: »Es kann uns nix mehr g'schehen.«

Im Zeichen dieses Spruches stieg ich ins Examen wie in ein Fest, und so sicher fühlte sich meine Frechheit, daß ich es wagte, den französischen Aufsatz, der sonnabends an die Reihe kam, bis zwölf Uhr herunterzupeitschen, weil fünf Minuten nach zwölf ein Schlitten an der Ecke hielt, der mich mit ein paar lieben Mädeln zusammen vier Meilen weit zu einem Tanzfest tragen wollte.

Schließlich wäre ich bei den physikalischen Aufgaben beinahe noch zu Falle gekommen.

Eine von ihnen lautete: »An welchem Tage des Frühlings beginnt unter dem Breitengrade von Tilsit die immerwährende Dämmerung?«

Ich rechnete und rechnete, und immer wurde der 4. Mai daraus. Das konnte unmöglich stimmen, denn im Mai – das wußte ein jeder – war es um zehn schon stockfinster. Eine Stunde verging, auch eine zweite, und ich bekam einen heißen Kopf. Noch warteten meiner vier weitere große Probleme, denen gewachsen zu sein bei wirren Sinnen eine Unmöglichkeit war.

In höchster Not schickte ich Gustav Schulz einen Kassiber des Inhalts: »Kann 4. Mai richtig sein?« Und erhielt ihn zurück mit der Antwort: »Ist richtig.«

Da war plötzlich der Kopf wieder frei, und die anderen Aufgaben wurden zum Spielwerk.

Trotzdem war ich über das Resultat meiner Arbeiten noch

sehr im unklaren, da wurde ich eines Tages zum Direx befohlen, der mir sagte: »Der Termin der mündlichen Prüfung liegt spät, und der Schulschluß folgt gleich darauf. Für alle Fälle präparieren Sie sich auf die Abschiedsrede.«

Als ich von diesem Begebnis in der Klasse erzählte, beneideten mich alle, und selbst der gute Gustav Schulz warf mir einen verwunderten Blick zu, obgleich er als der bei weitem Beste mir die Auszeichnung wohl gönnte.

Noch längst war der große Tag nicht gekommen, da lag der Text der Abschiedsrede dem Direktor bereits zur Prüfung vor und wurde von ihm mit belobigendem Schmunzeln gebilligt.

Nur eine Frage blieb noch zu regeln: Schnurrbart rasieren oder *nicht* rasieren?

Der Schulrat, der eigens zu diesem Examen Tilsit heimsuchte, galt nämlich als ein erbitterter Feind aller Bebärteten, und noch niemals, so ging das Gerücht, war einer durchgekommen, der die Dreistigkeit gehabt hatte, ihm im Flaum seiner sprießenden Jugend entgegenzutreten.

Bei mir war aber gar nicht einmal mehr von »Flaum« zu reden.

Im Gegenteil. Ein ausgewachsenes, schöngeschwungenes Bärtchen, von zwei schmalen Zwillingsbürsten dauernd betreut, zierte die Oberlippe. Es dem Schulrat vorzuführen, mußte als eine Herausforderung gelten, die sich leicht mit einer Katastrophe rächen konnte.

Latein war meine Schwäche geblieben, und die Jahreszahlen um die Salier und die französischen Heinriche herum hat noch keiner behalten.

Trotzdem: ich wagte es. Wer die Abschiedsrede als Bürgschaft in der Tasche trägt, darf sich über dergleichen Rücksichten erhaben fühlen.

»Wenn das nur gut ausgehen wird!« sagte erschrocken Gustav Schulz, als er mich am Prüfungsmorgen in die Klasse treten sah, in der wir dem Schicksalsruf entgegenharrten, und ein anderer, der dicht neben der Schule zu Hause war, erbot sich sogar, rasch eine Schere herbeizuschaffen.

»Ach was, wir wollen es riskieren«, sagte ich leichtsinnig.

Und dann klopfte auch schon der Schuldiener, der uns holte. Da saßen sie alle – unsere lieben Freunde und Quälgeister – und in ihrer Mitte ein Fremder, ein hagerer bartloser – *natürlich* bartloser – Mann, der im Moment meines Eintritts mich mit den Augen zu packen bekam und nicht mehr loslassen wollte.

Der Reihe nach wurden unsere Namen genannt – er achtete nicht darauf. Die Frageordnung wurde ihm unterbreitet – sie war ihm ganz egal. Er nickte nur immer geistesabwesend, und derweilen umwickelte er mich mit seinen Augen und knetete mich und speichelte mich ein wie die Natter den Spatz.

Der Direktor nahm ein Blatt und las geschäftsmäßig: »Von der mündlichen Prüfung werden dispensiert: Schulz, Engel –,« dann kamen zwei Namen, die mir entfallen sind, und als letzter der meine.

»Im Namen des Herrn Schulrat und des Lehrerkollegiums gratuliere ich Ihnen. Sie können das Zimmer verlassen.«

Wir traten vor und verbeugten uns tief.

Da bemerkte ich, daß ein schmerzhaftes Erstaunen über das Gesicht des Schulrats dahinlief, und als ich mich in der Tür noch einmal umwandte, sah ich seine Augen in liebender Sehnsucht noch immer an mich geklammert.

Diesem Shylock war ich glücklich entronnen, aber später, wenn ich mit dem berüchtigten »Sudermannbart« vor die Rampe getreten war, haben seine Kollegen, die Herren Rezensenten, ihn pfundweise an meinem Leibe gerächt.

Nun begann die Zeit des Jubels und der hohen Feste. Viele von uns Männern haben sie durchlebt, aber nicht alle sind in der glücklichen Lage gewesen, mit einem grasgrünen, goldgestickten Cerevis in den Locken – ja, man trug damals noch Locken! – durch Straße und Bankettsaal zu stolzieren.

Was heute als ein nüchterner Durchgang erscheint, um von einem engeren Lebensraum zu einem weiteren zu gelangen, war damals Selbstzweck, Morgenfeier, Krönung und Parnaß.

Aus sieben durchbummelten Nächten wurde endlich der Tag geboren, der uns dem Pflichtenkreis der Schule für immer entrückte.

Meine Mutter war eigens nach Tilsit gekommen, um der Entlassungsfeier beizuwohnen, deren Mittelpunkt meine Rede zu werden bestimmt war.

Ich kann nicht behaupten, daß ich Lampenfieber hatte. Die Wurschtigkeit, die mein Lebtag über mich gekommen ist, wenn ich einer Menschenmenge gegenübertrat – auf der Bühne sowohl wie hinter dem Rednerpult –, segnete mich zum erstenmal.

Zudem gab es ja noch immer eine Manuskriptrolle, die ich im Notfall aus der Tasche ziehen konnte.

Also, meine Verehrten: es war kolossal. Was ich seit fünf Jahren in meinen deutschen Aufsätzen brodelnd hatte garkochen lassen, durfte ich endlich, endlich der heilsbegierigen Menschheit zu kosten geben. Lebenssehnsucht und Weltangst, Heimatliebe und Drang in die Fremde, Empörung über Erwerbsgier und Hunger nach Märtyrertum, alles, was man wohl in dem Worte »Idealismus« zusammenfaßt, jenem schönen Fremdworte, hinter dem für jeden etwas anderes steckt, von der Gottheit bis zum Wollhemd, ließ ich in wirren Bildern und heißen Gefühlsausbrüchen über die Seelen meiner Hörer hinströmen.

Meine Stimme war durch den Vortrag in der Klasse wohl geschult. Von dem Donnerdröhnen der zürnenden Kraft bis zu dem Flötentremolo herzbrechender Rührung beherrschte ich das ganze Register.

Schließlich weinten alle, und ich weinte am stärksten.

Dann gab es ein Glückwünschen ohne Ende und einen Blick heimlichen Mutterstolzes, der mir in Seligkeit durch den Körper rieselte.

Fünfzehn Jahre – bis zur Aufführung meiner »Ehre« – habe ich warten müssen, bis ich ihn mir zum zweiten Male verdiente. –

Gegen Abend brachte ich meine Mutter zum Postwagen. Ich selbst wollte noch die Karwoche über in Tilsit verweilen, um meine Angelegenheiten zu ordnen und ausführlichen Abschied zu nehmen.

Manchem Freunde habe ich nie wieder die Hand geschüttelt, in manches Mädchenauge sah ich zum letztenmal.

Mit besonderer Feierlichkeit ging ich zu meinem Direktor. Ich hatte ihm mein Album überreicht, und er gab es mir aufgeschlagen zurück.

Darin standen die Worte von Wilkie Collins: »*Life is a comedy to those who think and a tragedy to those who feel.*«

Ich habe mein Lebenlang versucht, beidem gerecht zu werden, aber er hat es ja anders gemeint.

Von diesem Manne des Segens habe ich viel zu wenig gesprochen. Wieviel er für mich bedeutet hat, ist mir naturgemäß erst später aufgegangen, denn damals war er der Schultyrann und mußte es sein. Wiedergesehen habe ich ihn auch nicht mehr. Als ich nach Beginn meiner Bühnenlaufbahn – er war schon lange pensioniert – an seine Türe pochte, da fand ich ihn nicht zu Hause, und kurz darauf las ich, daß er gestorben war.

Am Osterheiligabend schloß sich das Tor jener glücklichen Zeit für immer hinter mir.

In dichtem Schneetreiben rasselte der Postwagen über die Schiffbrücke des Memelstromes der Heimat entgegen.

Das Herz von freudigem Stolze geschwellt, Bilder bangender

Hoffnung vorm Auge, lehnte ich mich in die Kissen zurück.

Wenn Mutter zu Hause von meinem Triumphe erzählte, von ihrem Umringt sein und den Händedrücken der Fremden, mußte Vater nicht im Vorgefühl meines künftigen Aufstiegs den Widerstand gegen mein Studium zum Teufel schicken? Würde er nicht gewillt sein, sein Letztes daranzusetzen, mir den Weg zu bereiten, der schließlich auch dem Elternhause zugute kam? Endlich, endlich konnte ich hoffen, ihn zu mir bekehrt zu haben, konnte ich leuchtend im Frohmut des ersten Sieges vor ihm stehen.

Je ungeduldiger ich diesem Wiedersehen entgegenharrte, desto länger dauerte die Reise. Um neun Uhr früh waren wir ausgefahren, um die Vesperzeit hätte ich zu Hause sein müssen, aber als die Dunkelheit kam, steckten wir noch irgendwo im dicksten Walde und bekamen Spaten in die Hand, um die festgefahrenen Räder aus den Tiefen einer Schneewehe auszugraben.

Gegen Mitternacht endlich hielt die Post vor meinem Elternhause. Die Läden waren geschlossen, alles schien zu schlafen.

Ich pochte. Mit ängstlichen Augen tat die Mutter mir auf. Kein Lächeln, kein Gruß des Willkommens, nur Angst – Angst – Angst.

Und da kam auch er.

Ich sehe ihn vor mir, die Fäuste verkrampft, wilde Erbitterung in dem vorgeschobenen Munde.

Wo ich mich so lange 'rumgetrieben hätte, ob ich nicht wüßte, daß die anderen Schüler schon seit acht Tagen zu Hause seien, und ob ich dächte, daß er solch eine Lotterei noch länger mitansehen werde. Und studieren wolle ich auch nur, um meinem Übermut und meiner Vornehmtuerei die Zügel schießen zu lassen. Ich sei der Sohn armer und ehrlicher Eltern – für mich zieme sich höchstens das Postfach oder sonst eine mittlere Beamtenkarriere, wo man bald sein Auskommen habe, aber wenn ich wüßte, auf wessen Kosten, könne ich ja ruhig studieren oder auch sonstwas. Aber von ihm sähe ich keinen Heller mehr.

Das und noch vieles andere bekam ich zu hören, und ich fühlte erstarrend, daß all mein Hoffen vernichtet war. Den Abendbrottisch, den meine Mutter mir festlich hergerichtet hatte, ließ ich stehen, wie er stand, und schlich in mein Giebelzimmer hinauf, mich auszuweinen. Sie kam mir nach, die Lampe in der einen, einen Teller mit Butterbrot in der anderen Hand.

Auch sie weinte. Aber zugleich tröstete sie mich.

»Laß man, mein Jungchen, er wird wieder gut werden, und durchsetzen werden wir es doch.«

Und wir *haben* es durchgesetzt.

ELFTES KAPITEL

Die Jubelhalle

Die Jubelhalle, die bürgerlich »Jubiläumshalle« hieß. Viele Treppenstufen hinunter in einen riesigen Gasthaussaal und rechts vom Eingang wieder zwei Stufen hoch in einen kleineren Seitenraum – schmal, lang und im rechten Winkel geknickt.

Das war sie. Das war die Kneipe der Landsmannschaft »Littuania«, zu der von Traditions wegen an Grünzeug alles gehörte, was aus dem nordöstlichen Winkel der Provinz nach Königsberg studieren kam.

Vorausgesetzt, daß es überhaupt »einspringen« wollte.

Und dazu gehörte ich nicht. Wie konnte ich auch? Für die drei Monate des Sommersemesters hatte nach langem Bitten und Drängen mein Vater mir Unterhalt versprochen. Was dann aus mir werden würde, wußten die Götter.

Ich hatte mich auch nur so mitschleppen lassen. Aus Schwäche, aus Dünkel, aus Neugier – was weiß ich? Sich den Scherz mal anzusehen, verpflichtete zu nichts.

Aber die zeremonielle Hochachtung, mit der ich schon an der Tür empfangen wurde, gab mir sofort das Gefühl der inneren Hergehörigkeit.

Sodann erhielt ich an der Kneiptafel einen bevorzugten Platz, nicht weit von dem Hochsitz des ersten Chargierten.

Ein bildschöner junger Mann mit schmachtenden Italieneraugen bat um die Ehre, neben mir Platz nehmen zu dürfen. Er hieß Neiß I und war Mediziner in den letzten Semestern.

Und bald fand ich mich in ein tiefgründiges Gespräch über Menschheitswerte, über die Geschichte des Erlösungsgedankens, über den Widerstreit werdender Weltanschauungen, kurz, in Themata verwickelt, wie große Geister sie lieben, wenn sie bei einem Symposion den angeflogenen Staub der Mittelmäßigkeit sich von der Seele spülen.

Trinksprüche wurden ausgebracht, Lieder wurden gesungen, die Wogen allgemeiner Glückseligkeit brandeten an mir hoch und rissen mich mit sich.

Das Herrlichste von allem aber war: Ich hatte wieder einen Freund, der mich verstand, wie ich ihn zu verstehen bestrebt war, einen Freund, der trotz des Unterschiedes der Jahre sich in edler Seelenharmonie zu mir bekannte und der willens war, mich an sanfter Hand durch die Irrgänge der Studienzeit zu geleiten.

So groß war dieses Glück, daß alle Bedenken dahinter verschwanden, und als ich gegen zwei Uhr morgens von ihm Abschied nahm, bat ich ihn, meinen Wunsch, den Litauern anzugehören, alsbald zur Anmeldung zu bringen.

»Übereilen Sie nichts, lieber Freund«, erwiderte er, »kommen Sie wieder, einmal – zweimal – und dann entscheiden Sie sich.«

Ich dankte ihm heiß für die zarte Rücksicht, mit der er mein Freiheitsgefühl behandelte, und erst später erfuhr ich ihren eigentlichen Grund, nämlich daß ein *drei*maliger Besuch der Kneipe nötig war, um aufgenommen zu werden.

Die Stunden des nächsten Vormittags wandte ich an, um meine Geldmittel zu überschlagen. Wohnungsmiete, Kollegiengelder, Fechtstunden, Couleurbeitrag; – für Essen und Trinken blieb sehr, sehr wenig zurück.

Aber als ich mittags wieder zur Jubelhalle kam – mit den gleichen respektvollen Verbeugungen empfangen – und für dreißig Pfennige eine Bouillonsuppe vorgesetzt erhielt, in der ein durchaus achtungswertes Stück Rindfleisch beruhigend umherschwamm, während auf den ringsstehenden Brottellern die Semmelberge nur darauf warteten, gratis als Zukost verwertet zu werden, da ging mir leuchtend die Erkenntnis auf, daß ich noch Ersparnisse machen würde, wenn ich mich in diesem Lande der Seligen als Insassen eintragen ließ.

Und diese Rechnung vervollständigte sich, als ich um die Abendbrotszeit den Ruf »Radies! Radies! Radies!« unter meinem Fenster erschallen hörte.

Für zehn Pfennige Radieschen, für zehn Pfennige Weißbrot dazu – Salz und Butter, die man von zu Hause bezog, gar nicht gerechnet – so blieben immer noch etliche Groschen, die man für Bier nutzbringend auf der Abendkneipe anlegen konnte.

Kein Zweifel mehr: es würde sich machen lassen.

Vierundzwanzig Stunden später trug ich das grün-weiß-rote Band.

Aber kaum hatte ich es mir um die Brust geschlungen, als sich das Bild meiner Umgebung seltsam veränderte.

Von der rücksichtsvollen Hochachtung, die mich bisher so wohltuend berührt hatte, war keine Spur mehr vorhanden. Im Gegenteil: Wo ich mich sehen ließ, wurde ich ange-schnauzt und umhergestoßen, wurde ich 'rumkommandiert und geschurigelt.

»Fuchs, tu mal dies! Fuchs, tu mal jenes! Fuchs, steig in die Kanne! Fuchs, halt's Maul! Fuchs, trink deinen Ganzen pro poena.« Und so immerzu.

Ratlos schaute ich mich nach einem Helfer um, aber da war keiner, der nicht gegen mich verschworen gewesen wäre. Daß es den anderen Füchsen nicht besser erging, tröstete mich wenig. Ich sah nur *mein* Leid und sah nur mich en canaille be-handelt.

Meine einzige Rettung war der neue Freund, dem meine Seele sich verbrüdert fühlte. Aber wie sehnsuchtsvoll ich auch nach ihm ausschaute, er ließ sich nicht mehr blicken.

Zwar gab es auch einen Neiß II, aber der war eine aufgequol-lene Biertonne und schien für vertrauliche Ansprachen wenig geschaffen.

Trotzdem trat ich eines Abends, mir ein Herz fassend, an ihn heran und fragte: »Wo ist dein Bruder, Neiß?«

»Was geht dich mein Bruder an, Fuchs?« fragte er zurück.

Da wußte ich nichts zu sagen und zog mich bescheiden zurück.

Aber bei der nächsten »Offiziellen« war er plötzlich da.

Mit ausgestreckten Händen stürzte ich auf ihn zu.

»Neiß, Neiß, Neiß!«

Er maß mich mit einem Blicke, der gar nichts Schmachtendes mehr an sich hatte, von oben bis unten und fragte verweisend: »*Was* is los?«

Da war mir klar, daß ich auch ihn verloren – oder vielmehr, daß ich ihn nie besessen hatte.

Und während ich daranging, diesen neuen und tiefsten Schmerz tapfer hinunterzuschlucken, hörte ich, wie er, auf mich zurückweisend, zu seinem Nachbar sagte: »Es war ein hartes Stück Arbeit mit dem Schafskopf.«

Die Fron, in die ich mich begeben hatte, nahm ihren Fortgang, und so schwer lastete sie auf mir, daß für den eigentlichen Zweck meines Daseins nur wenig Kraft und innere Anteilnahme übrigblieb.

Zwar versäumte ich meine Pflichten nicht. Ich besuchte die Kollegien, die ich belegt hatte, und noch einige darüber, aber viel Segen ruhte nicht darauf. Verkatert, mit dumpfem Schädel saß ich da und schrieb stumpfsinnig nach, was ich auffing. Angelsächsische Grammatik und altfranzösische Dialekte und Gotisch, und was weiß ich? Fleißig zu sein, war notwendig, denn das Semestralexamen, von dessen Ausgang die heißersehnten Stipendien abhingen, wartete meiner.

Auf der Kneipe war der Kollegienbesuch nicht gerade verboten – im Gegenteil, man sagte uns sogar, er sei erwünscht – aber als Streber und Musterknabe angeulkt zu werden, mußte ängstlich vermieden werden. Und schließlich machte man's, wie man's die anderen machen sah: man schlief sich morgens erst einmal aus, dann ging man auf die Kneipe, sich ein Paar warme Würstchen samt einem Kümmel zu vergönnen, und hierauf strebte man dem Fechtboden zu, um den steifen Gliedern das nötige Gelenkschmalz zu erarbeiten.

Nachmittags drosch man in der Steinerschen Konditorei bei Kaffee und Likören einen Viermännerskat oder begab sich zu einem Bummel nach den »Hufen«, wo man »naturkneipte« und Bier dazu trank, und abends tat man dasselbe, wobei es der Natur überlassen blieb, sich mittels geöffneter Fenster durch Bierdunst und Tabaksqualm hindurch bemerkbar zu machen.

Als die erste Frühsommerzeit kam, wurde die Kneiptafel zwar in den Garten verlegt, wo wir die Genugtuung hatten, uns von den ringssitzenden Spießern bewundert und beneidet zu sehen, aber schließlich war es immer dasselbe »Spinnen« und »in die Kanne steigen«, dasselbe Zutrinken und »sich löffeln«, dasselbe Gröhlen und Herbeten von Trinksprüchen – ein fades, freches Spiel mit Jugendkraft und Gesundheit, mit Nachtschlaf und Gedankenfreiheit.

Gedankenfreiheit – jawohl.

Wenn es in meinem Leben jemals eine Knechtschaft gegeben hat – noch eine weiß ich, und die hieß »Literatur«, aber die kam erst viel später –, wenn es jemals eine Knechtschaft für mich gegeben hat, sage ich, dann war es der übermächtige Zwang, der damals mein geistiges Leben in Bahnen drängte, auf denen es nichts, aber auch gar nichts zu suchen hatte.

Diese Bahnen führten zum Paukboden. Ihr Ziel hieß Mensur.

Wer niemals einer schlagenden Verbindung angehörte, hat keine Ahnung von der Bedeutung, die dem Paukwesen im Leben des deutschen Couleurstudenten zukommt.

Man denke sich: Ein junges, wissensdurstiges, höchsten Zielen zugewandtes Menschenkind wird ahnungslos in die Welt hinausgelassen, mit einer Gedankenfabrik im Hirn, die ohne Mühe alles aufnehmen und verarbeiten kann, was die Großen im Reiche des Geistes jemals geschaffen haben, mit jenem Assoziationswunder versehen, das nur die Zwanziger kennen und auf das wir Älteren und Alten wehmütig zurückschauen als auf das verlorene Paradies – und vier Wochen später sitzt dieses selbige Menschenkind eingepfercht in einem geistigen Stalle, in dem sonst nur die Gladiatoren und die Faustkämpfer hausen, von Blut und Karbolgeruch durchdünstet, gefüllt mit den Ruhmeskränzen von so und so viel kunstgerechten »Abfuhren«, durchtönt von dem Geschrei »Tiefquart«, »Hackenterz«, »P. P.-Suite« und dergleichen.

Ein neuer Ehrgeiz, ein neues Daseinsziel ist plötzlich auferstanden und hat alles ausgelöscht oder mindestens zur Nebensächlichkeit gestempelt, was bis dahin Hausblick, Hoffnung, Waffenfreude und Siegeslorbeer war.

Dieser oder jener *mußte* lernen. Nun gut, er lernte. Aber nicht fünf Minuten länger, nicht mit einem Bruchteil innerer Anteilnahme mehr, als unbedingt notwendig war. Dann kehrten seine Gedanken sofort zu der Heimstätte seiner Sehnsucht, seiner Begeisterung, seines eigentlichen Lebenswertes zurück, und die war nichts anderes als – die Mensur. Jede Unterhaltung drehte sich um die Mensur. Jedes etwa sonst noch vorhandene Interesse wurde erwürgt durch das für die Mensur. Die Universität mit ihren Lehrern war gar nicht vorhanden. Es wäre beschämend gewesen, an der Kneiptafel ihrer Erwähnung zu tun. Allenfalls, wenn es gegen Schluß des Semsters ans »Abtestieren« ging, wurden die Mittel und Wege erwogen, wie die Unterschrift des Professors, den viele nur dem Namen nach kannten, sich am besten erschwindeln ließ.

Die Mediziner waren durch das Physikum und die praktischen Kurse am ehesten gehalten, sich den Forderungen ihres Studienganges zu fügen. Wurde es ernst, dann gingen sie ins

»Reich« oder sie ließen sich inaktiv schreiben und wurden dann nur selten noch gesehen, die Juristen aber leisteten an Zeitvergeudung Ungeheuerliches. Was sie, um den Referendar zu »schmeißen«, schlechterdings gelernt haben *mußten*, wurde dem »Einpauker« überlassen, dessen Kunst sie schließlich durchs Examen schleifte, nachdem sie fünf bis sechs Semester lang das Universitätsgebäude nur gesehen hatten, wenn ein Couleurbummel sie über Königsgarten führte.

Wir Philologen hielten die Mitte. Mit Ach und Krach kamen die meisten ans Ziel, und wer gegen das achte Semester hin einsah, daß das späte Büffeln nichts mehr nutzen konnte, der stürzte sich in die Hauslehrerei, um sich derweilen auf das Mittelschulexamen vorzubereiten, das ihm dann schließlich gelang.

Auf diese Weise wurden mindestens vier Semester gewonnen, die fast uneingeschränkt dem Suff und den Klopffechtereien zugute kamen.

Ich darf nicht unerwähnt lassen, daß die studentischen Mensuren durch die Gesetze aufs strengste verboten waren. Aber ich brauche nicht erst zu schildern, mit welchem Hohn wir hierüber die Achsel zuckten. Die Pedelle stellten sich blind, und die Polizeisergeanten kriegten Zigarren.

Wie konnte es anders sein in einem Staate, in dem man S. C.-Student gewesen sein mußte, um in der Beamtenhierarchie zu etlicher Geltung zu gelangen?

Auch in Königsberg gab es einen S. C., der uns Litauern mancherlei Kopfschmerzen machte. Heute sind sie Korps geworden und gehören selber dazu. Damals aber standen wir nicht einmal mit ihm im Kartell und durften darum die Waffen nicht kreuzen.

Dieses Kartell war uns Sehnsucht und Abscheu zugleich, denn einerseits brauchten wir es, um den brachliegenden Kräften von fünfzig grobschlächtigen jungen Kerlen die gewünschte Betätigung zu geben – die Goten, die einzige Verbindung, mit denen wir fochten, konnten unseren Blutdurst nicht befriedigen – andererseits hätten wir durch das kaudinische Joch der Bedingungen kriechen müssen, die man uns stellte.

Ein Beispiel: wir schlagen mit »Schilfklingen«, die Korps verlangen »Blutrinnenklingen«. Ich bitte: welche ehrliebende Verbindung wird Waffen, die sie als richtig erkannt hat, zum alten Eisen werfen, weil der Übermut der Gegner sich darin gefällt, ihr andere aufzuhalsen?

Nimmermehr, nimmermehr!

Und so tobte der Kampf: »Hie Schilfklingen« – »hie Blutrinnenklingen«, als hätten alle Streitfragen der Menschheit sich in ihm verkörpert.

Doch schließe man aus diesen kritischen Erörterungen nicht etwa, daß ich ein »Kneifer« war! Im Gegenteil: ich stand leidenschaftlich gern auf Mensur und berechtigte sogar zu wohlbegründeten Hoffnungen. Hätte ich ein paar Semester länger ausgehalten, weiß Gott, welch ein Matador noch aus mir geworden wäre! Mit den Tiefquarten freilich war nicht viel bei mir los. Sie kamen meistens flach und taten darum keinen Schaden. Aber eine Terz hatte ich am Leibe, die saß – über die Parade weg – dem Gegner am Hinterkopf, kurz über dem Genick, und wäre mit der Zeit unwiderstehlich geworden. Jawohl, es sind herrliche Talente in mir zugrunde gegangen.

Aber, meine Verehrtesten, so stark ist der Seelenzwang, den jene Welt auszüben vermag, daß trotz meines Spottes heute, nach mehr als fünfundvierzig Jahren, beim Niederschreiben dieser Zeilen die Brust sich mir schwellt vor Stolz, daß ich ein tüchtiger Fechter gewesen bin. Und als ein Semester später, nachdem ich im Zorne ausgesprungen war, ein ehemaliger Couleurbruder mich auf der Straße traf und zu mir sagte: »Jetzt, Sudermann, wo wir mit dem S. C. Kartell haben« –

man war nämlich *doch* durch das »Joch« gekrochen – »jetzt könnten wir deine Klinge gebrauchen!« – da war mir das ein Lob, von dem ich freudestrahlend lange Zeit über gezehrt habe.

Wie ich mein ganzes Leben hindurch vor jedem wirklichen Könner einen unbegrenzten, durch keine Feindschaft je zu beirrenden Respekt in mir gehegt habe, so war ich auch damals unseren Gewaltigen in heißer Bewunderung zugetan: vertraten sie doch die Ehre der Couleur, hing doch von ihnen auch mein Stolz und meine Würde ab.

Mein höchstes Ideal aber hatte ich nicht in der eigenen Verbindung, sondern drüben bei unseren Gegnern, den Goten, gefunden.

Es war Robert Hessen, derselbe Robert Hessen, der sich später, seiner ärztlichen Praxis untreu, der ästhetischen Schriftstellerei in die Arme warf und den manche meiner Leser persönlich gekannt haben werden, denn er lebte ja – wenn auch in den letzten Jahren vereinsamt und verbittert – in Berlin unter uns und ist vor zwei Jahren gestorben.

Ein junges Menschengewächs, herrlicher als ihn, habe ich niemals mit Augen geschaut. Gegen sechs Fuß hoch, breitschultrig und schmal in den Hüften, mit einem Gürtel, in dem der Oberkörper wie in einem Kugelgelenk gleitend und federnd sich hin und her wiegte, die Nase geradsattlig, wie aus Erz gegossen, und ein Paar Augen, die mit dem Feuer eines geschliffenen Kiesels hart, grau und blitzend die Welt zu umfassen, doch leider nicht zu meistern verstanden, denn seine Seele war weich und wundem Ehrgefühl unterworfen.

Ihr Frauen und Mädchen, die ihr dies lest, ich wünschte euch wohl, ihr wäret ihm in jenen Jahren begegnet. Viel, viel später, als er schon einen weißen Kopf hatte, sagte eine junge und noch ganz keusche Dienstmagd, die ich den weiten Weg bis nach der Großbeerenstraße zu ihm schickte, mit leuchtenden Augen: »Ach, zu einem so schönen Herrn läuft man gern bis ans Ende der Welt.« Und manche edelblütige Frau hat wohl dasselbe gedacht.

In diesem Robert Hessen hatte ich den Inbegriff all meiner Wunschträume gefunden. Ohne daß er es ahnte, bin ich ihm oft auf der Straße nachgelaufen, nur, um ihn ausgiebiger bewundern zu können.

Er galt als der beste Schläger der Albertina und war es wohl auch, obwohl die Kartellverhältnisse ihm nicht vergönnt hatten, sich mit allen den Großen zu messen. Er trat auch damals nicht mehr auf Mensur, denn er war schon in den letzten Semestern.

Aber einmal habe ich ihn doch noch fechten gesehen.

Wir hatten in unseren Reihen einen besonders gefürchteten Schläger mit Namen Sinnecker, der »Linkser« war und als solcher eine Hackenquart schlug, der sich keine Parade auf Erden gewachsen zeigte. Diese Hackenquart, die nur dem »Linkser« und dem mit ihm Kämpfenden erlaubt ist, wird von unten auf ins Gesicht geschnellt, gleichsam »gespickt«, und darum war sein Spitzname »Spicker«.

Unser »Spicker«, der alles abgestochen hatte, was ihm je in die Quere gekommen war, hegte den Ehrgeiz, mit Hessen loszugehen.

Es gab lange Verhandlungen, den Hessen hatte Examensorgen und wollte nicht mehr. Aber als man ihn beim Ehrenpunkt faßte – er hätte nicht Hessen sein müssen, wenn nicht alle Examina der Welt ihn nun noch den Teufel geschert hätten.

Ich sage euch: Es war ein Gigantenkampf.

Von beider Gesichtern war bald nichts mehr zu erkennen, so ganz und gar hatten sie sich zu Klopsfleisch gehackt. Ein jeder stand in einem kleinen Landsee von Blut, der ab und zu mit Sägespänen vollgefüllt wurde und im nächsten Augenblick wieder Wellen schlug.

Zehnmal schon hätten beide »abtreten« müssen, aber sowohl

die Ehre der Couleur als auch die Ehre des einzelnen verlangte, daß sie weiterschlugen.

Und so zerfleischten sie sich immer los, bis – ja, bis – ich weiß es wirklich nicht. Wäre ich Hessen später nicht häufig begegnet und wüßte ich nicht, daß er tot ist, so würde ich glauben, sie kämpften noch heute.

Von den eigenen Heldentaten will ich – und nicht bloß aus Bescheidenheit – geziemend schweigen. Abgestochen habe ich nur einmal. Dafür bin ich auch niemals als Unterlegener vom Kampfplatz getreten, und dies ist das einzige Lob, das ich mir spenden darf.

Daß ich das Mensurwesen nicht heilig, ja, nicht einmal sehr wichtig nahm, war die erste Veranlassung, die mich bei den älteren Semestern in Ungnade fallen ließ.

Ein Fuchs, der vom »Losgehen« als von einer hübschen Waffenübung, von einer an sich bedeutungslosen Geschicklichkeitsprüfung sprach, war ein Religionsschänder, der dem guten Geist der nachfolgenden Generationen nur verderblich sein konnte. Er mußte also »geduckt« werden.

Und alsbald fand ich mich, wo ich ging und stand, von übelwollenden und anzüglichen Bemerkungen behelligt, die vielleicht nur den Zweck verfolgten, mich zu »erziehen«, mich aber im tiefsten Innern scheu und trotzig machten.

Und dann ereignete es sich, daß man meinen geheimen Freveltaten auf die Spur kam. Wie und von wem sie entdeckt worden sind, ist mir ein Rätsel geblieben. Vielleicht habe ich mich im Suffe jemandem anvertraut, vielleicht hat einer in meinen Papieren gestöbert, kurz, als wir eines Abends in der Jubelhalle bei der »Offiziellen« saßen, rief mein Nachbar die Kneiptafel entlang: »Ich werde euch ein Weltwunder zeigen.«

Männiglich reckte den Kopf, ich nicht zum mindesten.

Und dann hieß es: »Sudermann, steh mal auf!«

Verwirrt und im voraus voller Beschämung erhob ich mich.

Und wie man auf Jahrmärkten der staunenden Menge ein zweiköpfiges Kalb präsentiert, so schrie die Stimme des Ausrufers: »Hier ist ein Fuchs, ein krummer Fuchs, ein taugenichtsiger Fuchs, der, statt allabendlich auf die Kneipe zu kommen, auf seiner Bude huckt – und *was* tut . . . ?

Ihr ratet es nicht. Auf seiner Bude huckt und – Dramen schreibt!«

Ein unendliches Gelächter begrüßte den Mann, der mich so dem Spott und der Verachtung der Mit- und Nachwelt überlieferte.

Der »dramenschreibende Fuchs« wurde fortan durchreisenden Philistern als eine Sehenswürdigkeit gezeigt und mit einem milden Klaps zu den Gezeichneten geworfen, die man, da ihr Irrsinn verhältnismäßig harmlos ist, achselzuckend neben sich her laufen läßt.

Einige zwar, die vor geistigen Taten Achtung hatten, meinten: »Laßt ihn in Ruh! Wenn der sich richtig weiterentwickelt, kann er uns noch einmal ganz tüchtige Bierzeitungen liefern.« Der Mehrzahl aber blieb ich die Zielscheibe wohlfeilen Ulkes, der immer traf und allgemeinen Beifalls sicher war.

Man darf nicht glauben, daß dieses junge, unbändige Volk so bildungsfeindlich geartet war, daß es die Tatsache des Dramenschreibens an sich als etwas Verächtliches betrachtete. Es war die Unfaßbarkeit der Annahme, daß aus einem so vermessenen Beginnen etwas Ernsthaftes, sich in der Welt Behauptendes entspringen könne, was die komische Kontrastwirkung auslöste. Man wurde Richter, man wurde Arzt; wenn man sich als hervorragende Begabung erwies oder »Konnexionen« hatte, so kam man vielleicht sogar nach Berlin in die Verwaltung; aber Dichter werden, Erfolg haben und Ruhm ernten wollen – das durften nur andere dort irgendwo im Reich, Leute, denen man nie begegnete und die den Stempel des Genies weithin sichtbar auf ihrer Stirne trugen. Nicht aber ein armer Litauerfuchs, der schon dadurch allein, daß er

Litauer war, die Pflicht hatte, nicht anders zu sein als die Mittelmäßigen alle.

Und doch gab es einen, der sich von der Litauerkneipe aus durch sein Dichtertum die deutsche Welt erobert hatte. Dieser eine, dieser Große, von dem man nur mit ehrfürchtigem Staunen sprach, war der Nibelungendichter, war Wilhelm Jordan.

Auf seinen Fahrten als Rhapsode ist er auch einmal nach Königsberg gekommen und hat uns als Zeichen der Anhänglichkeit ein Dutzend Freikarten auf die Kneipe geschickt, sich selbst aber unter uns sehen zu lassen, hat er verschmäht. Wir erwarteten es auch nicht anders. Es wäre zu viel der Herablassung gewesen.

Dafür war sein Bruder da, ein versoffenes altes Haus, der Pielke-Jordan genannt, der aus dem Neste, wo er, wie ich glaube, als Amtsrichter waltete, zweimal im Jahre zum Sumpfen nach Königsberg kam. Und als ich den Schwerbetrunkenen einmal mit zwei anderen frühmorgens nach Hause brachte, da wagte ich ihn kaum unter den Arm zu fassen, so erfüllt war ich von zitternder Ehrfurcht, weil ich den Bruder des Mannes berühren sollte, der den »Demiurgos« gedichtet hatte.

Bei jener Nibelungenvorlesung hatte auch ich mir eine Karte erkämpft, und noch heute liegt mir der Singsang im Ohr, mit dem der damals Vergötterte seine stabreimenden Verse in die Welt hinausschleuderte.

»Hier ist ein Wunder, glaubet nur«, heißt es im »Faust«. Mit diesem Wort ist jede künstlerische Wirkung umschlossen.
Und ich glaubte.

Hernach bin ich viele Stunden lang durch die verschneiten Straßen gerannt und habe mir mit fieberndem Kopfe ausgemalt, wie auch ich einst von Stadt zu Stadt pilgern würde, um meinen Werken ein Prophet zu sein. Heute schreibe ich höchst gewundene Absagebriefe – es gibt wenige literarische

Vereine, die *nicht* ein solches Schriftstück besitzen – nur, um mir am Schreibtisch mein bißchen Morgenruhe zu erobern.

Ein Gutes brachte der Verrat meiner dichterischen Neigung mir doch: Er verschaffte mir einen Freund. Den ersten wahrhaften Freund, den das Schicksal mir bescherte, seitdem Blechschmidt zu den Schatten entglitten war.

Er hieß Reubekeul, war Naturwissenschaftler und ein Semester älter als ich. Ein goldener Junge, aber schon total verbummelt. Ein Sumpfhuhn von solchen Leichtsinnsqualitäten war mir noch nie in die Quere gekommen.

Es saß eine fröhliche Voraussichtslosigkeit in ihm, wie sie die Kinder und die Wilden haben, für die der kommende Tag nicht da ist und der vergangene nur dann, wenn es der Mühe verlohnt, sich daran zu erinnern. Ein hübscher, schlanker Bursch mit frischzerhauener Backe und einem Paar grauer Flunkeraugen im Kopf, die kein Mädel in Ruhe ließen, das unversehens in ihren Bereich geriet.

Vom Kolleg wußte er schon damals nichts mehr. Ich habe ihn auch nie mit einem Heft unter dem Arme gesehen. Dafür war er bei allen Dichtern gelegentlich zu Hause. Mirza Schaffy galt ihm als Held, den ganzen Scheffel konnte er auswendig, und was sich sonst an Anakreontik in unsere Welt hinein verirrte, fand in ihm seinen Propheten.

Eine eigentliche Wohnung hatte er nicht. Er liebte es, auf dem Sofa desjenigen zu kampieren, den er als den schwerst Betrunkenen nach Hause geleitet hatte.

Morgens kaufte er sich in einem nahe gelegenen Weißzeugladen einen frischen Kragen und zeigte sich dann wieder jeder Lage gewachsen.

Als wir vertrauter geworden waren, beredete ich ihn, sich wieder eine Bude zu mieten.

»Wozu?« erwiderte er. »Ich hab' ja schon zwei. Ich kann mich bloß nicht erinnern, wo sie liegen.«

»Wo hast du denn deine Sachen untergebracht?« forschte ich.

»Ja, weiß ich?« antwortete er. »Die treiben sich so 'rum.«

Nach längerem Suchen gelang es mir, einiger Stücke habhaft zu werden, die ich bis auf weiteres in Gewahrsam nahm, und eines Tages überraschte er mich mit der Nachricht, er habe jetzt ein Wohngemach, wie es die Fürsten haben, und werde überhaupt anfangen, solide zu werden.

Das fürstliche Wohngemach entpuppte sich als ein verschmutztes Loch in der Koggenstraße, das wegen Wanzengefahr von allen Wissenden ängstlich gemieden wurde. Und als ich ihn darauf aufmerksam machte, erwiderte er: »Is ja egal, ich werde doch nie drin schlafen.«

Um ihn angesichts dieser üblen Vorsätze wieder ein wenig an Häuslichkeit zu gewöhnen, beschloß ich, ihn abends nicht mehr allein zu lassen und vorläufig die Bude mit ihm zu teilen.

Ich wollte mich auf das Sofa legen – wenn man ein quietschendes, stechendes, aus Bergen und Tälern bestehendes und trotzdem brettartiges Gebilde so nennen darf –, aber er erklärte mir, das gehe nicht an, er sei ans Sofaliegen gewöhnt und würde in einem richtiggehenden Bett kein Auge schließen. So wechselten wir also den Schlafplatz, und alles schien aufs beste geordnet.

Aber alsbald begann um meine langen Beine herum ein unheimliches Leben. Ganze Heereszüge zogen kribbelnd an ihnen entlang, und hie und da zischte ein Schmerz auf, der den Körper wie im Krampfe zusammenzog.

Die Wanzen!

»O Gott, o Gott, die Wanzen!« jammerte nun auch mein Freund.

Wir standen auf, zündeten die Kerze an und durchkundschafteten das Terrain. Zwar von Bett und Sofa hatten beim ersten Lichtschein die unverzagten Gäste sich eilends zurückgezogen, um so reichlicher dagegen bevölkerten sie nun die Wände, an denen die zerfetzten Tapeten wie Blumenblätter rundbogig herniederhingen. Dort, wo Tapete und Mauerwerk zusammenkamen, hatten sie sich Schlupfwinkel eingerichtet, wo ihnen die mordende Stiefelsohle schwerlich folgen konnte. Darum beschlossen wir, sie dem Feuertode zu überliefern, indem wir die Kerze an den Fetzen entlangführten. Die Tapeten loderten wunschgemäß auf und begruben in ihrem Flammengrabe das bissige Gesindel.

Aber es waren auch noch Bilder da, hinter denen es schwärzlich wimmelte wie in einer Volksversammlung.

Mit ihren pappenen Rückwänden mußte ein besonderes Autodafé veranstaltet werden, und wenn dabei auch die Bilder selber zum Teufel gingen, so blieben doch immer noch die Rahmen zurück, die unversehrt an die Wand zurückgehängt werden konnten.

Auf diese Weise wirtschafteten wir einige Nächte lang, ohne von einem nennenswerten Erfolge sprechen zu können. Dann wandte sich mein Freund von den Freuden eigener Häuslichkeit wieder dem gastlichen Sofa zu, das auf den Buden schwerbezechter Kommilitonen allzeit für ihn bereit stand.

Und so gefürchtet waren wir Herren Studiosen, daß beim Abschiede die Frau Wirtin statt der Rechnung für Bilder und Tapeten – auch eine Tischdecke war mitverbrannt – nur Segenswünsche für uns übrig hatte.

Im nächsten Winter kehrte die Lebensweise meines Freundes wieder zu leidlicher Ordnung zurück. Schade nur, daß das Glück seiner Eltern hierfür die Rechnung zahlte.

Das Gut, das sie viele Jahre lang bewirtschaftet hatten, war zum Zwangsverkauf gekommen. Mit ein paar übriggebliebenen Möbelstücken und sonst nichts retteten sie sich in die Stadt, um durch das Halten von Pensionären ihren Unterhalt zu finden. Dem alten Vater bot sich übrigens ein Ämtchen in einem Milchbüro, das ihm hundert Mark monatlich brachte und ihn zwang, zu Sommer- und zu Winterzeiten um zwei Uhr früh in die Nacht hinauszustapfen.

Wer mein »Sodoms Ende« gesehen hat, der kennt das Hauswesen des alten Janikow und kennt auch die Eltern meines Freundes. Ihn selber aber kennt er nicht. Für die Gestalt jenes Willi hat ein anderer Modell gestanden, der erst acht Jahre später in mein Leben trat.

Der liebenswürdige Lüderjan, der jetzt darin rumorte, fand in diesem Sturze Halt und Zuflucht. In einer Bude, die freilich nicht ganz sturmfrei war, stand abends ein blütenweißes Bett für ihn bereit, und wenn er gegen Mittag die bierschweren Lider hob, brauchte er nur die Linke nach dem Klingelzuge auszustrecken, damit eine lieblächelnde Schwesterseele ihm ohne Groll und ohne Vorwurf die Kaffeetasse vor die Lippen hielt.

Sein Leben, in dem ein moralischer Aufschwung den anderen ablöste, sollte nun in entscheidender Weise zur Höhe emporgeführt werden. Aber da waren erstens die verfluchten Schulden, zweitens die verfluchten Mädels und drittens der verfluchte Kater, gegen deren Gemeinsamkeit erfolgreich anzukämpfen die Kräfte eines Sterblichen in einleuchtender Weise überstieg. Und darum blieb es fürs erste beim alten.

Daß mir selbst in den Augen der Seinen die Rolle des rettenden Engels zugefallen war, änderte wenig, denn er war wie Öl unter der Schere, und wenn er mich nach irgendeiner Moralpredigt auslachte, lachte ich mit.

Trotz dieser mangelnden Erfolge rauchte der gastliche Samowar allnachmittäglich auch mir. Und ein Willkommenlächeln lag auf aller Lippen, wenn ich zur Tür hereintrat.

So hatte das Schicksal mir wieder eine Art von Heimat beschert, die mir verblieb, selbst als ich den Mauern Königsbergs längst den Rücken gedreht hatte.

Und dann war ja auch Onkel Eduard da. –

Von der Familie meiner Mutter habe ich noch niemals gesprochen. Und sie ist es doch eigentlich, die ich mein Lebtag als Verwandtschaft betrachtet habe. Onkel Eduard, ein strenger, stattlicher Mann, Ende der Vierzig, mit Stupsnase, Brille und Kehlkopfkatarrh, war Rektor der Gemeindeschule auf dem »Nassen Garten«, einem Stadtteil draußen vor den Festungswerken, aus einer endlos langen Straße bestehend, in der nur arme Leute wohnten.

Zu Verehrung und Liebe allzeit bereit, war ich auch ihm mit verehrender Liebe entgegengetreten. Zudem wußte ich, daß er in der deutschen Lehrerbewegung eine Rolle spielte und als Abgesandter seines Gaus sich auf den großen Tagungen mit gewichtiger Stimme hören ließ. Um so mehr war ich erstaunt, daß das meiste von dem, was ich aus übervollem Herzen ihm entgegenrief, keinen Widerhall fand oder sich in seinem Urteil zu Kleinlichkeiten auflöste, die ganz, ganz anders aussahen als das, was ich – unklar vielleicht, aber doch mit heiligem Eifer – ihm anvertraut hatte.

Allgemach sah ich ein, daß ein Unterschied der geistigen Vorbedingungen vorhanden war, der wohl seiner anderen Bildungsart entsprang, und daß ich mit allem, was in mir hoch wollte, auch an seiner Seite allein bleiben würde. Und dann war zum Überfluß eine Frau da, eine junge, rundliche Frau, die er sich in zweiter Ehe – die erste war unglücklich verlaufen – soeben genommen hatte. Der alternde Mann als gurrender Liebhaber war mir fatal, und wenn er kosend und schwänzelnd um die verlegen Lächelnde herumstrich, hatte ich stets ein Gefühl, als entwürdige er sich.

Da er mir einmal eine Rüge zuteil werden ließ, die mir über seine Befugnis hinauszugehen schien, blieb ich seinem Hause fern, denn ich war geradeso dickköpfig wie er.

Er ist wenige Jahre später eines qualvollen Todes gestorben und hat mir kurz vor seinem Hinscheiden einen Brief geschrieben, der mein Herz in Jammer aufschreien ließ –

Und nun will ich ein Lied singen von meinem lieben, lieben Onkel David!

Ich hätte so sehr gern eine vornehme Verwandtschaft besessen, ich besaß sie nun aber einmal nicht, und was an ihr vornehm war, habe ich erst später begriffen.

Mein Wunsch war es darum, meinen Onkel David als Lotsenkommandeur zu sehen, und in meinem Ehrgeiz ließ ich ihn auch dauernd zu dieser Würde emporsteigen. Er blieb aber hartnäckig ein armer, kleiner Lotse und ist auch als solcher verabschiedet und gestorben.

In dem nahen Pillau, das jetzt des zerfleischten Deutschlands östlichster Seehafen ist, wohnte er mit der dazugehörigen »Tante Malchen« in einer Straße voller Spielschachtelhäuser, deren jedes zweien seiner Gilde zur Heimstätte diente. Und wenn morgens um drei der Ruf zur Ausfahrt erscholl, dann brauchte die Faust des Weckenden nur im Vorbeigehen gegen die Läden zu donnern, und die Wachmannschaft war alsbald auf den Beinen.

Mein Onkel David litt an zwei Übeln: dem Rum und dem Rheumatismus. Als drittes kam Tante Malchen dazu und der Pantoffel, den sie über ihm schwang. Der Rum war gleichzeitig Arznei, denn mit ihm rieb er die schmerzenden Glieder ein und machte so das Unheil wieder gut, das zu anderen Stunden das dampfende Grogglas ihm antat.

Um dieses Unheils willen soll Tante Malchen an mir keinen strengen Richter finden, denn der alte, krummbeinige Seebär war ihrer Beaufsichtigung in der Tat dringend bedürftig.

Wenn er zu mir sagte: »Du, wir wollen einen heben gehen«, dann blitzte aus seinen kleinen, schläfrigen Augen so viel schlaue Max- und Moritzhaftigkeit, als gelte es zugleich mit Tante Malchen der ganzen Bürgergesittung ein Schnippchen zu schlagen.

Als mein großer Landsmann, der Rezitator Robert Johannes, seine berühmt gewordene Ode »An Tante Malchen« dichtete, muß er *meine* Tante Malchen im Auge gehabt haben: so ihrer guten Heimatseele angegossen sitzt jedes Wort. Und da die Natur in solchen Fällen sich nicht lumpen läßt, hatte sie in drei Schwestern statt *einer* gleich *drei* Tante Malchen geschaffen, die alle dazu da waren, meinen Onkel David zu betreuen, zu betätscheln und vor den Verführungen dieser Welt in acht zu nehmen.

Und mein armer Onkel David saß warm eingepackt in dieser Liebeswattierung, wenn er ihr nicht gerade glücklich entrann, um auf der Wachstube einen »heben« zu gehn oder sich im Lotsenboote mit Sturm und Regen herumzuschlagen.

Nachts lag er dann stöhnend da, und Tante Malchens mitleidige Seele weinte über ihm. Sie ist vor ihm gestorben und hat ihn zurückgelassen wie ein hilfloses Kind. Da ist eine der zwei anderen Tante Malchen, die ihrer späten Jungfräulichkeit zugunsten eines jungen, munteren Kürschnermeisters ein Ende gemacht hatte, für die Selige eingetreten und hat ihn zu sich genommen. In ihrem Hause hat er, blind geworden und von seinem Seemannsrheumatismus arg gequält, die letzten Lebensjahre hingebracht; von dort aus ist er still hinausgefahren auf das weite Meer des Nichtgewesenseins.

Noch ein anderes Lied weiß ich, das schönste, das ich singen kann von meiner Sippschaft und meines Blutes Ursprung.

Das führt zu jenem Haus am Schwalbenberg, wo meine Großmuter fünf vaterlose Waisen fürs Leben tüchtig machte und wo meiner Mutter Jugendträume ihre Heimat haben.

Eine Hütte, niedrig und strohgedeckt, mit blitzblanken Fenstern, wenn auch windschief nach allen Richtungen hin. So hat es eines Tages vor mir gestanden, als ich von Elbing aus übers Haff hinfahren durfte, um mich den mütterlichen Verwandten in dem jungen Glanze meines Sekundanertums vor Augen zu führen.

In dem Gärtchen, das es umgab, blühten die Primeln und

knospete der Flieder, und Jungmädchenlachen von Kusinen und Halbkusinen ohne Zahl lag mir holdselig im Ohre. Da erwuchsen bei Haschen und Pfänderspiel mit den ersten Blumen um die Wette die ersten Küsse und ließen einen rätselhaft süßen Geschmack auf den Lippen zurück und eine süße Wirrnis im Herzen, für die es keinen Namen gab und geben durfte, weil es doch alles nur ein Spiel war.

Und stieg man ein paar Schritte hoch bis zur Landmark, die auf dem Gipfel des Berges thronte, dann lag die Welt, die man bezwingen wollte, in einladender Demut einem zu Füßen. Das gelbe Haff und das grasgrüne Meer und die leuchtende Nehrung dazwischen. Und Schiffe gingen und kamen, Barken und Schoner und stolze Dreimaster, mit turmhoher Leinwand bekleidet, und schwarze, hohltutende Ungetüme, die hier im Hafen ausladen mußten, weil die Rinne des Pregels für die Weiterfahrt nach Königsberg zu flach und zu schmal war. Die kamen von Portsmouth und Glasgow oder gar von Kingston oder Batavia – und mein Großvater war nun sicher auf keinem mehr und winkte der Heimat entgegen.

Man kann sich wohl vorstellen, daß eine einsame Frau ein Leben lang hier oben gestanden hat, um den Augenblick des Wiedersehens nicht zu verfehlen.

In ihrem Heim und Eigen waltete nun fleißig und zäh und zersorgt die älteste Tochter, die an einen Maurer verheiratet war, der Bruder hieß. Ein stiller Mann mit einem Apostelkopf, der schüchtern und verwundert das Toben der Jugend mitansah.

Und eines späteren Tages erinnere ich mich, da war vornehmer Besuch im Hause. Der Dichter der »Ehre« war eingekehrt mit seiner Mutter von weither – und die noch immer schöne Tante Charlotte, die gar einen rasselnden Adelsnamen trug, und andere edle Gäste noch mehr. Da hatten die Hühnchen des Hauses ihr junges Leben lassen müssen, und die Himbeersoße blutete über Bergen von Reisbrei.

Wir schmausten lachend unter der blühenden Linde, unbekümmert, ob solche Feste dem Tagelohn des armen Maurers entsprachen oder nicht.

Er selbst aber, der Gastgeber, saß bescheiden in einen Winkel gedrückt, offenbar von dem Gefühl beherrscht, daß er in seiner Niedrigkeit gar nicht hierher gehöre. Und als man auch ihm einen Teller voll hinsetzte, da bemerkte ich, wie er sich mit einer Art von freudiger Rührung dafür bedankte, als könne er so viel Beachtung gar nicht verlangen. Und dabei sah er aus, als hätte er gestern mit dem Herrn Jesus zu Tische gesessen.

Damals war es das letzte Mal, daß ich das Haus am Schwalbenberg heimsuchte.

Heute ist es längst in fremden Händen, und zwei der lieben Kusinchen, mit denen ich mich als halbwüchsiger Junge herumgeküßt habe, betreuen mir meine Mutter.

Sie sind mittlerweile auch in die Sechzig gekommen.

Wir geben uns immer noch manchmal einen Kuß, aber wir haben kein Herzklopfen mehr dabei. –

Zwölftes Kapitel

Wie ich wieder ein freier Mann wurde

Auf den vorigen Blättern bin ich ein wenig kreuz und quer gefahren, und darum schlägt mir mein Erzählergewissen. Schriebe ich einen Roman, so würde ich meinen Stoff weit besser einzuteilen verstehen, ich würde kunstgerecht vorbereiten, steigern, ausmerzen und hinzutun. Es ist auch nicht »Wahrheit und Dichtung«, was ich etwa zu geben wage. Ein simples Bilderbuch soll es nur sein, und wenn dabei doch etwas für die Naturgeschichte des Werdenden herausschaut – um so besser.

So kehre ich also reuig zu meiner Littuania wieder zurück – nicht für lange, denn ihre Zeit in meinem Leben ist kurz bemessen.

Vorläufig blähte ich mich noch wie ein Pfau in meiner mattweißen Tuchpikesche mit den schwarzen Quasten und Verschnürungen, mit dem silbergestickten Cerevis auf der Stirn und den spiegelnden Kanonen auf prallen Schenkeln.

Ich muß gar nicht übel ausgesehen haben, und als am Memelstrande, dort wo der Rombinus, der Heilige Berg des Litauervolkes, sich erhebt, das Sommerfest gefeiert wurde, da wurde ich, als zu den Stattlichsten gehörig, einer der zweien, die mit gezogenem Paradeschläger das grün-weiß-rote Banner geleiteten.

Von dort aus fuhr ich zu den großen Ferien nach Hause, und so überwältigend wirkte mein Aufstieg zum farbentragenden Litauerfuchs, daß sogar mein armer Vater, der doch schließlich, wenn auch noch so widerwillig, den ganzen Zimt bezahlen mußte, beim ersten Begegnen mit unverkennbarer Bewunderung zu mir emporsah.

Die Glorie des zünftigen Couleurstudenten umgab mich, wo ich ging und stand. Und auch die jungen Damen der Heimat, die mir bisher in abwartender Zurückhaltung gegenübergestanden hatten, gingen plötzlich mit fliegenden Fahnen zu mir über.

Aber meine Herrlichkeit stand auf tönernen Füßen. Nach heißen Fürbitten meiner Mutter, nach Beteuerungen und Versprechungen ohne Zahl zeigte mein Vater sich bereit, mich noch ein ferneres Semester lang gelegentlich zu unterstützen; alsdann aber müsse ich mich endgültig auf eigene Füße stellen.

Wie aber? Meine Mutter schrieb allnächtlich Briefe an den Kaiser und sämtliche Potentaten, Briefe, die niemals abgeschickt wurden. Auch eine Novelle schrieb sie, mit Namen »Großmütterchens Dämmerstündchen«, die, wenn sie erst in der »Gartenlaube« erschienen war, ein großes Stück Geld bringen mußte.

Und dann vor allem waren die russischen Verwandten da, die bekanntlich unendliche Reichtümer besaßen, mit Ländereien, viele Quadratmeilen groß, und Viehherden, die man nicht zählen, sondern nur abschätzen konnte, indem man einen Pferch von bestimmter Größe füllte und leerte – füllte und leerte – bis man des Spieles müde war.

Als unbestreitbare Wahrheit saß dahinter, daß vor zwei Menschenaltern eine Anzahl mennonitischer Familien, die sich um ihres Glaubens willen der allgemeinen Dienstpflicht nicht hatten fügen wollen, nach Südrußland ausgewandert und zu erheblichem Wohlstand gediehen war – darunter auch Angehörige meiner väterlichen Familie, deren Kinder die Verbindung mit der alten Heimat durch gelegentliche Briefe aufrechterhielten. Wie sie hießen, wo sie wohnten, war uns unbekannt – hier konnten nur die Elbinger vermittelnd und fürbittend eintreten. Wenn ich leihweise von ihnen tausend Rubel bekam, so war es mir möglich, zwei weitere Semester lang mein Dasein zu fristen; was dahinter lag, ging mich heute noch nichts an.

Diese tausend Rubel haben in meinem Leben eine gewaltige Rolle gespielt. Ihnen galten die Träume, die Ränke, die Schleichwege der kommenden Zeit. Ihnen zuliebe war ich froh, daß ich in Frieden von der guten Tante geschieden war. Ihnen zuliebe wandte ich sogar eine Reise nach Elbing daran, wo ich in weißem Schnurrock vielbewundert durch die Straßen stelzte und am Fenster eines fremden Hauses Klara Hornig sitzen sah, die sich neugierig nach mir vorneigte und bei meinem plötzlichen Gruße in ihren geliebten Zügen eine Feuersbrunst aufbrennen ließ.

Besucht habe ich sie nicht. Warum nicht? Vielleicht weiß einer meiner Leser es mir zu sagen.

Das Ergebnis meiner diplomatischen Schachzüge war, daß nach monatelangen Verhandlungen zusammen mit meinem Bittbriefe das empfehlende Schreiben eines meiner Verwandten nach Rußland abging, worauf vorerst ein halbes Jahr lang keine Antwort erfolgte.

Ich quälte mich derweilen notdürftig durch sorgengraue Tage, nahm die Pumpkasse in Anspruch und saß alsbald auch bei den Gurglern drin.

Die Prozedur war höchst einfach: Man unterschrieb einen Ehrenschein über hundert Mark, warb sich dafür einen Bürgen, dem man im gegeben Falle den gleichen Liebesdienst zu erweisen hatte, und ging damit zu einem soliden und sachlich gearteten Manne, der in der Nähe des Steindammer Tores wohnte und der dem Bewerber nach Prüfung seiner Zugehörigkeit zur Littuania fünfzig Mark aushändigte. War der Verfalltag gekommen, so prolongierte er gern, nachdem er einen neuen Schein über hundertfünfzig Mark erhalten hatte, und so ging es weiter in arithmetischer Progression. Hatte man aber inzwischen ein Bedürfnis nach anderen fünfzig Mark, so wohnte auf dem Sackheim eine freundliche Witwe, die machte es rascher, denn sie zog in allen Etappen die Verdoppelungen vor, so daß man, wenn einem die nötige Zeit gelassen wurde, sich rühmen durfte, so viele Schulden zu haben, wie der Großmogul reich war. Auch galt bei ihr als ein nicht zu unterschätzender Vorzug, daß sie eine Tochter besaß, in die man sich gratis verlieben durfte.

Das ging, solange es ging. Aber eines Tages prolongierten die Herrschaften nicht mehr, und während man noch überlegte, was vorzuziehen sei, der Strom oder die Kugel, war man bereits cum infamia exkludiert.

So habe ich eine ganze Reihe von prächtigen jungen Menschen dahingehen sehen, darunter auch – doch ich will keinen Hinweis geben, ihre Söhne könnten sich grämen.

Mir selbst blieb dieses furchtbarste Schicksal erspart. Aber hätte ich mich nicht noch gerade zur rechten Zeit herausgerissen, auch ich wäre verurteilt gewesen, mich mit einem unheilbaren Knacks an honorigen Leuten vorbei durchs Leben zu schleichen. Und anstatt der Gesellschaft, mit der ich zu Gerichte saß, eine wütende Anklage entgegenzuschleudern, habe ich stumpfsinnig selber die Hand erhoben, um den Beklagenswerten ihr Schicksal bereiten zu helfen.

Nicht minder gefährlich als das Ehrenscheinschreiben war der andauernde Suff. Es gab Virtuosen des Trinkens, die von sich erzählten, daß sie an einem Abend eine Achteltonne zu sich zu nehmen imstande seien. Und mancher holte sich Siechtum fürs Leben.

Ich habe es beim besten Willen nur auf achtzehn Seidel gebracht und mich so gut zu trainieren verstanden, daß ich im zweiten Semester nie mehr die Besinnung verlor.

Der spaßhaften Zwischenfälle gab es genug. Auf eine Morgenfrühe besinne ich mich, in der ich schwergeladen heimkehrend die Last der Bettdecke so drückend empfand, daß ich kaum noch zu atmen vermochte. Bis ein helles Gelächter mich weckte, um mir den wahren Sachverhalt zu entschleiern: Ich saß, den Schlüssel noch in der Hand, auf der zur Haustür führenden Schwelle und mir im Schoße mein Stubenknochen, genau so betrunken wie ich, während eine Korona von Frühaufstehern uns jubelnd umstand.

Als besonderer Genuß nach so durchsumpfter Nacht war der Besuch der Fleckbude im Schwange: ein tristes Lokal, wo man für etliche Groschen einen Teller voll heißer Kaldaunen erhielt, die mit Pfeffer überschüttet wurden und deren sandiger Bodensatz noch lange zwischen den Zähnen mahlte.

War man nicht in Couleur, so schloß sich daran bisweilen eine gediegene Holzerei, die aber strengstens verboten war, wenn die Ehre des Bandes ein anständiges Benehmen verlangte.

War Stimmung da, in einem »Puff« zu stranden, so wurde das Band in die Tasche gesteckt und die Mütze mit der frei werdenden Klemmnadel am Überzieherfutter befestigt, so daß sie bestenfalls unbemerkt bleiben konnte.

Aber die Mädels, soweit sie keine Neulinge waren, kannten uns alle schon vom Nachmittagsbummel her, und wenn wir, unserer Schlauheit froh, barhäuptig eintraten, kam es vor, daß sie militärisch grüßend uns mit dem Rufe empfingen: »Littuania sei's Panier!«

Eine Phrase, die sie von den Wingolfiten oder sonst einer Blase aufgeschnappt haben mochten.

Auch im übrigen erfreuten die Beziehungen zum weiblichen Geschlechte sich einer auf das Fleischliche gerichteten erfrischenden Natürlichkeit, womit nicht etwa behauptet werden soll, daß nicht dieser oder jener, daß nicht vielleicht die Mehrzahl eine stille und heilige Liebe im Herzen getragen hätte. Für diesen Zweig des Empfindungslebens waren die »Couleurschwestern« da, die als Vertraute unserer Seelennöte und als Pflegerinnen unseres Katzenjammers eine heilsame Rolle spielten. Aber ein solches Flimmerwerk barg sich naturgemäß in schämigem Schweigen.

Was an Wünschen und Neigungen gemeinhin laut wurde, läßt sich am besten in der schönen Strophe zusammenfassen, die während der »Fidulität« als Chorgesang oftmals zum Himmel stieg:

> »Es gingen einst zwei Damen
> Spazieren auf Königsgarten
> Die eine wurde gleich geliebt,
> Die andre mußte warten.«

Wenn diese Damen zufällig einer minder erhabenen Gattung der Damenhaftigkeit, den sogenannten »Wallrutschern«, angehörten, so ergaben sich nur allzu häufig Verwicklungen, die in das Gebiet der Heilkunde hinüberspielten und die vor Beginn der offiziellen Kneipe bei Braunbier und Selter ihre feuchtfröhliche Verkündigung erfuhren.

Junge Ärzte gab es genug in unseren Reihen. Man ging zu ihnen, sein kleines Malheur zu klagen, und wurde kuriert. Oder auch nicht. –

Daß ich mich solchen Gefahren gegenüber dauernd mit der Sehnsucht nach dem sogenannten »Höheren« trug, wird man begreiflich finden, aber es ergab sich nur wenig Gelegenheit, ihr nachzuleben.

Soll ich von den beiden jungen Witwen erzählen, die meine heiße Liebe so heiß erwiderten, daß keine die andere auch nur für eine Augenblick mit mir allein ließ, woraus sich als einziges Resultat ergab, daß wir zu dreien einander stundenlang gegenübersaßen und uns andauernd Kalbsaugen machten?

Oder von dem Delikateßfräulein, das einer jeden Schäferstunde dadurch die entsprechende Weihe zu geben versuchte, daß sie beim Eintreten ein halbes Pfund von dem feineren Aufschnitt stolz und verschämt auf den Tisch des Hauses niederlegte?

Oder von jener barmherzigen Schwester, die mich durchaus

zum Heil bekehren wollte und die schließlich an die Luft gesetzt werden mußte, weil sie als Heilbringerin unersättlich war?

Aber *eine* Geschichte habe ich erlebt, bei deren Erinnerung ein Schauer der Tragik mich heute noch heiß überflutet.

Es war in den Maientagen meines dritten Semesters, und mein Verhältnis zur Couleur war schon so schlecht geworden, daß ich die Kneipe floh, wenn ich nur konnte. Wäre ich daheim geblieben, so hätte man mich aufgefunden und mitgeschleppt; darum trieb ich mich bis in die Spätdämmerung hinein im Volksgarten umher, einer neuen Parkanlage dicht an den Festungswällen, wo ich mich unbeobachtet fühlte.

Obwohl die Gegend nicht in gutem Rufe stand, war mir dort schon öfters ein junges Mädchen begegnet, das offenbar den besten Ständen angehörte und das mich im Vorübergehen aus übernatürlich glänzenden Augen mit dem freundlichen Blick des Wiedererkennens anzuschauen pflegte.

So faßte ich mir endlich ein Herz und zog meine Mütze. Und siehe da! Sie dankte mir mit einer Unbefangenheit, als wären wir längst schon gute Bekannte gewesen. Darum ergab es sich von selbst, daß ich vor ihr stehen blieb und ein Gespräch mit ihr anknüpfte.

Was ich erfuhr, war traurig genug. Sie war an der Schwindsucht krank und schon zwei Winter über im Süden gewesen. Im vorigen Herbste aber hatte sie ein Gespräch des Arztes mit ihrer Mutter belauscht, in dem aus seinem Munde die Wendung gefallen war, daß dieser Aufenthalt, der der Familie die schwersten Opfer auferlegte, nur noch den Zweck habe, sie selbst über ihren Zustand hinwegzutäuschen, denn heilbar wäre sie doch nicht mehr. Ohne von ihrer Mitwisserschaft eine Spur zu verraten, hatte sie sich infolgedessen geweigert, die Reise noch einmal anzutreten, und dämmerte nun in heiterem Verzichte dem Erlöschen entgegen.

Da ihr das Atmen in frischer und staubfreier Luft verordnet war, habe sie die Erlaubnis spazierenzugehen, so lange und so spät sie wolle, und weil es auf dem Wege nach den landläufigen Vergnügungsorten der »Hufen« zu lebhaft und zu lärmend war, so habe sie sich den Volksgarten ausgesucht, wovon die Eltern freilich nichts wüßten. Aber es habe ihr noch niemand etwas zuleide getan, und ich sei der erste, mit dem sie je geredet habe.

Ich tröstete, so gut ich konnte. Ich sprach von Wundern, die rings um mich zu völliger Genesung geführt hätten, mein Gott, was tat ich nicht, nur um ein wenig neue Lebenshoffnung in sie hineinzupumpen!

Sie hörte mir mit einem überlegenen, gleichsam verschmitzten Lächeln zu und sagte dann: »Ich bin müde. Wollen wir uns nicht setzen?«

In der Nähe stand eine Bank, von halberblühten Fliederbüschen ganz überdacht. Die wählten wir uns und saßen inmitten der Dämmerung so versteckt, daß die Vorübergehenden uns fast auf die Füße getreten wären, ohne uns zu bemerken.

Meine neue Freundin hieß Angela. So wenigstens wünschte sie von mir genannt zu sein. Aber ihren Vaternamen sagte sie nicht.

»Ich bin aus guter Familie«, erwiderte sie auf meine Frage, »und was ich jetzt tue, ist uns Mädchen streng verboten. Ich tue es auch nur, weil ich so gut wie gar nicht mehr auf der Erde bin und weil ich doch auch einmal etwas erlebt haben möchte, denn im Grabe erlebt man dann gar nichts mehr. Aber da ich meinen Eltern keine Schande machen darf, müssen Sie mir jetzt Ihr Ehrenwort geben, daß Sie niemals nach mir forschen werden. Auch nicht hinten herum und auf keine Weise. Wollen Sie das?«

Dann, als sie mein Ehrenwort besaß, ließ sie jede Zurückhaltung fallen, lehnte den Kopf an meine Schulter und duldete, daß ich sie an mich zog.

In jener Zeit war es gerade auch dem Laien bekannt geworden, wie ansteckend die Schwindsucht ist, und darum beeilte ich mich nicht, meinen Mund auf ihre Lippen zu legen.

Sie bemerkte mein Zaudern wohl und sagte: »Ich weiß, Sie haben ein Grauen vor mir, denn Sie glauben, mein Atem ist giftig.«

Da bezwang ich meine Feigheit und küßte sie.

»Mich hat noch nie ein Mann geküßt«, flüsterte sie. Und dann, wie um sich zu entschuldigen: »Aber Mama küßt mich immer, und es hat ihr nie was geschadet.«

Und als hätte sie damit den Zoll an ihr Gewissen gezahlt, schlang sie die Arme um meinen Hals und sog sich an meinem Munde so fest, daß sie selbst mit Gewalt nicht zu lösen gewesen wäre.

Da brach ein Hustenanfall ihre Inbrunst mitten entzwei, und ich dachte bei mir: »So küßt der Tod.«

Aber weil nun doch schon alles egal war, nahm ich sie von neuem in meinen Arm, und sie konnte sich an meinen Zärtlichkeiten nicht satt trinken.

Bevor wir uns trennten, mußte ich ihr versprechen, morgen abend an der gleichen Stelle zu sein.

Und so geschah es auch.

Daß ich todgeweiht war wie sie, darüber hegte ich fürs erste keinen Zweifel. Aber was tat das mir? Ich liebte sie ja, und *weil* ich sie liebte, wollte ich ihr gern ins Grab hinein folgen.

Nein, gerne nicht. Denn mein erstes Drama: »Die Tochter des Glücks« war fertigzuschreiben und manches andere noch hinterher.

Aber das Schicksal hatte es nicht gewollt, und darum hieß es, mit Freuden zugrunde gehen.

Als sie mir folgenden Abends entgegenkam, lag ein Leuchten auf dem schmalen, in Weiß und Rosenrot getauchten Angesicht, als käme sie schon als Seraph aus Himmelshöhen.

Und dann, wie wir auf unserem »Bankchen« saßen und ich mich nicht entbrechen konnte, ihr von meiner »Tochter des Glücks« zu erzählen, da lächelte sie selig und flüsterte, sich an mich schmiegend: »Ich bin auch solch eine Tochter des Glücks.«

Manchmal, wenn sie sich nicht enge genug an mich drücken konnte, warf sie sich mit wilder Gebärde auf meinen Schoß und war dann so leicht wie ein Vogel.

Am dritten oder vierten Abend erklärte sie, sie wolle mich morgen besuchen. Ich machte Ausflüchte, sagte, daß verschiedene Couleurbrüder dicht neben mir hausten und daß ich ihren Besuch nicht würde rechtfertigen können.

Aber sie ließ sich nicht vertrösten.

»Ich werde im Halbdunkel kommen, so daß mich keiner mehr sieht, und still werde ich sein wie ein Mäuschen.«

Und als ich einwarf, wir hätten ja hier viel mehr voneinander, deckte sie alle ihre Wünsche auf und sagte ganz ruhig entschlossen: »Ich will dein gewesen sein, bevor ich sterbe.«

Wie sehr ich auch nach ihr verlangte, das Geschenk, das sie mir hinwarf, schien mir zu groß, als daß ich es empfangen dürfte, und das sagte ich ihr.

Aber sie lächelte nur ungläubig und entgegnete, die Unterlippe herabziehend: »Ich weiß, wovor du Angst hast! Daß ich in deinen Armen den Blutsturz kriegen werde und daß dein schönes, weißes Bett dann besudelt ist.«

Und wie immer, wenn ich ihr nicht zärtlich genug erschien, warf sie mir vor, ich hätte einen Ekel vor ihr, ich sähe sie schon in Verwesung, und es wäre das beste, sie mache freiwillig ein Ende mit sich.

Da erkannte ich, daß ich sie nicht in Verzweiflung treiben dürfe, und beschloß, sie hinzuhalten von einem Tage zum anderen. Dabei aber liebte ich sie immer mehr. Tod und Leben – es war mir alles gleichgültig geworden.

Damit uns niemand beisammen sehen konnte, pflegten wir

uns beim Abschied schon am Ausgange des Parkes zu trennen, so daß ich nicht einmal wußte, in welcher Stadtgegend
sie zu Hause war.

An einem der nächsten Nachmittage aber, als ich den Hin-
ter-Tragheim entlang zu Reubekeuls ging, erkannte ich
plötzlich ihre Gestalt, die eigentümlich gleitend vor mir da-
herschritt.

Ich erschrak sehr, denn wenn sie sich umdrehte, mußte sie
glauben, ich hätte meinem Ehrenwort zum Trotz ihre Wohnung erkundschaften wollen. Darum hielt ich an, bis eine
größere Entfernung zwischen uns lag. Ich vermochte gerade
noch ungefähr das Haus zu erkennen, in dem sie verschwand.
Ob es das ihre war oder ob sie nur einen Besuch darin machte,
konnte ich freilich nicht wissen, und als ich abends mit ihr zusammentraf, hütete ich mich wohl, den Zufall zur Sprache zu
bringen.

Am nächstfolgenden Abend wartete ich vergebens – und wartete noch viele Abende lang.

Und wieder an einem Nachmittage, als ich zu Reubekeuls
ging, geschah es, daß ich vor den Häusern, in deren eines ich
sie hatte eintreten sehen, die Straße schwarz fand von Karossen und wartenden Menschen. Und ein Leichenwagen war
auch da.

Ich kann nicht einmal sagen, daß ich einen Schreck bekam.
Ich dachte mir nur: »Das mag sie wohl sein.«

Und dann stellte ich mich in eine nahe Haustür, ließ mir die
Tränen über die Backen laufen und wartete. Wartete gar nicht
lange. Da schwankte auch schon ein schwarzer Sarg, blumen-
verhangen, durch das weitgeöffnete Haustor und wurde auf
den Wagen geschoben, der langsam davonrollte, während die
Karossen sich mit weinenden oder stumpfsinnig glotzenden
Menschen anfüllten.

Hinter jeder sogenannten »schönen« Leiche trottet ein Haufe
von Klageweibern und anderen Nichtstuern her. Ihm schloß

ich mich an und gelangte so unauffällig bis auf den Kirchhof, immer von dem Gedanken gequält, ob sie es wohl sei oder wer anders. Der offenen Grube wagte ich mich nicht zu nähern, denn ich war in hellem Sommeranzug und sah auch sonst ziemlich verwegen aus. Darum hörte ich von dem Abschiedsgebete des Geistlichen nur vereinzelte Worte, aus denen ich mir einen rechten Vers nicht machen konnte. Ich hätte es ja sehr leicht gehabt, bei den Leichenkutschern oder den Totengräbern Erkundigungen einzuziehen. Ob der Sarg ein junges Mädchen barg, mehr brauchte ich gar nicht zu wissen. Aber wie hatte die Klausel gelautet?: »Auch nicht hinten herum und auf keine Weise.« Und mit meinem Ehrenworte nahm ich es sehr genau.

Heute erscheinen mir meine Bedenken lächerlich und beinahe nicht glaubenswert. Damals aber war ich so von ihnen besessen, daß ich jede Versuchung, mir Gewißheit zu verschaffen, empört zurückgewiesen haben würde.

Und dann war wohl auch noch ein wenig Romantik dabei. Die immer noch bleibende Hoffnung, sie könne mir auf der Straße eines Tages begegnen, umschmeichelte mich mit spannenden Bildern. Und wenn ich auch nicht mehr nach dem Volksgarten ging, in der Frühsommerdämmerung an dem schwarzschollige Grabe zu stehen, dessen Kränze langsam verrotteten, und sich dabei vorzustellen: »Vielleicht ist sie es gar nicht«, bot einen dauernden Genuß, dessen schmerzliche Seligkeit ich mir nicht zerstören durfte.

Jedenfalls: Tief kann meine Liebe zu ihr nicht gegangen sein, sonst hätte ich den Zweifel nicht lange ertragen. Und auch heute habe ich keine Gewißheit darüber, ob ich hinter *ihrem* Sarge hergegangen bin oder nicht.

In meinem Verhältnis zu den Litauern war es inzwischen zu einer Katastrophe gekommen. Und das geschah so: Uns Jungburschen war befohlen, den Gesangstunden beizuwohnen, die zweimal wöchentlich mit den Füchsen abgehalten wurden, damit sie das Gröhlen aus dem ff erlernten. Gehorsam unterzog ich mich der Verpflichtung, die diese Anordnung mir auferlegte. Und als ich eines Tages versunken in Kummer um mein verlorenes Lieb und auch in anderen Kummer, der in dem letzten Briefe meiner Mutter seine Ursache hatte, als ich in dieser Stimmung fröhliche Lieder mitzusingen mich außerstande sah und mich ein wenig vertrotzt dessen weigerte, wurde in der nächsten Versammlung meiner Unbotmäßigkeit wegen eine offizielle Rüge gegen mich beantragt. Ich erhob mich, und statt wie ein anderer, der des gleichen Verbrechens angeklagt war, bereuend zu Kreuze zu kriechen, hielt ich eine donnernde Rede gegen die unerhörte Sklaverei, der wir als freie Burschen ausgesetzt seien. Die erste Folge hiervon war, daß mein Mitschuldiger freigesprochen wurde, ich aber meine Rüge erhielt – und eine weitere Folge, daß ich die Versammlung verließ, mein grün-weiß-rotes Band fein säuberlich in ein Briefkuvert tat und meine Austrittserklärung dazulegte.

Nun war ich frei. Nun durfte ich über vierundzwanzig tägliche Stunden nach meinem Belieben verfügen. Nun war es kein Verbrechen mehr, Dramen zu schreiben, und wer mich damit verulkte, der sollte sich nur in acht nahmen!

Ja, frei war ich. Aber einsam auch. Meine Zimmernachbarn schritten mit steifem Gruße an mir vorbei, und selbst mein Freund Reubekeul ließ sich nirgends erblicken. Ihn aufzusuchen vermied ich, denn ich wußte ja nicht, wie er sich zu mir zu stellen gewillt war.

Lange Wochen blieb ich so für mich allein. Aber dann hat er sich wieder eingefunden und ist mir treu geblieben bis ...

Er und ein anderer. Mein Heimatsgenosse Vangehr, den ich heute noch zu meinen lieben Freunden zähle. Er lebt als Arzt in Tilsit und hat beim zweiten Russeneinfall das seltene Schicksal gehabt, daß er, von einer Wöchnerin kommend, nur mit einem Regenschirm bewaffnet, zwischen zwei kämpfende Schlachtlinien geriet, die er tapfer durchquerte, ohne daß eine Kugel ihn traf.

Alle anderen sind mir verschollen. Verschollen wie die Landsmannschaft Littuania selbst.

Mit einem aus ihren Reihen bin ich im folgenden Winter noch aneinandergeraten. Er hieß Fink, war Philologe in älteren Semestern und hatte, solange ich das Band trug, zu denen gehört, die mir eine, wenn auch geringschätzige, Freundschaft entgegenbrachten.

In einer Kneipe am Schloßteich, wo er und ich von Universitäts wegen unseren Mittagstisch erhielten, mußte ich öfters mit ihm zusammentreffen, und da er mich mehr denn je für Freiwild hielt, so höhnte er vom Nachbartische aus nach alter Weise gegen mein Dramenschreiben los.

Ich hörte den Stachelreden eine Weile zu, dann, als er aufstand, trat ich an ihn heran und sagte, um kein Aufsehen zu erregen, so leise als möglich: »Ich seng dir auf.«

Dies war die zünftige Formel, die eine Contrahage einleitete.

Und da er im Bewußtsein seiner zehn oder zwanzig glücklich bestandenen Mensuren hell auflachte, fügte ich höflich hinzu: »Auf Pistolen.«

Nun war die Reihe, ernst zu werden, an ihm. Denn ein Pistolenskandal wurde nirgends gern gesehen und drohte mit schwerwiegenden Folgen.

Es gelang mir, zwei ansehnliche Kartellträger zu finden, und die Goten, an die ich mich wandte, versprachen mir ihre Waffen.

Nach langen Verhandlungen und weil eine eigentliche Beleidigung nicht vorlag, kam eine Herabmilderung auf Schläger zustande, und so trat ich mit verbissenem Rachegefühl gegen die Farben an, unter deren Obhut ich so viel Unbill hatte erdulden müssen.

Robert Hessen, mein Idol, schnallte selber den Sekundanten-schurz um, und dann konnte es losgehen.

Aber wir taten uns nichts. Fink schlug seine Tiefquarten flach, und ich hatte meine Terz inzwischen verlernt. Als wir abtraten, war meine linke Backe dermaßen zerplatzt und zer-schunden, als hätte man mich mit einem Reibeisen verprü-gelt. Hessen hielt mir einen Spiegel vor, und wir alle lach-ten.

Aber die Litauer grüßten mich fortan mit größerer Hochach-tung, als es jemals geschehen war.

Um das Glück der neuerrungenen Freiheit voll zu machen, kam aus Elbing die Nachricht, daß von den russischen Ver-wandten die erbetenen tausend Rubel eingetroffen seien, die zu meiner Verfügung stünden.

Zwei sorglose Semester lagen vor mir, die nach Kräften aus-genutzt werden konnten.

Zuerst mit Dichten. Die Fertigstellung der »Tochter des Glücks« mußte beeilt werden, denn wenn auch der drohende Tod wieder in den Hintergrund getreten war, Fährlichkeiten blieben genug, die der Vollendung im Wege standen.

Sodann mit Arbeiten. War ich auch leidlich bis zum Seme-stralexamen gediehen, unendlich viel mußte nachgeholt wer-den, das durch die Kneipe und das »Im-Korbe-Liegen« ver-schlungen worden war.

Von meinen Lehrern schweige ich. Denn auf mich wartet seit vierzig Jahren ein Roman »Der tolle Professor«, in dem die meisten von ihnen eine Rolle spielen. Ich darf deshalb ihre Namen nicht an die Wand nageln. Wenn mir das Schicksal noch ein Jahrzehnt der Arbeit beschert und die Hexe, die sich Bühne nennt, gewillt ist, mich aus ihren Klauen zu lassen, soll er nicht ungeschrieben bleiben.

Wie jeder junge Student lief ich hinter den Ansichten her, die mir vom Katheder zugeworfen wurden, gleich einem

schnuppernden Hündchen. Ich habe auf Lachmanns Lieder-
theorie geschworen wie der Christusgläubige aufs Evange-
lium und Holtzmann und Zarncke darum in Grund und Boden verachtet. Ich habe Hegel vergöttert, für den ich ein Jahr
später, als ich in Dührings Hände gefallen war, nicht genug
Schimpfnamen fand. Nur im Angelsächsischen und Altfranzösischen ging alles friedlich zu – wohl, weil ich die Achseln
darüber zuckte. Aber diese Verachtung hat sich noch bitter an
mir gerächt.

Wenn ich an jenen letzten Winter meines zweiten Jahrzehnts
zurückdenke, habe ich eine Empfindung von Glockenläuten
und kaum zu ertragender Seligkeit.

Alles war gut, alles war geordnet; ich lernte, ich dichtete, ich
lebte im Überfluß. Zu dem Wechsel, den mir die russischen
Gelder gewährten, kam als willkommene Zubuße der Ertrag
etlicher Lehrstunden, die reichlich bezahlt wurden und die
ich mir an Stelle des fehlenden Vesperkaffees mit einer Tüte
Knackmandeln heimlich versüßte.

Und dann ging es heim und an den Schreibtisch.

Um acht drohte ich schläfrig zu werden. Da aber selbstverständlich die Nacht durchgearbeitet werden mußte, so braute
ich mir aus einer Menge von Teeblättern ein schwarzbraunes
Höllengetränk, das für die nächsten zehn Stunden ein jedes
Schlafbedürfnis zur Lächerlichkeit stempeln mußte.

Doch so robust war meine Natur, daß ich schon wenige Minuten nach dem Genuß dieses Giftes mich sanft in meinem
Lehnstuhl zurechtrückte und nach traumlosem Schlummer
erst wieder zu mir kam, wenn die Wanduhr mit dumpfen
Schlägen sechse schlug.

Und das nannte ich wieder einmal »die Nacht durcharbei-
ten«.

Dann aber heidi an die nächste Szene! Denn um neun begann
das Nibelungenkolleg.

Die Tochter des Glücks.
Drama in fünf Akten und einem Nachspiel
von Hermann Sudermann.

So stand – und steht – ganz schlicht auf dem Titelblatte des Manuskripts zu lesen.

Das liegt noch heute in meiner Schublade, aber: ich warne Neugierige. Was sich in sauberster Schönschrift darin offenbart, ist ein unfaßbarer Mist.

Ursprünglich mag ein ziemlich vernünftiges schlechtes Stück dahintergestanden haben – der Freytagschen Valentine frei nachempfunden –, in Sprache und Handlung roh genug, doch für die Vorstadtbühnen jener Zeit immerhin noch geeignet. Dann aber fand ich die Sprache zu wenig dichterisch und machte mich daran, jeden Satz und jede Wendung bildlich aufzuplustern, so daß sie meiner Hoffnung nach dem Stil der »Räuber« immer näher kamen. Und erst dann gab ich mich endlich zufrieden, wenn ich jede Spur von natürlicher Sprechweise ausgewischt und an ihre Stelle Klumpen verschwefelter Phrasen gesetzt hatte.

Ein Demokrat und Selfmademan von unerbittlicher Vornehmheit der Gesinnung war der Held. Daß er dem Schriftstellerberuf angehörte und in hoffnungsloser Liebe zu einer Grafentochter entbrannt war, versteht sich von selbst, wie auch, daß er zum Schlusse unter starkem Verbrauch von himbeerfarbener Beleuchtung mit ihr zusammenkam. Als neues ethisches Prinzip hingegen mag dem neuen Deutschland zur Nachachtung empfohlen sein, daß er, um sein Lebenskämpfertum als besonders kraftvoll zu erweisen, mit Stolz von sich bekennen konnte: »Und wenn mich hungerte, dann stahl ich.«

Über das künftige Schicksal meines Jugendwerkes war ich mir seit langem im klaren. Man erinnert sich vielleicht, daß mich in meiner Tertianerzeit eine wilde Schwärmerei zu der Tragödin Hermine Claar-Delia gepackt hatte und daß ich schon damals zu dem Entschluß gediehen war, ihr dereinst mein erstes Drama als schuldigen Tribut zu Füßen zu legen. Jetzt hatte die Glocke geschlagen, das Versprechen einzulösen, das all die Jahre über in mir lebendig geblieben war.

Aus den Zeitungen wußte ich, daß ihr Gatte, der Direktor Emil Claar, das Berliner Residenztheater leitete. Darum ergab es sich von selbst, daß ich ihm als erstem meinen Schatz in die Hände legte. Mußte er nicht, sobald er auf dem Widmungsblatt die Worte gelesen hatte: »Hermine Claar-Delia verehrungsvoll zugeeignet«, eine Ehrenpflicht darin erblikken, dem Autor eines Werkes, das gleichsam zu ihm in Familienbeziehungen getreten war, das Tor zu seiner Bühne dienstfertig aufzureißen?

Im Hinblick auf die demnächstigen Aufführungen ging ich daran, noch ein anderes Manuskript herzustellen, das gleichzeitig dem Regisseur zur Unterlage dienen sollte, und da ein solcher Mann viel Platz braucht, um seine szenischen Bemerkungen niederzuschreiben, ließ ich weiße Ränder frei, deren Falz, ähnlich wie in Eingaben an die Behörden, die Bogen fast in der Mitte teilte. Dieses zweite Manuskript sandte ich gegen die Osterferien hin nach Berlin an die Direktion des Residenztheaters ab und fügte ein Schreiben hinzu, in dem ich erklärte, daß ich demnächst selber nach Berlin kommen würde, um das Schicksal meines Werkes aus nächster Nähe zu verfolgen.

Denn das eine stand mir längst schon außer Zweifel: Die enge Provinzhauptstadt konnte als Wirkungskreis für mich fortan nicht mehr in Frage kommen. Für Männer wie Felix Dahn und Ernst Wichert mochte sie gut genug sein. Ich hatte die Pflicht, mir ein größeres Königreich zu suchen.

Die Hälfte der tausend Rubel war noch übrig, und für die weiteren Bedürfnisse mußte die Einnahme sorgen, die sich aus den Aufführungen meines Stückes von selber ergab.

Übrigens war ich auch als Lyriker nicht zu verachten. Die

Verse, die ich auf meinen Spaziergängen erdachte und in den weniger belangvollen Kollegstunden heimlich niederschrieb, füllten bereits ein stattliches Heft. Sie legten von der Verzweiflung, mit der ich dem menschlichen Dasein als solchem gegenüberstand, ein herzzerreißendes Zeugnis ab.

Es fehlte mir auch nicht an verständnisvollen Seelen, die sie zu würdigen wußten. Da war zum Beispiel die Familie eines Postsekretärs, bei dessen Verwandten ich ein möbliertes Zimmer innehatte. In ihrer Mitte gab ich meine jüngsten Erzeugnisse mit Vorliebe zum besten, und noch erinnere ich mich des schmerzvollen Staunens, mit dem diese guten und gläubigen Seelen mich anstarrten, wenn ich stramm und drall in meinem Lehnstuhl lagernd – während Lebenskraft und Liebeslust mir aus den Augen spritzten – mit melancholischem Tonfall von dem Elend als meinem einzigen Freunde sprach. Daß dieses Elend sich in höchst verwerflicher Weise auf das Participium praesentis »erwählend« reimte, will ich nur nebenbei bemerken.

Auch in der literarischen und der Kunstkritik begann ich mich, zu betätigen. Und als in dem ehrwürdigen Moskowitersaal, der schon die Kreuzritter zwischen seinen Wänden hatte wandeln sehen, die winterliche Kunstausstellung eröffnet wurde, war ich beflissen, mich über modernste Malerei in gönnerhafter Weise schlüssig zu machen.

Man sehe folgendes Bild: Ein hochstämmiger und flaumbärtiger junger Bengel, der, ein flottes Jägerhütchen schief in das Wuschelhaar gedrückt, auf blitzenden Kanonenstiefeln selbstgefällig durch die Gänge stampft, eifrig Notizen in sein Merkbuch schreibend, weil er von dem Ehrgeiz entflammt ist, für einen Rezensenten gehalten zu werden. Ich glaube, man wird einige Arbeit haben, sich vorzustellen, daß daraus noch etwas Ernsthaftes hat werden können.

Und mehr Arbeit noch zu glauben, daß ich gerade damals durch die hohe Zeit der ersten Weihen ging. –

Dreizehntes Kapitel

Die Eroberung Berlins

Der Zug, mit dem ich in die weite Welt hinausfuhr, war fürs erste nur bis Tilsit vorgedrungen, da stieg in das Abteil dritter Klasse, in dem ich mich für die nächsten vierundzwanzig Stunden häuslich eingerichtet hatte, ein junger Mensch meines Alters, dessen Erscheinen mich unangenehm berührte.

Man kannte sich und kannte sich auch nicht. Buchhändlerlehrlinge, zumal wenn sie die Dreistigkeit besessen hatten, in schönwissenschaftlichen Dingen besser Bescheid zu wissen als der literarische Matador der Prima, sind nicht dazu angetan, einem, der inzwischen auf den Höhen der Menschheit gewandelt ist, zum Verkehr zu dienen.

Ich beschloß also, Herrn Neumann – »denn er war es«, wie es in den Romanen der gelben Hefte heißt – nach Menschenkraft eine kalte Achsel zu zeigen und diesen Körperteil nicht warm werden zu lassen, wenn selbst das Schicksal es wollte, daß ich bis Berlin mit ihm zusammengepfercht blieb.

»Ich würde mich sehr wundern, wenn wir uns nicht schon im Leben begegnet wären«, sagte Herr Neumann, indem er mich durch den funkelnden Zwicker prüfend musterte.

»Auch ich erinnere mich dunkel«, erwiderte ich mit gebotener Zurückhaltung.

»Nun, hat des Mississippi gelbe Woge inzwischen Ihren Fuß umspült?« fragte Herr Neumann unschuldig.

»Wieso?« fragte ich zurück und wurde sehr rot, denn dies war eine der hervorragenderen Stellen aus der famosen Abschiedsrede, die ich vor zwei Jahren in der Aula des Realgymnasiums gehalten hatte.

»Ich zitiere Sudermann, und Sudermann versteht mich

nicht«, sagte Herr Neumann. »Ein gewähEteres Kompliment dürfte Ihnen nach zweijähriger Abwesenheit von einem Einwohner dieser braven Stadt kaum gemacht werden können. Übrigens bin ich aufs längste ihr Einwohner gewesen. Ich habe mein Abitur erledigt und gehe jetzt nach Berlin studieren.«

»Ich auch«, entfuhr es mir. Und damit war das Schicksal meiner nächsten Stunden besiegelt. Und noch vieler tausend Stunden hinterher. Aber dies ahnte ich damals noch nicht.

Fünf Minuten später saßen wir mitten in heftigster Diskussion. Mein Reisegefährte hatte die Absicht, sich der Mathematik und den Naturwissenschaften zuzuwenden, aber seine literarischen Kenntnisse waren enorm.

Gutzkow? »Blech« . . . Laube? »Stümper« . . . Storm? »Alle Achtung« . . .   Hamerling?   »Kolossal« . . .   Freytag? »Lala«.

Man konnte im übrigen über ihn denken wie man wollte, aber diesen Urteilen mußte man zustimmen. Außerdem kannte er Leute – »ganz große Leute«, behauptete er –, deren Namen ich noch niemals gehört hatte. Da war einer, der hieß Keller, der sollte den ganzen Heyse in die Tasche stecken. Und ein anderer, der hieß Grisebach, der war nichts weniger als ein neuer Heine. Und ich wußte nichts von ihm.

Ein solcher Vorsprung an literarischem Wissen war peinlich und konnte nur durch meine Überlegenheit in Philosophie wieder eingeholt werden.

Aber da kam ich schön an.

Hegel? »Zeitverschwendung« . . . Fichte? »Moraltrompeter« . . . Schelling? »Kommt drauf an, welchen der drei Schellinge Sie meinen.« Ich erschrak heftig. Sollten etwa ebenso wie zwei große Dichter auch zwei große Philosophen – die Namensvettern oder Verwandte Schellings waren – meiner Aufmerksamkeit entgangen sein? Gab es gar eine Dynastie Schelling? Niemals hatte ich von ihr gelesen oder gehört.

»Sehen Sie mich nicht so verdutzt an«, sagte Herr Neumann. »Schelling hatte doch bekanntlich drei Perioden, die in seiner Beurteilung streng zu unterscheiden sind. Ehe wir uns über ihn unterhalten, muß ich wissen, welche Sie im Auge haben.«

Und noch weiter gedieh meine Demütigung. »Eduard von Hartmann.« – »Jawohl – jawohl.« Bis zu Schopenhauer war ich vorgedrungen, aber von der Philosophie des Unbewußten hatte ich kaum eine Ahnung.

Ein Glück war's, daß Herbart, Lotze und Wundt mich wieder herausrissen, sonst hätte ich, trotz meiner vier Semester, glatt vor ihm auf dem Rücken gelegen.

Schließlich einigten wir uns in der Verehrung Ludwig Feuerbachs, in dem wir gemeinsam den Heiland des modernen Denkens erblickten.

Die Nacht war über unserem Gedankenaustausch hingegangen, und der Morgenglanz vergoldete die Zinnen der Marienburg. Elbing, mein geliebtes Elbing, Klara Hornigs Heimat, lag hinter mir, und ich hatte es nicht einmal bemerkt.

Die Backen brannten mir, als käm ich von einem Feste. Hier war der Mann, der mir fehlte, der mich über mich selber hinausriß.

Wäre er nur nicht so eckig gewesen! In Aussehen und Manieren prädestiniert zu einem richtigen »Kamel«. Und für »Kamele« hatte ich, obwohl ich doch längst selber eins war, nur grenzenlose Verachtung – so wirkte der Zauber des grünweiß-roten Bandes noch immer auf mich ein.

Der Tag verrann. Die klötrige Tuchler Heide, die uns die Polen gnädig abgenommen haben – was gäben wir drum, wäre sie unser! – zog langsam vorüber. Es kam Schneidemühl, es kam Kreuz. Küstrin mit seinen friderizianischen Erinnerungen tauchte aus den Odersümpfen auf – und wir debattierten noch immer.

Plötzlich fiel der Name Sardou.

Wir sahen uns an und erschraken beide. Um Gottes willen – die Franzosen! Seit bald vierundzwanzig Stunden hatten wir im Meinungskampfe gelegen und so getan, als ob die großen Dramatiker unserer Nachbarn, die doch auch die deutschen Bühnen beherrschten, nicht auf der Welt wären.

Wie konnte das nachgeholt werden, zumal uns jetzt unser Ziel mit jeder Sekunde um ein erkleckliches Stück entgegenflog? Die Stationen begannen einander auf die Füße zu treten, und wie das bekannte Schlachtfeld auf der flachen Hand wuchs auf der flachen Ebene ein nie geschauter Häuserkasten nach dem anderen – unheimlich mit seinen blinden Brandmauern, die nach Anlehnung schrien, und dem grellweißen Bauschutt drum herum, der an Verfall gemahnte, während er doch nur ein Zeichen der Nichtvollendung war.

An ein gesammeltes Weitersprechen war nicht zu denken. Hier mußte ein rascher Entschluß gefaßt werden, denn wenn der Ozean der Weltstadt uns erst in seine Arme genommen hatte, führte er uns vielleicht nie mehr zusammen.

Das einfachste war, wir trennten uns überhaupt nicht mehr, wir bezogen dieselbe Bude und konnten dann streiten vom Morgen bis zum Abend, und wenn ein Thema sich als dringend erwies, auch vom Abend bis zum Morgen – und die paar Kollegstunden würden nur eine wenig erhebliche Unterbrechung sein.

Ein Handschlag, der den Entschluß besiegelte – und dann war plötzlich die alte, rußige Bahnhofshalle da, die, bevor die Stadtbahn neue Zugänge schuf, die Welteroberer, die wie einstens Dschingis-Chan vom fernen Osten kamen, in ihrem dunklen Schoße aufnahm, um sie für eine siegreiche Zukunft neu zu gebären.

Ein Platz, umstanden von lauter Palästen, tat sich auf. Getöse und Gewühl. Geheimnisvolles Brausen über allem wie eine Mahnung an den Jüngsten Tag.

Auf dem Verdeck eines Omnibusses, der uns irgendwo ins Unbekannte trug, fand ich neben dem neuen Freunde einen Platz.

Und die Paläste nahmen kein Ende.

Aber siehe – was war das? . . . Noch keine fünf Minuten waren wir durch immer gleiche Straßenzüge gefahren, da las ich auf einem Halbbogen, der ein schmuckloses Haustor schmuddlig umwölbte, den Schicksalsnamen: »Residenztheater«.

Als erstes in der Unendlichkeit der neuen Welt begrüßte mich die Stätte meiner künftigen Triumphe.

Und glücklich im Fieber meines Hoffens fuhr ich weiter. Mein Freund, dem irgendwo ein Unterschlupf winkte, hatte mich verlassen, ich aber fuhr und fuhr und trank mich nicht satt an den immer neu sich aufrollenden Wundern, wie es mir später, viel später in Paris und in London geschah, denn von nirgendher läßt eine Großstadt sich besser kennenlernen und genießen als von dem Thronsitz eines Omnibusverdecks.

Das hat schon Victor Hugo gewußt, als dessen Schüler ich mich hierin bekenne, obwohl ich ihm sonst noch niemals nachgeeifert habe.

Auch *mein* Weg kam zu einem Ende. Rasch im »Kaiserhof« für eine Mark fünfzig das billigste Zimmer gemietet und dann hinübergeschlafen, selig und traumlos in jenes neue Märchenleben, das auf Blumenpfaden ungesäumt in die Unsterblichkeit hinüberführte.

Um neun Uhr früh, so war verabredet, sollte ich mit dem künftigen Studiosus Neumann zum Zweck der Suche eines gemeinsamen Zimmers im Vorgarten der Universität zusammentreffen. Aber charakterlos, wie ich nun einmal war, hatte ich mir inzwischen klargemacht, daß ich in jenem wildfremden Kamel, mochte es mir über Augier, Dumas und Sardou noch so tiefgründige Dinge zu offenbaren wissen, den ersehnten Gefährten künftiger Tage nicht würde finden können. Darum schlich ich um die angegebene Stunde mit scheuem Umblick und in weitem Bogen um den Ort des Stelldicheins herum und fühlte mich erst wieder sicher, als die Kolonnaden der Nationalgalerie, deren Tempelbau ich als meine eigenste Entdeckung stolz bestaunte, mich mit dem Gefühl begnadeten, peripathetisch in den Säulenhallen der antiken Welt umherzuirren.

Hier konnte kein unerwünschter Stubenknochen die Visionen meiner Phantasie behelligen. Da plötzlich – wer kommt, die Arme schlenkernd, das Kneiferband kamelhaft hinter das rechte Ohr zurückgestrichen, auf den hallenden Fliesen mir entgegen? – Sieht mich, stutzt und versucht, mit kurzer Schwenkung nach links hin zu verschwinden? Und als jeder Fluchtgedanke als unmöglich ausgeschaltet werden mußte, wer eilt in plötzlichem Strahlen und mit der wortläufigen Ausrede, das verfluchte Verschlafen und die Fremdheit des Straßenbildes und die falschgehende Uhr und weiß Gott was sonst noch trage am Verfehlen die Schuld, wer also eilt als glücklicher Finder und glücklich Gefundener traulich auf mich zu?

Unter diesen wenig vertrauenerweckenden Auspizien traten der künftige Studiosus Neumann und meine Wenigkeit in das neue Bündnis ein, das seine Stifter, die Herren Augier, Sardou und Genossen, um eine erhebliche Zeitspanne überdauert hat. Es währt nun schon mein Leben lang, und was Otto Neumann-Hofer darin war und ist, das wissen alle, die es kennen.

Vorerst fanden wir an der Spandauer Brücke, dicht neben dem Stadtbahnhof Börse, wo damals statt der heutigen Kaufpaläste brüchige und rauchschwarze Mietskasernen standen, im vierten Stock eines dumpfigen Armeleutshauses ein niedriges, doch geräumiges Heim, und alsbald saßen wir glückselig stöbernd über den Bücherschätzen, die der seine Zukunft ahnende Buchhändler billig hatte erwerben können und die er, da es an Schränken fehlte, in mächtigen, wachstuchüberdeckten Stapeln an sämtlichen Wänden entlang sorgfältig aufbaute. –

Derweilen versäumte ich nicht, meine akademische Laufbahn in würdiger Weise einzuleiten.

Gestützt auf Empfehlungen, die mir mein verehrter Lehrer Schipper, der später nach Wien berufene Anglist, ins Leben mitgegeben hatte, machte ich den Gewaltigen des neusprachlichen Studiums, den Professoren Tobler und Zupitza, die schuldige Aufwartung und stellte mich ihnen als künftige Stütze ihrer entsprechenden Seminare vor. Sowohl jener, der finstere Pedant, wie dieser, der liebenswürdige Weltfreund, verwiesen mich abwartend auf die erforderlichen Leistungen, über die ich mich erst einmal unterrichten möchte, ehe ich den Anspruch erhöbe, als aktives Mitglied mein Licht leuchten zu lassen.

Um es gleich vorweg zu nehmen: Dieses Licht hat *nie* geleuchtet. Als ich bescheiden zuhörend den ersten Seminarübungen beiwohnte, erkannte ich auf der Stelle, daß ich die Höhen philologischen Wissens, auf denen Lehrer wie Schüler spielend herumturnten, sobald nicht, vielleicht niemals, erreichen würde. Und entmutigt blieb ich weg, um vorerst einmal von neuem in den Elementarien unterzutauchen, in deren trüben Gründen mir noch immer die Luft gefehlt hatte.

Nicht viel besser erging es mir in der Germanistik.

Ein noch junger Mann, namens Scherer, der mit seiner Stupsnase und mit seinem ewigen Räuspern und Brustbonbonwälzen meinem Onkel Eduard ähnelte, lehrte vor einer gewaltigen Hörerschaft deutsche Literaturgeschichte. Das freilich blitzte und klang und schlug Funken im eigenen Hirne – aber es war so unendlich reich und so unendlich weit, daß es nichts weiter als Herzklopfen gab und das Angstgefühl: »Wie wirst du dich in jener Welt zurechtfinden, die kein Ende hat, während deine fünfhundert Rubel sehr bald zu Ende sein werden?«

Und dann war dieses auch nur Genuß und kein Lernen.

Das Lernen geschah beim alten Müllenhoff, und dort begann wieder das grausame Spiel mit dummen Flexionen und syntaktischen Nichtigkeiten und dem sich türmenden Wust von Belegen.

Die vierzigjährige Wüstenreise, die die Juden durchgemacht hatten, ehe sie das ersehnte Kanaan erschauten, war ein Nachmittagsvergnügen, verglichen mit dieser hoffnungslosen Irrfahrt durch die Einöden der Grammatik, die als Bedingung galt, bevor das gelobte Land der Dichtung seine Paradiese vor mir öffnen konnte.

Wäre als Entgelt und Erholung nicht Eugen Dühring gewesen, ich hätte die Qual nicht länger ertragen.

Dieser blinde, von Leiden ausgemergelte Mann, der von einem halbwüchsigen Sohne zum Katheder geleitet wurde, erschien vor mir als der Homer eines geistigen Heldengedichts, noch ehe er den Mund aufgetan hatte.

Was er lehrte, war Offenbarung, was er verwarf, sank in den tiefsten Abgrund der Hölle. Und im Verwerfen war er Meister. Nicht viele Größen in Vergangenheit und Gegenwart gab es, die vor seinem Urteil Gnade fanden.

Oh, wie habe ich Leibniz verachtet, diesen Scharlatan, diesen Plagiator, diesen Gewohnheitsdieb! Mit ihm verglichen war der Schwindelmatz Hegel beinahe noch ein ehrlicher Mann. Die Reihe der anzuprangernden Autoritätsfexe begann schon mit Anaxagoras, dessen weltordnender Geist, Nous genannt, einer schielenden Kompromißlerei im höchsten Grade verdächtig war, und endete – nun, endete eben mit den heute in Amt und Würden sich sonnenden Philosophieprofessoren.

Ihnen allen die Larve der heuchelnden Gottes- und Staatserhaltungslehre von den schmalzigen Gesichtern zu reißen, war heilige Tugend und jeder Märtyrerkrone wert.

Zu grellstem Hohne, zu wildestem Abscheu steigerte sich der Zorn des vergötterten Lehrers, wenn er auf die beiden Koryphäen unserer Universität, die berühmten Professoren Helmholtz und Dubois-Reymond, zu sprechen kam. Und er kam täglich auf sie zu sprechen. Selbst ihre Frauen schonte er nicht. Was sie verbrochen hatten, weiß ich heute nicht mehr, wahrscheinlich wußte ich es auch damals nicht, aber das war kein Hinderungsgrund, die gewiß sehr verehrungswürdigen Damen ebenso glühend zu hassen wie er.

Es galt ja, die Mächtigen ihrer erborgten Glorie zu entkleiden, ihre knebelnden Machenschaften ans Licht zu ziehen, ihrem depravierenden Einfluß den Boden abzugraben! Welche nach Reinheit und Freiheit dürstende junge Seele durfte kalt bleiben, wenn so Großes auf dem Spiele stand?

Schade, daß ich nicht vier Jahrzehnte später auf die Welt gekommen bin! Jetzt ein Zwanzigjähriger – oh, wie hätte ich mich austoben können! War es in meiner Primanerzeit schon höchstes Ziel meiner Sehnsucht gewesen, auf dem Schafotte zu sterben, so hätte ich noch jüngst unter den Maschinengewehren der Schergen Noskes mein junges Leben in aller Bequemlichkeit aushauchen können, während es dem saturierten Sechziger als einzig nennenswerte Tragik übrigbleibt, von einem überraschten Teppichräuber niedergeknallt zu werden.

Ach, meine Lieben, das Revolutionmachen war damals nicht so leicht, wie die Revolutionäre von des neunten November Gnaden sich vorzustellen gelernt haben! Bismarcks Hausmeiertum stand gerade in der Blüte seiner inneren und äußeren Kraft – und daß man sich gar an den ehrwürdigen Monarchen heranwagen könne, wie es ein Jahr später von seiten zweier Mordbuben geschah, lag jenseits jeder menschlichen Phantasie. –

So mußten also die oben genannten kleineren Götter heran! Und als infolge der dauernden Schmähungen, die Dühring gegen sie losließ, vom akademischen Senate dessen Maßregelung beschlossen wurde, die, wie naturgemäß, in der Entziehung der venia legendi bestand, da kannte der Zorn der stets empörungslustigen Jugend keine Schranken mehr.

Die Sozialdemokratie, die damals auch in der Arbeiterschaft selbst nur eine kleine und einflußreiche Gruppe war, verstand es mit großem Geschick, den Strom in ihr eigenes Bette zu leiten. Und wer von uns bis dahin zum jungen Kaiserreiche geschworen hatte, rieb sich eines.Morgens erstaunt die Augen, als er sich erwachend im Sozialistenlager wiederfand.

Es fällt nicht leicht, sich die Gefühls- und Gedankenwege klarzustellen, auf denen wir damals zu dem alleinseligmachenden Ideal des Zukunftsstaates gelangten. Viel wußten wir nicht davon, und auch was Dühring selber in seinem »System der Nationalökonomie« darüber gesagt hatte, konnte uns nicht in entscheidendem Maße belehren. Marxens Schriften lagen außerhalb unserer Sehweite, und Bebels »Frau« war noch nicht erschienen. Als eigentliche Einführung diente uns Schäffles Büchelchen: »Die Quintessenz des Sozialismus«, aus dem wir, wiewohl es gegnerisch gerichtet war, mit Inbrunst den Gedankensaft der neuen Lehre sogen.

Daß wir es mit Utopien zu tun hatten, die sich, wenn überhaupt jemals, doch nur in Jahrhunderten oder Jahrtausenden in Wirklichkeit umsetzen lassen könnten, darüber hegten wir keinen Zweifel. Aber wann hat ein Zwanzigjähriger die Eintagsfrist, die ihm auf Erden gegeben ist, nicht mit Jahrtausenden verwechselt? Wann hat er sich nicht als Bürger künftiger Welten gefühlt? Und *den* Jüngling möchte ich kennenlernen, der, als zehn Jahre später Nietzsches Gedanken in ihm wiedergeboren wurden, sich selber nicht für eine zeitliche Vorwegnahme des Übermenschentums gehalten hat!

Aber wie gerne wir uns auch mit unserer Sehnsucht in jene fernen Paradiese tragen ließen, ein flaues Gefühl von Blödsinn und Windmacherei blieb immer in uns zurück. Und wäre nicht das politische Freiheitsverlangen gewesen, das die Sozialdemokratie wohlbedacht vor ihren Karren spannte, sie hätte auch in den Kreisen der wirtschaftlich Interessierten keine so raschen Fortschritte zu verzeichnen gehabt.

Über eines täusche man sich nicht: Die bürgerliche Demokratie, mochte sie sich zeitweise noch so ungebärdig benehmen, ist niemals die legitime Erbin des Revolutionsgedankens gewesen, der im Jahre 48 den Staat zeitgemäß ausbauen und ein Deutschland schaffen wollte, das friedlich und machtvoll einen dauernden Platz im Rate der Völker eingenommen hätte, anstatt daß es heute ohnmächtig hingestreckt verhungernd in seine Ketten beißt.

Die Hohenzollernpolitik, rückwärts gerichtet und ohne Ahnung von den geheimen Triebkräften der Volksseele, glaubte den Gedanken des Achtundvierzigertums durch ihre Reichsgründung für immer erstickt zu haben, während er in der Sozialdemokratie lustig weiterlebte und sogar so weit erstarkte, um den wirtschaftlichen Radikalismus, an dessen Verwertungsmöglichkeiten nicht viele glaubten, auf seine Schultern zu heben.

Dieses nie ganz erstorbene Achtundvierzigertum muß es gewesen sein, das auch mich in den Jahren des Reifens mit einer schwelenden Wut erfüllte, die bei jedem Anlaß – auch dem widersinnigsten – lodernd hervorbrach und später, als ich in die Dienste einer Mittelpartei gekommen war, den Selbstvorwurf des Renegatentums so lange in mir lebendig hielt, bis ich mich von meinen Auftraggebern wieder getrennt hatte.

So schloß ich mich auch damals blindlings der Bewegung an, die den Sozialisten Dühring an seinen Verfolgern zu rächen gedachte.

Wie? Das war uns unklar. Wohl machte einer den Vorschlag, Helmholtz das Haus anzuzünden, ein anderer, Dubois-Reymond mit Armgewalt aus dem Saal zu schleifen – aber niemand, auch die Antragsteller kaum selber, nahm derglei-

chen Scherze ernst. Das Höchste, wozu wir uns beinahe auf-
geschwungen hätten, war eine zweifache Katzenmusik. Zur
Ausführung kam sie wohl deshalb nicht, weil einer solchen
Jämmmerlichkeit ein jeder sich schämte.

Einer Riesenversammlung erinnere ich mich, die im großen
Saale des Handwerkervereins abgehalten wurde und in der
Orkane der Entrüstung durch unsere Seelen fegten. Wie der
Zufall uns jungen Leute zusammengeführt hatte, so blieben
wir aneinander kleben, schwuren Rütlieide und marschier-
ten, nachdem der Zauber zu Ende war, in Scharen zusam-
mengeballt, durch die fiebrige Sommernacht.

Wo ein Gasthaus noch offen war, da brachen wir ein, vertrie-
ben die übriggebliebenen Gäste und hielten blutrünstige Reden, bis man uns an die Luft setzte.

Aber morgen, morgen war auch noch ein Tag! Morgen wollten wir uns weiter entrüsten. Das Stelldichein wurde bestimmt, ein jeder versprach, der guten Sache neue Freunde zu
werben, und so mußte die Bewegung anschwellen, lawinen-
gleich, bis sie Staat und Gesellschaft zertrümmert hatte.

Unter den wildesten Rednern fiel mir einer auf, der mit einer
gewissen grausamen Kühle, höhnisch und geschmeidig die
Seelen widerstandslos mit sich riß. – Ein eleganter, junger
Mann mit Schmissen auf ausgeblaßten Wangen und einer Ar-
tistenfrisur. Er flößte mir, der ich im Reden noch ungelenk
war, eine scheue Bewunderung ein, und als er sich herabließ,
sich mir wie einem Näherstehenden zuzuwenden, fühlte ich
mich geehrt und beseligt.

»Wir beide wollen die Führerschaft übernehmen«, sagte er
beim endlichen Heimweg, den Arm vertraulich unter den
meinen schiebend. »Die anderen schnüffeln ja doch bloß ins
Leere und verkrümeln sich, wenn man sie nicht an der Strippe
hält. Wir alten Korpsstudenten sind von der Vorsehung dazu
ausersehen, dieser ruppigen Finkenschaft den nötigen Appell
beizubringen.«

Die Gleichstellung, die er mir zuerkannte, hob mein Selbstbewußtsein gewaltig, nur, daß er mich für einen Korpsstudenten hielt und nicht sofort nach Nam' und Art befragte, wollte mich wundernehmen.

In einem vornehmen Restaurant am Dönhoffsplatz, wo man für eine Mark fünfzig vier Gänge und zum Nachtisch Backpflaumen und Käse à discrétion geliefert bekam, beschlossen wir, uns am nächsten Mittag wieder zu treffen, denn der Schlachtenplan wollte entworfen sein.

Als ich zur festgesetzten Stunde schwer verkatert ihm gegenüber saß, war in seinem Hirne schon alles gestaltet. In der abendlichen Zusammenkunft wollte er mich als Vorsitzenden in Vorschlag bringen, während ich meinerseits die Aufgabe hatte, ihm den Platz an meiner Seite zu verschaffen.

»Da diese armen Teufel ja doch nichts haben«, fuhr er fort, »müssen wir die nötigen Organisationsgelder vorläufig aus eigener Tasche bestreiten.

Aber ich habe gute Beziehungen zu den Führern der Sozialdemokratie und weiß, daß uns aus der Parteikasse alles vollauf zurückerstattet werden wird. Ja, im Vertrauen gesagt, wir werden noch über ganz andere Summen verfügen dürfen, wenn wir nur erst eine ansehnliche Zahl von Anhängern aufweisen können.«

»Wieviel wird nötig sein?« fragte ich etwas beklommen, denn meine übriggebliebenen fünfhundert Rubel waren schon arg zusammengeschmolzen.

»Nun – wenn jeder den kleinen Beitrag von dreihundert Mark hergibt«, sagte er herablassend, »wird es fürs erste genügen.«

Ich atmete erleichtert auf, denn so viel und einiges mehr war noch in meinem Besitze.

Und als diese Angelegenheit spielend erledigt war, legte er mir den Entwurf eines Aufrufs vor, der abends unter den Kommilitonen verbreitet werden sollte.

Ich las ihn durch und sagte mit Offenheit, daß ich ihn etwas nüchtern fände.

»Sie als Vorsitzender haben natürlich den Wortlaut zu bestimmen«, erwiderte er. Der Kellner lieferte uns einen Bleistift, und ich, rasch entflammt, redigierte das Schriftstück um, bis es auch seinerseits Flammen sprühte.

Man ist ein Dichter, oder man ist es nicht. Und ich, Gott sei Dank, war einer.

»Das muß heute noch in die Zeitungen«, rief mein Mitverschworener, sich zu einer gewissen müden Begeisterung aufraffend. »Nein, mehr noch, das muß morgen früh an den Litfaßsäulen stehen. Und ganz Berlin wird sich hinreißen lassen.«

Das Herz schlug mir vor Seligkeit. Volksführer sein, die Seele der Weltstadt in den Händen halten – was auf der Welt konnte es Größeres geben?

»Ich werde das Manifest sofort einer Druckerei überbringen«, fuhr er fort. »Ich werde dann« – er stockte, in Gedanken erstarrend. »Nein, nein, das wird nicht gehen, denn man kennt uns ja nicht. Oder aber – wir müßten gleich die entsprechenden Vorschüsse zahlen.«

»Das könnten wir ja«, rief ich zitternd vor Eifer.

Geld spielte in einem so weltgeschichtlichen Augenblick gar keine Rolle.

»Gut«, sagte er. »Ich nehme an, daß man mit der genannten Summe zufrieden sein wird. Ich werde sofort die nötigen Erkundigungen einziehen und dann bei Ihnen vorsprechen, um Ihren Beitrag in Empfang zu nehmen.«

»Kommen Sie lieber gleich mit«, sagte ich, »damit wir ja keine Zeit verlieren.«

»Da haben Sie recht«, sagte er. »Man sieht doch gleich, daß Sie die nötigen Führerqualitäten besitzen.«

Wir riefen uns also eine Droschke – Geld spielte, wie schon gesagt, keine Rolle – fuhren nach der Spandauer Brücke, und während er unten wartete, raffte ich mit bebenden Händen die Goldstücke zusammen, die dem großen Werke zu dienen hatten.

Und als er sie flüchtig zählend in Empfang genommen hatte, fuhr er sofort nach der Nauck-und-Hartmannschen Druckerei von hinnen.

Mit brennenden Backen legte ich mir die Rede zurecht, die ich des Abends zu halten gedachte.

Neumann lag auf seinem Bette und las in Georg Brandes' »Strömungen«, einem neuen, epochemachenden Werke, das ein genialer junger Däne soeben in die Welt hinausgeworfen hatte.

»Was quasselst du da immer?« fragte er.

Er war gestern nicht in der Versammlung gewesen und hatte deshalb keine Ahnung von dem, was sich unheilschwanger vorbereitete.

Er durfte auch erst davon erfahren, wenn das Schwert, das ich geschmiedet hatte, sausend den Nebel des Autoritätsglaubens durchhieb.

Darum rannte ich nach dem nahen Monbijougarten, wo die Kindermädchen keine Rechenschaft verlangten.

Der Abend kam.

Klopfenden Herzens betrat ich das Gasthaus, in dem uns ein Saal reserviert bleiben sollte.

Wo die Versammlung stattfinde.

»Welche Versammlung?« fragte der Kellner zurück.

»Nun, die diese Nacht angesagt worden ist.«

»Ja, ja, so! Ich besinn mich. Es ist aber keiner gekommen.«

»Das ist unmöglich.«

»Na, sehen Sie doch selber.«

Und er öffnete die Tür zum Saale, an dessen Schmalwand Fetzen von Theaterkulissen sich im Halbdunkel verloren. Um Tische und Bänke hallende Leere.

»Aber der Herr, der den Saal selber bestellt hat?«

»Suchen Sie in den Gastzimmern. Vielleicht sitzt er da.«

Ich suchte in den Gastzimmern, ich wartete mehrere Stunden, doch er kam nicht.

Und ich habe ihn niemals wiedergesehen. –

Von dem Schicksal meines Dramas war inzwischen nicht das mindeste zu hören gewesen. Wieviel Apfelkuchen ich auch geopfert hatte – die Ankündigung, die sehnlich erwartete, wollte sich noch immer nicht einstellen.

Und da die Theatersaison sich dem Ende zuneigte, beschloß ich einen Gewaltstreich. Ich zog meinen Gehrock an, den mir der Dorfschneider Paetzel, den Modeblättern entsprechend, für feierliche Gelegenheiten angefertigt hatte, und begab mich, auf diese Weise würdig ausgerüstet, in die Blumenstraße, in der nach Angabe des Adreßbuches Herr Direktor Emil Claar, nicht fern vom Residenztheater, seine Privatwohnung hatte.

Ich wurde angemeldet und betrat ein Wohngemach, das in der Farbenpracht orientalischer Vorhänge glühte.

Ein mittelgroßer Herr mit rotblonder Tolle und weitgeöffnetem Stehkragen trat mir in liebenswürdiger Geschäftigkeit entgegen.

»Womit kann ich Ihnen dienen, Herr . . .?«

»Mein Name ist Hermann Sudermann«, antwortete ich mit bescheidenem Nachdruck.

Aber die erwartete Wirkung blieb aus.

»Ja, und . . .?«

»Ich habe Ihnen vor einigen Monaten das Manuskript eines Schauspiels übersandt, über dessen Aufnahme ich noch keine Nachricht erhalten habe.«

»So – so . . . So – so! Nun, das kann ja wohl vorkommen. Aber das Versäumte wird sofort nachgeholt werden. Darf ich mir Ihre Adresse ausbitten?«

Ich wiederholte meinen Namen und fügte die Adresse hinzu, die er sich schriftlich merkte.

»Sie werden umgehend Bescheid bekommen und – und – jawohl.«

So war ich entlassen.

Mit beruhigtem Selbstgefühl begab ich mich in meine Stadtgegend zurück.

Nun war alles klar. Infolge irgendeines Versehens war mein Manuskript bisher unbeachtet geblieben. Aber jetzt würde man es aus seinem Versteck hervorziehen, würde lesen, würde staunen und mir die Nachricht der Annahme ohne Verzögerung zugehen lassen. Schon am nächsten Morgen konnte ich das Zeugnis meines Glückes in Händen halten.

Aber die Tage, die Wochen vergingen, ohne daß ein Brief mit dem Stempel des Residenztheaters sich bei mir eingefunden hätte.

Da zog ich zum anderen Male meinen Gehrock an und schlug den bekannten Weg zur Blumenstraße ein.

Mit der gleichen eilfertigen Liebenswürdigkeit trat der Direktor mir entgegen.

»Womit kann ich dienen?«

»Ich habe mir vor einiger Zeit erlaubt, bei Ihnen vorzusprechen, Herr Direktor, um mich nach dem Schicksal eines Manuskriptes zu erkundigen, das ich eingesandt hatte.«

»Jawohl, ich besinne mich . . . Richtig, ja! . . . Und Sie haben es nicht erhalten? . . . Das ist eine unbegreifliche Nachlässigkeit meines Büros, die sofort gutgemacht werden soll. Die Eingänge werden dort stets auf das sorgfältigste geprüft. Was wir irgend gebrauchen können, das behalten wir. Jedenfalls entschuldigen Sie gütigst.«

»O bitte«, entgegnete ich mit Würde. »Ich darf nun also bestimmt auf baldigen Bescheid rechnen?«

»Ich gebe Ihnen mein Wort darauf, Herr Silbermann.«

Mit bezaubernder Herzlichkeit drückte er mir die Hand, er

geleitete mich sogar in den Hausflur hinaus und schloß selber die Tür so höflich hinter mir, daß ich mich berechtigt fühlte, neue Hoffnungen zu schöpfen.

Am nächsten Tag lag ein Paket mit der Aufschrift des Residenztheaters auf meinem Tische.

Mein Manuskript befand sich darin, aber dessen Form hatte sich in merkwürdiger Weise verengt und verschmälert.

Der Direktor hatte sein Versprechen wahr gemacht.

»Was wir irgend gebrauchen können, das behalten wir«, so hatte er gesagt.

Die schönen, breiten, weißen Ränder waren abgeschnitten.

Das übrige stand wieder zu meiner Verfügung.

Fürs erste glaubte ich, diesem Zusammenbruch meiner Hoffnungen mit Gleichmut begegnen zu dürfen, erst allmählich sah ich ein, daß auch die Fortsetzung meiner Studien mit ihnen zugrunde ging.

Der Schatz russischen Ursprungs ging zur Neige, und ich war dem von der Notwendigkeit gesteckten Ziele ferner denn je.

Seitdem ich eingesehen hatte, daß die Methoden des sprachwissenschaftlichen Unterrichts mich immer stumpfsinniger machten, war ich vollkommen ins Bummeln geraten – und zwar auf eine Weise, die jeder Selbstdisziplin und jeder Rechtfertigung durch das soziale Gewissen, die bei den Litauern immer noch mitsprachen, ins Gesicht schlug.

Neumann hatte einen Freund mit Namen Bodky, der uns im Skat als dritter Mann unentbehrlich geworden war. Darum nahmen wir ihn, wenn wir nach durchsumpfter Nacht heimkehrten, der Bequemlichkeit halber gleich auf die Bude mit, machten ihm auf dem Sofa ein Lager zurecht und hatten ihn infolgedessen sofort zur Hand, wenn wir nach dem Erwachen unsere Skatpartie fortsetzen wollten.

Auf diese Weise kommt man nicht vorwärts, auch wenn man

nachmittags, allein gelassen, seine Widerstandslosigkeit gegenüber der Unmasse vampirhafter Eindrücke durch die Niederschrift weltschmerzlich revolutionärer Gedichte zu rechtfertigen sucht.

Man war dämonisch. Ohne Zweifel. Aber ein Dämon ohne Geld – *bloß* biertrinkend, *bloß* skatspielend – konnte sich nicht sehr ernsthaft nehmen.

Und dann die Brustschmerzen. Auch hatte sich schon mehrfach Blut im Taschentuch gefunden. Man war also dem Tode geweiht.

Vielleicht hatte Angela bis jetzt gewartet, um mich nachzuziehen – vielleicht rächten sich bereits die durchbummelten Nächte. Wer konnte es wissen?

Ein Glück, daß die Liebe mich leidlich in Ruhe gelassen hatte! Gegen das Dirnentum, das sumpfblumenhaft an allen Wegen wuchs, war ich gefeit, und auch sonstige Erlebnisse weltstadthafter Natur hatten nicht viel Einfluß auf mich gewonnen.

Die heißäugige Schusterstochter von nebenan, die sich gar zu gerne in unsere Bude hineinziehen ließ, war von ihrem Vater durchgeprügelt worden und kam dann nicht mehr. – Die hochschlanke Kindergärtnerin am Monbijouplatz war höchstens als Objekt wunschloser Lyrik zu verwerten.

Nur die reife Hausdame von drüben, die, wenn sie sich nicht gerade vor dem Stehspiegel puderte, mit dem Feldstecher hinter der Gardine saß, konnte allenfalls dämonisch verwertet werden. Sie zeigte sich den Reizen der Gebärdensprache durchaus nicht abgeneigt, war auch bereits zweimal in einer Konditorei der Rosentaler Straße mit mir zusammengetroffen, der Orkan entfesselter Leidenschaft konnte demnach seinen verheerenden Weg nehmen. Da geschah es, daß ich eines Nachmittags, mitten im Dichten, durch ein mißtöniges Papageiengeschrei zum Hinausschauen genötigt wurde. Auf dem Fensterbrett meiner Angebeteten stand ein vergoldeter

Käfig, und der Vogel darin schmetterte, den Lärm der Straße übertönend, das zarte Geständnis: »Ich liebee mein Wisawi«, trompetenhaft in die Welt hinaus.

Dunkel erinnerte ich mich, diesen Ruf, freilich ohne darauf zu achten, schon früher bisweilen vernommen zu haben, und wurde mir allgemach klar, daß Papchen als gefälliger Vermittler eine Dauerstellung einnahm, die schon vielen meiner Vorgänger zugute gekommen sein mochte. Da fühlte ich mich abgekühlt und wich den Bezauberungen aus, die dann drüben allgemach einschliefen.

Nur Papchen schrie sein Geständnis unentwegt in die Welt hinaus.

Eines Tages zählte ich meine Barschaft und fand, daß sie beinahe erschöpft war. Die Summe, die ich der deutschen Freiheit geopfert hatte, wäre imstande gewesen, mich noch ein Vierteljahr länger über Wasser zu halten. Jetzt sah ich vor mir nichts als das Nichts.

Aber fern, fern an der russischen Grenze in Deutschlands gottvergessenem Winkel wartete meiner noch immer die Heimat. Wie unwillig mein Vater auch meiner Lebenslaufbahn gegenüberstand, den Unterschlupf im Elternhause hatte er mir noch nie verweigert.

Wenn ich den Rest meines Eigentums anwandte, um mir die Lehrbücher anzuschaffen, die von meinen neusprachlichen Professoren zu jeder Stunde mit hohem Respekt genannt worden waren, dann mußte es mir ein Leichtes sein, durch Selbststudium nachzuholen, was während des Kollegs um keinen Preis in meinen Kopf zu trichtern war.

Ein Wintersemester, in unerschlaffter Arbeit über ihnen zugebracht, mußte mich selbst über die ausschweifendsten Forderungen des Seminars triumphieren lassen.

Und dann besann ich mich, daß ich ja eigentlich brustkrank war. – Um so besser. – Dann würde man mich in der Heimaterde betten, Muttertränen würden mein Grab betauen, und vielleicht kam zur Dämmerzeit bisweilen ein Mägdlein – ich wußte nur nicht recht welches, denn seit Ottilie Settegast die Erkorene meines annoch unberührten Herzens gewesen war, hatte ich immer auswärts geliebt.

Aber vielleicht blieb mir doch das Leben geschenkt. Und für diesen Fall kaufte ich mir, nach Rücklegung des nötigen Reisegeldes, in der Buchhandlung von Mayer und Müller die hochgelehrten Werke – sie prangen noch heut in meinem Blankenseer Bücherschrank –, in denen die Geschichte der altfranzösischen Dialekte und des Überganges vom Angelsächsischen zum Altenglischen zauberkräftig geschrieben steht.

Mit ihrem Besitz war meine Zukunft gesichert, selbst wenn meine dichterische Sendung fürs erste in den Wolken hängen blieb.

An einem heißdunstigen Augustmorgen saß ich wieder auf dem Omnibus, der mich im Frühling meinem Glück entgegengetragen hatte.

Eines konnte ich mir nicht verhehlen: Die Eroberung Berlins war fürs erste mißglückt. –

VIERZEHNTES KAPITEL

Der verbummelte Student

Die Reseden und die Levkojen in meiner Mutter Garten schrumpften zusammen, und auch die Astern ließen eines Morgens, vom ersten Nachtfrost getroffen, sterbend die Häupter hängen.

Herbst – doch kein Herbst der fröhlichen Ausfahrt, des stolzen Abschiednehmens um neuen Kampfes willen, wie es sonst Jahr für Jahr gewesen und wie es den anderen auch jetzt beschieden war – o nein, ein Herbst der Verzagtheit, der erfrorenen Hoffnung, des Weltverlassenseins.

Weiterstudieren? Kunststück! – Wovon denn?

Mit durchgefuttert konnte ich allenfalls werden, aber um mich auf Universitäten zu schicken, war kein Geld mehr vorhanden.

Vater wußte nicht, wovon die Gerste bezahlen, mit der im nächsten Monat gebraut werden sollte. Wer noch den großen Herrn spielen wollte, mußte es schon auf eigene Kosten versuchen.

Und hätte ich trotzdem abfahren wollen, nicht einmal das Reisegeld bis Berlin wäre aufzutreiben gewesen.

Als ich am 30. September zwanzig Jahre alt wurde, hatte mir meine Mutter auf den Bescherungstisch ein verschämtes Päckchen gelegt, darin befanden sich volle sechs Mark.

»Mehr hab ich nicht sparen können«, sagte sie mit Tränen in den Augen, und ich lief eilends hinaus, um ihr die eigenen nicht zu zeigen.

Mit zwanzig Jahren, wenn andere ihr Leben erst beginnen, war das meinige schon gescheitert.

Nein, noch nicht ganz. Die Zauberbücher mit den philologischen Formeln lagen ja oben in der Giebelstube, die, seit Großmutter gestorben war und die Brüder in der weiten Welt ihr Glück machten, mir ganz allein gehörten und in denen ich büffeln konnte, soviel Stunden, als der Tag nur hergab.

Und ich büffelte. – Von Biereifer gepackt, saß ich morgens um vier über den altfranzösischen Formen und versuchte sie meinem Gedächtnis einzuhämmern. Die spät abends frisch aufgefüllte Lampe leuchtete weiß, das Frührot mischte allmählich orangefarbene Tinten hinein, und mich hungerte nach Frühstück.

Aber unentwegt wiegte ich murmelnd den Oberkörper auf und nieder und memorierte stunden- und stundenlang.

Ein Lernender, für den es noch niemals eine Schwierigkeit gegeben hatte – in Latein etwa ausgenommen, und auch die nur falscher Einstellung zufolge –, ein Held, der, glorreichen Angedenkens, binnen vierzehn Stunden der gesamten Geographie Meister geworden war, dem mußte es doch gelingen, diesen blödsinnigen Wortkram in seinem Schädel unterzubringen.

Aber vergebens. Was an einem Tage eingepaukt wurde, war am nächsten vergessen.

Da begann ich, an meiner geistigen Verfassung irre zu werden. Vielleicht waren über dem vielen Biertrinken, über all den durchzechten Nächten Gedächtnis und Auffassungsvermögen vor die Hunde gegangen, und ich näherte mich langsam dem Idiotentum. Gehirnerweichung war eine Krankheit, der man allerorten begegnete. Warum gerade sollte sie *mich* verschonen?

Um mich einer Probe zu unterwerfen, lernte ich den englischen Text des »Macbeth« auswendig, und siehe da! Ich konnte ihn fließend bereits nach acht Tagen.

Also das war es nicht.

Dann aber die Brustschmerzen! Offenbar machte die Schwindsucht Fortschritte.

Ich trieb mich viel auf dem Kirchhof umher und saß an dem Grabe der Großmutter, damals noch dem einzigen, das meiner Familie gehörte. Man konnte ja nicht wissen, wie bald das meine daneben stand, und mußte beizeiten lernen, gute Nachbarschaft halten.

Das Blut im Auswurf hatte zwar aufgehört, aber die Engigkeit über der Brust wurde noch größer.

Da faßte ich mir ein Herz und ging zu unserem Physikus. Er befahl mir, mich zu entkleiden, besah meinen Brustkasten und lachte.

»Sie haben einen Thorax wie ein Preisringer«, sagte er. »Aber wir können ja untersuchen.«

Und als er mich in ausgiebiger Weise behört und beklopft hatte, lachte er wieder.

»Wenn Sie sich aus Hypochondrie nicht zufällig umbringen«, sagte er, »werden Sie hundert Jahre alt.«

Tiefgekränkt wehrte ich mich.

Da forschte er nach, wie ich mein Leben im Sommer geführt hatte und wie ich es zur Zeit sich abspielen ließ.

»Sehr einfach«, sagte er, »zuerst haben Sie zu viel gebummelt, und jetzt büffeln Sie zu viel. Vier Stunden Bettschlaf kann für die Dauer höchstens ein armer Landarzt vertragen, denn der holt das Fehlende auf dem Wagen nach. Schlafen Sie sich mal erst ordentlich aus. Ich garantiere Ihnen: in acht Tagen sind Sie geheilt.«

Und so geschah es. Die Schwindsucht ging zum Teufel, aber die Philologie auch. Denn bei hellichtem Tage, wenn die Willenskraft mich nicht mit rotglühenden Spießen stach, wurde der Wahnsinn des Auswendiglernens immer noch klarer.

Und eines Tages sagte ich mir: »So dringst du nie in die Geheimnisse dieser Wissenschaft ein, höchstens verrückt werden kannst du darüber. Drum wirf die Zauberbücher in die Ecke und tu, was dir Spaß macht.«

Zuerst natürlich: dichten.

Dichten! Leicht gesagt. Aber was?

Das Dichten war damals nicht so einfach, wie es der Jugend heute sich darstellt. Heute genügt es, die Phantasie in gedankenflüchtiger Willkür auf der Blumenwiese der deutschen Sprache spazieren zu führen und zu knallbuntem Bündel zusammenzuraffen, was der Fuß gerade berührt hat; damals hatten die Meister strenge Gesetze der Bindekunst gegeben, denen auszuweichen Hohn und Verfemung und schlimmer als das: lächelndes Übersehen unweigerlich mit sich brachte. Denn Kritik und Können waren damals in Eintracht, und beide gemeinsam hatten um den Parnaß herum eine Mauer gezogen, an deren strenggehütetes Tor nur der zu pochen wagte, der sich als saftreifer Epigone ausweisen konnte. Was im Gären war, vergor sich zu Fäulnis oder es stieß in langsamem Werdeprozeß die Hefe aus und trat zutage, wenn es klar und dünn geworden war, wie der Geschmack es verlangte.

In mir aber lagen Ungestüm und Ungeschick in widersinnigem Kampfe. Ich schäumte vor Wut gegen das Beckmessertum der zünftigen Form und fülte mich doch geschmeichelt, wenn eine tadelfreie Strophe mir gelang.

Und dann fehlte es mir an großen Gegenständen. Mit Blindheit geschlagen, ahnte ich nicht, daß um mich herum im Litauertum das Volkslied, das wir Deutsche als ein teures Überbleibsel aus vergangenen Zeitaltern am Leben halten, an jedem neuen Tage neu erwuchs und erblühte, daß es rings auf allen Wegen sang und klang von einem schöpferischen Werden, das nur aufgefangen zu werden brauchte, um auch auf deutschem Boden köstliche Früchte zu tragen. – Ich war so nahe dem Urquell dichterischer Zeugung, daß ich mich nur zu ihm niederzuneigen hatte, um mich satt zu trinken für ein halbes Leben, und statt dessen irrte mein Auge in den Literaturen aller Zeiten umher – auf der Suche nach Motiven, die andere längst ausgespien hatten.

Und was von der Lyrik galt, betrifft die Erzählung nicht minder. In Scharen umschwärmten die Modelle mich alltäglich, fordernd, daß ich ihrem Abbild Umriß und Farbe gebe, daß ich den plump geballten Ton ihrer Schicksale zu nie geschauten Gestaltungen formend bezwinge, und derweilen seufzte ich jämmerlich über mein Pech, das mich nötigte, erlebnis- und anregungslos in dieser Spießeröde dahinzuleben. Gigantische Sünden, verbrecherische Leidenschaften erträumte ich mir irgendwo draußen, dort, wo die große Welt ihr Pfauenrad schlägt, und derweilen gärte vor meiner Tür der Heimatsboden von Frevel und Tragik in heiß-giftiger Fülle. Aber ich ahnte es nicht.

Da geschah es, daß ein Trauerspiel, das in mein eigenes Leben eingriff, mich scheinbar bis in die Grundfesten meines Wesens erschütterte. Ottilie Settegast erschoß sich.

Ich hatte sie seit Kinderzeiten nicht gesehen, aber mein Erinnern gab ihr einen Platz im Allerheiligsten meiner Seele. Wäre ich ihr wieder begegnet, ich glaube, ich hätte nicht gezögert, mich in meinem Liebeshunger von neuem an sie zu klammern.

Und nun war sie tot. Hatte eines Nachmittags, als alle schliefen, eine blindgeladene Pistole aus dem Waffenschrank genommen und sich am Grabe der Mutter den Papierpfropfen ins Hirn gejagt.

Die Ursache war kläglich genug. Bei ihrem Oheim Schmidt, der in Heydekrug ein großes Materialwarenlager besaß, hantierte hinter dem Ladentisch ein junger Kommis mit »Italieneraugen«, die im Lande slawisch-germanischer Blondheit als besondere Schönheit galten. In den hatte sie sich verliebt, wenn sie an Markttagen dort ihre Einkäufe machte. Hatte ihm ihre Gefühle auch nicht verheimlicht und ihn so weit ermutigt, daß er, der kommune Gewürzer, es unternahm, die Hand der Rittergutsbesitzerstochter für sich zu verlangen. Natürlich war er an die Luft gesetzt worden. Und da er ein roher und eitler Patron war, rächte er sich, indem er die hoff-

nungslos um ihn Bangende mit Hohn- und Schimpfreden
bewarf, wenn er im Kreise gleichgearteter Kumpane soff oder
jeute. Das wurde ihr durch eine Näherin hinterbracht. Da
ging sie schweigend hinaus und machte ein Ende.

Nun hatte ich die große Tragik, nach der mich verlangte. Und
ich steigerte sie zu einem solchen Überschwang, als hätte ich
das arme Mädel immer geliebt und als wäre ich selber daran
schuld, daß sie gestorben war. Mir schien's, als könnte ich nie
mehr von diesem heißen Grame genesen. Ich aß nicht, ich
schlief nicht, ich lief bei Tag in die Wälder und dichtete, ich
saß bei Nacht am Schreibtisch und dichtete. Aber auf Ottilie
gibt es bekanntlich nur *einen* verwendbaren Reim, der heißt
»Lilie« – denn »Familie« und dergleichen Zeug kann man natürlich nicht brauchen –, und an dieser Reimarmut mußte der
Reichtum meiner Empfindungen schließlich zugrunde gehen. Nur eine Anzahl schlechter Verse gibt Zeugnis von dem
Sturm, den ich künstlich in mir angeblasen hatte. Das Andenken des lieben Kindes wäre echter und ehrlicher von mir
gefeiert worden, wenn ich mit Schweigen an ihrem Jammer
vorübergegangen wäre.

Aber mein großes tragisches Schicksal mußte ich haben, und
wenn ich mir gleich dessen Feuer in prometheischem Trotze
vom Himmel herunterholte.

Ich hielt Umschau unter den Frauen des Landes, denn eine
Frau mußte es sein. Mädchenliebe hätte unweigerlich mit den
Banalitäten einer Verlobung geendet.

Und ich fand, was ich suchte.

Unter den höheren Beamten, von denen in jeder Kreisstadt
ein bis zwei Dutzend ihr Wesen treiben – deutlicher möchte
ich auch heute nach mehr denn vierzig Jahren nicht werden –,
gab es einen, der vor kurzem hierher versetzt worden war und
den ich als trinkfesten Zecher und lachenden Schnurrener-
zähler am Biertische schätzen gelernt hatte.

Sein Hauswesen kam bald hinterher, und eines Tages wurde

ich zu Tee und Tanz dorthin geladen. Da sah ich *sie* zum ersten Male – *sie,* die fortan die Herrin meiner Träume werden sollte. Ihr Bild ist mir heute in Nebel zerronnen, ich weiß nur, daß jener sanftgeschwungene Hochwuchs ihr eigen war, ohne den eine dichterisch auszumünzende Leidenschaft mir undenkbar schien.

Sie sprach gütige Worte zu mir – wie anders? Sie war ja die Hausfrau. – Aber hinter dieser lächelnden Güte, die ein wenig müde schien, mußte unweigerlich ein dunkles Lebensleid verborgen liegen. Wer sonst konnte schuld daran sein als jener wüste Zyniker von Mann – so schien mir der harmlose Bierbruder plötzlich verwandelt –, der sie gezwungen hatte, sich von ihm durch ein gemeinsames Dasein schleppen zu lassen? Und wer war vom Schicksal bestimmt, ihre Ketten zu brechen, sie zu der Erhabenheit einer ihrer würdigen Lebenserfüllung emporzuführen? – Ich, niemand als ich, der nun als Erlöser in ihre Kreise trat.

Als ich nach jenem Gesellschaftsabend um vier Uhr früh in meiner Giebelstube landete, flossen die Verse so feurig, wie der frisch angestochene Vulkan meines Wesens es heischte. –

Was soll ich noch sagen? Heute erkenne ich unschwer, daß jene wilde Sommernacht, die mir die seelische Unschuld genommen hatte, heimlich weiterwirkend auch diese dummdreiste Phantastik auf dem Gewissen trug. Ein Glück nur war's, daß die, der sie galt, nie etwas davon erfahren hat. Sonst wär's in der sittenstrengen Heimat mit meiner Schoßkindschaft alsbald zu Ende gewesen.

Um so eifriger trug ich im stillen Bausteine herbei, um das Luftschloß schicksalhaften Geschehens bis in alle Ornamentik hinein liebend auszugestalten.

Die Stunde gewitternden Erkennens – das stumme Einherschleppen gemeinsamer Not – Blicke wie Leuchtfeuer – Worte wie Erdbeben – und endlich – endlich – Geständnis, Flucht und gemeinsamer Tod! So und nicht anders mußte es enden, das Werk, an dem die Norne jetzt spann. Oder vielmehr *ich* spann. Tag und Nacht. In Versen und in Prosa. Mit glühendem Kopf durch die Wälder rasend. Im Schneetreiben auf dem Kirchhof liegend. Total meschugge.

So ging es monatelang. Bis die auch meinem unerfahrenen Auge nicht mehr zu verbergende Tatsache, daß die Beherrscherin meines Herzens in anderen Umständen war, mir etliche Ernüchterung brachte. Ich mißachtete sie nicht gerade, aber ich mußte mir doch eingestehen, daß auf absehbare Zeit hin ein rettendes Eingreifen durch mich an dieser Stelle nicht mehr geboten war.

Schließlich habe ich noch die Ankunft eines kräftigen Jungen am Stammtisch mitfeiern helfen. Ja, so charakterlos war ich. Und als ich in dieser Nacht höchst angeregt nach Hause kam, mußte ich mir wohl oder übel bekennen, daß gar nicht jene Frau es war, die ich so heiß und hoffnungslos geliebt hatte, sondern das Weibtum an sich, das ich brauchte und für das sie sich als zufälliges Belagexemplar hergeben mußte.

Und dabei blühte ein heißes, zu jeglicher Schuld entschlossenes Glück dicht nebenbei, nur daß ich nichts davon ahnte. Doch davon später. –

In meinem Elternhause herrschte zu jener Zeit hoffnungslose Trübsal. Mein Vater, den Sechzigern nahe, konnte die schwere körperliche Arbeit, die der Beruf verlangte, sich nicht mehr abgewinnen, und mein zweiter Bruder, der ihm zu Hilfe gekommen war, strebte wieder hinaus in die Fremde, wo ihm derweilen jeder Aufstieg verlorenging. Zudem war auch seine Mühe umsonst. Der Absatz verringerte sich, die Schulden häuften sich, und mein Vater ging schweigend und stieren Auges umher, als sähe er Geister.

Und nun lag auch ich ihm noch auf dem Halse.

Ich glaube nicht, daß ich ein angenehmer Hausgenosse war. *Mir* sollte ein Sohn im Schlafrock zu Tische gekommen sein, aus dessen Seitentaschen rechts und links der Kopf einer jungen Katze hervorsteckte, ich würde ihn, glaub ich, selbigen Tages an die Luft gesetzt haben! Ja, so seh ich mich noch, und ich kann den Schauder wohl verstehen, mit dem mein Vater sich eines Mittags jäh von mir abwandte.

Und eines anderen Mittags erinnere ich mich – da war ich freilich anständig angezogen und trug auch keine junge Katze am Leibe. Wir saßen zu vieren stumm, wie gewöhnlich, um den Eßtisch herum. Mein Vater seufzte und grollte in sich hinein. Und dann erhob sich ein Zank um nichts – um eine überflüssige Serviette – um ein Gericht, das ihm zu üppig schien – was weiß ich? Und er schalt die Mutter und uns alle als die Verderber seines Lebens und schalt sich selbst, daß er anderen das Leben verderbe. Und der Ruin stehe vor der Tür, und betteln gehen müßten wir alle.

»Und da sitzt auch noch der Taugenichts von Sohn, der, anstatt Geld zu verdienen, die Nächte herumbummelt, wenn er nicht unnützes Zeug kliert.« So fuhr er zum Schlusse auch mich an.

Ich hätte nun wie in ähnlichen Fällen beleidigt zur Tür hinausgehen müssen, aber ich las die Verzweiflung in seinen Augen, und – woher ich den Mut genommen habe, weiß ich noch heute nicht, denn wir gingen bis auf den abendlichen Handkuß stehts ohne Berührung aneinander vorüber – ich trat auf ihn zu, schlang die Arme um seinen Hals und sagte: »Vater, es geht uns allen schlecht. Müssen wir durchaus unser Unglück noch größer machen, indem wir gegeneinander loswüten?«

Den scheuen, gequälten Blick des Erstaunens, mit dem er mich anstarrte, habe ich niemals aus der Erinnerung verloren. Zuerst mochte er mich anschreien wollen ob meiner Frechheit, dann dämmerte es wie das Ahnen einer besseren, linderen, liebereicheren Welt in seinen harten, wie aus Eichenholz geschnitzten Zügen auf, und mit einem Schnauben, das wie ein Schluchzen klang, riß er die Türe auf und war verschwunden.

Bestürzt sahen die anderen mich an, und mein Bruder Otto sagte: »Mach das nicht wieder. Ein andermal könnte es schlimmer ausgehen.«

Aber mir war die Seele leicht geworden, und als wir alle beim Abendbrot wieder zusammentrafen, erlebte ich die Genugtuung, daß mein Vater sich im Gespräche freundlich an mich wandte. Und das war seit langem nicht geschehen.

Damals begann aus Kummer, Not und Leichtsinn heraus mein Wesen sich zu recken und seiner Kraft bewußt zu werden. Der Tag bekam ein Rückgrat in fest abgeteilter Arbeit, und die Nächte dehnten sich in köstlicher Lampenhelle bis gegen den Morgen.

Was ich an Wissenschaft erraffen konnte, sog ich in mich hinein, wahllos, regellos, mit nie nachlassendem Durste; nur an den Büchern meines eigentlichen Berufes ging ich mit Grausen vorüber.

Für die schöne Literatur mußten die Bücherschränke der Familien Sorge tragen, in denen ich verkehrte, und der »Journalzirkel«, mit dem die in den Hinterwald Verschlagenen ihr Bildungsbedürfnis bestritten, tat ein übriges, damit der Zug der Zeit mich mit sich riß.

Unter den Schriftstellern, deren Romane ich damals verschlang, gab es einen, der meine Seele ganz gefangennahm.

Er hieß Hans Hopfen.

Schon in Königsberg hatte ich Verse von ihm gelesen, die mir nicht mehr aus der Erinnerung wichen: »Lieb Seelchen, laß das Fragen sein«, »Dieweil du mich verlassen hast« und andere mehr. Dann war ein Roman mir in die Hände gefallen, dessen Geschehen mit dem Erlebnis jener denkwürdigen Sommernacht eine gewisse Ähnlichkeit hatte und den ich deshalb nicht mehr von mir ließ. Und schließlich war's mir, als hätte in jenem fremden Dichtersmann all mein Streben und Hoffen längst schon Erfüllung gefunden. Sich ihm anzuvertrauen wie einem älteren Bruder oder Freunde, ihm den Jammer meines Festgefahrenseins ans Herz zu legen und ihn um Rettung anzugehen, wurde ein inneres Gebot, dessen Stimme sich nicht mehr zum Schweigen bringen ließ.

Ich suchte die Gedichte zusammen, die ich für wohlgeraten hielt, kopierte sie mit meiner edelsten Schönschrift und legte einen Brief dazu, viele Bogen lang, auf denen geschrieben stand, was ein Gott zu sagen mir eingab.

Mit klopfendem Herzen trug ich den prallgefüllten Umschlag aufs Postamt. Eine Adresse wußte ich nicht. Die Aufschrift »Berlin« mußte genügen. Berühmte Männer werden ja immer gefunden.

Und so auch diesmal. Zwar dauerte es lange, bis eines Tages der vornehme braune Büttenbrief mit der herrisch steilen Handschrift vor mir auf dem Tische lag, aber nun war er ja da, und alle Not hatte ein Ende.

Was darin stand? »Ihre Gedichte«, so hieß es ungefähr, »sagen mir gar nichts. Es gibt Leute, die mit zwanzig Jahren weit bessere gemacht haben und nichts geworden sind, und andere, die mit zwanzig Jahren schlechtere gemacht haben und hernach Großes geworden sind. Was mir Gewähr dafür bietet, daß Sie Ihren Weg wohl gehen werden, ist vielmehr Ihr begleitender Brief, der seinen Eindruck auf mich nicht verfehlt hat. Ihm zuliebe will ich Ihrem Streben gerne meine Anteilnahme schenken. Schreiben Sie mir mehr von sich und lassen Sie mich wissen, worin ich Ihnen am ehesten nützlich sein kann.«

Es würde mir schwerfallen, den Jubel zu schildern, den dieser Blitzschlag des Glückes in mir hervorrief. Aus dem Abgrunde schwärzester Hoffnungslosigkeit zu den Sonnenhöhen emporgerissen, auf denen die Auserwählten der Menschheit wandeln, so viel Schicksalsgnade hatte ich nicht verdient.

Ich lief auf den winterlichen Chausseen umher, weinend und lachend, reimend und deklamierend, halbe Tage, halbe Nächte lang, und nur von dem einen Gedanken besessen: »Wie kannst du dich einer solchen Segnung würdig erweisen?«

Eine hitzige Bekennerwut überfiel mich. Meinem Retter die gefährliche Wildnis meines Wesens klarzulegen, schien mir heiligste Pflicht. Erst, wenn er mich *ganz* kannte, mit allen Nöten, allen Kämpfen, allen Widersprüchen, würde er imstande sein, mich mit vollem Bewußtsein dessen, was er tat, zu sich emporzuheben. Und ich zögerte nicht, was ich im ersten Briefe noch verschwiegen hatte, vertrauend vor ihm auszubreiten.

Daß ich ein roter Revolutionär war, ein Atheist, ein Materialist – ein »Umwerter aller Werte« würde ich gesagt haben, wenn es so etwas wie Nietzsche schon gegeben hätte – und daß ich mich bereit fühlte, für die Erlösung des geknechteten Proletariats in Schmach und Tod zu gehen, das alles legte ich ihm stolz und demütig an das sicherlich in gleichem Takte pochende Herz.

Hätte ich geahnt, daß dieses Herz für Gottesgnadentum, für junkerliche Gewalt und Bismärckischen Absolutismus schlug, würde ich mich wesentlich vorsichtiger verhalten haben.

Die Folge meines Geständnisses war drum auch, daß nichts mehr darauf folgte. Die Monate des langen, harten Winters gingen dahin, ohne daß der Briefbote dem atemlos seiner Harrenden jemals wieder ein aus dem schönen braunen Büttenpapier gefügtes Kuvert in die Hand gedrückt hätte. Längst war der Frühling unterwegs, und der liegengebliebene Student, der inzwischen »wegen Unfleißes« aus den Registern der Berliner Universität gestrichen worden war, rüstete sich – hätte er nur gewußt, *womit* sich rüsten! – die Fahrt ins weite Land noch einmal kühn ins Werk zu setzen, da kam ein unscheinbares, zerknittertes Briefchen an, das italienische Marken trug und einen mit wenigen Bleistiftzeilen beschriebenen Zettel in sich barg.

Die lauteten:

»Beim Ordnen meiner Papiere fällt Ihr zweites Schreiben mir in die Hand. Ich habe hier in Rom mein geliebtes Weib verloren. Sie hat Ihnen wohl gewollt. Ich kehre jetzt nach Deutschland zurück. Wenn Sie wieder in Berlin sein werden, suchen Sie mich auf. Wir wollen dann weiter sehen.

Ihr H. H.«

So leuchtete mir also wieder ein Gestade, an dem meine Hoffnung Anker werfen konnte. Als hätte ich sie längst gekannt und verehrt, so trauerte ich der Dahingegangenen nach. Wie würde ich erst getrauert haben, hätte ich gewußt, welch hochgesinntes Frauentum das Nichts mit ihr verschlungen hatte! Und wären meine blutrünstigen Bekenntnisse nicht gewesen, so hätte ich, statt im verschneiten Hinterwald zu hocken, die höchsten Wunder dieser Welt geschaut. Nach ihrem Wunsche hatte ich als Hauslehrer ihrer beiden Knaben nach Rom nachkommen sollen – da war durch mein rotznasiges Rebellentum der Plan zuschanden geworden.

Das erfuhr ich alles viel später. Fürs erste hieß es, die Mittel schaffen, um bis nach Berlin zu gelangen und die erste Zeit hindurch dort leben zu können.

Mit gepreßtem Atem begann ich mich auf den Rundgang, um in diesem oder jenem Hause, in dem ich bislang freunschaftlich verkehrt hatte, einen verschämten Pump anzulegen. Aber schon an der ersten Stelle, an der ich auf unbedingten Erfolg rechnen zu dürfen glaubte, wurde ich mit einem kurzen und verbissenen »Nein« zur Tür hinausgeschickt. Wie ein verprügelter Hund fand ich mich auf dem Marktplatz wieder und schwor mir zu, lieber zu verhungern, als eine zweite Demütigung dieser Art herauszufordern.

Ein Glück war's, ein großes und nie zu vergessendes, daß der alte Settegast mir beim Abschiede als Entgelt für die Hilfe, die ich ihm während des Winters an Markttagen geleistet hatte – noch war ich mit jeder Flasche und jeder Schublade vertraut –, eine Handvoll harter Taler gab, die für die vierte Klasse fraglos reichten.

Und dann machte sich Mutter erst noch auf den Bittweg. Zuerst zu einer alten wohlhabenden Sanitätsrätin, von der die Sage ging, daß sie Bedürftigen auf hohe Zinsen lieh. Die war auch gleich bereit, zehn blanke Taler auf den Tisch zu legen, und als Mutter mit klopfendem Herzen nach der Zinsenhöhe fragte, da schüttelte sie nur den Kopf und sagte, um solche Nebensachen brauche man sich nicht zu kümmern; wenn sie das Geliehene bei Gelegenheit wiederbekäme, so wäre es mehr als genug.

Und diese meine Wohltäterin ist nicht nur tot, sie hat auch bereits ausgeschlafen. Als ich bei meinem jüngsten Besuch in der Heimat auf dem Kirchhof herumging, um voll feinschmeckerischer Rührung alte Erinnerungen nachzukosten, da fand ich in einer Ecke einen Haufen ausgedienter Kreuze, deren zugehörige Gräber zum Besten neuer, platzbedürftiger Pilger hatten geräumt werden müssen, und auf einem von ihnen las ich den halberloschenen Namen jener Frau, der nun in Hast vollkommenem Vergessenwerden zustrebt. Auch ich will ihn nicht nennen, denn jenes Gerücht darf nicht als Makel an ihm hängen bleiben.

Strahlend vor Glück brachte Mutter ihre Beute heim. Zu jenen zehn Talerstücken war noch manches andere hinzugekommen. Säumige Milchgeldschuldner waren der Mahnung nicht ausgewichen. Gute Freundinnen hatten ihre Ersparnisse zusammengekramt, sogar zwei Krönungstaler fanden sich vor, die doch sonst nur als Schaumünzen dienten.

Und schließlich brachte auch mein Vater sein Scherflein getragen. Ich wollte es erst nicht nehmen, denn ich wußte wohl, wie schwer ihm das Opfer geworden war. Aber er sagte: »Behalt's nur! Es wird ohnehin das letzte sein, was dein Vater dir geben kann.«

Und es war auch das letzte. –

So nahte der Tag der Abfahrt heran.

Das Abschiednehmen war erledigt. Viel Schmerzen hatte es nicht gekostet. Selbst als ich die Hand der jüngst Vergötterten zum letztenmal an meine Lippen geführt, hatte mein Herz nicht höher geschlagen. So rasch kann eine Leidenschaft in nichts zerrinnen. Nirgends ein Bild, das ich in meinem Heiligenschrein hätte mit mir tragen dürfen!

Zum Kirchhof noch, der Großmutter Lebewohl zu sagen – dann war ich fertig.

Da, wie ich zwischen den Gräberreihen entlangschritt, auf denen die schon wärmere Nachmittagssonne sich geruhsam niederließ, kam eine dunkle Mädchengestalt mir entgegen – hoch, üppig-schlank, festen und federnden Ganges, wie nur die Reifen ihn an sich haben.

Ich kannte sie wohl. War sie doch, obgleich erheblich älter als ich, eine meiner liebsten Tänzerinnen gewesen. Aber über den gebotenen Schwatz hinaus war ich ihr niemals nahe getreten, vielleicht, weil ihr Hochmut mich abgeschreckt hatte. Sie weilte zum Besuch bei einer verheirateten Schwester und wollte demnächst den Ort verlassen. Mehr wußte ich nicht von ihr.

Wir hielten beide an, und da ich sie bei meiner Abschiedsvisite nicht gesehen hatte, gestattete ich mir, dem gnädigen Fräulein die gestern gesandten gehorsamsten Empfehlungen mündlich zu wiederholen.

Sie nickte mit Herablassung, wie es sich einem so jungen Dachs gegenüber geziemte. Und dann fragte ich, was sie zum Kirchhof hinziehe, da sie, soviel ich wisse, Angehörige auf ihm nicht liegen habe.

»Ich finde, mit den Toten unterhält man sich besser als mit den Lebenden«, erwiderte sie.

Doch als ich hieraus die Konsequenzen ziehen wollte, meinte sie rotwerdend, so wäre es nicht gemeint, und wenn ich Zeit hätte, könnten wir wohl noch ein Stück mitsammen gehen.

Ich lüftete dankbar den Hut, und weil der Wald in nächster Nähe winkte, so kletterten wir, statt auf die Dorfstraße zurückzukehren, nach der entgegengesetzten Seite hin quer durch den Kirchhofsgraben und dessen Böschung hinab, von wo ein Feldweg in kiefernumschattete Einsamkeiten führte.

In Tiefen und Mulden lag noch der Schnee. Aber dicht daneben grünte schon lustig der Kälberkropf und die Taubnessel – und weiterhin gar, dort wo der Wald begann, quoll das Moos- und Blaubeerenpolster so üppig grün, als wären wir mitten im Juni.

In mir gärte ein wilder Eifer, den tadelfreien Kavalier zu spielen. Ich erschöpfte mich in Artigkeiten und versicherte ihr mit gefühlvollem Augenaufschlag, daß ich die glücklichen Stunden, die ich in ihrer Nähe verlebt hätte, niemals im Leben vergessen würde.

»So besonders glücklich sind Sie mir eigentlich niemals vorgekommen«, entgegnete sie und maß mich mit einem langen Seitenblick, dessen forschender Ernst mich zutiefst beschämte.

Stammelnd fragte ich, wie sie das meine.

»Nun – wir beide hatten doch in dem Nest gleich wenig zu suchen«, war ihre Antwort. Und dabei sah sie mir mit bitterem Lächeln voll ins Gesicht.

»Bei mir ist die Sache sehr einfach«, erwiderte ich, den Kavalier zum Teufel schickend. »Ich hatte kein Geld.«

»Bei mir ist die Sache nicht minder einfach«, sagte sie auflachend. »Ich hatte kein Heim.«

»Bei Ihrer Frau Schwester hatten Sie doch eins«, warf ich ein.

»Finden Sie, daß das ausreicht?« fragte sie.

Mit schuldiger Zurückhaltung erwiderte ich, daß mir hierüber natürlich ein Urteil fehle.

»Wissen Sie, auf welchen Gesellschaften Sie mir am besten gefallen haben?« fragte sie plötzlich.

»Nun?«

»Zu denen Sie nicht geladen waren.«

Ich bedankte mich für die Bosheit.

»Denn wenn ich dann morgens um drei im Schlitten bei Ihnen vorüberkam«, fuhr sie unbekümmert fort, »sah ich in Ihrem Giebelzimmer immer noch Licht. Und dann habe ich Sie heiß beneidet ... Einmal oder zweimal, als ich das Fenster dunkel fand, habe ich nachher nicht recht einschlafen können. Ich fragte mich immerzu: Ist er nun nicht mehr so fleißig? ... Und dabei war es mir, als hätten Sie mir eine Hoffnung zunichte gemacht.«

Ich starrte sie an. Sie hatte im Vorwärtsgehen ihr Gesicht so ganz nach meiner Seite gewandt, daß ich jeden Zug darin studieren konnte, und mir war, als hätte ich sie noch nie gesehen. Das große braune Auge, das in lächelnder Zielbewußtheit auf mir ruhte, schien wie von innen golden durchleuchtet, und um die vollen, festumrandeten Lippen lag's wie ein drängendes Geheiß.

Ganz klein, ganz hilflos erschien ich mir neben dieser kühnen Überlegenheit, die doch wieder nichts als weiche Anteilnahme war. Und dann stammelte ich etwas von dem unverhofften Glück, daß sie sich so freundlich um mich gekümmert habe.

»Wie sollte ich nicht?« erwiderte sie. »Wir waren doch Leidensgefährten.«

Und dann fing sie aus freien Stücken von ihrem Schicksal zu reden an.

»Ich bin achtundzwanzig und schon ein spätes Mädchen ... Heiraten soll ich durchaus ... drum werde ich 'rumgeschickt ... Überall, wo 'ne gute Partie zu machen ist, da muß ich in die Erscheinung treten . . . und war es mal wieder nichts, dann geht die Geschichte von neuem los . . . Zwei Schwestern und zwei Tanten habe ich . . . die wechseln sich ab . . . und alle haben eine Heidenangst, daß ich sitzenbleibe, denn dann lieg ich ihnen für immer auf dem Halse . . . Gelernt habe ich nichts. Dafür war meine Kinderstube zu fein . . . Höchstens Hausdame könnte ich werden. ›Repräsentantin‹ nennt man das wohl. Bei einem älteren Witwer . . . Es mag auch ein Junggeselle sein . . . der sich dann vielleicht in einen verliebt . . . Und wenn er auch grau und picklig ist . . . Dafür muß man Gott danken, denn das ist die einzige Karriere, die man zu machen hat.«

»Um Gottes willen«, rief ich aus, von diesem plötzlichen Vertrauen überwältigt. »Wie können Sie sich so verzweifelten Gedanken hingeben? Wäre ich mir nicht so power und so grün vorgekommen, so hätte ich Ihnen den Hof gemacht wie alle anderen.«

»Ja, hätten Sie?« fragte sie mit einer kleinen Befriedigung im Blick. »Ich denke, ich bin bloß für die *gesetzten* Herren da . . . Und ich brauche so nötig noch ein bißchen Jugend . . . und dumme Streiche, und was weiß ich . . . es kann so schlimm sein, wie es will . . . Alles, bloß nicht immer den einen Jammer: ›Wird er Ernst machen oder nicht? Wird er anhalten oder nicht?‹ . . . Wenn die lieben Verwandten wüßten, wie ich schon immer abgewinkt habe, noch bevor es zum Anhalten kam, sie würden sich manches erklären können . . . Ach, diese gesetzten Herren – brrrrr!«

Und sie schauderte, während ein befreites Lachen aus ihrer Kehle stieg.

»Wie jung muß man denn sein, um bei Ihnen Glück zu haben?« fragte ich.

»Was verstehen Sie unter Glück?« fragte sie zurück. »Glück zur Heirat – oder Glück zur Liebe?«

»Kann das nicht ein und dasselbe sein?«

»Bei mir nicht . . . Übrigens das Alter macht's nicht allein. Er muß vereinsamt sein wie ich. Er muß sich mit dem Schicksal in den Haaren liegen wie ich. Er muß so hoffnungslos sein wie ich, so daß er mir sagen kann: ›Wenn *du* nicht meine Hoffnung sein willst – eine andere habe ich nicht.‹ So müßte er sein.«

»Wäre ich nicht ein dummer Junge in Ihren Augen«, erwiderte ich, »auf mich könnte Ihre Schilderung wohl passen.«

»Drum hab ich ja gesagt, daß wir Leidensgefährten sind«, rief sie und flammte mich an. »Hätten Sie sich den Winter über nur einmal neben mich gesetzt, anstatt die kleine Blonde anzuschmachten« – sie nannte den Namen einer Tänzerin, die mir so gleichgültig war wie der Stein, an dem wir gerade vorüberschritten – »dann hätten wir bald gewußt, wie wir miteinander zu stehen haben.«

»Das können wir ja Gott sei Dank nachholen«, sagte ich und wies auf das Blaubeergesträuch, das den Waldabhang füllte.

Sie lachte hell auf und warf sich lang auf den Boden, während die sinkende Sonne sie mit schräg fallenden Lichtern überschüttete. Den Kopf in den gekreuzten Armen lag sie wie schlafend da, und mir klopfte das Herz, während ich niederschauend neben ihr stand.

»Erst laden Sie mich ein, und dann kommen Sie nicht«, sagte sie, sich aufrichtend.

Da erst wagte ich, mir in ihrer Nähe einen Platz zu suchen.

»Nun erzählen Sie mir von sich«, munterte sie auf.

»Von mir ist nicht viel zu erzählen«, sagte ich. »Was ich bin und was ich gern möchte, das weiß man ja.«

»Die Leute nennen Sie den verbummelten Studenten«, erwiderte sie. »Ich hab mich oft genug darüber geärgert. Aber nun ist's an Ihnen, das Gegenteil zu beweisen.«

Ich kannte das Schimpfwort wohl. Aber nun es mich so unverhofft aus ihrem Munde traf, tat es mir doch sehr weh.

Als ich entmutigt schwieg, schien sie nicht minder bekümmert als ich. »Ich dachte, Sie seien aus härterem Stoff«, sagte sie, »und lachen über das alles.«

»Ich hab's schwer genug«, erwiderte ich. »Und dazu auch noch Verachtung zu tragen!«

»Aber meine doch nicht!« rief sie.

»Auch Ihre«, rief ich zurück. »Sonst hätten Sie andere Worte gefunden.«

Dabei müssen mir wohl die Tränen gekommen sein, denn plötzlich saß sie dicht neben mir und wischte mir mit dem Taschentuch über Augen und Backen.

»Nicht doch! Nicht doch! Nicht doch!« flüsterte sie. »Hätten wir uns bloß früher einmal ausgesprochen, anstatt so blödsinnig 'rumzuhopsen! Die ganze schreckliche Zeit wäre anders gewesen ... Wir hätten uns sicherlich liebgewonnen, und die ganze Welt hätt' uns gestohlen bleiben können!«

»Wie durften wir uns liebgewinnen?« erwiderte ich. »Ich bin doch nichts und habe doch nichts.«

»Darum gerade! Darum gerade!« Wie ein Triumphgeschrei klang der trotzige Ruf. »Die gesetzten Herren – die Witwer mit Kindern und die abgetakelten Junggesellen kommen noch zeitig genug.«

Haßerfüllt lachten wir die beiden Gattungen aus, und dann begannen wir uns auszumalen, was alles geschehen wäre, wenn wir uns wirklich liebgewonnen hätten.

»Sobald wir uns in Gesellschaft getroffen hätten«, sagte sie, »würden wir uns schon beim Eintreten mit einem heimlichen Blicke verständigt haben. Und mit wem wir auch sprachen und mit wem wir auch tanzten, wir würden nur für einander dagewesen sein.«

»Und heimliche Spaziergänge würden wir verabredet haben«, setzte ich fort. »Geradeso wie den heutigen ... Den Kirchhof hätten wir als Rendezvousort benutzt, denn auf den kommt ja im Winter sonst doch niemand hin. Und dann wären wir quer durch die Wälder gerannt in Sturm und Schneegestöber und hätten nie gefroren und wären auch niemals müde geworden.«

»Und *wenn*«, rief sie, »dann wären wir in irgendeiner Dorfschenke eingekehrt und hätten heißen Grog getrunken. Oder womöglich Schnaps, wie die litauischen Bauern es machen. Wär' das ein Vergnügen gewesen!«

»Aber wenn man uns erkannt hätte?« warf ich voll Besorgnis ein.

»Ach, man hätte uns nicht erkannt«, beruhigte sie.

»Doch, doch!« beharrte ich. Denn ich als ihr Schützer hatte ja die Verantwortung zu tragen. »Auf den Landstraßen fahren immer Bekannte – die Gutsbesitzer aus der Umgegend und die Kaufleute, die in Geschäften aus sind, und andere mehr . . . Nein, nein, das wäre bei hellem Tag zu gefährlich gewesen.«

»Dann hätten wir die Dunkelstunden wählen müssen«, überlegte sie, »vor dem Abendbrot. Oder auch später noch« – ihre Stimme senkte sich, und ihr Auge wurde groß in Abenteuerlust – »später, wenn die anderen schlafen gegangen waren, dann hätte uns keiner mehr entdeckt.«

»Wie wären Sie aber unbemerkt aus dem Hause gekommen?« fragte ich.

»Ich wohne nach hinten hinaus«, antwortete sie. »Auf dem Giebel dicht an meinem Zimmer gibt es eine besondere Tür. Da kann man in der Nacht immer hinaus.«

»Und kann auch hinein!« sagte ich.

Es war keine Frage. Kein Wunsch und kein Verlangen war's. Ich hatte es nur so hingeredet – als Bestätigung, als Ergänzung meinethalben.

Da sah ich, wie ihre Züge versteinten und ein wilder Entschluß in ihre Augen trat.

»Und – kann – auch – hinein«, wiederholte sie, ganz blaß geworden.

Doch dann – wie um das Ausgesprochene schnell wieder zu

verwischen – fuhr sie fort, die Vorzüge zu schildern, die das gegenseitige Liebgewinnen sonst wohl noch mit sich gebracht haben würde. »Alle Bücher hätten wir gemeinsam gelesen. Die Journale hätten wir uns ausgeliehen. Was wir uns einsam ausdachten, hätten wir aufgeschrieben und einander die Zettel heimlich in die Hand gedrückt.«

»Und alle die Verse, alle die Dramenstoffe« – dies gab *ich* als Beitrag – »die mir eingefallen wären, hätte ich Ihrem Urteil anvertraut und wäre dann nie mehr an mir irre geworden.«

So saßen wir einander gegenüber, in den Knien hockend, und griffen manchmal einer nach des andern Hand. Aber sie festzuhalten oder gar einander noch näher zu rücken, das wagten wir nicht.

Und dann, als wir nichts mehr wußten, was das große Fest noch festlicher gestaltet hätte, schwiegen wir beide still. Die Augen suchten den Boden. Fast war es so, als hätten wir kein Thema zum Reden mehr.

Zum Schweigen freilich hatten wir eins, und das lautete: »Zu spät!«

Schade! Zu spät!

Hätte ich die Augen aufgetan, anstatt mir jene blöde und kindische Leidenschaft künstlich ins Hirn zu trichtern, es wäre alles anders gekommen. Statt als der Bettler, der ich war, wäre ich als reicher Mann der harrenden Not entgegengeschritten.

Plötzlich glitt die Sonne hinweg, und in demselben Augenblick wurde uns eiskalt auf dem noch durchfeuchteten Polster.

Erschauernd standen wir auf, und gleichgroß beinahe, beinahe Brust an Brust, starrten wir uns in die Augen. Dies war der Augenblick, einander in die Arme zu schließen. Aber wir taten es nicht.

»Wann reisen Sie?« fragte sie leise.

»Morgen vormittag«, antwortete ich.

»Dann ist dies ja der Abschied.«

»Es wird wohl so sein.«

Die Blicke stahlen sich aneinander vorüber. Er brauchte es nicht zu sein, das fühlte ein jeder, und war es doch, denn das heiße, das schuldvoll erlösende Wort brachte keiner über die Lippen.

Und schweigend gingen wir heimwärts.

Auf der Straße, in der Nähe des Kirchhofs, kam eine Gruppe von Bekannten uns entgegen. Es gab ein freudiges Begrüßen, von den neugierigen Fragen durchsetzt, wie wir beide uns gefunden hätten und wo wir eigentlich herkämen.

»Wir haben uns zufällig auf dem Kirchhof getroffen«, sagte sie, und ich konnte die Tatsache nur bestätigen.

Damit schieden wir. —

Ich habe nichts mehr von ihr gesehen und gehört. Als ich nach ein paar Jahren wiederkam, waren ihre Anverwandten ins Reich versetzt, und niemand wußte Genaues.

Denen, die aus dem Erleben jener Zeit noch übrig sind, rate ich, sich um den Namen meiner Begleiterin nicht zu bemühen. Ich habe sie so gut maskiert, daß niemand ihn erraten wird.

Genug, daß sie sich selber wiedererkennt.

Wenn sie am Leben ist, vielleicht schreibt sie mir.

FÜNFZEHNTES KAPITEL

Das Nachtlager auf der Diele

Wer weiß, wo die Auguststraße liegt?

Nicht viele Bewohner des Berliner Westens sind Kenner jener fernen Gegenden, in denen das Armeleutstum, unbeirrt durch die Gesetze, mit denen Luxus und Mode die Welt begnaden, den Kampf um das tägliche Brot als Jagd nach dem Glücke betrachtet.

Dort, um das Rosentaler Tor und den Koppenplatz herum, erstreckt sie sich graudunkel und menschenarm, denn der Wellenschlag des geschäftlichen Hochbetriebs gleitet an ihr vorüber.

Die Nummer 36, in deren Obhut ich mich begab, gehört zu einem für jene nördlichen Verhältnisse sauber und sittig gearteten Mietshause, dem zur größeren Bequemlichkeit seiner Insassen ein Leihamt gleich auf dem Hofe erblühte. Und jedesmal, wenn ich beim Betreten des Hausflurs durch das weitleuchtende Schild an seine Nähe erinnert wurde, faßte ich rasch nach der Stelle meines Leibes, wo eine kreisrunde Härte mir den Besitz meiner Taschenuhr ruhebringend bestätigte.

Bis eines Tages – doch davon später.

Hoch oben, wo etliche von leeren Blumenkästen umfriedete Mansardenfenster das graue Schieferdach durchbrachen, wurde eines, das auf der linken Ecke, mein Ausguck, meine Warte, mein Herrschersitz hoch über der mich umgebenden Welt.

In der dazugehörigen Nische stand der mit Wachstuch bezogene Tisch, von dem aus ich sie mir untertan zu machen gedachte und an dem ich fürs erste vor ihren Fährnissen geborgen war. In dem schmalen, fünf Schritte langen Raum, der auf sie mündete, war gerade noch Platz für ein Bett, einen Kleiderschrank und eine in den Ofenwinkel gepreßte Kommode, die zugleich als Waschtisch zu dienen hatte.

Zwölf Mark mit Bedienung und Morgenkaffee. Das billigste, das zu haben war.

Und das glücklichste zugleich, das ein segnendes Schicksal mir bescheren konnte.

Denn das Menschenhäuflein, dem ich als Inhaber dieses Raumes anheimgegeben war, wurde für lange Zeit die befreundete und zu mir gehörige Sippe, in deren Schutze ich vor den Schauern der Fremde sicher war.

Achtenhagen
Schneidermeister

stand auf dem ovalen Porzellanschild zu lesen, das auf der Flurtür prangend alle Einkleidungsbedürftigen zum Nähertreten einlud. Und dieses Nähertreten lohnte sich, denn der graubuschige Mann mit dem hängenden Schnauzbart und den weichen, ein wenig verlegen blickenden Augen, dem man seine Wünsche kundtat, war viel zu gutherzig und viel zu zaghaft, als daß er seinen Gegenwünschen den entsprechenden Nachdruck hätte verleihen können. Man zahlte oder man zahlte auch nicht, und meistens wählte man das letztere Teil. Und darum kam er auch nie auf einen grünen Zweig.

In der sonndurchglühten Hinterstube saß er mit seinem Alt- und seinem Junggesellen – zwei Würden, die während der stilleren Jahreszeit in ein und derselben Person zusammenliefen – auf dem großen, weißblinkenden Arbeitstische von frühmorgens bis spät in die Nacht und maß und heftete und heftete und maß, bis ihm selbst eines Tages – doch das kam noch lange nicht – zum letzten bretternen Anzug Maß genommen wurde.

Neben ihm ging eine noch junge, blasse Frau mit unwahrscheinlich schönen, dunklen Augen stillächelnd ihres Wegs und sorgte, ohne daß man sie hörte, für peinlichste Ordnung. Zwei liebe Jugens, die annoch die Gemeindeschule besuchten, rüsteten sich gerade zum Flug ins große Leben. Weit konnte ihr Ehrgeiz sie nicht tragen, denn Mittel zur Ausbildung waren nirgends vorhanden. Aber Schleichwege, sich emporzuschwingen, gibt es in der Weltstadt wohl immer: – mit dem Handwerk beginnt man, im Künstlertum endet man. – Und so ist der älteste ein tüchtiger Maler geworden, der von der Königlichen Porzellanmanufaktur aus in den Kampf der Schulen eintrat und dessen Name in den vergangenen Jahrzehnten öfters genannt wurde.

Auch zwei Mädelchen waren da. Das ältere eine niedliche Jöhre, die, den Schulranzen schwingend, mit spottsüchtig herausfordernden Augen an mir vorüberging. Das jüngste, das Nesthäkchen, Mutters Liebling und alsbald dem einsamen Studenten Spielgefährte und Sonnenschein – mit der süßen Naseweisheit der Vierjährigen wie mit einem Zaubermantel angetan.

So war das Völkchen beschaffen, dessen Leben ich fortan teilte. In dem »Berliner Zimmer«, das mir als Durchgang diente, wenn ich in meinen Winkel gelangen wollte, schliefen sie alle, die Eltern hinter dem dreiteiligen Schirm im schmalen Ehebett, die andern auf abends hergerichteten Lagern am Boden kampierend. Und oft, wenn ich spät abends von meinen Streifzügen heimkam, schlich ich auf Zehenspitzen und mit angehaltenem Atem an ihnen vorüber, von dem ängstlichen Ehrgeiz beseelt, niemandes Schlummer zu stören.

Aber ab und zu trat ich einem doch auf die Finger. –

Daß für mich in Not und Stille ein neues Leben begonnen hatte, das fühlte ich vom ersten Augenblicke an, in dem die saugende Berliner Luft mich wieder umströmte.

Der Leichtsinn vergangener Jahre war abgetan, alle Kräfte

des Leibes und der Seele strafften sich in Kampfbereitschaft drohenden Schicksalen entgegen.

Die einzige Zuversicht in diesem hilflosen Alleingelassensein war Hans Hopfen. Mein einziger Gedanke bei Tag und Nacht war Hans Hopfen. Nie hat ein hoffender, bangender Mensch der helfenden Gottheit ängstlicher entgegengezittert, als ich – Hans Hopfen.

Doch ehe ich vor ihn trat, mußte mein Verhältnis zur Universität geregelt sein. »Wegen Unfleißes gestrichen«! Unter dieser Überschrift war ja auch ich am »Schwarzen Brett« angeprangert gewesen.

Die Reinwaschung meiner Ehre ging über Erwarten glatt vonstatten. Niemand rügte mich, niemand fragte mich – im Nu war ich von neuem akademischer Bürger und durfte mich in Hörsaal und Bibliothek so heimisch fühlen wie jeder andere, der, anstatt über Winter im litauischen Hinterwalde darbend hinzudämmern, sich's an den Brüsten der Alma mater hatte wohl sein lassen. Erst als die Vorlesungen im Gange waren und ich meinem Gönner über deren Charakter Rede stehen konnte, trat ich eines sonnigen Mainachmittags in pfingstlicher Erwartung die Fahrt zu seiner Wohnung an.

»Rosentaler Tor – Askanischer Platz« stand an der Stirnseite des Omnibus geschrieben, um den ich schon oft herumgegangen war, da er mich dem ersehnten Ziel entgegenführen sollte.

Ungeheure Ziegelkonstruktionen, himmelanstrebende Gerüste und daranklebende Menschenleiber empfingen mich dort: der Anhalter Bahnhof wurde gerade gebaut.

Und ihm gegenüber stand das Haus, in dem meine Zukunft Anker geworfen hatte. –

»Der Herr Doktor lassen bitten.«

Ein weites, in gedämpftem Sonnenüberfluß purpurn erglühendes Zimmer tat sich vor mir auf. – Wo hatte ich dergleichen schon gesehen? Richtig! Bei dem Direktor des Residenztheaters – da hatten die türkischen Teppiche als Diwan-decken, als Kissen, als Vorhang, als Moospolster unter meinen Füßen ganz ähnlich geleuchtet.

»So also wohnen die Dichter!« fuhr es mir durch den Kopf.

Aus dem engeren Raume, der dahinter lag und von dem her in mattgelber Lieblichkeit eine Marmorfrau mir wie lebend entgegengrüßte, löste sich eine kleine Gestalt mit rotem Rübe-zahlbart und funkelnden Brillengläsern und trat prüfend vor mich hin.

»Also da sind Sie ja.«

Meine Hand umklammerte die seine. Alle Inbrunst, die in mir aufgespeichert lag, preßte sich in diesen Druck.

»Na – und was mach ich nun mit Ihnen?«

Hätte ich es nur zu sagen vermocht! Ihn sehen, ihn hören, ihm dienen, die Luft atmen, die *er* atmete – mir wäre geholfen gewesen.

»Meine Frau hat Anteil an Ihnen genommen – ich glaube, das schrieb ich Ihnen schon – Nein? . . . Mir war so . . . Wollen Sie sie sehen . . .?« Und er führte mich vor die lächelnde Marmorfrau, deren Urbilde ich schon lange in weher Andacht zugehörig gewesen. – »Das hat Begas gemacht . . . hat viel von ihrem eigensten wiedergegeben . . . ja – wie man *das* verwinden wird!«

Sein Blick versteinte, während mir ein gutgemeintes Trost-wort auf den Lippen erstarrte.

Und dann sich wieder mir zuwendend:

»Es ist nicht leicht, Ihnen zu helfen . . . Mit zwanzig Jahren kann man gewöhnlich noch nichts . . . Oder haben Sie vielleicht was Erzählendes da, das ich mit einem empfehlenden Wort an die Blätter senden könnte, mit denen ich in Verbindung stehe?«

Ich mußte bekennen, daß ich außer einigen Fragmenten – ich sagte »Fragmenten« – nichts geschrieben hätte, das in Frage käme.

»So setzen Sie sich hin und schreiben Sie was. Das will ich dann unterzubringen suchen.«

Damit war mein Schicksal gesprochen.

Was scherte mich Studium! Was scherte mich Kolleg! Wie aus Wolkenhöhen herab hatte eine Hand sich mir entgegengestreckt, mich zum Parnaß emporzuheben. Nun hieß es, sie ergreifen! Alles andere sank ins Nichts zurück.

Taumelnd vor Glück rannte ich quer durch die Stadt zu Fuß nach Hause. Einmal, weil meine Erregung mich auf dem Verdecke nicht geduldet hätte, und dann auch, um die zehn Pfennige zu sparen. Denn nun galt es, jeden Groschen zu Rate zu ziehen, bis das Werk, das große, das erlösende, vollendet vor mir lag.

Der Stoff bereitete mir wenig Kopfzerbrechen. Wie aus dem Nichts entsprungen stand er vor mir da. Handlung, Gestalten, Landschaft, Szenenfolge, alles von einer unsichtbaren Göttin mir auf den Gabentisch gelegt. Und nichts weiter blieb mir übrig, als die Fülle der Gesichte durch Niederschrift zu bannen, ehe sie wieder verflatterte.

In einem weltentlegenen Neste nahe der russischen Grenze hatte ein dunkler Ehrenmann sich angefunden, auf einen polnischen Adelsnamen hörend und aus der großen Welt verschlagen, deren Sitten und Manieren er mit trübsinniger Skepsis durch die Spießerwelt spazierenführte. Wovon er lebte, wußte niemand. Aber, um es gleich zu verraten, ein Gentleman-Schmuggler war er – »Schieber« würde man heutzutage sagen, da längs all unserer Grenzen dies Waidwerk blüht.

Und in dem gleichen Neste lebte eine stille, edle Frau, von einem rohen Gatten mißhandelt, dem sie von gewinnsüchtigen Verwandten schmählich verkauft worden war. Diese beiden Verlorenen fanden sich – vereinsamte Seelen, denen das Schicksal schließlich im Tode Gemeinsamkeit gönnte.

Man wird unschwer erkennen, woher ich meine Modelle bezogen hatte. Der edle Pole war ich, und für das geliebte Weib hatte eine Verschmelzung der zwei mir in jüngster Zeit begegneten Frauengestalten willig Gevatter gestanden.

In vier Wochen sollte das Werk vollendet sein. Darum – dalli!

Eine Arbeit von achtzehn Stunden täglich war nicht zu hoch gerechnet. Vier Stunden mußten für den Schlaf genügen – Friedrich der Große war ja mit noch weniger ausgekommen –, je eine Stunde für den Mittags- und den Abendgang, und was dann übrigblieb, gehörte dem Schreibtisch.

Aber diese Rechnung hatte ein Loch. Der junge, gesunde und schlafbedürftige Körper wollte sich den an ihn gestellten Ansprüchen nicht fügen. Legte ich mich des Abends nieder, so war an ein Erwachen vor sechs oder sieben nicht zu denken, selbst die lärmende Tätigkeit der entliehenen Weckuhr erwies sich als ein Versuch am untauglichen Objekt.

Diesem Unfug mußte ein Ende bereitet werden. Und da das Bett mit seiner weichlichen Matratze jedem Sybaritentum unverhohlen Vorschub leistete, so ergab es sich als schlichte Forderung des Tages, daß man auf seine Benutzung verzichtete.

Legte man sich hingegen auf die nackte Diele, so sorgten die schmerzenden und durchfrorenen Glieder ganz von selber dafür, daß man mit Tagesanbruch auf den Beinen war.

Und so geschah's. Um elf lang hingeworfen – ein Kissen ins Genick, eine Jacke über die Schultern – und um drei mit einem Aufschrei in die Höhe.

Um sieben kam der Kaffee – das, was man nicht bloß in Sachsen mit liebenswürdigem Euphemismus »Kaffee« nennt – eine dünnbestrichene Semmel dazu – und dann mit Gottes Hilfe weiter bis zwölf!

Um die genannte Stunde – und früher schon – stellte ein Zittern sich ein, das der Handhabung des Federhalters entschiedene Schwierigkeiten bereitete. Doch dieses Übel ließ sich

heilen, indem man rasch bestiefelt den Weg zur »Speiseanstalt« antrat.

Diese Speiseanstalt, die beliebte Zufluchtsstätte aller mit
Glücksgütern weniger Gesegneten, befand sich an der Ecke
der Friedrichstraße und der Dorotheenstraße – es kann auch
die Mittelstraße gewesen sein, ich weiß es nicht mehr genau –
und lieferte für fünfzig Pfennige eine klare – allzuklare – Suppe, eine Scheibe Fleisch, deren weitreichende Oberfläche
über die Geringfügigkeit ihrer dritten Dimension tagtäglich
aufs neue hinwegtäuschte, und einen Berg Kartoffeln dazu,
der jeglichen Mangel ausglich. Brot nach Belieben. Kurz,
man wurde satt oder glaubte doch wenigstens, sich einreden
zu dürfen, daß man satt war.

Dann zurück an die Arbeit, die gegen die Abendstunde hin
die Formen der Ekstase annahm. Die Backen brannten, die
Feder flog, und durch die Nische schwirrten Bilder, die immer handgreiflicher wurden, je röter die Dämmerung sich
neigte.

Nun hieß es Schluß machen, und der Weg zur Speiseanstalt
wiederholte sich.

Die Abendmahlzeit kostete nur vierzig Pfennig, war aber dafür um so reichlicher bemessen: drei Spiegeleier – ich will
nicht schwindeln, aber in meiner Erinnerung lebt die heilige
Dreizahl – ein Haufen Salat und Bratkartoffeln gar nicht zu
zählen.

Und jetzt folgte eine Charakterschwäche, die ich nicht verschweigen darf: Zu dem Tagesprogramm gehörten noch zwei
letzte Arbeitsstunden, die die pflichtgemäße Ziffer voll zu
machen hatten. Aber ich glaube, ich habe sie während des
ganzen Sommers nicht ein einziges Mal innegehalten.

Allzu heftig hämmerte das Blut in den Schläfen, allzuviel süße
Mädelchen liefen, des Anschlusses dringend bedürftig, auf
den Bürgersteigen herum oder füllten die Bänke im Friedrichshain und im Tiergarten, als daß ich mich in meiner hei-

ßen Bude einsam verschließen durfte. Hätte ich den lieben Kindern noch ein Glas Bier bezahlen können – ich wäre restlos glücklich gewesen. Manchmal freilich geschah es doch. Aber heftige Gewissensbisse waren die unausbleibliche Folge, denn der Wettlauf zwischen der sich leerenden Kasse und dem sich häufenden Manuskript wurde aussichtsloser von Tag zu Tag. Andererseits aber brachte die eine Stunde verliebten Geplauders oftmals Kraft und Frische für den kommenden Tag. Der Heimweg wurde zum Fest und das Einschlafen auf harter Diele ein Reigen lieblicher Bilder.

Morgens um drei begann der Tanz dann aufs neue.

Die vier Wochen waren längst vorüber, und noch lag die Vollendung der Arbeit in weiter Ferne. Eine kurze Novelle hatte es sein sollen, ein weitläufiger Roman wurde daraus. Das schlimmste aber war, daß ich das Manuskript mit seinen Unleserlichkeiten keinem Prüfenden zur Durchsicht anbieten konnte; eine abermalige Niederschrift war unumgänglich notwendig, sollte das Geschaffene nicht ewig mein Geheimnis bleiben. Der Herbst konnte herankommen, ehe ich imstande war, das fertige Werk stolz und verschämt in die Hände meines Gönners zu legen.

Meine Barschaft aber ging zu Ende? Was tun? Sich durchhungern natürlich. Einen andern Ausweg gab es nicht.

Zu Anfang Juli war es, als ich die Schlemmerei in der Speiseanstalt engültig zum Teufel schickte. An ihre Stelle traten vier Schrippen, die insgesamt für zehn Pfennige zu haben waren und die ich mit vorausschauender Weisheit so einteilte, daß anderthalb bis zwei für die Abendmahlzeit übrigblieben. Es war stets ein kritischer Augenblick, wenn um die Mittagszeit der für das Nachtmahl dienende Vorrat in der linken Ecke der obersten Schublade aufgestaut wurde. Und manchmal war er um vier Uhr doch schon verschwunden.

Hierzu gönnte ich mir eine Zukost, deren Folgeerscheinung, das Magendrücken, mit dem Sattsein eine erfreuliche Ähnlichkeit hatte. Das war die sogenannte »Bruchschokolade«, die zwar sandig und ranzig schmeckte, aber immerhin Schokolade war und von der es für zehn Pfennige eine ganze Tüte voll gab.

So ganz schlecht konnte sie übrigens nicht sein, denn das kleine Lieschen hatte eine ausgesprochene Vorliebe dafür, die kaum zu stillen war.

Gegen die Stunde der Abendmahlzeit hob sich die Türklinke, und mein kleiner Liebling erschien auf der Schwelle, um, jeder konventionellen Lüge bar, den gewohnten Tribut für sich einzufordern. Und dann gab es eine wahrhafte Feierstunde. Ihre Puppe hatte sie gleich mitgebracht, und da wir beide nicht geizig waren, so fütterten wir sie gemeinsam.

Aber eines Abends kam das kleine Lieschen nicht mehr. Sie lag auf dem grünen Sofa und erklärte, sie habe keinen Appetit und man möge sie in Ruhe lassen.

Und ein paar Tage später erklärte sie auch das nicht mehr, sondern lag still mit halbgeschlossenen Lidern und träumte vor sich hin.

So ging es etliche Wochen lang. Der Arzt kam und verschrieb Medizinen, die Mutter saß vor sich hin starrend dem kranken Kinde zu Füßen, und ihre großen Augen wurden immer noch größer. Wenn ich schlafen ging, saß sie da, und wenn ich in der Morgendämmerung aufstand, saß sie noch immer da. Ich mochte dann noch so sehr beteuern, ich würde bei offenbleibender Tür auf die Kleine schon Obacht geben, sie rührte sich nicht.

Und wieder kam ein Abend, da gingen wir alle nicht schlafen, denn das kleine Lieschen, das sonst so artig gelegen hatte, wollte durchaus vom Sofa herab und hatte Schaum vor den Lippen.

Und als sie endlich Ruhe gab, da war sie gestorben.

Kopflos lief ich zu dem nahe wohnenden Arzte, der sehr böse darüber war, daß ich seine Nachtruhe störte, aber doch schließlich mit mir kam, um uns als Neuigkeit mitzuteilen, was wir lange schon wußten.

Und die Mutter fiel in Krämpfe.

Am Begräbnistage ließ ich meinen Schreibtisch im Stiche – der liebe Gott verzieh mir auch dieses – und fuhr mit auf den Kirchhof. Wir waren vier Männer, die wir den kleinen Sarg auf dem Schoße hielten. Und August, der Älteste, saß auf dem Bock. Den Pfarrer hatte man sich gespart, erstens, weil wir alle Sozialdemokraten waren, und zweitens, weil die Sache ohnehin schon viel kostete. Und es ging ja auch so.

Dann tranken wir noch rasch eine Weiße mit Himbeer, und ich aß heimlich meine Bruchschokolade dazu, die nun niemand mehr mit mir teilte.

Als wir zu Hause ankamen, stand in der offenen Türe die Mutter, die wegen ihrer großen Schwäche nicht hatte mitfahren können, und schaute uns gierig entgegen, als hätten wir ihr noch wunder was für Nachricht zu bringen. Aber viel zu erzählen wußten wir nicht. Und eine halbe Stunde später saßen die Männer wieder auf ihrem Schneidertisch und ich vor meinen Schreibereien.

Die Mutter hat sich von diesem Schlage nie mehr erholt. Ihr Lächeln wurde zu Eis, und wenn ich das Wohnzimmer durchquerte, saß sie vor offenen Schubladen und streichelte Röckchen und Puppen.

Der Hochsommer kam und mit ihm die ersehnte Umschrift des fertig gewordenen Werkes.

Mein Nachtquartier hatte ich wieder ins Bett zurückverlegen müssen, denn wenn ich nun von der Diele aufstand, vermochte ich nicht mehr, mich zu erwärmen, vielleicht, weil die Nächte kühler wurden, vielleicht auch, weil der Mangel an richtiger Nahrung mich blutarm gemacht hatte.

Einmal war ich in der Friedrichstraße Neumann begegnet, der als Hauslehrer bei dem Parfümeriehändler Schwartze gute Tage durchlebte. Er hatte mir einen Taler geliehen, und infolge des mir angeborenen Leichtsinns war ich damit sofort in die Speiseanstalt gegangen. Aber das ungewohnte Essen bekam mir schlecht. Schwere Magenschmerzen überfielen mich und hörten nicht auf, bis ich das Genossene wieder von mir gegeben hatte.

Das böseste von allem war, daß ich meinen lieben Wirtsleuten Miete sowohl wie auch Auslagen seit zwei Monaten hatte schuldig bleiben müssen, und sie brauchten es selber sehr nötig.

Arzt, Medizin und Begräbnis hatten große Summen verschlungen, und Schneiderrechnungen nicht zu bezahlen, war damals, als der Herrenanzug noch sechzig Mark kostete, ein vielgeliebter Sport. Heute, da es sich um Kapitalien von zwanzig- bis fünfzigtausend Mark handelt, wird man sich besser zu sichern wissen.

Wenn ich mittags in die Küche kam, um mir frisches Trinkwasser zu holen, fiel mir auf, daß das Herdfeuer nicht brannte, und bald mußte ich zu meiner Bestürzung erkennen, daß die Familie meines Wirtes genau so schlecht lebte wie ich, nur um mich nicht mahnen zu müssen.

An diesem Tage wanderte das Letzte, was ich besaß, meine Taschenuhr, in das bequem gelegene Leihamt, wo der Winterüberzieher, der ja in solchen Fällen den Vorrang verdient, schon längst für sie Quartier gemacht hatte.

Als ich mit den sechs Mark, die ich von dem Verleiher erhalten hatte, zu meinem Wirte kam, wollte es der liebe Gott, daß ihm eben ein Sommeranzug bezahlt worden war. Darum lud er mich großmütig ein, die Summe vorerst für mich zu behalten, und das half ein tüchtiges Ende weiter.

Mit immer heftigerer Sehnsucht umkreiste ich den Omnibus, der auf dem Platz am Rosentaler Tor stand und der mir täglich einen Gruß von meinem Gönner zu bringen schien.

In mir lebte die fixe Idee, wenn ich erst so weit war, das Verdeck zu erklettern, um ihm mein Werk zu Füßen zu legen, dann würden zu selbiger Stunde alle Not und alles Leid verflogen sein. Geld, Lob, Ruhm, alles würde a tempo auf mich herniederregnen. Oft sah ich ihn vor mir, wie er mich beim Anblick der dichtbeschriebenen Bogen als Freund und Bruder gerührt in seine Arme schloß. Aber bis dahin währte es noch manchen Tag. Je unbarmherziger ich mich hetzte, desto schwerer ging die Arbeit vonstatten. Die sechzehn täglichen Stunden wurden zwar immer noch leidlich innegehalten; aber die Fiebrigkeit im Hirn stieg, und für die abendlichen Streifereien fehlten schon lange die Kräfte. Gerade, daß ich mich noch zu dem nahen Koppenplatz schleppte, über dessen Bänken der Herbstwind schon raschelnde Lieder sang.

Fertig! Also jetzt war ich fertig!
Unter hießen Tränen hatte ich meine Liebenden sterben sehen. Ihr Unglück packte mich weit grausamer als damals, da sie im Konzept gestorben waren, weil meine Nerven inzwischen erheblich nachgelassen hatten.
Vereinsamt
Roman von Hermann Sudermann.
Roman! Welch ein stolzes Wort!
Da stand's und war durch nichts mehr aus der Welt zu schaffen.
Ich fuhr in die Stiefel und rannte zum Koppenplatz, weil ich in der frischen Luft meiner Erschütterung am leichtesten Herr zu werden meinte.
Es war neun Uhr abends und längst schon Nacht. Ich warf mich auf die gewohnte Bank und suchte nach einer Lehne; aber sie hatte ja keine. Darum kauerte ich mich zusammen, so daß der Rücken in den Armen eine Stütze fand, und weil die Phantasie einmal im Gange war und von der Kette des bisherigen Geschehens losgelassen nach neuer Betätigung verlangte, ersann sie mir in jener Stunde gleich drei Stoffe auf einmal,

die ich mit allen anderen treu durchs Leben getragen habe. Der eine hat in meinen »Litauischen Geschichten« unter dem Titel »Mix Bumbullis« seine Form erhalten. Die beiden anderen »Brot um Brot« und »Des Boskies Ende« harren noch der Niederschrift. –

Am nächsten Nachmittag um viere fuhr der Omnibus, der das Rosentaler Tor mit dem Askanischen Platze verband, nicht mehr ohne mich von hinnen.

Auf dem Verdecke hockend, hielt ich die zehn deckellosen Hefte, die mein Heiligstes auf ihren Blättern bargen, krampfhaft unter den Arm gepreßt, denn ich fürchtete, sie könnten mir durch irgendeinen Stoß verlorengehen.

In einer Stunde würde ich vor ihm stehen, ihm, dem Allmächtigen, der mein niedriges Dasein nun mit sich in die Höhe riß.

Der Anhalter Bahnhof war inzwischen mächtig vorwärtsgekommen.

Aber ich auch!

Mit demütig-stolzem Herzpochen stieg ich die teppichbelegten Treppen hinan, die von Milchglaskandelabern flankiert wurden, wie man sie aus Ölpapier geschnitten manchmal auf der Bühne sah.

Es dauerte lange, bis auf mein Klingeln hin ein Schritt sich meldete. Eine Kette wurde zurückgeschoben. Das war damals nicht gewesen.

»Der Herr Doktor?« fragte das Mädchen, den Fremden argwöhnisch messend. »Der Herr Doktor sind nicht zu Hause.«

»Wann kommt der Herr Doktor?« fragte ich, annehmend, daß ich unten auf ihn würde warten können.

»Das ist ganz unbestimmt«, erwiderte das Mädchen. »In vierzehn Tagen vielleicht.

Meine Knie, die mich schon seit Wochen schmerzten, gaben nach. Ich sank rücklings gegen das bronzierte Treppengeländer. Was nun? Ein Glück, daß ich so viel Fassung behielt, um nach des Herrn Doktors Adresse zu fragen.

»Helgoland«, war die Antwort, und dann folgte der Name eines Fischers, den ich sofort wieder vergaß.

Ratlos stand ich unten und sah mich um.

Gerade noch zehn Pfennige besaß ich. Die Frage war: Hungrig bleiben und fahren oder essen und zu Fuße gehen?

Ich wählte das letztere, kaufte mir über die schon verzehrten vier Schrippen hinaus eine große Kringel und dachte beim Essen darüber nach, wie merkwürdig die berühmten Dichter sind, daß sie, anstatt in ihren reichen und vornehmen Wohnungen zu bleiben, wo die Milchglaskandelaber schon im Treppenhause stehen, sich niedrige Fischerhütten zum Obdach wählten.

Ich freilich hätte es gern ebenso gemacht. Aber ich zählte ja noch nicht.

Als ich in die Anhalter Straße einbog, las ich über einer dunklen Haustür auf einem Schild die Worte »Deutsche Romanzeitung« und in Augenhöhe auf einem Täfelchen »Verlag von Otto Janke«.

Die »Deutsche Romanzeitung« kannte ich wohl. Sie gehörte zu dem Journalzirkel, der mein Heimatdorf mit geistiger Nahrung versah. Über ihren Nummern hatte ich schon manche Stunde in seliger Weltentrücktheit zugebracht.

Der Arm, unter dem die Schicksalsblätter ruhten, zuckte bedeutungsvoll. Rasch entschlossen trat ich ein.

Zum erstenmal im Leben stand ich in einem Verlagskontor. Der Herr, der hinter dem Auslieferungstische auf mich zutrat, jung, blond, mit kaum vernarbten Schmissen – der Juniorchef des Hauses, wie ich später erfuhr –, maß mich mit einem Blicke, der mir zu sagen schien, daß meinesgleichen ihm nicht fremd war.

»Nehmen Sie auch Romane von Anfängern?« fragte ich, erstaunt ob meines eigenen Mutes.

»Wenn sie gut sind«, erwiderte er lächelnd.

»Dann kann ich mein Manuskript wohl gleich hier lassen?«

»Bitte.« Er notierte sich Namen und Adresse und fügte hinzu, ich möchte in etwa vier Wochen mal wieder nachfragen kommen.

Ich erwiderte, das wolle ich gerne, und empfahl mich, von einer neuen Hoffnung angeweht. Hätte sie nur ihrer Feindin, der Verzweiflung, nicht so verteufelt ähnlich gesehen!

Als ich nach langer Wanderung in der Auguststraße landete, schallte mir aus der Gastwirtschaft, die in dem Nebenhause blühte, ein wüstes Gegröhle entgegen, von Trompetentönen stoßweise begleitet.

Ich fragte einen in der Haustür Stehenden, was da los sei.

»Es ist die Stammkneipe der Scharfrichtergesellen«, erwiderte er, »und die feiern die heutige Hinrichtung Hödels.«

Richtig! . . . Hödel – Nobiling – das alles war an mir vorbeigeglitten, als hätte nirgendwer in weiter Fremde es geträumt. Lebendiger als der alte Kaiser Wilhelm war ein anderer Monarch, der König Herodes, mir geworden; denn in den Mußestunden dieses Sommers hatte ich mir meinen »Johannes« ausgedacht.

Als ich wieder in der Nische meines Mansardenfensters saß, legte ich ein paar Briefbogen vor mich hin und schrieb in fliegenden Sätzen nieder, was ich im Laufe dieses Sommers getan und gelitten hatte, wie das ganze Luftschloß auf diesen einen Tag hin aufgebaut gewesen und wie es nun elend zusammengebrochen sei.

Zwei Marken hatte ich noch. Die klebte ich auf den Umschlag und schickte das Geschriebene nach der englischen Insel Helgoland an Doktor Hopfen ab. Ich tat das alles in einer Art von wohliger Betäubung, und als ich vom Briefkasten her durch die spätnächtigen Straßen rannte, hatte ich immerzu das Gefühl: »Wie glücklich bist du doch.«

In welcher Weise die nächsten acht Tage vergingen, weiß ich

nicht mehr. Ich glaube, ich habe meistens auf dem Bett gelegen und nach der Glocke hingehorcht. – Da endlich brachte der Postbote einen jener heißgeliebten und ersehnten Briefe aus braunem Büttenpapier, die ich vom vorigen Winter her wohl kannte, und als ich ihn zagend öffnete, fiel ein Fünfzigmarkschein heraus.

Viel Not ist mir beschert gewesen während meines bunten und verworrenen Lebens, und viel Gutes ist erlösend an mir geschehen. Doch keine Wohltat, wie sie auch geartet sein mochte, hat diese je verwischen können.

In dem Briefe stand:

»Mein lieber junger Freund! Was ich Ihnen hier sende, wird Ihnen ein willkommmener Beistand sein, und Sie sollen es auch redlich abarbeiten. Gehn Sie nach Empfang dieses in meine Wohnung und melden Sie sich bei meiner Hausdame, Fräulein Mathilde Jacobson. Sie ist von mir verständigt und wird Ihnen den häuslichen Nachhilfeunterricht meiner beiden Knaben in meinem Auftrag übergeben.

Ihr H. H. «

Wieder einmal war ich gerettet.

SECHZEHNTES KAPITEL

Das Haus des Dichters

Fritz und Helmut hießen die beiden, wohlgebildete und wohlerzogene Kinder, die sich der Führung des neuen Hofmeisters gern überließen. Auch ein kleines Jungfräulein lief herum, Lilli mit Namen, die mir malerisch kundtat, daß *sie* wenigstens nichts mit mir zu tun hatte.

Die Leiterin des Haushalts, dieselbe, auf die mein Gönner mich hingewiesen hatte, war eine nicht mehr junge Dame mit kühnem Profil, kurzsichtig blinzelnden Augen und braunem, trocknem Wirrhaar. Obwohl sie mir vom ersten Augenblicke an mit einer Art von gerührtem Wohlwollen entgegenkam, war ich doch so verschüchtert, daß es lange Zeit dauerte, bis ich erkannte, daß ich in ihr eine Freundin besaß.

Und meine Freundin ist sie geblieben, weit über die Hopfensche Zeit hinaus. Sie hat die schwersten Jahre meiner Jugend segnend begleitet. Und von den zwei Frauen, denen ich zu verdanken habe, daß ich nicht doch noch am Wege liegengeblieben bin, ist sie die eine. Von der anderen, die mich Jahre später aus dem Strudel des westlichen Berlin herauszog, wird in diesem Buche noch nicht die Rede sein.

Um fünf Uhr nachmittags, am Mittwoch und Sonnabend um drei, begann meine Pflichtenzeit. Bis dahin durfte ich mir selber leben. In der Auguststraße blieb ich wohnen, und der Omnibus, zu dem ich so lange sehnsüchtig emporgestarrt hatte, sah mich nunmehr als täglichen Fahrgast.

Eines Abends, als ich mich über den Schulheften meiner Zöglinge gerade häuslich eingerichtet hatte, wurde ich nach vorne befohlen. Der Doktor war zurückgekehrt und wünschte mich zu sprechen.

In einem dunkelblauen, trikotartigen Arbeitsanzug empfing er mich und fragte mich, wie es mir in seinem Hause gefalle. Ich dankte ihm mit Begeisterung.

»Für die Dauer können Sie ja nicht bei mir sein«, sagte er. »Denn meine Mittel erlauben mir nicht, den Kindern einen Hauslehrer zu halten. Aber bis Sie was Besseres haben, bleiben Sie immerhin.«

Und dann erkundigte er sich nach dem Schicksal der Arbeit, von der ich ihm geschrieben hatte.

Als ich ihm berichtete, daß sie nicht weit von hier auf der Redaktion der »Romanzeitung« liege, zog er mißmutig die Brauen zusammen und sagte: »Das wird nichts. Die Leute zahlen nicht.«

Aber auf meinen bescheidenen Einwurf hin, ich möchte die mir gebotene Aussicht nicht gerne verscherzen, fügte er sich und meinte: »Gut. Warten Sie die Frist ab. Sie werden ja sehen.«

An demselben Tage durfte ich mit ihm und seiner Familie zu Tische sitzen. Und zum erstenmal im Leben umfing mich der Schimmer einer von kupfernen Arabesken durchbrochenen Hängelampe, die mir für lange Zeit das Symbol vornehmen Behagens geblieben ist.

Nach der Suppe gab es eine von Saft quellende Rinderbrust, die der Hausherr selber zerlegte, und allerhand fremde Zutaten, deren Anblick schon beseligte. Die Krone aber war der Nachtisch: goldbraune Kugeln, mit süßem Saft gefüllt, die brützelnd auf dem Tische erschienen und dann noch dick mit Zucker bestreut wurden.

Ich fühlte meinen ewigen Hunger plötzlich so arg anschwellen, daß ich fürchten mußte, in meiner Gier die Grenzen des Schicklichen zu überschreiten, und darum nahm ich fast gar nichts. Da half Fräulein Mathilde mir nach, die mich schon oft mit einem abendlichen Butterbrot begnadet hatte, und legte mir auf, so daß ich schließlich mit heißrotem Kopf und in einem kaum je gekannten Glück der Fülle von der Mahlzeit aufstand.

Später habe ich oft, am Ende sogar regelmäßig, an diesem Tische gesessen, aber jenes erste Mal, das mich mit plötzlichem Schwunge aus Not und Niedrigkeit emporhob, ist mir für immer im Gedächtnis geblieben.

Vorläufig freilich ging das Darben weiter.

Die Vorlesungen des Wintersemesters hatten begonnen, und um das Versäumnis des vorigen Halbjahrs nachzuholen, füllte ich den Stundenplan von neun bis eins ganz mit Kollegien voll. Wo ich das Geld dafür hergenommen habe, weiß ich nicht mehr; vielleicht sind sie mir gestundet worden, vielleicht habe ich auch hospitiert.

Zur selben Zeit begann ich mich nach neuen Lektionen umzusehen, mit denen ich die freie Zeit zwischen eins und drei oder fünf nutzbringend ausfüllen konnte. Ich studierte den Inseratenteil der großen Blätter und fand in der Tat zwei Stellen, deren Honorar mir aussichtsvoll erschien.

Die erste führte mich zu einer Sattlerwitwe, die ihre Geschäftsbriefe von mir durchgesehen wünschte, wobei sie sich in deutscher Orthographie zu vervollkommnen gedachte. Ein grobknochiges und jähzorniges Weib, das seine Gesellen prügelte und es nicht fassen konnte, daß plötzlich jemand da war, der ihr gegenüber unweigerlich recht behielt. Als ich ihr eines Tages ein Wörterbuch mitgebracht hatte, in dem »alles drinstand«, glaubte sie, meiner nicht mehr zu bedürfen, und setzte mich an die Luft.

Die andere Stelle war ernster zu nehmen. Eine Mama, der guten Gesellschaft angehörig und selber noch von wohliger Fraulichkeit, hegte den Wunsch, ihre Tochter als Blenderin in den Salons auftreten zu sehen und wie mit erstklassigen Toiletten, so auch mit erstklassigem Esprit liebevoll auszustatten. Für das erste Bedürfnis sorgte eine bekannte Schneiderwerkstatt, für das zweite wurde ich engagiert.

In der Auswahl des Stoffes war mir im allgemeinen freie Hand gelassen. Je buntscheckiger, desto besser. Literatur, Philosophie, Heraldik, Soziologie – das heißt mit Verschweigung des nicht standesgemäßen Sozialismus –, Ästhetik – das heißt mit Auslassung alles Unschönen, und unschön waren die meisten Holländer, »überhaupt der sogenannte Realismus«, unschön war sogar Michelangelo –, ferner Musikgeschichte, Ägyptologie – denn man wollte demnächst eine Reise ins Pharaonenland unternehmen –, Biologie, Mythologie, und was sonst noch an »logien« zu haben war.

Als Opfer dieses Anschlags stellte sich ein stilles, blondes Mädelchen dar, das gerne Papeterien klebte und mich während meines Vortrags mit süßen, hilfeflehenden Augen ansah.

Man glaube nicht, daß mein Amt zu den leichten gehörte. Mama selbst war nicht ohne Bildung und wußte in allen möglichen Winkeln des Wissens Bescheid, wenn sie auch gelegentlich die erstaunliche Vielseitigkeit des Maler-Philosophen Feuerbach zu rühmen verstand und von Demokrit als einem der Sophisten sprach, die man wegen ihrer Unsittlichkeit am besten ganz überginge. Sie paßte scharf auf und las selber nach, um mich hinterher zu kontrollieren.

Eine ausgiebige Vorbereitung war notwendig. Woher die Zeit dazu nehmen? Woher aber vor allem die Zeit, um für mich selber tätig zu sein?

Da gab es wieder nur ein Mittel: den Schlaf auf das Quantum Friedrichs des Großen zu beschränken und um zwei Uhr morgens auf den Beinen zu sein. Um zwei, wohlverstanden, und nicht, wie faule Leute täten, erst um drei.

Niemand hinderte mich, um neun ins Bett zu kriechen. Und wenn zu dieser Stunde rasch noch einmal nachgeheizt wurde, blieb ich sogar vor der gefürchteten Morgenkälte bewahrt.

Nun begannen wahre Orgien der Energie.

Das Aufwachen geschah ganz von selber. Ja, häufig schlief

ich der größeren Sicherheit halber erst gar nicht recht ein. Um Viertel auf drei am Arbeitstisch, um Viertel auf sechs mit dem Dichten gestoppt, um Viertel auf acht mit den Vorbereitungen zur Lehrstunde fertig, dann noch rasch die Kollegienhefte durchgesehen, gefrühstückt, gehantelt – diesen Genuß mag man sich ausmalen! – und dann heidi! in die Vorlesungen.

Hatte ich vier Stunden lang voll Hingabe nachgeschrieben, dann kam erst die Krönung des Ganzen: der Gang nach der Sigismundstraße zu meiner Schülerin, in die ich mich wie selbstverständlich bis über die Ohren verliebt hatte.

Aber Mama paßte auf. Und über eine, wenn auch noch so dialektfreie Augensprache kamen wir niemals hinaus.

Einmal, als ich zu kopfmüde war, um mich des Präparierten zu entsinnen, versuchte ich mich durchzuschwindeln, indem ich den Inhalt des im Kolleg eben Gehörten zum besten gab.

Aber das dauerte kaum fünf Minuten, da legte sich Mama schon ins Mittel.

»Das scheint mir zu tiefgehend«, sagte sie. »Sie müssen sich überhaupt vor Gründlichkeit hüten.

Ein gewisser Oberflächenglanz muß über dem allen liegen. Denken Sie, Sie machen eine elegante Tischkonversation, wo man so sprüht.«

Nun sprüh du mal gefälligst und mach eine elegante Tischkonversation, wenn du seit zwei Uhr morgens hungrig bist und nichts zu essen kriegst.

Aber einmal kriegte ich doch zu essen, und das war gleichzeitig das Ende.

Ich befand mich gerade eifrig dabei zu »sprühen«, da wurde mir so sanft und so selig zumute. Ein Singen erhob sich ringsum, blaue Schleier legten sich mir vors Auge. Ich mußte mich rasch an der Tischplatte festhalten.

»Was ist Ihnen?« hörte ich die Stimme der Mama wie aus weiter Ferne.

»Nichts«, sagte ich und markierte ein Lächeln. »Ich habe noch nicht zu Mittag gegessen.«

»Ich werde Ihnen einen Imbiß holen«, sagte sie halb mitleidig und halb ärgerlich, und der gewohnten Vorsicht uneingedenk verließ sie das Zimmer.

Nun muß ich doch wohl umgefallen sein, denn als sie mit einem Teller in der Hand wieder erschien, fand ich mich auf dem Teppich sitzen und meine holde Schülerin weinend über mich geneigt.

Am nächsten Morgen erhielt ich eine Postanweisung über dreißig Mark und auf ihr die Mitteilung, daß die Lehrstunden fortan wegfallen müßten, da eine baldige Abreise in Aussicht genommen sei.

Noch manchmal habe ich mir später in der Sigismundstraße zu schaffen gemacht, aber das süße, hilfeflehende Augenpaar ist mir nie mehr begegnet.

Um die gleiche Zeit geschah es, daß ich mich der Bühnenkunst zuwandte.

Meine Karriere war kurz und nicht überaus glanzvoll.

Eines Tages las ich im Annoncenteil des Tageblatts, daß der Theaterverein »Blaue Schleife« einen ersten Liebhaber suchte.

»Warum sollst du nicht?« dachte ich. »Deine Abende hast du frei, und wenn du was verdienst, darfst du auch ausschlafen.«

Ich begab mich also nach dem in der Schönhauser Allee gelegenen Direktionsbüro, das sich nach längerem Suchen als eine Gastwirtschaft entpuppte. Und als ich den Mann hinter dem Schanktische nach dem Direktor fragte, ergab sich ferner, daß er es selber war.

Er maß mich mit unverkennbarer Billigung und fragte dann, *nicht* ob ich Talent, sondern ob ich einen schwarzen Gehrock habe.

Der schwarze Gehrock, den man heute nur auf Begräbnissen und etwa noch in Ministerkanzleien vorfindet, gehörte damals als notwendiger Bestandteil zu der Garderobe jedes sich in der Welt bewegenden Mannes. Ihn entbehren, hieß von der Gesellschaft ausgeschlossen sein. Der meine, immer noch jener, den die Kunst des Dorfschneiders Paetzel geschaffen, hatte sich bereits den verschiedensten Lebenslagen gewachsen gezeigt. Zwar ging er über den Knien höchst unvorschriftsmäßig auseinander, wenn man aber, gleichsam zufällig, die Hand in den Busenlatz steckte und dabei – ebenfalls wie zufällig – den linken Schoß ein wenig in die Höhe hob, ward ihm jene tadelfreie Linie zu eigen, die die Meisterstücke der ersten Berliner Ateliers vor allen anderen Kreationen auszeichnet.

Ich durfte daher mit Stolz bejahen.

»Dann ziehen Sie ihn heute zur Probe an«, sagte er, »und hier ist was zum Auswendiglernen.«

Er reichte mir ein Heft, dessen Inhalt ich kannte. Es war die Rolle des Ferdinand von Bruck in dem Wilbrandtschen Einakter »Jugendliebe«, die ich auf dem heimischen Liebhabertheater bereits mit großem Erfolg gespielt hatte.

Von den Proben schweige ich. Wer den »Sommernachtstraum« kennt, kann sich ohne Mühe von ihnen ein Bild machen.

So kam der Sonntagabend heran, an welchem die Vorstellung vonstatten gehen sollte.

Siegessicher begab ich mich in die Garderobe. Es war gewiß nicht Überhebung, wenn ich mir sagte, daß zwischen mir und meinen Mitspielern Vergleichsmöglichkeiten nicht bestanden.

Schon mein erstes Erscheinen wurde ein Triumph. Als ich in meinem unwiderstehlichen Gehrock, schön geschminkt und gelockt, auf die Szene hinaustrat, erhob sich im Zuschauerraum ein bewunderndes »Ah«, dem nur wenige Neider sich mit einem ruhegebietenden »Pst« entgegenstellten. Ich durfte also Großes erwarten.

Als ich aber zu reden anhub – was war das? Was wollte das heimliche Tuscheln und Kichern, da doch die Rolle so ernst war?

Und plötzlich erschallte ein Ruf von Bank zu Bank, mit Gelächter begrüßt, gräßlich zu mir empor:

»Der kommt wohl frisch von Albing mit de Schnallpost?«

Da war mir alles, alles klar.

Mein ostpreußischer Akzent, den ich auch heute nicht ganz abgelegt habe und auf den ich sogar ein wenig stolz bin, zeugte damals noch mit nichts verhehlender Treuherzigkeit von meiner Herkunft und meines Stammes Art. Mit ihm begabt durfte ich als Groteskkomiker meines Erfolges sicher sein. Doch als junger vornehmer Weltmann war ich selbst in diesem Kreise unmöglich.

Wohl versuchte ich weiterzureden. Aber wir kennen ja unsere lieben Berliner. Nun ihre Ulkstimmung einmal geweckt war, gab es kein Halten. Immer neue Lachsalven tobten zu mir empor, und das »Mitspielen« wollte eben beginnen.

Da erstand mir in dem Direktor selber ein Retter. Vom Bierkran her, wo sein Stammplatz war, trat er hemdärmelig hervor, erhob seine mächtige Stimme und schrie in das Gelächter hinein: man möchte sich lieber was schämen, denn ich sei ein anständiger junger Mann und hätte keine Schuld, daß ich dahinten und nicht am grünen Strand der Spree geboren sei. Übrigens könne man Gott danken, daß ich nicht aus Sachsen käme, denn dann wäre es *noch* schlimmer.

Diese Pauke beruhigte die meisten Gemüter. Ich konnte meinen Part zu Ende führen, ohne daß mehr als hier und da ein heimliches Prusten mich unterbrach. Und als der Vorhang fiel, wurde Herr Schöppke – das war der Name, den der Wirt mir auf dem Theaterzettel beigelegt hatte – mit lachender Begeisterung vor die Rampe gefordert.

Daß ich dem ehrenvollen Rufe nicht Folge leistete und daß ich schleunigst von hinnen floh, ohne auf das mir zustehende Spielhonorar von zehn Mark irgendeinen Anspruch erhoben zu haben, wird man mir gerne glauben, auch ohne daß ich es versichere.

Dies alles schreibt sich ruhig und lächelnd herunter, und mit ruhigem Lächeln mag man es hinnehmen. Aber damals hat es viel Kummer gekostet, und die zerstörten Hoffnungen fraßen immer aufs neue die Seele wund.

Auch mit meinem Roman wurde es nichts. Nachdem ich verschiedene Male aufs Wiederkommen vertröstet worden war, riet mein Gönner mir, eine kraftvollere Tonart anzuschlagen. Das half, und als ich zu festgesetzter Stunde ein letztes Mal erschien, erklärte man mir, man habe den Roman nun wohl gelesen, man würde ihn auch drucken wollen, als Honorar aber könne man mir nur zwölf Freiexemplare bieten, die mir gleich nach dem Erscheinen zur Verfügung stünden.

Da wuchs ich zornig empor, verlangte das Manuskript auf der Stelle zurück und erhielt es ohne Widerstreben.

Von nun an lag es lange auf dem Schreibtisch des Doktors, der gerade ein eigenes Werk beendete und darum keine Zeit fand, sich mit meinem Geschreibsel zu beschäftigen.

Da legte sich Fräulein Mathilde fürbittend ins Mittel, und eines Tages wurde ich nach vorne gerufen, um den Spruch, der Tod und Leben für mich bedeutete, von meinem Richter zu empfangen.

Und es wurde ein Todesurteil. Die ersten Seiten waren mit Strichen übersät. Fehler reihten sich an Fehler, die ich mit Zerknirschung als solche erkannte, und die Scham fiel über mich her wie eine lähmende Faust.

Nur einmal wagte ich eine kleine Gegenrede, indem ich sagte: »Herr Doktor, ich habe das mit meinem Herzblut geschrieben.«

Da strich er mit nachdenklichem Lächeln den langen, roten

Bartkeil und erwiderte: »Ihr Jungen schreibt mit Herzblut, und wir Alten schreiben mit Tinte. Aber unsere Tinte brennt röter als euer Herzblut.«

Nun lag das liebe Bündel, in dem mit tausend Schmerzen einst Bogen auf Bogen gehäuft war, entwertet und verworfen wieder in meiner Schublade. Und so liegt es noch heute – dicht neben der »Tochter des Glücks«. Wenn ich im Frühling nach meinem Blankensee hinauskomme, sage ich ihm jedesmal »Guten Tag«, und dann wird mir weit und weh zumute.

In meinem täglichen Leben vollzog sich um jene Zeit die glückliche Veränderung, daß ich als regelmäßiger Gast zu den Mittagsmahlzeiten der Familie hinzugezogen wurde.

Von nun an war es mit dem Hungern vorbei. Denn was der Vormittag an Nahrung verlangte, konnte ich allenfalls aus eigenen Mitteln bestreiten.

Aber auch mein frühmorgendlicher Fleiß geriet in die Brüche. Wie ich in früherer Zeit bei den Schwindsüchtigen zu Gaste gewesen war, so ging ich nun mit fliegenden Fahnen zu den Herzkranken über. Bis dahin hatte ich nur gewußt, was ein Herz ist, wenn ich mich überschwommen hatte oder verliebt war. Jetzt wollte das Stechen und Rumoren da links, wo es liegt, nie mehr ein Ende nehmen. Und wenn ich nachmittags die drei Treppen zu der Wohnung des Doktors emporklomm, blieb ich vor Atemnot oft am Geländer hängen.

Fräulein Mathilde, die mein Leiden mitansah, ruhte nicht eher, als bis ich ihren Vetter, den berühmten Internisten Professor Jacobson aufgesucht hatte, dem ich freundlich von ihr empfohlen war.

Er empfing mich mit lächelndem Wohlwollen, klopfte, horchte, zählte und fragte dann kopfschüttelnd nach meiner Lebensweise. Und diesmal wurde ich nicht ausgelacht, sondern bekam die ernste Mahnung mit auf den Weg, meine

Jugendkräfte nicht zu vergeuden. Denn Arbeit könne nicht minder zum Laster werden, wie Müßiggang es sei.

Von nun an durfte ich liegenbleiben bis achte. Aber das wundgepeitschte Gewissen trieb mich noch lange Zeit hindurch allstündlich in die Höhe, ehe mit dem Morgenschlaf das Herz sich wieder beruhigte.

Langsam glitt mein Leben in freundlichere Gestaltung zurück, und meine Freundin Mathilde wies mir gütig den Weg. Im Künstlervolk zu Hause und selber künstlerisch durchädert bis ins Mark, wußte sie überall Bescheid, wo Anregung und Steigerung zu holen war.

Sie führte mich in die Ausstellungen der Bilderhändler, in Adventsspiele und Kirchenkonzerte, in die Vorlesungen langhaariger junger Dichter, in die Liederabende schüchterner Sängerinnen – und vor allem zu Bilse führte sie mich, der damals dem musikhungrigen Volke der Herrgott war. Daß er auch als Heiratsvermittler unsterbliche Verdienste hatte, davon ahnte ich nichts. Damals war mein gläubiges Ohr nur hoher und höchster Musik geöffnet, und Beethovens Hammerschlag klopfte allmächtig an ein selig aufspringendes Herz.

Heiße Ahnung erwachte in mir, daß ein Dasein bis zu seinen tiefsten Quellen hin der Kunst gehören kann, der Kunst in jeder Form, in jeder Strahlung – Kunst, so vielfältig wie das Leben, und doch nur *eines* wie das Leben auch.

Alles konnte so zu Kunst werden, jeder Erker im Straßenbilde, jede Wolkenballung am Abendhimmel, jede Marktfrau im Schnee, jedes Gebimmel vom Kirchturm, jedes Zucken der eigenen Seele.

Und diese Ahnung verdankte ich meiner Freundin Mathilde.

Der Weihnachtsabend nahte. Zu meiner feierlichen Freude sollte ich ihn im Dichterhause verleben dürfen.

Von meinen Schülern hatte ein jeder sein Glückwunschgedicht prompt von mir geliefert erhalten. Daß sich »Flocken« und »Glocken«, »Heilige Nacht« und »Engelwacht« schlagkräftig in ihnen reimten, versteht sich für jeden von selbst, der in dieser Branche bewandert ist. Sie waren unter meiner Aufsicht auf köstlichen Bogen niedergelegt und stockungsfrei auswendig gelernt worden. Ich durfte der großen Stunde ohne Bangen entgegenharren.

Und nun war sie da. Ein Weihnachtsbaum strahlte auf – wunderbar wie der Sternhimmel selber. Geschenkteller von nie geschauter Üppigkeit umrandeten den Festtisch.

Auch meiner wartete reiche Gabe. »Sie werden sich freuen«, hatte meine Freundin Mathilde schon vorher verheißungsvoll zu mir gesagt. Und als der Doktor mich freundlich bei der Hand nahm und zu meinem Platze führte – was fand ich? Eine Brieftasche mit einem Hundertmarkschein darin. »Bargeld lacht«, sagt das Sprichwort. Für mich aber war es ein Jubelgelächter, wie es im Himmel zu Hause sein muß, denn außer dem spärlichen Ertrag der oben geschilderten Lehrstunden hatte ich in diesem Vierteljahr noch nichts verdient und saß bei meinen Wirtsleuten schon wieder tief in der Kreide.

Mir wurde weh vor lauter Glück. Ich setzte mich still in eine Ecke und wußte nicht, was mit mir beginnen. Bedankt hatte ich mich, beglückwünscht hatte ich jeden. Nun hätte ich eigentlich gehen können. Aber ich vermochte es nicht. Minutenweise wollte ich diese Stunde auskosten, die nie mehr im Leben wiederkommen konnte, denn meines Bleibens war im Dichterhause nicht – das wußte ich ja.

Die Kinder waren mit ihrem Spielzeug beschäftigt. Fräulein Mathilde wandte sich bald zu dem einen, bald zu dem anderen und erklärte, ermunterte, half und verdang sich als Spielgenossin. »Ich muß sie die Mutter vergessen machen«, flüsterte sie im Vorübergleiten mir zu.

Der Doktor aber ging mit stapfenden Schritten schweigend zwischen dem strahlenden Weihnachtszimmer und den dunklen Vorderräumen hin und her. Dort brannte nur die umschirmte Arbeitslampe über durchwühlten Papieren. Im milchigen Scheine wie ein Geistergebilde trat die Marmorbüste aus der bergenden Dämmerung.

Der Wandernde sprach zu keinem ein Wort. Und keiner sprach zu ihm. Bisweilen blieb sein Blick verloren auf den Kindern ruhen, dann stieg er wieder ins Dunkel zurück.

Ich ließ kein Auge von ihm, und wenn er hinter der Tür verschwand, beugte ich mich vor, damit er mir nicht entweiche.

Da sah ich, wie er neben der Büste Halt machte, die Arme um ihren Nacken schlang und die Stirn gegen den Marmor pressend in sich hineinschluchzte, so daß der ganze Körper zitterte und flog.

In mir wallte es heiß empor. Ich wollte ihm nachstürzen, wollte seine Hände packen und ihm sagen – ja, was?

Ich war ja nur ein armes Hofmeisterlein, aus Barmherzigkeit im Hause gehalten und meines Dichteradels ganz und gar beraubt. Denn nie mehr seit jenem verhängnisvollen Abend hatte der Doktor meiner Arbeit Erwähnung getan. Mit welchem Rechte durfte ich mich an ihn hängen, um mit meinem wertlosen und hoffnungslosen Stümperdasein die Stunde des heiligen Schmerzes zu entweihen?

Mein Platz war unweit der Tür. Ich hatte nur nötig, leise aufzustehen und nach der Klinke zu greifen. Dann war ich draußen.

Und das tat ich auch.

Als ich die Treppen hinunterstieg, war mir, als bliebe alles weit zurück, was mir Kraft und Freude, Halt und Sehnsucht im Leben war, als stiege ich in einen Abgrund von Not und Jammer, aus dem ich nie wieder emportauchen könnte.

Die Wanderung bis zur Auguststraße war lang. Aber je näher ich ihr kam, je häufiger die vertrauten Gestalten der allgemeinen Armut mich umhuschten, desto leichter wurde mir.

Ich gedachte der kümmerlichen Weihnacht, die in der

Schneiderwerkstatt auf mich wartete – auch hier fehlte ein Liebes, das vor einem Jahre noch dagewesen war –, und einer anderen Weihnacht gedachte ich, weit hinten im Litauerlande, die ich als überzähliger und überflüssiger Gast im vorigen Jahre hatte mitfeiern müssen.

Überzählig, überflüssig überall!

Nur in meinem Arbeitswinkel nicht. Und froh, daß er mein war, daß ich mein Leid in ihm austoben durfte, steuerte ich dem lieben Hause zu. –

SIEBZEHNTES KAPITEL

In Glanz und Wonne

Vor jenen grauen Jahren trug die Potsdamer Straße noch einen halb ländlichen Charakter. Vorgärten ließen gerade Raum für einen schmalen Bürgersteig. Die Schulter scheuerte sich an eisernen Gittern, und hinter verstaubtem Gebüsch ertranken niedrige Lusthäuser zwischen den Brandmauern der ersten Mietskasernen.

Auf der rechten Seite – wenn man vom Leipziger Platze kommt – stand in verträumter Stille eine weit zurückgebaute Villa, die auf der rechten und der linken Flanke je ein verdeckter Säulengang mit der Straße verband. Wer in ihr wohnte, wußte ich nicht, aber seit langem schon hatte ich sie mit sehnsüchtigem Wohlgefallen betrachtet, wenn ich an ihr vorbeigegangen war. Mit ihren goldumrandeten Spiegelfenstern, mit ihren blumengeschmückten Vasen auf dem kunstvoll umfriedeten Altan erschien sie mir wie ein kleines Märchenschloß, in dem gütige Feen irrenden Rittern eine Herberge geben.

Und eines Tages war ich in ihr zu Hause.

Das kam so: Meine Freundin Mathilde hatte ihrem Vetter, dem Professor, geklagt, daß es mit mir nicht länger so ginge. Ich müßte eine feste Stelle haben mit auskömmlichem Gehalt und der Möglichkeit, meine Studien zu Ende zu führen. Da hatte er im Kreise seiner vornehmen jüdischen Patienten Umschau gehalten und war zu dem Ergebnis gekommen, daß den Söhnen des Bankiers Neumann ein Hauslehrer nötig sei, der ihre unbewachten Stunden unter liebende Aufsicht nähme.

Weißbehandschuht und in schwarzem Kandidatenschlips, als sollte ich demnächst die Kanzel besteigen, war ich eines Vormittags dort angetreten und in Gnaden empfangen worden. Ich bekam ein Gehalt, mit dem ich ein kleines Fürstentum hätte aufmachen können, außerdem von Mittag ab freie Station und die Zusicherung, daß ich mich zur Familie zählen dürfe.

Mein Gönner gab mir seine Segenswünsche mit auf den Weg und gestattete mir, ihn aufzusuchen, sobald ich seines literarischen Rates bedürfe. Wohnen bleiben konnte ich, wo ich war, und alle Vormittage gehörten mir.

Hat es je einen Sterblichen gegeben, dem so viel Glück auf einmal in den Schoß gefallen war?

Von nun an war ich Selbstherrscher an einer Tafel, die von schlichten Köstlichkeiten überquoll, und brauchte meine Macht nur mit der Erzieherin zu teilen, die die Schwestern meiner drei Schüler unter Aufsicht hielt, denn deren Eltern aßen zu späterer Stunde mit Gästen oder für sich allein. Hatten sie abgetafelt, dann kam unser Abendessen an die Reihe. Nur an Festtagen speisten wir alle zusammen.

Die Hausherrin war eine noch reizvolle Frau, weich und würdig und voll leidender Güte. Sie hatte sehr schöne Augen und konnte rot werden wie ein Backfisch, wenn irgendeine Gesprächswendung sie verletzte.

Meinen Chef bekam ich selten zu Gesicht. Er muß schon in den Sechzigern gewesen sein und trug graue Bartkoteletten, die ein gelbes, vertrocknetes Gesicht noch gelber und trockener machten. Er hatte eine weinerliche Art, sich über die Mängel des Haushalts zu beklagen, und kümmerte sich um die Kinder nicht viel. Nur einmal fand ich ihn in ihrem Kreise, wie er ihnen aus einem Schillerschen Drama vorlas, während sie jeden Vers mit johlendem Gelächter begrüßten. Und als ich neugierig näher trat, um zu erfahren, was es bei Schiller zu lachen gebe, fand ich zu meinem Erstaunen, daß er dessen hohes Pathos, das mir, solange ich denken konnte, heilig war, aus dem Stegreif parodierte. In geschäftlichen Dingen galt er als ein Genie, und von seinem unermeßlichen Reichtum sprachen wir nur mit ehrfürchtigem Flüstern.

Zusammen mit meinen Schülern hauste ich in einem meist überheizten Zimmer des Giebelstocks, überhörte, korrigierte, schalt und lobte, wie es meines Amtes war, und gab mir Mühe, die Ungezogenheiten nicht zu bemerken, in die bei verwöhnten Jungen alle Lebenslust ausmünden will. Nur wenn ich von ihnen angelogen wurde, konnte ich wild werden.

Begabt waren die beiden Älteren gewiß. Aber faul auch. Das moralische Gleichgewicht blieb also gewahrt. – Und was den Jüngsten anbelangt, so wohnte er als Abc-Schütze noch in dem Paradiese, das diesseits von Gut und Böse liegt.

Rasch und widerstandslos paßte ich mich dem Wohlleben an, in das mein versöhntes Schicksal mich hatte hineinschneien lassen. Und wenn es auch nicht mehr als eine Atempause sein mochte, was mir beschert war, ich sog die neue Lebensluft durch alle Poren und mit solchem Ungestüm, daß aller Jammer bald verschwand, als wäre er nie gewesen.

Schlecht und undankbar war es von mir, daß ich mich nach kurzer Zeit für die Auguststraße zu schade fand. Ich spiegelte mir vor, der Weg dorthin und von dorther sei allzuweit, um ihn tagtäglich zurückzulegen. In Wahrheit aber hatte der Westen es mir angetan, und erst, als ich in der Lützowstraße ein behagliches und wohlausgestattetes Zimmer mein eigen nannte, glaubte ich meinem neuen Range nichts mehr schuldig zu sein.

Nur der Schneiderwerkstatt blieb ich treu, und da ich nicht mehr zu sparen brauchte, ließ ich mir von meinem Freunde Achtenhagen etliche Anzüge bauen, die von feinsten englischen Stoffen geschnitten waren, von Stoffen, an die seine Kundschaft sich sonst niemals heranwagte und in denen mein nun nicht mehr verhungerter Leib in ungeahnter Vornehmheit erstrahlte.

Auch dem Wachstum meines Bartes wehrte ich nicht mehr, der alsbald in junkerlicher Fülle über die Schultern floß.

Aber meine gesellschaftliche Gewandtheit lag noch im argen.

Das merkte ich jedesmal, wenn das Haus Gäste hatte und ich hinzugezogen war. Meistens kam ich mir dann verlassen und verloren vor und hing mit heißer Dankbarkeit an dem Munde, der leutselig das Wort an mich richtete. Aber es konnte auch vorkommen, daß ich in vorlauter Schein-Sicherheit die Unterhaltung an mich riß und den Tisch entlang mit unreifen Sarkasmen um mich warf.

Auf einen jüngeren Verwandten des Hauses hatte ich es besonders abgesehen, vielleicht, weil ich mich als seinen heimlichen Rivalen betrachtete.

Er hieß Hugo Lubliner und hatte eben im Königlichen Schauspielhause einen vielerörterten Lustspielerfolg errungen.

Ihn selber zu bekritteln, das durfte ich naturgemäß nicht wagen, denn er war der Stolz der Familie und vergöttert von jedem, der in seine Nähe kam. Darum hielt ich mich an denen schadlos, die seinesgleichen waren, jenen Kümmerlingen, die im Fahrwasser der Franzosen segelnd das deutsche Theater mit marktgängigen Scherzen versorgten.

Einen von ihnen – ich weiß nicht mehr, wer es war – hatte ich bei einer abendlichen Tafelrunde so madig gemacht, daß schließlich niemand mehr mir widersprach und daß selbst Lubliner, der seine Partei genommen hatte, nichts weiter konnte als bedauernd sagen: »Was wollen Sie? Wir kochen alle mit Wasser.«

»Ich hab immer gedacht, wir kochen mit Feuer!« rief ich feurig zu ihm hinüber und fing als Belohnung einen Blick auf, den ich mir wie eine Rute hinter den Spiegel hätte stecken können, wäre er nicht noch vergänglicher gewesen als der, der ihn mir sandte.

Als ich etliche Zeit später im Parkett des Schauspielhauses

saß, wo ein neues Lustspiel von Hugo Lubliner seine Urauf-
führung erlebte, fand ich in einer Gesellschaftsszene einen
jungen Tölpel vor, der mit zudringlicher Beflissenheit von einem Gaste zum anderen ging, um jedem mit einem Bückling
anzuvertrauen:

»Mein Name ist Schumann. Mein Name ist Schumann.«

Ich fühlte mich rot werden, denn eine dunkle Erinnerung
stieg in mir auf, daß ich auf dem ersten Gesellschaftsabend im
Neumannschen Hause sehr darauf erpicht gewesen war, mich
vorzustellen. Wenn auch ungern, mußte ich dem Autor zuge-
stehen, daß er nicht schlecht beobachtet hatte.

Aber inzwischen war ich über dergleichen Mängel rasch hin-
ausgewachsen. Ich hatte Ohr und Auge wohl gebraucht, und
jeder neue Tag schärfte meinen Instinkt für das, was sich
schickte und was verwerflich war. Visitenkarten auf schön
kristallisiertem Eispapier ließ ich mir *nicht* mehr drucken,
und Armbänder aus Berliner Filigraneisen schenkte ich an
Geburtstagen den Töchtern des Hauses auch nicht mehr.

Ich lernte fühlen, welches Lächeln einen Tadel aussprach und
welches andere Wohlgefallen mit sich brachte. Ich lernte
schlagfertig sein und überhören, je nachdem die Stimmung es
verlangte. Und wenn irgend jemand einen Schnitzer machte,
empfand ich ihn ebenso schmerzlich, als wäre er mir selber
entschlüpft. Sobald ich die Gesellschaftsräume betrat, begann
mein Hirn zu arbeiten wie eine scharfgeheizte Dampfmaschi-
ne. Mir war, als ob ich auf einen Kampfplatz ginge, und eine
innere Stimme rief: »Lerne, lerne, du wirst es einmal brauchen.«

Und so habe ich mein ganzes Leben lang gelernt und lerne
heute noch von jedem, dem ich im Zwiegespräch gegenüber-
stehe.

Doch Wichtigeres gab es zu lernen, zumal die Nöte weggefal-
len waren, die es mir bislang grausam verwehrt hatten.

Wenn ich vormittags ins Kolleg ging, hinderte mich kein leerer Magen mehr, kein Gliederzittern und keine Furcht vor dem fehlenden Mittagbrot, die Weisheit des Lehrenden ruhevoll auf mich einströmen zu lassen. Und was ich seit langem schmerzlich empfunden und als geistigen Niedergang gedeutet hatte, die innere Teilnahmlosigkeit, die Vergeblichkeit des Hörens und Behaltenwollens, war weggeblasen und machte dem glücklichen Bewußtsein wiederkehrenden Gedeihens Platz.

Zu jener Zeit wurde ich Paulsens andächtiger Schüler und empfand seine lächelnde Skepsis als etwas, was ich selber ureigen besaß. Auch Steinthal hörte ich mit Begeisterung, und Scherer nicht minder. Doch ihm gegenüber wurde ich das Gefühl der Nichthergehörigkeit nie los, als hätte ich mich zaungastmäßig in seine Nähe gedrängt.

Meiner Freundin Mathilde, die inzwischen Berlin verlassen und auf einer märkischen Domäne bei nahen Verwandten eine Heimat gefunden hatte, schrieb ich überschwengliche Briefe über die Fülle der neuen Offenbarungen, die mich gen Himmel hoben, und empfing ab und zu einen kleinen wohltätigen Dämpfer, der mich sanft auf irgendeinen grünen Rasen setzte.

Unter mein Brotstudium, das von alters her verhaßte, machte ich damals einen dicken Strich.

Es war mitten in einem Kolleg über die Geschichte des stummen e, das der berühmte Romanist Tobler dreimal wöchentlich las, wo ich eines Tages, der ewigen Belegstellen müde bis zum Ekel, mein Heft mittendurch riß, nach dem Hute langte und unbekümmert um die strafenden Blicke der Nächstsitzenden mich rasch zur Türe hinausklemmte.

Daß dieser Schritt der Verzweiflung mich für immer aus den Gleisen der Bürgerlichkeit hinauswarf und mich einer dunklen, gefährlichen Zukunft, vielleicht gar dem Untergang entgegenführte, das wußte ich wohl. Aber ich wußte auch, daß ich mich in den Wüsteneien der Grammatik nie wieder würde heimisch machen können. Die Zeit war verpaßt, in der mein Hirn sich willig erwiesen hatte, Flexionen und Syntaxregeln in sich aufzunehmen. Mit achselzuckendem Hochmut sah ich darauf zurück, mochten sie noch so sehr die Basis bilden, auf der jedes geordnete fachliche Wissen sich aufbaute.

Was aus mir einst werden würde, war mir ganz egal. Bloß raffen – raffen – raffen. Leben, Erkenntnis, Schönheit, Kraft, alles, was täglich in tausend neuen Bildern und Gestalten schmeichelnd und drohend, rätselvoll und engelzüngig auf mich eindrang. –

Hinter der Neumannschen Villa gab es einen Garten, der tief in das zwischen den Straßen liegende Gelände hineinschnitt. Nie hätte ich es für möglich gehalten, daß mitten in dem steinernen Meere der Großstadt ein blühendes Eiland wie dieses sich den Blicken der Menschen verbergen konnte. Bäume und Sträucher wuchsen darin, die fremd und blütenschwer die Pfade umschleierten, auf denen Backfischlachen und Knabentrotz von junger Liebe zu erzählen wußten.

Ich stellte mich väterlich und sah und hörte nichts, was auch immer zwischen Abendrot und Mondenlicht auf mich eindringen mochte. Wie verzaubert saß ich in diesem heimlichen Eden und wußte in meinem einsamen Glücke nicht aus noch ein.

Zwei schöne Nichten waren oft zu Besuch – nicht verwandt miteinander, denn die eine gehörte zur Familie des Hausherrn, die andere zu der seiner Gattin.

Jede hatte eine andere Art von Schönheit. Aber die war so groß, daß ich nicht glaube, je im Leben etwas Schöneres gesehen zu haben.

Ich liebte sie beide, und wenn sie, in die Schleier ahnender Bräutlichkeit gehüllt – sie waren gerade im Begriff, sich mit sehr reichen Männern zu verloben – wenn sie, Blumen des fernen Orients vergleichbar, an mir vorüberglitten, dann fühlte ich stets einen Taumel über mich kommen, als hätte der süß-giftige Odem des Gartens mich betäubt.

Die eine, der ich später in Gesellschaft bisweilen begegnet bin, ist in Jugend und Schönheit gestorben. Und einer unserer besten Erzähler hat sie zur Heldin eines vielgelesenen Romans gemacht. Die andere soll jetzt an einen italienischen Aristokraten verheiratet sein. Die Schicksale der beiden gleichen sich nicht. Um so mehr die Lieder, die ich an sie gedichtet habe, denn sie taugen alle nichts. –

Aus Frühling ward Sommer, und der Tag kam heran, an dem die Ferienreise angetreten wurde, deren Ziel, das Ostseebad Heiligendamm, in meiner Phantasie schon lange irrlichtelierte.

Noch nie war ich in einem Bade gewesen, denn die ostpreußischen Küstenorte in ihrer poweren Naturwüchsigkeit zählten nicht mit, und was sich hier ereignen sollte, überflutete mich schon jetzt mit Schauern betörender Romantik.

Ich hatte eine dumpfe Vorstellung, als täte in ihnen sich die große Welt, die Welt der Romane und der Salondramen, die Welt, die man sonst nur in Karossen an sich vorüberrollen sah, zu einem adeligen Gemeinwesen zusammen, in dessen Bannkreis alle trennenden Schranken fielen und ritterliche Sitte den Freibrief zu gleichberechtigtem Verkehren gab. Erzählte man sich doch, daß der Großherzog selber der Tafel präsidierte, an der alle Badegäste sich mittags in zwangloser Geselligkeit zusammenfanden. Erlebnisse harrten meiner, die mir Fernsichten öffneten in lauter gelobte Länder, Fernsichten, von denen ich zehren konnte ein halbes Leben lang.

Was sich nach kurzer Bahnfahrt vor mir auftat, schien als Schauplatz künftiger Taten meiner Erwartung vollauf gerecht zu werden.

Ein Kranz weißschimmernder Villen, am blauen Gestade schläfrig hingelagert, ein marmorhafter Tempel in ihrer Mitte, von Palästen umrahmt, ein blumenbestandener Rasenplatz davor, und weit hinausgebaut in das Meer ein Pfahlgerüst, auf dessen Pfaden man wandeln durfte, seligen Träumen hingegeben.

Eines der Lusthäuser, die den Strand einsäumten, die Villa »Perle«, bewohnten wir – bewohnten es mit allen seinen Räumen, und das Turmzimmer hoch oben, vor dessen Fenster die Meeresweite wie ein perlmutterfarbener Teppich hing, gehörte mir. Mir, mir allein. Fernab von allem Weltgetriebe durfte ich dort hausen wie ein alter Seekönig in seinem Inselschloß.

Wahrlich, ich hätte nicht verdient, zwischen Wald und Heide geboren zu sein, wenn mir nicht im Vorgefühle dieser glückbringenden Einsamkeit das Verlangen nach äußerem Erleben in nichts zerronnen wäre.

Und dies Erleben ließ ohnehin auf sich warten. Ob wir auch zweimal am Tage, dem Glockenrufe folgsam, zur Table d'hôte nach dem griechischen Tempel wanderten, ob dort auch in zwei langen Reihen die Badegäste gesellig einander nahe saßen – das Häuflein, das wir bildeten, blieb für sich allein. Und keine von den schönen blonden Frauen und Mädchen, die mit ihrem starren Lächeln die Nachbarschaft zu fremder Ferne wandelten, zeigte jemals Lust, mit uns intim zu werden.

»Wenn der Großherzog erst da sein wird«, dachte ich bei mir, »dann wird der Bann sich schon lösen.«

Ich malte mir den Großherzog als eine Art von väterlichem Badekommissar, der nichts Eiligeres zu tun haben würde, als die getrennten gesellschaftlichen Gruppen miteinander zu verschmelzen und jedem, der sich in seinem Ländchen noch nicht zu Hause fühlte, ein liebender Berater zu sein.

Aber der Platz an der Spitze der Tafel, auf dem der hohe Herr dereinst gesessen haben sollte, blieb hartnäckig leer, und als er sich zum herzbeklemmenden Staunen aller Fremden eines

Mittags füllte, da war es schließlich ein reicher Maurermeister aus Rostock, der mit anderen Bürgern dieser guten Stadt über Sonntag den Strand bevölkerte.

So blieb also nichts weiter übrig, als sich bei Kellnern und Ladenmädchen nach Namen und Art der anderen Tischinsassen zu erkundigen. Namen von hohem Range flatterten auf, Namen, die zum Teil in der vaterländischen Geschichte eine Rolle spielten; nur schade, daß es keine Brücke gab, die zu ihren Trägern führte. Die gesellschaftliche Ausgeglichenheit, auf die ich gehofft hatte, scheiterte an irgendeiner unsichtbaren Schranke, die die stolze Zurückhaltung meiner Herrin noch zu verbreitern schien.

Aber mir tat das alles nichts. Da meine Zöglinge froh waren, wenn ich sie unbehelligt ließ, so durfte ich mein Leben leben ganz wie es mir – und dem Meere – gefiel.

Die Bootsverleiher sahen alsbald, daß ich auch gegen Wind und Wellen die Ruder wohl zu meistern wußte, und wenn bei hochgehender See die Ausfahrt den anderen streng verboten war – mich ließ man immer noch die Kette lösen. Wie ich das Boot durch die Brandung brachte, war meine Sache.

Die Todesgefahr, mit der ich ständig spielte – ein wenig aus Eitelkeit, wie ich bekennen muß –, packte mich eines Tages beim Schopfe, als ich mich dessen am wenigsten versah.

Windstille herrschte, und das Meer war spiegelglatt, als ich vom Stegpfeiler abstieß. Einer der Schiffer beugte sich über die Brüstung und rief mir nach, ich möge mich in acht nehmen, drüben in Dänemark gebe es Sturm. Ich lachte ihn aus, denn Dänemark war ja so weit.

Noch niemals hatte mir das Rudern eine solche Wonne gebracht, noch niemals hatte ich so herkulische Kräfte entwickelt. Das Boot flog dahin, als hätte der unfühlbare Sturm, der drüben in Dänemark tobte, in unsichtbare Segel geblasen.

So ging es wohl eine halbe Stunde lang. Das Land schwand dahin, die weißen Villen am Strande waren schon lange zu mattschimmernden Pünktchen geworden. Da fiel mir auf, daß die Glätte des Wasserspiegels einem Wellenspiel Platz gemacht hatte, das in kurzen, tückischen Stößen den Kiel umplätscherte. Und als ich mich nach dem offenen Meer umwandte, bemerkte ich mit leisem Erschrecken, daß der Horizont in gar nicht weiter Entfernung von hochgehenden Wogen ausgezackt erschien.

Rasch kehrte ich dem Lande zu und legte mich in die Ruder. So eifrig war ich darauf bedacht, aus diesen unheimlichen Bezirken wieder herauszukommen, daß ich nicht einmal darauf achtete, wie eines meiner Röllchen – ja ich muß mit Beschämung gestehen: ich, der frischgebackene Weltmann, ich, der ich von harmlosen Sonntagszüglern schon für einen jungen mecklenburgischen Granden gehalten worden war, ich trug immer noch Röllchen – wie eines dieser Überbleibsel aus abgetaner Armut mir über die Hand glitt und neben dem Boote ins Wasser fiel.

Eine Weile lang arbeitete ich – meines Glaubens – mit voller Kraft drauflos und schmeichelte mir schon, ich hätte mich dem Lande längst um ein Bedeutendes genähert, da, wie mein Blick zufällig zur Seite ging, gewahrte ich – und der Herzschlag stieg mir zum Halse –, daß die Manschette mit dem silbernen Knopfe darin sich immer noch friedlich neben mir schaukelte.

In der ganzen Zeit war ich dem Lande nicht um eines Haares Breite näher gekommen. Ich hatte mich womöglich, vom Sog gezogen, noch weiter von ihm entfernt.

Und nun begann ein Ringen auf Leben und Tod. Was bisher Arbeit gewesen war, wurde zum Spiel gegenüber der Kraftanspannung, die ich von mir fordern mußte, wollte ich in dieser Wasserwüste nicht elend zugrunde gehen.

Die Beine krampfhaft gegen die Bank gestemmt, die Arme in kürzestem Tempo und doch mit der Auswirkung des längsten Ruderschlags hin- und herwerfend, mit keuchender Brust und vorquellenden Augen bezwang ich eine Wellenbreite nach der anderen, bezwang ich Fuß nach Fuß und alle die unmeßbaren Maße, die mich von Rettung und Weiterleben noch trennten.

Halbblind von rinnendem Schweiß, mit blutenden Händen und versagendem Herzen, ein Schwachsein nach dem anderen niederkämpfend, sah ich nach stundenlanger Qual endlich Steg und Wald und Villenschimmer näher und näher kommen.

Der Sog ließ nach, den hinsinkenden Gliedern gehorchte das williger werdende Boot, das Erlösung verkündend endlich an den Pfeilern entlangschrammte.

Der Steg stand voller Menschen, die mit Operngläsern nach mir ausschauten. Die Schiffer hatten mich längst verloren gegeben und empfingen mich mit polternden Vorwürfen.

»Nu aber forsch!« ermahnte ich mich.

»Was wollen Sie?« rief ich ihnen entgegen. »Das war sehr nett. Das mach ich morgen gleich wieder.«

Aber dann fiel ich doch bewußtlos zu Boden.

Wer in jenem gesegneten Erdenwinkel je zu Hause war, der kennt den Märchenwald, der sich hinter der Villa des Großherzogs auf der steilen Böschung des Strandes entlangzieht. Der Meerwind, der die schlangenhaften Verschlingungen der Äste einst geschaffen, hat sie freilich inzwischen auch wieder zerstört, und wer heute dort spazierengeht, ahnt kaum, in welch abenteuerlichen Formen Stamm und Zweig, von Moosen silbrig leuchtend, einst in die Höhe schoß.

Dort scheinbar lesend sitzen, den Blick über Buch und Strand und Meer hinweg ins Abendrot getaucht, und träumend der Schicksale harren, die eine Fee dem Glücklichen beschert, war Glück schon an sich, und blieb Glück, auch wenn sich nichts weiter daraus ergab als ein einsamer Heimgang.

Aber einmal kam das Schicksal doch. Kam in Gestalt einer

heißäugigen, gertenschlanken jungen Frau, die sich ratlos umsah und dann auf hohen Stöckelschuhen freundlich näher-trippelnd in sehr gebrochenem Deutsch nach dem Wege zum Kurplatz fragte.

Und als ich aufsprang und mich zur Führerschaft erbot, da ward mein Schicksal noch freundlicher und sprach mit einem Lächeln der Bezauberung: »Ah, c'est vous, monsieur le comte! Quelle chance pour moi, de vous avoir trouvé. Je sais maintenant, que je suis en sûreté.«

Ich suchte mein Französisch zusammen und stammelte etwas von Irrtum und Verwechslung. Aber mein Schicksal ließ sich nicht beirren.

»N'essayez-pas de me tromper«, lachte es. »On vous m'a montré sur le débarcadère.«

Mein Widerstand erstarb. Wenn mein Schicksal so wollte, was war zu machen?

Und als wir nun in raschem Bekanntsein friedlich nebeneinander herwandelten, erfuhr ich, daß mein Schicksal durch allerhand seltsame Umstände hierher verschlagen war, daß es auf jemanden wartete, mit dem es »*en secret*« zusammentreffen wollte, und daß ihm inzwischen die Zeit sehr lang wurde. Es gehöre zwar derselben Gesellschaft an wie ich, müsse sich ihr aber gerade darum strengstens fernhalten. Es lebe in einer Villa ganz für sich, lasse sich die Speisen durch seine Domestiken dorthin schaffen und vermeide es, bei hellem Tage an öffentlichen Orten gesehen zu werden. »Car, vous savez, on se connaît, on s'est vu à Bade-Bade, à Ostende, à Biarritz, à quel endroit encore. Et comme je suis ici sous un pseudonyme, ça me serait très pénible, n'est-ce pas?«

Nachdem ich mein Ehrenwort gegeben hatte, daß alles zwischen uns ein ewiges Geheimnis bleiben würde, erfuhr ich zwar nicht den wahren Namen meines Schicksals, aber mir wurde doch kund, daß es dem der Montmorencys und der Talleyrand-Périgords einigermaßen nahestehe.

Und in Rücksicht auf mich: »Nous appartenons à la même société, ça suffit.«

Sollte ich nun sagen: »Sie irren, madame la comtesse, ich bin ein armer Hauslehrer aus dem Gefolge eines Berliner Bankiers und durch ganze Welten von der Gesellschaft getrennt, zu der Sie gehören?« Gewiß, ich hätte es müssen. Aber hierfür reichte meine Charakterstärke nicht aus. Das »cher comte« klang so süß vertraulich aus ihrem Munde, es schuf eine so sichere Bundesgenossenschaft über tausend Schranken hinweg, es war so natürlich, so ganz dem Erleben des Augenblicks angemessen, daß das Dasein, worin ich mich bisher leidlich wohl gefühlt hatte, in schofle Unmöglichkeit zurücksank.

Noch vor den ersten Ansiedlungen des Ortes war ich gehalten, ihr Lebewohl zu sagen, denn ich durfte beileibe nicht wissen, welche der Villen sie bewohnte. Aber als Tröstung wurde mir die Erlaubnis, morgen um dieselbe Stunde, an demselben Orte auf sie zu warten.

Und ich wartete nicht umsonst. Ich wartete überhaupt nicht, denn sie war schon da. Wie sie auf der Bank lachend zur Seite rückte und mir die Hand gnädig zum Kusse bot, schien mir dies Schicksal gnädiger als jedes andere, das mich bis hierher geführt hatte. Die Krönung meines Lebens schien es mir, und unfaßbar der Gedanke, daß es mich je aus seinem Bann entlassen könne.

Lange saßen wir an diesem Abend beieinander, in Weltanschauungsfragen tief verstrickt, und je mehr meine Liebe wuchs, desto flüssiger wurde mein Französisch.

Wir sprachen über die Verpflichtungen, die die Mitglieder der hohen Gesellschaft von Geburts wegen gegeneinander zu erfüllen haben, über die sublimen Formen, zu denen jede Leidenschaft sich bei ihnen verklärt, und wie alles Grob-Natürliche in ihrer nuancierenden und differenzierenden Gefühlsweise zu göttlicher Zartheit wird.

»Si, par exemple, cher comte, vous vous avisiez de me montrer votre tendresse d'une manière vulgaire, ça me désillusionnerait beaucoup – beaucoup ... Ah si, si!«

Ich hätte zwar in meinen kühnsten Träumen nie gewagt, ihr eine vulgäre oder auch nicht vulgäre Art von Zärtlichkeit zu zeigen. Da sie aber selbst daran dachte, so hielt ich es doch für notwendig, die Heiligkeit des Naturrechts in Schutz zu nehmen und alles dessen, was unbeschadet den Gesetzen der hohen Gesellschaft aus ihm entsprang.

Und ich mußte sie wohl überzeugt haben, denn als ich ihr im Feuer meiner Rede unwillkürlich näher gerückt war, wich sie mir nicht aus, sondern ließ in entzückender Unbefangenheit ihre warme Schulter an meiner ruhen.

Ganz dunkel wird es in klaren Julinächten am Seestrande wohl nie. Und da ab und zu ein verspätetes Pärchen an unserer Bank vorüberstrich, so hielten wir es dem Geheimnis ihres Hierseins zuliebe – »car n'est-ce pas possible, que quelqu'un de la société me reconnaisse?« – schließlich für geraten, noch dunklere Partien aufzusuchen.

Ihr Freunde Heiligendamms, kennt ihr den Teufelssee, jenen holdseligen Weiher, der, wasserlinsenübersät, inmitten hoher Buchenhallen eingebettet liegt wie das Weihwasserbecken in den Wölbungen eines Doms?

Dort, wo gegen Mitternacht keines der schweifenden Liebespaare seine vulgären Zärtlichkeiten hintragen konnte, ließen wir uns nieder – bald auf einer Bank und bald wo anders – wie die Heiligkeit des Naturrechts, das sich auch hier den sublimen Formen der hohen Gesellschaft gegenüber sieghaft erwies, es gerade verlangte.

Nun aber kam der Rückschlag. Bisher war ich in das Abenteuer hineingetaumelt wie ein Blinder über den Wegrand. Endlich aber mußte ich mir klar werden, daß ich all mein Glück nur einem elenden Betruge verdankte. Das »cher comte« der Anrede trat zwar nicht mehr in die Erscheinung, da es sanfteren Wendungen wie »mon chérie« und »mon petit« Platz gemacht hatte. Darum aber bestand die Voraussetzung, daß ich der hohen Gesellschaft angehörte wie sie, doch unverändert fort.

Nur geringe Maße der Moral unterschieden mich von einem Hochstapler, und ein Hochstapler der Liebe war ich wortwörtlich.

Ich fühlte mich zerfleischt von Gewissensbissen. Ich schlief nicht, ich aß nicht, und wenn ein neues Stelldichein mich mit ihr vereinte, blieb ich traurig und zerstreut.

»Tu m'aimes trop, chérie«, sagte sie, bestrebt, sich diesen Stimmungswechsel zu erklären. »On ne fait pas le sournois. Ce n'est pas chic.«

Mit Entsetzen sah ich ein, daß ich ihr auf diese Weise schließlich lästig werden mußte, und schon erwog ich, mich ihr zu Füßen zu stürzen und alles zu gestehen – da ereignete sich ein Unglück, das meinen Plan ein für allemal vernichtete.

Bei einer unserer Rückwanderungen vom Teufelssee entdeckte sie zu unserer beiderseitigen Bestürzung, daß der eine der beiden Brillanten, die sie in den Ohren trug, nicht mehr vorhanden war.

Wir kehrten sofort um. Wir entzündeten sämtliche Streichhölzer, die ich in meiner Tasche fand, wir betasteten und durchwühlten das Gras in weitem Kreise rings um die Bank, auf der wir gesessen hatten, aber nirgends strahlte das ersehnte Sternlein uns entgegen.

Ein dumpfes Gefühl sagte mir, daß ich angesichts ihres weinenden Kummers – »c'est un cadeau de mon ami, vous savez. Qu'est-ce que je lui dirai? ah! ah! ah!« –, daß es demzufolge für mich nichts weiter zu tun gab, als mir den anderen Brillanten auszubitten, damit nach Rostock zum Juwelier zu fahren und den fehlenden Gefährten eilends herbeischaffen zu lassen.

Aber woher das Geld dazu nehmen?

So schritt ich also ducknackig und kleinlaut neben ihr her und beschränkte mich darauf, ihr zu versichern, daß ich den ganzen morgigen Tag dazu verwenden würde, außer jener Stelle den ganzen Weg, den wir gegangen, abzusuchen.

Und das tat ich auch.

Wäre ich in der Naturgeschichte dieser Gräfinnen schon ein wenig bewandert gewesen, so hätte ich mir die Mühe gespart, denn ich hätte mir wie ein Astronom im voraus berechnet, daß solch ein verschwundener Stern sich niemals wiederfindet. Statt dessen begann noch ein anderer Gedanke mich zu quälen:

»Wenn sie jetzt erfährt, daß ich mich unter falschen Vorspiegelungen – oder wenigstens doch unter Duldung falscher Annahmen – in ihre Gunst hineingeschlichen habe, wird dann der Verdacht nicht in ihr hochsteigen, ich trüge an dem Verlust ihres Steines selber die Schuld?«

Ja, ich durchsuchte sogar all meine Taschen, um zu sehen, ob es sich nicht etwa fatalerweise in eine von ihnen hineinverirrt hätte.

Oh, ich litt unbeschreiblich. Und als ich in der Spätdämmerung wieder mit ihr zusammentraf, brachte ich kaum ein Wort über die Lippen. Aber auch sie schien herabgestimmt, blieb schweigsam und zu Liebesbezeugungen wenig erbötig. Wir schieden mit flüchtigem Händedruck, und abends darauf und auch an den folgenden Abenden kam sie nicht mehr. –

Wenige Tage später fuhr ich nach Rostock, weil ich Zahnschmerzen hatte. Mir gegenüber saß im Coupé eine brave Bürgerin dieser Stadt, die in einem zweitrangigen Gasthaus, das fern vom Strande lag, Quartier genommen hatte. Wenn sie mich auch nicht gerade für einen jungen Grafen hielt, so imponierte ich ihr doch sehr, weil sie mich gelegentlich aus dem Turmzimmerfenster der Villa »Perle« hatte hinausschauen sehen.

Von ihr erfuhr ich Wunderdinge – erfuhr von einer aristokratischen Tischgesellschaft, die an gewissen Abenden in der Gartenveranda des Kurhauses unter dem Vorsitz des Großherzogs speiste – »aber davon dürfen die anderen nichts wissen, damit sie immer noch auf ihn warten« –, erfuhr ferner von der Existenz eines heimlichen Spielklubs, der sich der gütigen Duldung des hohen Herrn erfreute, obwohl er nach deutschen Gesetzen streng verboten war, und erfuhr schließlich von einem kleinen Skandal, der sich eben darin zugetragen hatte.

Ein Franzose, der als Croupier in deutschen Bädern Gastrollen gab und der mit seiner jungen Frau im Waldhaus ihr Tischnachbar gewesen, war durch einen ihm nachgesandten Warnungsbrief als »Grec« entlarvt und von dem Klubvorstand an die Luft gesetzt worden. Infolgedessen hatte er sich rasch verflüchtigt und mit ihm seine Frau, an der übrigens auch nicht viel dran gewesen war, da sie sich allabendlich, während ihr Mann im Klub saß, mit einem Hauslehrer herumgetrieben hatte.

So endete meine erste Erfahrung mit den Damen der großen Welt.

Von nun an gehörte ich in meinen Freistunden wieder ganz dem Meere und gedieh so außerordentlich dabei, daß ich den Übermut bald wieder aus allen Poren spritzen fühlte.

Als ich bei Schulbeginn mit meinen Zöglingen heimgeschickt wurde und Berlin in meiner neuen Glorie wiedersah, wußte ich nicht, was mit all den Kräften beginnen, die in mir aufgespeichert lagen.

In triumphierender Körperlichkeit schritt ich dahin, nußbraun, mit den Muskeln eines Preisringers, und mein Bart wurde immer noch länger.

Auch höchst fein war ich geworden. Ich parfümierte mich, ich schaffte mir dünnwandiges chinesisches Teegeschirr an mit zwei Tassen – denn man kann nie wissen! – und Blumen mußten beim Frühstück immer vor mir stehen. Sodann glaubte ich mir schuldig zu sein, nur echte Havannas zu rauchen, und wenn ich mich nach der Morgenmahlzeit in ihre Duftwolken hüllte, fühlte ich mich ganz den jungen Weltmännern gleich, die den kommenden Tag zwischen Klub und Rennstall, zwischen Salon und Boudoir erfreulich einzuteilen wissen.

Und eine gewisse schmachtende Grazie legte ich mir zu, die zwar mit meinen Boxerkräften nicht ganz übereinstimmen wollte, die aber problematischen Naturen nun einmal eigen ist.

Bei alledem verstieg ich mich zu einem geistigen Hochmut, der zu dem äußeren Stande meiner Studien in argem Widerspruche stand, mochte er auch – meine Unreife in Betracht gezogen – durch eine rasch arbeitende und reich versorgte Gedankenfabrik einige Begründung erfahren. Faulenzen tat ich nie. Ich las viel, ich stöberte in allen Wissensgebieten herum, und jeder Vormittag führte dem blutgefüllten Hirne neue Beute zu.

Wäre ich ein junger private gentleman gewesen, Millionenerbe und in der guten Gesellschaft durch Geburt zu Haus – an dem Bilde, das ich aus mir zurechtzumachen strebte, wäre nicht viel auszusetzen gewesen. Aber der Luxus, mit dem ich mich umgab, bestand ja nur in meiner Phantasie. Der Blumenstrauß auf meinem Tisch kostete fünfzig Pfennige, die echte Havanna fünfundzwanzig, und das möblierte Zimmer, das Zeuge meiner Lebemannsträume wurde, hatte ich für achtzehn Mark pro Monat bis zum Herbste gemietet und im voraus bezahlt.

Ich kann nicht einmal sagen, daß ich die wirkliche Lebewelt, nach deren Vorbild ich mich modelte, um ihre Daseinsfreuden beneidete. Die meinen erschienen mir wertvoller, denn sie pumpten mich nicht aus und waren in ihren gedanklichen Ausschweifungen an keine Schranken gebunden.

Trotzdem hätte ich gern einmal mit eigenen Augen gesehen, wie es dort zuging. Schon allein mein künftiges Dichtertum verlangte es von mir. Wenn ich die Feder ansetzte, um niederzuschreiben, was mein Geist mir eingab, erkannte ich alsbald, daß ich im Dunkeln tappte. Immer wieder entstanden Skizzen, die eigentlich an der Seine spielten, denn was ich wirklich an Anschauungsmaterial besaß, hatte ich aus französischen Büchern gezogen.

Diesem Mangel wurde abgeholfen.

Einer der jungen Herren, dem ich zur Frühlingszeit in den Gesellschaftsräumen meines Chefs begegnet war, hielt mich eines Tages bei meinem Gruße auf der Straße an, fragte mich freundlich, wie es mir gehe und ob es mir Vergnügen bereiten würde, ein kleines Junggesellenfest mitzumachen, das er demnächst in seiner Wohnung zu geben gedächte. Ich würde bei dieser Gelegenheit einige der schönsten Kokotten kennenlernen, die Berlin im Augenblicke aufzuweisen hätte.

Mir wurde heiß vor freudiger Bestürzung, und ich dankte ihm begeistert, den gebotenen weltmännischen Gleichmut ganz außer acht lassend.

Von nun an war all mein Denken aufgelöst in glückseliger Erwartung. Aber auch Angst hatte ich. Wenn ich plötzlich zu Hofe befohlen worden wäre, ich hätte dem, was meiner harrte, nicht mit bangerem Herzklopfen entgegensehen können.

Wie würde ich bestehen vor denen, die auf der Menschheit Höhen wandelten? Würde ich elegant genug sein? Würde ich weltläufig genug sein? Und vor allem: würde mein armes Kandidatendasein nicht ganz plötzlich zum Steine des Anstoßes werden?

Bisher hatte ich sie nur in Proszeniumslogen thronen sehen, spitzenumhüllt, juwelenbehängt, die bleichen, glutäugigen Häupter von Straußenfedern umschattet, diese Wunderblumen, deren Düfte den Tod brachten, diese Sphinxe, die während eines saugenden Kusses ihre Krallen dem Manne ihrer Wahl ins zuckende Fleisch bohrten.

Noch manch anderes Bild aus der Antike spielte hinein: Geistsprühend würden sie sein und an den Geist ihrer Verehrer unerhörte Anforderungen stellen, ganz wie die einstigen Hetären, denen ein Perikles, ein Alcibiades gerade nur gut genug war. In dionysischem Rausche würden sie sich emporschwingen über die Schwere dieses Erdendaseins, die uns arme Bürgerskinder zeitlebens im Banne hält.

Wie ihnen folgen in jene seligen Höhen, wenn die Flügel fehlen, uns ihnen gleich über den Alltag hinaus zu heben? –

Der Abend des Festes kam heran.

Mein Freund Otto Neumann wollte mich gerade zu einer Kneiperei abholen und machte große Augen, als ich ihm beiläufig und herablassend sagte: »Entschuldige mich, ich bin heute auf einem Kokottensouper.«

Wenn man zur großen Welt gehört, weiß man, was man sich schuldig ist.

Als ich die Wohnung des Gastgebers betrat, die von mittelalterlichen und orientalischen Waffen starrte, als wäre er eben mit Trophäen beladen von einem Kreuzzuge zurückgekehrt, während er doch das Bankgeschäft seines Vaters noch niemals verlassen hatte, fand ich eine Gesellschaft von Herren und Damen vor, die sich teils schweigend zu langweilen schien, teils flüsternde Gruppen bildete, denen untereinander der Zusammenhang fehlte.

Der Wirt legte mir beim Vorstellen den Doktortitel bei, den auch mehrere andere – hoffentlich mit größerem Rechte – ihr eigen nannten.

Die Herren, die sämtlich älter waren als ich – einige hatten sogar schon Glätzchen und graue Schläfen –, schüttelten mir teils wohlwollend, teils befremdet die Hand. Die Damen, die sich meinem ungeübten Auge durch nichts von anderen Damen unterschieden, maßen mich mit strenger Prüfung und kehrten dann gleichgültig zu ihren Gesprächen zurück. Irgend etwas an mir schien zu meinen Ungunsten zu sprechen. Erst später erkannte ich, daß es die von mir zum Frack angelegte weiße Krawatte war, die mich als nicht hergehörig brandmarkte. Denn der Smoking war damals noch nicht in Mode, und die Halbwelt strafte jeden mit der ihm gebührenden minderen Achtung, der die *ihr* gebührende mindere Achtung nicht durch eine schwarze Frackkrawatte weltgewandt zum Ausdruck brachte.

Die Folge war, daß ich auch bei meinen Tischnachbarinnen nur wenig Beachtung fand. Erst als ich zufällig erwähnte, daß ich vor kurzem aus Heiligendamm zurückgekehrt war und etwas von dem intimen Vorfall unterfließen ließ, der sich in dem dortigen Spielklub zugetragen hatte, errang ich mir einige Gewogenheit, die aber rasch wieder abflaute, als ich gestehen mußte, daß ich die handelnden Personen nur dem Namen nach kannte.

Im übrigen ging es den anderen Herren der Tafelrunde nicht viel besser. Einige wurden sogar von ihren Damen vollständig als Luft betrachtet. Man unterhielt sich über sie hinweg und wandte sich ihnen nur zu, wenn das geleerte Glas eines neuen Gusses bedurfte.

Das einzige Thema, bei dem man standhielt, waren die Gardeoffiziere. Adelsnamen schwirrten durch die Luft, als gelte es, den ganzen Gotha herzubeten, und da die anwesenden Herren, die zum größten Teil der jüdischen Finanzwelt angehörten, zu jenen Kreisen nur flüchtige Beziehungen hatten, so mußten sie sich meistens aufs Zuhören beschränken, wenn sie nicht zufällig unter diesem oder jenem ihr Jahr abgedient hatten.

Auch Sprachklang und Ausdrucksweise der Damen zeigten sich der Garde sorgsam angeähnlicht; wenn sie mit hochgezogener Oberlippe knarrend und knautschend den kleinen Prinzen Putzi und den langen Baron Schnups und den ulkigen

Jrafen Misepeter ins Treffen führten, glaubte man diese Herren selber oder doch mindestens ihre Karikaturen vor sich erscheinen zu sehen.

Als die Stimmung höher stieg, zeigte man sich vertraulichen Mitteilungen nicht abgeneigt. Sie bestanden darin, daß man neben die Namen der Liebespaare, die in der Berliner Lebewelt zu den berühmten gehörten, nun auch die Ziffern setzte, durch die sie sich verbunden fühlten.

»Dieser gibt dieser so viel«, und »jener gibt jener so viel« – in endlosen Variationen wiederholte sich dieses Liebeslied.

Manchmal verstiegen sich die genannten Summen ins Reich des Phantastischen und wurden dann entsprechend belacht und bespöttelt. Manchmal sanken sie auch zu rührender Bescheidenheit herab, ohne daß sich – ich will dies zu Ehren der Damen nicht unerwähnt lassen – irgendein Ausruf der Verachtung oder auch nur der Verwunderung dagegen erhob. So besinne ich mich auf gewisse vierhundert Mark, die ein damals vielgenannter junger Prinz einer gerade zum Theater gehenden Schönheit als monatliches Entgelt für treue Dienste dankbar zuerkannte. Und wenn ich der Empfängerin später, als wir beide unseren Weg gemacht hatten, auf der Bühne begegnete, sah ich immer die Zahl vierhundert, von einer Gloriole umrandet, über ihrem sieggekrönten Haupte schweben.

Doch noch weiter stieg die Begeisterung und wandte sich auf ihrem Höhepunkt den kleinen Abwegigkeiten zu, durch welche sich Cytherens Priesterinnen – natürlich, soweit sie abwesend waren – die graue Bahn der Pflicht verschönten.

»Die hat *den* nebenbei«, und »jene hat *den* nebenbei«, und »dann hat sie noch viele *andre*«, und »wenn *ihrer* wüßte, ach!« – Ein Wispern und ein Tuscheln und ein Zwischen-zwei-Händen-sprechen erhob sich über den Tisch weg, so daß man unter der Bürde von all den Geheimnissen, die man nicht erfahren durfte und doch erfuhr, sich wie ein sträflich

Eingeweihter vorkam, wie ein heimlicher Teilhaber am Schicksalsplan.

So wichtig war das alles, so sehr bildete es den Inhalt des allein lebenswerten Lebens, daß ich mir erst mühsam wieder klarmachen mußte, wie wenig es mit mir und meiner Existenz zu schaffen hatte. Und als der Wirt die Tafel aufhob, hatte ich mich so sehr in diese Welt hineingelebt, daß ich mich erst schweratmend fragen mußte: »Wo bist du?«, ehe ich wieder zu mir kam.

Und ein Grausen überlief mich bei dem Gedanken, daß man verurteilt sein könnte, in einem Interessenkreise dieser Art eine glückliche und vor Tausenden gesegnete Jugend hilflos hinzubringen.

Beim schwarzen Kaffee sonderten sich zum erstenmal die Paare aus, die in eheähnlicher Weise zusammengehörten. Und gerade diejenigen Damen, die vorhin ihre Zusammenhänge mit der Garde am heftigsten betont hatten, bewiesen dadurch, daß sie dem oder jenem plötzlich auf den Schoß sprangen, daß sie, wenn auch nur zeitweilig, in der Finanz Anschluß gesucht und gefunden hatten.

Auch Eintagspaarungen vollzogen sich in aller Güte. Und da die Zahl der geladenen Herren und Damen die gleiche war, geschah es von selber, daß auch bei mir sich jemand anfand, der Kameradschaft mit mir zu halten geneigt schien.

Es war eine blasse, hochschlanke Blondine, in Schwarz gekleidet, mit fahlen Lippen und schmalen, müden Augen, die sich nur selten und scheinbar ungern öffneten. Sie hatte bei Tische mir gegenübergesessen und war von allen die schweigsamste gewesen. Wenn sie aber den Mund aufgetan hatte, waren ihre Worte von so scheelem Hochmut durchtränkt gewesen, daß sie mir von der ganzen Tafelrunde als die Widerwärtigste erschienen war.

Nun *hatte* ich sie aber und durfte nicht unhöflich werden. Ich fragte sie nach ihren Verbindungen in der großen Welt und bekam den Gotha prompt noch einmal heruntergebetet. Dann, als der Aufbruch sich näherte – einige der neuen Paare hatten es eilig, unter Dach und Fach zu kommen –, bat sie mich, sie zu einer Droschke zu geleiten, und ich wußte keinen Grund, es ihr zu verweigern. Dabei fand es sich, daß wir ungefähr den gleichen Weg hatten. Es verstand sich also von selbst, daß sie mir neben sich Platz machte und daß ich mit ihr fuhr.

Vor ihrer Wohnung lohnte ich den Kutscher ab, denn ich wollte die übrigbleibende Strecke zu Fuße gehen.

Da, wie ich sie zur Haustür geleitete, gewahrte ich, daß sie einen kleinen Bogen machte und dann mit der linken Hand – spielend oder liebkosend – über den herabgelassenen Rollvorhang des Ladens strich, der dicht neben dem Hauseingang gelegen war. Zugleich kam ein eigentümlicher Laut aus ihrer Kehle, der wie das Miefen eines jungen Hundes klang.

Ich wollte mich rasch verabschieden. Da sagte sie ganz obenhin: »Kommen Sie nicht noch für einen Augenblick zu mir herauf?« Ebenso dankbar wie entschieden lehnte ich ab, denn ich hatte von den Preisen gehört, mit denen diese Damen sich einzuschätzen pflegen, und mochte die Ersparnisse, die ich während der letzten sechs Monate gemacht hatte und die mir ein Notgroschen für meine dunkle Zukunft waren, nicht in einer laschen Abendstunde aufs Spiel setzen.

Da sah ich, wie eine plötzliche Angst in ihre maskenhaften Züge trat, und mit einem Lächeln, das flehend sein sollte, mir aber immer noch recht überheblich erschien, rief sie in wehleidigem Tone: »Ach, tun Sie's doch! Bloß für 'ne Viertelstunde! Mir is 'n Unglück passiert. Seitdem fürchte ich mich, allein nach Hause zu kommen.«

Ich begleitete sie also drei Treppen empor – in ein Wohnzimmer, das vom Flur her durch eine Doppeltür zu erreichen war. Stickige Kelims als Fenstervorhänge, Plüschportieren und sogenannte Smyrnateppiche betonten den Wunsch,

Pomp zu entfalten, den Pomp, der in jenen Jahren wütete. Aus dem Schlafzimmer, dessen Tür halb offenstand, drang in mattem Blaulicht eine Ahnung von Spitzen und Silber.

Mir wurde sehr beklommen zumute. Wie kam ich hier wieder hinaus?

Die Herrin der Wohnung legte schweigend Hut und Mantel ab, bot mir eine Zigarette, die ich ablehnte, warf sich in einen Schaukelstuhl, rauchte, sang, warf die Zigarette wieder fort, und noch mitten im Singen fing sie zu schluchzen an.

Und als ich sie dann ermuntert hatte, sich ihr Leid von der Seele zu reden, erfuhr ich folgende Geschichte:

Vor einem halben Jahre hatte unten im Hause ein junger Kaufmann ein Material- und Delikateßwarengeschäft aufgemacht, und da er ein Anfänger war und im Kundenfang wenig bewandert, hatte sie es sich angelegen sein lassen, ihren Aufschnitt und sonstigen Bedarf von ihm zu holen, obwohl die Auswahl bei ihm nur klein war. Und wenn sie zum Abendessen Herrenbesuch erwartete, hatte sie ihm das Besorgen der Weine anvertraut, die er dann stets mit Eifer und Geschick zur Stelle schaffte.

So waren sie zu einem freundlichen Bekanntsein gediehen und hatten manche halbe Stunde angenehm miteinander verplaudert.

Da – eines Tages – kam ein Brief von ihm. Mit der Post. Obwohl er doch im selben Hause wohnte. Sie dachte, es sei eine Rechnung, aber sie war sich keiner Schulden bewußt.

Und als sie ihn öffnete, da war es keine Rechnung, sondern ein Liebesbrief.

Zuerst hatte sie gelacht. Als sie sich aber überlegte, wie still und fleißig der junge Mann in seinem Geschäfte 'rumhantierte, wie er immer lieb und freundlich war und wie bescheiden er in dem finstern Loche hinterm Laden schlief und wohnte, da kam ihr die Sache gar nicht mehr so komisch vor. Doch dann überlegte sie wieder, daß es immerhin recht peinlich für sie sein würde, im Hause einen Aufpasser zu haben, der ihre Besuche kontrollierte und den sie nicht einmal würde achten können, wenn er nicht eifersüchtig war.

Sie beschloß also, zu ihm zu gehen und ihm gut zuzureden.

Und das tat sie denn auch. Er möge keine solchen Dummheiten machen, er wisse doch, daß sie gebunden sei – sie war wirklich gerade in festen Händen, wenigstens zwischen vier und sieben – und daß aus ihnen nie was Richtiges werden könne.

Zum Abschiede reichte sie ihm freundschaftlich die Hand, und er ließ sie gehen, ohne den Mund zu öffnen.

Acht Tage lang holte sie wieder ihren Aufschnitt. Es schien, als wäre nichts gewesen, und als sie eines Abends Langeweile hatte, wollte sie ihn schon zu sich heraufbitten, da bekam sie einen zweiten Brief. Wieder durch die Post. Des Inhalts: Was sie sich wohl von ihm dächte? Ob sie glaube, daß er keine ehrlichen Absichten habe? Er wisse ja, daß er arm und wenig gebildet sei und eigentlich kein Recht habe, an sie zu schreiben. Aber wenn sie Ja sagen wolle, dann würde er ihr sein Leben lang die Hände unter die Füße legen.

Von diesem Augenblicke an ging ein großer Wechsel in ihrem Wesen vor. Sie fühlte, daß sie ihn von Herzen liebte und daß es nichts Schöneres für sie geben könne, als eine schlichte und tätige Bürgersfrau zu werden, die Freude und Leid mit ihm teilte. Aber zu gleicher Zeit kam auch eine große Angst über sie, daß er, von ihrem bisherigen Wandel abgeschreckt, in seinem Entschlusse wieder irre werden könne, sobald es keine Hindernisse mehr zu überwinden gab. Zudem sagten ihr ihre Liebeserfahrungen, daß man um so geringer eingeschätzt wurde, je rascher man einem Verehrer zu Willen war.

Also beschloß sie, ihn noch ein wenig zappeln zu lassen und erst dann zu erhören, wenn sie sicher sein konnte, daß er ungeachtet ihrer laufenden Beziehungen in Treue zu ihr hielt.

Sie gab ihm darum keinerlei Antwort, und statt wie bisher selber zu gehen, schickte sie ihre Aufwärterin hinunter, um, was sie brauchte, bei ihm einzukaufen. Auch genierte sie sich nicht, mit ihrem Freunde recht sichtbar vor dem Laden stehen zu bleiben, obwohl sie sich ja vorstellen konnte, wie weh ihm dieser Anblick tat.

Dabei dachte sie nur noch an ihn und malte sich in tausend Bildern aus, wie herrlich das Leben werden würde, wenn sie erst an seiner Seite sorgend und rechnend hinter dem Ladentische waltete. Ihren Schmuck wollte sie verkaufen um neue Mittel ins Geschäft zu bringen, wollte den Laden vergrößern, wollte – ach, was wollte sie nicht alles!

Freitag morgen – ja, es war ein Freitag – da kam ein Blumenstrauß von ihm. Zwar lag keine Zeile dabei, aber sie wußte trotzdem sofort, daß er von ihm sein mußte.

Ihr erster Gedanke war: »Lauf 'runter und wirf dich ihm an den Hals.« Aber dann kam die Angst von neuem und riet ihr: »Warte noch, warte noch ein bißchen.«

Jede einzelne Blume küßte sie viele, viele Male. Aber als sie zur Haustür hinausging, sah sie sich nicht einmal nach ihm um.

Am Sonnabend dachte sie: »So, nun soll's genug sein«, aber für den Abend hatte ihr Freund sie zu einem Ausgang eingeladen. Bei dieser Gelegenheit wollte sie alle Beziehungen zu ihm lösen, um sodann als eine freie und reine Braut vor ihrem Auserwählten dazustehen.

Darum verschob sie es bis zum Sonntag. Um zwölf, das wußte sie, schloß er den Laden. Vorher wollte sie die Aufwärterin mit einem Zettelchen hinunterschicken, worin nichts weiter stehen sollte als: »Bitte, heute mittag bei mir zu essen«, und das Weitere würde sich dann von selbst ergeben.

Um sieben Uhr abends holte ihr Freund sie ab. Zuerst gingen sie ins Theater. Hierauf – in der Weinstube – gab es eine große Aussprache, die damit endete, daß er ihr eine reichliche Summe zusagte, die sie froh und dankbar annahm, da ja alles dem Geschäft zugute kommen mußte.

Als sie um eins vor ihrer Wohnung anlangte, fand sie einen Brief in der Türspalte stecken. Diesmal hatte er nicht die Post bemüht.

Mit tausend Freuden riß sie den Umschlag auf.

Da stand:

»Mein teures Fräulein! Wenn Sie dieses Schreiben empfangen, werde ich nicht mehr unter den Lebenden sein. Ich sehe ein, daß ich zu gering bin, um mein Auge zu Ihnen zu erheben, und gehe darum in den Tod. Mein letzter Gedanke wird bei Ihnen weilen. Leben Sie wohl und verzeihen Sie mir. Ihr Sie ewig liebender   R. K.«

Diese Geschichte erzählte sie mir, und zum Zeichen, daß sie nicht log, holte sie den Abschiedsbrief aus seinem Verschluß und reichte ihn mir.

Ich brauchte nicht erst zu fragen, ob er Ernst gemacht hatte.

»Seit dem Tage kann ich gar nicht mehr einschlafen, wenn nicht einer bei mir oben ist«, klagte sie, aus ihrem Schaukelstuhle aufstehend, »und das ist auch allein der Grund, weswegen ich Sie mitzukommen bat.«

Nun hätte ich nicht zweiundzwanzig Jahre alt sein müssen, wenn in diesem Augenblicke das Verlangen, den Erlöser zu spielen, in mir nicht lebendig geworden wäre.

Ich bat sie also, zur Ruhe zu gehen. Ich würde mich noch für ein paar Minuten zu ihr setzen, und dann würde der Schlaf schon kommen.

Sie lächelte ungläubig und verschwand, die Tür hinter sich leise ins Schloß drückend.

In der Stimmung eines Heiligen überschritt ich nach einer Weile die Schwelle ihres Schlafgemachs, vor dem mir so bange gewesen war.

Sie lag in lauter Spitzen da, und ihre naßgeweinten Augen lächelten mich an.

Ich setzte mich neben sie auf das Kissen, und sie machte sich für ihren Kopf ein Nest auf meinem Schoß. Dann begann ich auf sie einzureden. Was, das weiß ich nicht mehr. Ich weiß auch nicht, ob sie zugehört hat, aber sie seufzte tief und getröstet dabei.

Mir war so weitäugig zumut, als hätte das Leben neue Tore vor mir aufgetan, als hätten tausend Rätsel sich gelöst, als hätten tausend Fernen sich entschleiert.

Sobald ich merkte, daß sie fest schlief, legte ich ihren Kopf leise in die Kissen zurück, nahm das Schlüsselpaar, das auf dem Wohnzimmertische lag, und stieg zur Haustür hinab. Den Rollvorhang des Ladens streichelte ich geradeso, wie sie es getan hatte, und dann ging ich weinend nach Hause.

Am nächsten Vormittag schickte ich ihr die Schlüssel mit einem Veilchensträußchen zurück, aber besucht habe ich sie nicht mehr.

Dies ist die Geschichte meines ersten Kokottensoupers.

Es sind ihm in meinem Leben nur wenige gefolgt.

ACHTZEHNTES KAPITEL

Die Rückkehr ins Spartanische

Bald war ein Jahr um, das ich in Wohlstand und Wohlleben, ohne Beschwer und ohne Kämpfe, wenig lehrend und auch wenig mehr lernend, in dem Bankierhause – oder doch wenigstens in dessen Dunstkreis – zugebracht hatte, da bekam ich Heimweh nach meiner Armut.

Und Heimweh nach jenem Arbeitswinkel in der Auguststraße, wo in der Anspannung meiner letzten Kräfte Seelenglut und Tatkraft mich begnadet hatten, wo ich in meiner einsamen Not so glücklich gewesen und wo der heilige Zorn als Freund und Führer vor mir hergeschritten war.

Mein Gewissen sagte mir: Du bist bequem geworden, du bist träge geworden, du vertrödelst deine Vormittage; ob du ins Kolleg gehst oder es verschläfst, das Ergebnis bleibt das gleiche – dir fehlt der Schwung, und was du dir als Zukunft ausmaltest, ist längst schon zu Blendwerk zerronnen.

Die Unterrichtsstunden, mit denen ich meine Nachmittage zubrachte, waren mir jetzt ebenso lästig, wie sie meinen Schülern sein mochten. Sie und ich hatten uns nichts mehr zu sagen. Wir liebten einander nur wenig, und wenn wir uns gegenseitig in Ruhe lassen konnten, waren wir alle heilfroh.

Ich hatte mir angewöhnt, während der Lernzeit zu lesen, und frönte diesem Laster mehr, als mein Pflichtgefühl mir erlaubte. Störte man mich, so konnte ich unwirsch werden und schämte mich später, wenn ich in den zurückgegebenen Exerzitien Fehler vorfand, die mir entgangen waren.

Die überheizten Zimmer bereiteten mir ein dauerndes Übelbefinden, und wenn ich nach Beendigung des Unterrichts – oft erst um neun oder zehn – auf die winterliche Straße hinaustrat, hatte ich ein Gefühl des Erlöstseins, als wäre ich in einem warmen Bade beinahe erstickt.

Ich überzählte meine Mittel: mehrere hundert Mark hatte ich mir gespart. Dazu war als Weihnachtsgeschenk ein Los der ungarischen Staatsrente gekommen, das sich jeden Moment in Bargeld umsetzen ließ. Schraubte ich meine Ansprüche so weit zurück, wie sie einstmals beschaffen gewesen waren, so konnte ich, ohne zu hungern, ein halbes Jahr oder sogar länger noch auskommen – und am Schluß dieser Zeit mußte das Dichtwerk, das mir den Aufstieg sicherte, endlich geschrieben sein.

Eines Januartages fuhr ich zur Auguststraße hinaus und wurde mit Freuden empfangen.

Mein Mansardenstübchen bewohnte ein junger Kaufmann. Er konnte mit Leichtigkeit in das nebenliegende zweifenstrige Zimmer übersiedelt werden, zumal dem wenig einwandfreien Fräulein, das es im Augenblick innehatte, lange schon nahegelegt worden war, den Schauplatz seiner Taten wo anders hin zu verlegen.

Aber die Heimkehr nach jener Zufluchtsstätte bedeutete noch nicht das Aufgeben meiner gefesteten Stellung. Würde ich, verweichlicht, wie ich war, dem Ansturm neuer Not gewachsen sein? Würde ich die Ohren steif halten, wenn ich abermals – und diesmal ohne Halt und ohne Hoffnung – zermürbendem Darben überliefert wurde?

Ich kämpfte einen schweren Kampf. Und je länger er währte, desto höher stieg meine Sehnsucht nach dem Märtyrertum, das dazu da war, meiner Sendung die Weihe zu geben.

Viele Stunden lang trieb ich mich in den dunklen Straßen umher, und so geriet ich eines späten Abends in den Friedrichshain und zu dem schlichten Gitter, das die Gräber der Märzgefallenen umfriedet.

An dieser Stelle, die mir als Nationalheiligtum galt, hatte ich schon oft eine stille Andacht gehalten.

»Hier wirst du erfahren, was du zu tun hast«, rief eine innere Stimme mir zu.

Und mir geschah, wonach ich verlangte.

»Die sind für ihre Idee in den Tod gegangen«, rief die Stimme weiter, »und du kannst nicht einmal so viel Mut aufbringen, um dem Capua zu entfliehen, in dem deine Willenskraft, deine Begabung, in dem der heilige Glaube an dich selbst langsam zugrunde geht.«

Am nächsten Mittag erbat ich mir eine Audienz bei der Mutter meiner Zöglinge und erlebte die Genugtuung, daß mein kündigendes Wort Bedauern, ja fast Bestürzung hervorrief. Ich durfte also das Bewußtsein mit mir nehmen, daß der Verdacht der Pflichtlosigkeit nicht über mein eigenes Hirn hinausgegangen war und daß ich als ein getreuer Verwalter meines Amtes aus dem Hause würde scheiden können, das so viele neue Werte in mein Leben hineingetragen hatte.

Mit etlichem Zagen machte ich meiner Freundin Mathilde Mitteilung von dem getanen Schritt. Ihr war ich vor allen anderen Rechenschaft schuldig, denn sie hatte mir ja zu der fetten Pfründe verholfen.

Und siehe da! Ihre Antwort brachte mir Billigung und Beifall. Wenn ich fühlte, so schrieb sie, daß die Abkehr von den bisherigen Verhältnissen für meine innere Entwicklung vonnöten sei, so würde es ein Verbrechen sein, das ich an mir beginge, wollte ich diesem Bedürfnis nicht Folge geben. –

Nun saß ich wieder in meinem Mansardenwinkel vor dem wachstuchbezogenen Tische, trank morgens Blümchenkaffee wie dereinst – das zartwandige Teezeug hatte ich meiner bisherigen Wirtin geschenkt, deren Abschiedsschmerz zu lindern war –, und wenn die Mittagsglocke klang, trottete ich in alter Bravheit die Friedrichstraße hinunter zur Speiseanstalt hin, deren Gaben ich mit Todesverachtung in mich hineinstopfte.

Meine Lebensweise war nun wieder ganz die eines armen

Studenten. Mein Lebensgefühl aber hatte sich sehr verändert. Das schüchterne und ungeschickte Jungchen von ehemals hatte einem selbstbewußten, mit lässiger Sicherheit auftretenden Schlingel Platz gemacht, der nicht davor scheute, die Aufmerksamkeit der Umgebung herauszufordern, und dem erst recht wohl war, wenn zwei Frauenaugen – es konnten auch mehr sein – freundwillig auf ihm ruhten.

In der Speiseanstalt kam ich mir sehr wenig hergehörig vor, und wenn ich die Treppe zu ihr hinaufging, blickte ich gern über die Schulter zurück, um mich zu vergewissern, daß niemand mich beobachtet hatte. In meinem gutsitzenden englischen Anzug und mit dem immer pompöser werdenden Barte glaubte ich eher zu Dressel oder zu Uhl zu gehören. Aber dergleichen verwunschene Prinzen gab es sehr häufig hier. Durch den Geruch der minderwertigen Speisen drang manchmal eine Wolke von Jockeiklubduft, und hier und da fiel in die Wassersuppe ein schlechtgeklemmtes Monokel.

Meine innere Aufmachung entsprach der äußeren durchaus. Je nachdem ich mehr oder minder sattgegessen war, erschien ich mir als ein überlegener Skeptiker, dessen Blick verstehend und verzeihend über die Komödie des Lebens dahingleitet, oder als ein von den Stürmen des Schicksals gehetzter und müde gewordener Weltmann, der nur darauf wartet, im Grabe Ruhe zu finden.

Hatte ich etwas getrunken, dann war ich von einer Schlagfertigkeit, die mich stets überraschte. Eines Abends erinnere ich mich, an dem ich, zum Vorsitzenden einer konstituierenden Studentenversammlung gewählt, durch die Künste meines Hohns den dauernden Jubel der Nichtgetroffenen hervorrief.

Und eines anderen Abends, an dem ich als Gast des Akademisch-Literarischen Vereins einem jungen Dichter namens Wildenbruch, der dort seine Tragödie »König Harald« vorlas, mit vernichtender Kritik entgegenzutreten wagte, ohne daß ich von dem Studiosus Litzmann, der präsidierte, die gebührende Abfertigung erhalten hätte.

Dank meiner Kleidung, meinen Schmissen und meinem Barte begegnete man mir überall, wo ich auftrat, mit erfreulicher Hochachtung.

Ja, mein Bart! Mich packt die Begeisterung. Laßt mich noch ein wenig von ihm singen und sagen! Der berühmte Sudermannbart, den ich mir ein Jahrzehnt später zulegte und der zwanzig Jahre lang den Neid und den Spott der Zeitgenossen herausforderte, war nur ein struppiger Besen, verglichen mit den dunkelblonden, seidenweichen Wellen, die damals über meine Brust herniederflossen. Die Blondheit der oberen Schicht blieb allgemach in den Zinken des Kammes hängen, und was weich an ihm war, verdarb die Härte der Zeit. Graf Waldemar, Philippe Derblay und – wäre er schon geboren gewesen – auch Graf Trast, sie alle hätten, was Bartwirkung anbelangt, bei mir in die Schule gehen können. Schade, daß ich nie Geld genug hatte, mir ein Bild von ihm machen zu lassen, ich glaube, er würde noch heute bezaubern. Ein ganzes Jahr lang schleppte ich diese Pfauenherrlichkeit mit mir herum. Dann schnitt ich sie ab, weil ich innerlich wieder bescheidener wurde.

Doch darf ich mein Bild nicht fälschen, indem ich das Komödiantenhafte allzusehr in den Vordergrund stelle. Ein dummer Junge blieb ich ja doch, und das drückende Gefühl des Kontrastes zwischen dem, was ich in Wirklichkeit war und was ich als Phantasiebild aus mir zurechtgemacht hatte, wich nie von mir.

Auch verlor ich mein künftiges Ziel nicht für einen Augenblick aus den Augen. Ich lernte, ich schrieb und suchte mir die Gnade der wiedererrungenen Freiheit tagtäglich neu zu verdienen. Mein Mansardenwinkel sah Schmerzausbrüche und Ekstasen ohne Zahl, und die Weihe der Einsamkeit lag über mir.

Als stetigen Umgang besaß ich nur einen Menschen auf der Welt, das war Otto Neumann, mit dem ich gelegentlich auch wieder zusammengewohnt hatte. Der hatte jetzt seinen jüngeren Bruder Adolf – den heutigen Landespräsidenten von Lippe – zu sich genommen und erzog ihn an Vaters Statt. Er hauste mit ihm in einem Chambre garnie der Wilhelmstraße drei Treppen hoch und ernährte sich und ihn, so gut der Zufall es wollte.

Seinen Freunden, die sich in einem beträchtlichen Rudel um ihn scharten, war er ein Freund, der nie versagte, und eine Gastlichkeit übte er, an der mancher Reiche sich ein Beispiel nehmen konnte.

In der Schublade seines Sofatisches stand ein Schmalztopf und lag ein Brotkampen. Wie eine stillschweigende Verabredung galt es unter seinen Besuchern, daß ein jeder, sobald er eingetreten war, sich zu dem Sofatische begab, die Schublade aufzog und gleichgültig, ob der Hausherr ihn aufforderte oder nicht, über deren Inhalt herzufallen begann.

Auch mich hinderte meine Vornehmheit nicht, von diesem Rechte Gebrauch zu machen. Denn, wenn meine Ersparnisse mich auch vor Hunger schützten, Appetit auf Schmalzstullen hat man ja immer.

Nicht selten ereignete es sich, daß sogar eine Schnapsflasche da war, aus der man sich bedienen durfte. Die hatte einer der Freunde mitgebracht, der bereits Großdestillateur war, ein sehr talentvoller junger Mann übrigens, von dem wir wußten, daß er Bedeutendes erreichen würde. Eine besondere Meisterschaft besaß er im Fälschen von Jamaika-Rum, und hierbei mußten wir ihm bisweilen als Sachverständige dienen. Jeder Kenner weiß, daß der echte Jamaika-Rum sich dadurch von dem falschen unterscheidet, daß er, auf der inneren Handfläche zerrieben, nach saurem Brote riecht. Und als ich einmal, zur Prüfung herausgefordert, das gewünschte Ergebnis mit ruhiger Anerkennung bestätigte, erhielt ich die gekränkte Antwort: »*Das* weiß ich schon lange. Ich will nur wissen, ob er nicht *zu* sehr nach Brotteig riecht.«

Ja, so talentvoll war jener junge Mann.

Aber auch für die Befriedigung holderer Bedürfnisse war in dem Heimwesen meines Freundes gesorgt.

Vom Korridor der Wohnung aus führte eine Wendeltreppe zum Dachstockwerk empor, so daß man, um hinauf zu gelangen, nicht erst nötig hatte, die Flurtür zu öffnen, die Stufen der Haustreppe zu benutzen und oben die Klingel zu ziehen.

Auf diese Weise fühlte man sich immer eingelassen, und das war von höchster Wichtigkeit. Denn dort oben hauste in fünf bis sechs Mansardenstübchen, deren eines Fenster rund und verzeihend wie ein Gottesauge vom höchsten Rande der Nischenwand herniederschaute, ein Häuflein süßer, kleiner Chansonetten, die nachtsüber in Tingeltangeln und Singspielhallen trällernd und schäkernd tätig waren, um dafür die Tageshelle zu verschlafen.

Wenn man ihnen um die Abenddämmerung »Guten Morgen« sagen kam, gab's manchmal einen kleinen Schrei, manchmal auch nicht. Immer aber zwei offene Arme und zwei halboffene Lippen, die ein widersinniges »Nu jeh aber wech« schlaftrunken dazu flüsterten.

Es schien Komment bei ihnen, Liebhaber nicht zu empfangen, denn nie ließ eine fremde Männerstimme sich hören, und nie versperrte ein vorgeschobener Riegel neidisch den Weg.

Rührend war ihre Anspruchslosigkeit. Fünf Apfelsinen bereiteten fünf neue Wonnen, und um eine Tafel Schokolade würdig zu genießen, wurde erst rechts und links an die Wand gepocht, worauf zwei leichtgekleidete Nachbarinnen freudestrahlend erschienen, begierig, der hohen Gabe teilhaftig zu werden. Nur Liköre mochten sie nicht – »davon kriegen wir abends genug«, erklärten sie –, und der Großdestillateur hatte, wenn auch nicht allein infolgedessen, wenig Glück bei ihnen.

Was mich betraf, so muß ich mit Kummer bekennen, daß ich diesem Paradiese nie ganz gerecht werden konnte, weil eine Empfindung, die ich wohl ohne Übertreibung Leidenschaft nennen darf, gerade in jener Zeit Herrin meines Herzens und meiner Sinne wurde.

Das Glück, das einem jungen Menschen an allen Wegrändern blüht, hatte mir zarte Beziehungen zu einer Dame geschenkt, die ich zwar nicht recht leiden mochte, die aber nun einmal da war und ihre Ansprüche eisern behauptete.

Sie war die geschiedene Gattin eines Landgerichtsdirektors und lebte – dank einer leidlichen Rente – das Leben, das die Weltstadt freiheitshungrigen Frauengemütern jenseits aller Schranken bürgerlicher Sitte vorwurfsfrei vergönnt.

Ich besinne mich nicht, daß ich häufiger als zwei- oder dreimal das Pensionszimmer betreten habe, das sie in der Jägerstraße ihr eigen nannte. Und diese Male waren genügend, um mir den Wunsch nahezulegen, so rasch als möglich wieder loszukommen. Nur wußte ich nicht, wie. Denn in meiner Unerfahrenheit hielt ich mich für unverbrüchlich an die gebunden, die mir gegenüber mit den Beweisen ihres Zutrauens nicht gegeizt hatte.

Sie war ziemlich lang geraten, hager, herrisch, und hatte eine Zärtlichkeit am Leibe, die einer Besitzergreifung verteufelt ähnlich sah – alles Qualitäten, die ich niemals sehr hoch geschätzt habe.

Daß diese Frau es nicht sein kann, von der ich eigentlich erzählen will, wird der wohlwollende Leser – so sagte man ja früher – bereits erraten haben. Aber Geduld, meine Heldin wird gleich da sein.

Eines Donnerstagabends, als ich notgedrungen wieder zum Stelldichein erschienen war, sagte meine Freundin zu mir: »Wir wollen heute ins Löwenbräu gehen. Dort werden wir eine interessante Gesellschaft finden. Lauter Frauen in meiner Lage, die einmal wöchentlich zusammenkommen. Auch ein paar Herren, die zu der oder jener gehören, wie du zu mir. Ich nehme an, du willigst ein.«

Ich, aufatmend bei dem Gedanken, nicht mit ihr allein sein zu müssen, folgte gern.

Und wenige Minuten später traten wir im Blaurauch des Gasthaussaales an einen langen Tisch, von dem aus zehn bis zwölf junge, bildhübsche Frauengesichter uns ein Lächeln greller Neugier entgegenschickten.

Von Männern waren nur wenige dazwischengesprenkelt, etwa drei, so jung wie ich, und ein älterer, rundlicher, der sich später als ein bekannter Übersetzer herausstellte, dessen Namen ich bei Reclam oft gelesen hatte.

Meine Freundin stellte mich vor und wies mir den Platz an ihrer Seite an, da ich ja »zu ihr gehörte«.

Aber ich war nicht willens, mich mehr als notwendig von ihr in Anspruch nehmen zu lassen, und wandte meine Aufmerksamkeiten – ein wenig befangen zwar, doch dieses ahnte niemand – dem Umkreis fremder Erscheinungen zu, die mir sämtlich besser gefielen als die meiner Freundin, »zu der ich gehörte«.

Da saßen sie in langer Reihe, die Frauen mit der dunklen Vergangenheit, lauter brüchige Existenzen, lauter Trägerinnen gescheiterter Hoffnung und erfüllter Lebensgier. Da saßen sie, nach neuen Schicksalen verlangend und unfähig, ihnen die Stirne zu bieten.

Die eine blaß, fein und lechzend, die nächste rund, zärtlich und willenlos, die dritte leer, dümmlich und voll fröstelnder Noblesse, die vierte toll, speilzähnig und ausgedörrt von Seelenfieber, die fünfte breitausgelegt, phlegmatisch-herrscherhaft – eine jede trug ihre Naturgeschichte vor sich her auf flacher Hand.

Und dann kam eine, bei der erstarrte mir Musterung und Kritik unter demselben Blitz, in dem ihr Auge und das meine sich kreuzten.

Was war *das*? Wer war *das*? Was wollte der Blick, der mich anflammte aus zwei halbverhüllten, düsteren Feuern, fragend, forschend, bittend, befehlend – alles zugleich? Was er wollte, dieser Blick? Er rief mich an: »Zu *mir* gehörst du.« Und der meine mag wohl erwidert haben: »Wie *du* zu *mir*«, denn ein süßgewährendes Lächeln zog ein Wimperzucken lang die Winkel des üppigen Mundes höher.

Eine Brünette war's von herber Fülle. Die Stirn im Schatten fast schwarzer Flechten ernst und lastend, die Brauenbogen stark und strahlig ausgefasert, die Nase kurz und weich gewölbt, die Wangen bräunlich, von pfirsichfarbenem Scheine überhaucht. Auf der Oberlippe ein bläulicher Schimmer, der die hold-heiße Fraulichkeit des Bildes noch verstärkte.

Das war sie, die mein eigen wurde in diesem Augenblick, wie ich ihr eigen für alle Ewigkeit.

Da gab's kein Zaudern und kein sich Wehren. Wie wenn zwei Ströme ihre Wasser zueinander tragen, mitreißend, was auf ihnen schwimmt und schaukelt, so einten hier zwei Menschen ihr Sonderdasein, um dessen Reste von den Fluten treiben zu lassen – dem Meere des Selbst- und Weltvergessens zu.

Mühsam faßte ich mich und wandte mich, nach Kräften gleichgültig, wieder zu meiner Freundin hin, um sie zu fragen, wer die Dame sei, die drüben auf der Längsseite als letzte saß.

Ein argwöhnischer Blick glitt wie das Aufblinken eines Messers über mich her.

»So? Die interessiert dich?«

»Nicht so sehr«, erwiderte ich. »Sie hat Ähnlichkeit mit einer Bekannten. Das ist alles.«

Und dann erfuhr ich, daß sie eine Baronin X. Y., die weggejagte Frau eines ostelbischen Granden sei, die sich von ihrem

Gatten in flagranti mit dessen nächsten Freunde und Nachbarn habe ertappen lassen und die nun in Berlin mit ihrem Geliebten zusammenlebe, wenn er nicht gerade auf seinen Gütern nötig sei.

Die Tatsache des Zusammenlebens erhielt eine besondere Betonung, wohl, um mich von etwaigen Annäherungsversuchen für immer abzuschrecken.

In mir aber schrie es: »Teile freudig Not und Schuld und Schmach mit ihr! Was sie verbrochen hat, verbrachst auch du.«

Und dann zog der rundliche Übersetzer mich ins Gespräch, dem ich über meine Kenntnisse etlicher fremder Literaturen Rede stehen mußte. Aber derweilen zuckten die Blicke hin und her, und jeder trug uns einander näher, jeder sprach unverhüllter die Sprache des Schicksals.

Etwa Mitternacht war's, als wir aufstanden. *Ich* manövrierte, *sie* manövrierte, und weil der Übersetzer sich meiner Freundin bemächtigt hatte, obwohl sie nicht von meiner Seite zu weichen gedachte, konnte es wirklich geschehen, daß wir plötzlich nebeneinander hergingen.

»Wer sind Sie?« war ihr erstes Wort, behutsam geflüstert, denn dicht vor uns am Arme des Übersetzers ging meine Freundin und lauschte und schielte nach uns zurück.

»*Ich* bin nichts, noch nichts«, erwiderte ich leise, »und wer *Sie* sind, das weiß ich.«

»Ich habe bemerkt«, flüsterte sie, »daß Sie Gerda nach mir fragten. Aber darum wissen Sie noch nichts von mir. Wissen nicht, daß ich seit meinem Freisein doppelt gefangen bin. Qualvoll gefangen bin. Wollen Sie mir helfen?«

»Was Menschenkraft kann, das will ich«, flüsterte ich zurück. »Aber wer sagt Ihnen, daß ich statt Hilfe nicht eine neue Last für Sie werde?«

»Last kann *ich* nur sein«, stieß sie hervor. »Es fragt sich bloß, ob man sie tragen will.«

Und ihren Arm in den meinen legend – beide schlugen zitternd gegeneinander – fuhr sie mit einem angstvollen Blicke nach vorne noch leiser fort: »Sie müssen jetzt Gerda nach Hause bringen. Verabschieden Sie sich unten von ihr und kommen Sie nach dem Café Bauer. Dort werde ich auf der Straße unter dem Schutze des Portiers auf Sie warten. Wollen Sie?«

In diesem Augenblicke war die Ecke erreicht, an der meine Freundin sich abzuzweigen hatte.

Sie blieb stehen, und derselbe Messerblick, den ich vorhin hatte blinken sehen, fuhr über uns beide dahin.

Dann nahm sie von meiner Begleiterin zärtlichen Abschied, und ich war mit ihr allein.

Sofort ergoß sich ein Schwall von Vorwürfen über mein schuldiges Haupt.

»Glaubst du, ich habe nicht gesehen, wie du den ganzen Abend über mit ihr kokettiert hast? . . . Glaubst du, ich weiß nicht, daß ihr ein Rendezvous verabredet habt? . . . Aber ich werde mich schon rächen an der Kanaille . . . Ihrem Freund werde ich einen Brief schreiben und werde ihm alles erzählen . . . In unserem Zirkel werde ich sie unmöglich machen . . . Ich werde schon dafür sorgen, daß sie keinen Anschluß mehr findet! Paß mal auf.«

»Wenn du das tun willst, können wir uns jetzt gleich für *immer* Adieu sagen«, erwiderte ich, denn wir waren vor ihrer Haustür angelangt.

»Bitte sehr! bitte sehr!« keifte sie. »Was habe ich viel von dir? Blumen und Bonbons kann ich mir selber kaufen.«

Statt einer Antwort lüftete ich den Hut und ging meiner Wege.

Aber da hörte ich auch schon ihre Stimme hinter mir: »Warte doch! Warte doch! Es war ja nicht so gemeint! Warte doch!«

Ich beschleunigte meine Schritte. Sie auch. Ich fing zu laufen an. Sie auch. Hinter mir hörte ich keuchend: »Warte doch.

Ich werde dir Geschichten von ihr erzählen, daß dir die Augen übergehen. Warte doch. Warte doch!«

Schon fingen wir die lachende Aufmerksamkeit der Vorübergehenden zu erregen an, und schließlich wäre ich ihr doch noch in die Hände gefallen, wenn ich nicht das Glück gehabt hätte, in eine um die Ecke der Mauerstraße biegende Pferdebahn springen zu können, die mich eilends von hinnen führte. Doch leider nach der falschen Richtung hin.

Damit verlor ich viel kostbare Zeit, und als ich endlich auf Umwegen das Café Bauer erreichte, erklärte mir der Portier, es habe wohl eine Dame eine Weile lang wartend neben ihm gestanden, dann aber habe sie ihn gebeten, ihr eine Droschke heranzurufen, und mit der sei sie fortgefahren.

Aus! Verloren – für immer!

Nein, nicht für immer. Ob ich auch ihre Wohnung nicht kannte – Möglichkeiten, sie zu erfahren, gab es genug. Ich hatte nur nötig, im Einwohnermeldeamt nachzufragen, in dessen Register jeder Hinzugezogene seine Heimstätte findet, ich brauchte nur den Übersetzer aufzusuchen, dessen Name ja im Adreßbuch stand, und wenn er nicht wußte, wo sie zu finden war, so würde es ihm doch nicht schwerfallen, sich zu erkundigen.

Ich aß nicht. Ich schlief nicht. Mein einziger Gedanke war: wie seh ich sie wieder?

Dann ging ich nach der Wohnung des rundlichen Mannes, der mir wohlwollend begegnet war. Aber ich fand nicht den Mut, die Klingel zu ziehen. Denn ich fragte mich: »Mit welchen Augen wird er dich betrachten, wenn du, der du als Begleiter einer ihm bekannten Dame erschienen bist, nun hinter ihrem Rücken und auf Schleichwegen dich ihrer Freundin zu nähern versuchst?«

Ich ging auch aufs Einwohnermeldeamt. Aber ehe noch der diensttuende Beamte mit dem erlösenden Zettel zurückkam, war ich bereits die Treppen hinuntergestürmt.

Warum? Feigheit war es nicht. Ein letzter Rest von Redlich-
keit und gesundem Willen war es, der mich von hinnen trieb.
Ich wußte, daß, wenn erst jener Zettel in meinen Händen lag,
keine Macht der Welt imstande sein würde, mich auf meinen
bisherigen Weg zurückzureißen.

Der neue aber führte mich und führte vielleicht auch sie in den
Abgrund. – Darüber war ich mir inzwischen klar geworden.

Wenn jene andere den teuflischen Plan ausführte, sie ihres
natürlichen Beschützers zu berauben, wenn sie eines Tages
freundlos, haltlos und vielleicht auch mittellos dem Leben
gegenüberstand, was würde ich ihr dann zu bieten haben, der
ich mich selbst kaum über Wasser hielt?

Und andererseits: wenn sie gesichert, vielleicht durch eigenen
Besitz unabhängig oder gar reich war, welches würde dann
meine Rolle sein? Würde ich, in ihrem Dunstkreis festgefah-
ren, mein ärmliches und arbeitsvolles Dasein auch nur für einen Tag noch weiterführen können? Würde ich, in Liebe mit
ihr eins, nicht viel eher aus Hingebung, aus Schwachheit, aus
Scham in die Lebensweise hineingleiten müssen, die sie nach
ihren Ansprüchen für selbstverständlich hielt? Wie sollte ich
essen und trinken und mich vergnügen an ihrer Seite, wenn
schon der zweimalige Ausgang mit jener anderen mir ein
schweres Opfer gewesen war? Schaudernd stellte ich mir vor,
was unter diesen Umständen aus mir werden konnte, vielleicht aus mir werden mußte.

Hier ging's aufs Ganze. Hier stand ein Leben auf dem Spiel.
Mein Leben. Aber vielleicht auch das ihre.

Oh, ich habe schwer mit mir gerungen, wochen-, monatelang. Ich bin an manchem Donnerstagabend vor jenes Löwenbräu geschlichen, um wenigstens ihren Schatten an mir
vorbeihuschen zu sehen. Aber sie ist nie mehr gekommen.
Nur meine einstige Freundin kam, und voll Grausen kroch
ich in mich hinein.

Endlich wurde die Sehnsucht stiller und machte neuen Lebensnöten Platz. Aber ihr Bild hat noch viele Jahre lang in mir gegeistert. Auch in meine dichterischen Arbeiten ist es übergegangen. Mein Roman »Es war« wäre ohne sie niemals entstanden, wenn auch die Gestalt der Heldin aus wachsender Kühle und Lebenskenntnis heraus sich allgemach ins Gegenteil verkehrte. Und noch an mancher anderen Stelle erkenne ich ihre Spur.

Begegnet bin ich ihr nur noch ein einziges Mal. Eines Winterabends nach vier oder fünf Jahren schritt sie am Arme eines vornehmen, junkerlich aussehenden Herrn in der Leipziger Straße an mir vorbei. Ihr Blick glitt in gleichgültigem Nichterkennen über mich hin, ich aber, obwohl ich sie längst verschmerzt und vergessen hatte, sank, von einem Taumel erfaßt, gegen die Tür des Ladens, den ich gerade hatte betreten wollen.

Und als ich mich wieder erholt hatte, da war sie verschwunden.

NEUNZEHNTES KAPITEL

Gang durch die Dämmerung

Der Sommer, der diesem aufwühlenden Begebnis auf dem Fuße folgte, sah mich einsam und meiner Seelenstille hingegeben in dem Arbeitswinkel der Auguststraße, in dem nichts verändert war, seit ich vor zwei Jahren zum ersten Male davon Besitz ergriffen hatte.

Aber der dort saß, mit halber Hoffnung und halber Anteilnahme büffelnd und jede freie Stunde aussparend, um sie zum Weiterschreiben der begonnenen Novelle zu verwenden, war ein anderer als der straffe Junge, der damals, voll aufgespeicherter Kräfte und zum Härtesten bereit, den Kampf mit äußerer Not und innerem Unvermögen entschlossen aufgenommen hatte.

Er war müde geworden – müde des ewigen Wechselspiels zwischen pflichtgemäßem Studium und verbrecherischer Dichterei. Müde der Aussichtslosigkeit, die an dem einen hing wie an der anderen, und müde vor allem des Bewußtseins, daß das Leben stillestand, während jede Fiber nach Handeln und Vorwärtskommen schrie.

Daß ich das Haus des reichen Mannes verlassen hatte, war mir nicht einen Augenblick leid geworden. Und auch die neue Armut drückte mich nicht. Was aber würde werden, wenn die Ersparnisse zu Ende gingen, die trotz äußerster Genügsamkeit in erschreckender Weise zusammenschmolzen?

Mit Anspannung aller Energie kämpfte ich die Sorge nieder, die in Erinnerung an jene Hungerzeit mich ganz zu lähmen drohte, und vertiefte mich in die abstrakten Gedankengänge, die vom Katheder her quer durch mein Hirn ins Leere führten.

Paulsen war inzwischen mein Führer, mein Abgott geworden, und Kants Lehre der Inbegriff alles Gedachten und je zu Denkenden.

Wie ein großer Roman mit architektonisch strengem Aufbau, mit Steigerungen, Peripetien, Katastrophen und ahnenden Fernsichten baute sich sein System beglückend vor mir auf. Und daß ich auch die Brüche darin nicht übersah, dafür hatte Paulsen wohl gesorgt, dem jede unbedingte Heeresfolge fernlag. Daneben war es Hobbes, der mich im Banne hielt. Seine achselzuckende Verneinung, die schließlich Bejahung des Machtgedankens war, half mir, der liberalen Spießbürgerei gegenüber auf einen sicheren Platz zu kommen. Und wie sehr ich Bismarck als Verderber des deutschen Bürgerstolzes auch haßte – unter der Wucht seiner Erscheinung brach ich ja doch in die Knie.

So spinnefeind fühlte ich mich der Entwicklung, die der deutsche Geist gegen Ende der siebziger Jahre genommen hatte, daß ich einmal in den Seminarübungen, die Paulsen abhielt, die Äußerung in den Hörsaal hineinschleuderte: dem deutschen Volke täte nichts so not wie ein neues Jena. Und nie werde ich das halb bestürzte, halb belustigte Gesicht vergessen, mit dem unser verehrter Lehrer diesen Ausbruch unverschämten Ingrimms zurückwies.

Jetzt haben wir ja Gott sei Dank das neue Jena, und ich kann tagtäglich die Probe aufs Exempel machen, wenn mit der Morgenzeitung neues Elend und neue Schmach sich über uns ergießt.

Als das Semester zu Ende ging, faßte ich den Entschluß, die Heimat wieder aufzusuchen. Seit zweieinhalb Jahren war ich nicht dort gewesen. Wenn ich ein paar Monate lang im Frieden des elterlichen Hauses Ausruh fand, durfte ich hoffen, den Stürmen der Not, die unweigerlich wieder über mich hereinbrechen mußten, besser gewachsen zu sein.

Aber diesmal legte ich mir vorsichtigerweise das Geld zur Rückfahrt bereit und gab mir ein heiliges Ehrenwort, es nicht zu berühren. Jener furchtbare Winter durfte sich nicht wiederholen.

An einem rosigen Spätsommernachmittag trat ich unangemeldet im Heimathause ein.

Meine Mutter maß verwundert den fremden, langbärtigen Herrn, der sie begrüßte, und stürzte sich dann aufweinend an meine Brust. Und auch über das harte und zersorgte Gesicht meines Vaters breitete sich ein Freudenschimmer, der mich sehr glücklich machte. Bruder und Kusine kamen strahlend vor Staunen dazu, und ich saß da wie im Traume.

Zweieinhalb Jahre! Was für Jahre! Ganze Welten lagen zwischen dem ahnungslosen Studentlein, das damals ausgezogen war, mit seiner Unreife wie mit einem goldpappenen Panzer angetan, und dem müden und wunden Gesellen, der heute wiederkam. Müde seiner Eitelkeit und seines Blendertums, wund an gescheitertem Ehrgeiz, an gescheiterter Jugend.

Ich fühlte wohl: meine Studienzeit war zu Ende. Und ich hatte nichts erreicht. Rein gar nichts. Nicht einmal den lumpigen Doktortitel hatte ich mir zu eigen gemacht.

Das war das Ergebnis von fünf langen, mit Hoffnungen und Hochflügen angefüllten Jahren, an Dummheiten überreich, doch auch nicht arm an ehrlichem Fleiß und vollgültigem Streben.

Gutes und Schlechtes zeugten in gleicher Weise gegen mich. »Gewogen und zu leicht erfunden«, so lautete das Urteil, das ich mir fällen mußte.

Und doch, so sagte mir ein tröstendes Gefühl, hast du die Zeit nicht ganz verdorben. Ich brauchte mich nur an denen zu messen, die ungefähr im gleichen Alter standen, Referendaren und Kandidaten, die mein Heimatsort gerade beherbergte. Wie eng und klein waren sie geblieben, wie ungeschickt im Wortkampf und wie versagend bei jeder Probe allgemeinen

Wissens! Ihre Interessen drehten sich immer noch um die Bierbank, und wenn ihr Humor sich lüftete, kam irgendein Spaß zum Vorschein, den ich seit Jahren zum alten Eisen geworfen glaubte.

Nein, nein, ich *war* gewachsen, und zum Verzweifeln gab es keinen Grund.

Aber die Müdigkeit war da und ließ sich nicht mehr aus der Seele schaffen.

Ängstlich blieb ich darauf bedacht, meine Armut zu verheimlichen. Selbst meine Mutter sollte nichts davon ahnen. Aber einmal hatte sie meinen Geldbeutel revidiert, und als ich ihn wieder vornahm, sah ich ein Zwanzigmarkstück darin, das sich stillschweigends hinzugefunden hatte.

Den Fremden schwindelte ich vor, daß ich von meinen literarischen Arbeiten lebe, die mir höchst anständig bezahlt würden. Dem Gasthaus wich ich aus, soviel ich konnte, und auch in die Häuser, die sich mir einst freundlich geöffnet hatten, ging ich nicht mehr. Kaum, daß ich es über mich gewann, den Frauen und Töchtern der Honoratioren, die mich auf der Straße begrüßten, höflich standzuhalten. Die Blicke, die mich voll Verwunderung und, wie mir schien, auch Argwohn schon von weitem musterten, waren mir Grund genug, die Wege zu meiden, auf denen man sich zu begegnen pflegte. Lieber schlich ich mich querfeldein in die Wälder, wo ich viele Stunden des Tages verträumte.

Und diese Scheu, meinen Heimatsgenossen zu begegnen, ist mir jahrzehntelang geblieben, selbst dann noch, als mein Ruf rechtfertigend vor mir herschritt.

Aber einen Freund und Schützer gewann ich mir, dessen teilnehmende Güte mir für alle Zeit von unermeßlichem Werte blieb. Das war jener gewaltige Mann, der mich einst aus den Banden des Apothekertums befreit hatte, Doktor Kittel aus Ruß, der auch damals oft herüberkam, weil er wieder einmal die Physikatsgeschäfte verwaltete.

Ihm verdanke ich ein Erlebnis, das mich bis in das Mark meines Wesens hinein erschütterte und weitergewirkt hat, bewußt und unbewußt, ich glaube fast bis heute.

An einem heißen Sonnenmorgen hielt des Doktors Wagen vor meiner Tür, und der Wotansbart, den jeder kannte auf Meilen in die Runde, wehte rotstrahlig über den weißen Staubmantel hin.

Ob ich zu einer gerichtlichen Sektion mitkommen wolle, rief er zu mir hernieder. Ich, begierig nach jeder Erweiterung meiner Anschauungswelt, sagte mit Freuden ja. Und so fuhren wir zwischen kahlliegenden Äckern durch niedrige Dörfer und ragende Wälder einige Meilen weit, bis wir ein vereinzeltes Gehöft erreichten, das sich durch nichts von den Bauernwirtschaften unterschied, die, auf Heide und Moor verstreut, die tote Fläche belebten.

Ein windschiefes Wohnhaus, strohgedeckt, unter der zerblätternden Kalkschicht voll lehmfarbener Flecken – ein grauhölzerner Stall – eine Fachwerkscheune – Garten – Misthaufen – Schweine und Hühner.

Vor der brüchigen Haustür lagen als Zeichen der Festlichkeit Tannengeästel und Kalmusschnitte, und durch die geöffneten Fenster drang plärrend Choralgesang.

Als unsere zwei Wagen – die Untersuchungskommission, aus Richter, Protokollführer und einem mir unbekannten jungen Arzt bestehend, hatte sich schweigend uns angeschlossen – auf dem Hofe vorfuhren, verstummte er plötzlich, und ein schwarzes Häuflein von bestürzten und entsetzten Menschen erschien vor der Tür. Aus ihm löste sich eine ältliche Frau in schwarzem Kopftuch, das eine rotgeweinte Nase und zwei unsicher funkelnde Augen umrahmte, und kam schreiend und händeringend auf uns zu.

Was wir hier zu tun hätten? Warum wir ein ehrliches Begräbnis stören kämen, das in einer Stunde beendet sein müsse, da der Herr Lehrer dann keine Zeit mehr habe? Und ob wir etwa glaubten, es sei *nicht* bloß ein Unglück geschehen? Die Tochter sei wegen der Finsternis in den tiefen Graben geraten und habe nicht mehr herausgekonnt. Das habe sie selber auch schon dem Gendarm gesagt, und der könn' es bezeugen.

Dieser Gendarm war mit einemmal auch da. Aber er bezeugte nichts, sondern schob die Verzweifelte unwirsch beiseite und verlangte den Sarg, der alsbald, von vier Männern getragen, im schwarzen Türloch erschien.

Darin lag, von der Vormittagssonne grell umlichtet, ein Jungmädchengebilde, wie aus Stein, wie aus Wachs geformt, gleichsam plattgedrückt, als wäre es nicht vollkörperlich mehr, sondern nur ein Flachrelief seiner selbst.

»Zur Scheune!« befahl der Gendarm.

Ein Mann, der mir aufgefallen war, weil er bisher in scheinbarer Ratlosigkeit, von dem Häuflein der Trauergäste halb versteckt, an der Hausmauer und am Gartenzaun entlanggetanzt war, sprang jetzt rasch vor und riß, dienstfertig voraneilend, das Scheunentor auf.

»Der Stiefvater!« sagte der Gendarm erklärend zu uns.

»Hat sich vor vier Wochen hier 'reingeheiratet.«

Unser aller Blicke lagen auf ihm. Ein ansehnlicher Bursch, nicht älter als dreißig, mit schöngewölbtem Schnurrbart, wie man ihn in Potsdam bei der Garde wohl drehen lernte.

Einer der Torflügel wurde aus den Angeln gehakt und in der lichtdurchfluteten Tenne über zwei Tonnen gelegt. Der Sarg stand daneben.

»Alle weg von hier!« befahl der Gendarm der Trauergesellschaft, die sich hinter dem Sarge her in die Scheune drängte. Sie staute zurück und stand dann wie eine Mauer. Erst der Dazwischenkunft des jungen Lehrers bedurfte es, der wie gebräuchlich der Ersparnis halber des Geistlichen Amt versah, um sie ins Haus zurückzubringen, wo sie sich fortan mit dem Singsang geistlicher Lieder die Zeit vertrieb.

Auch die Mutter mußte aus der Nähe des Sarges verschwinden, und der Stiefvater tanzte jenseits des Hofraums wieder an Hauswand und Garten entlang.

Der Doktor gab einen Wink. Die Linnendecke flog zurück, und von vier kundigen Armen getragen hob sich der weißumkleidete Körper zur Fläche des liegenden Tors empor.

»Hemd fort!« befahl der Doktor.

Ich erschrak. Die Blicke so vieler Männer – auch mein Blick – sollten den Leib entweihen, der sich nun nicht mehr wehren konnte. Im Innersten hatte ich noch immer geglaubt, auch wir würden, bevor die Sektion begann, durch einen Wink des Doktors beiseitegeschoben werden.

Aber nichts dergleichen geschah. Das Hemd, hochgestreift, flog über den Kopf weg. Der Leib sank zurück, und nun lag er in seiner jungen Schönheit hüllenlos – gezwungen, sein keusches Geheimnis dem Sonnenlicht und all den Fremden preiszugeben.

Von einer unwillkürlichen Andacht gepackt, ließ ich meine Hände sich falten.

Wie anders lag dies Bildnis vor mir da als sonst ein Frauenkörper, wenn die Leidenschaft des Augenblicks ihn umtastet hatte. Wieviel reiner, wieviel hoheitsvoller! Und wieviel natürlicher zugleich! Wie himmelweit enthoben irdischem Wünschen und Begehren!

Das war ein Menschenkind wie jedes andere, leidend wie jedes andere – nur, daß es ausgelitten hatte.

Das Köpfchen hatte sich im Niedergleiten leise auf die Seite geneigt; nun lag es fast auf der linken Schulter, und eine Flechte von stumpfen Braun drängte sich schattengebend dazwischen.

Das Gesicht war nicht schön – und *doch* schön in seiner ergebenen Ruhe mit den fast geschlossenen Lidern, unter denen ein verlorener Glanz perlmutterhaft hervorquoll. Mit der schmalkantigen Nase, deren edle Linie vielleicht erst der Tod zu formen verstanden hatte, mit den blauschillernden Lippen, in deren Gekräusel eine Frage, ein Wunsch noch verfangen schien.

Der Doktor zog ein paar Messer aus ihrer Hülle und legte sie neben sich.

Das Herz wollte mir stillstehen.

Ein Schnitt, geräuschlos, wie gar nicht geschehen, wie ein Gleiten, ein Streicheln nur, und das Marmorbild war zerstört – ein blutroter Schlund klaffte mitten hindurch.

Zugleich breitete sich, schwerlastend wie eine Decke von Pest, ein grausig würgender, fressender, kraft- und gedankenauslaugender Gestank rings um uns aus.

»Wer rauchen will, kann rauchen«, sagte der Untersuchungsrichter, »aber mit Vorsicht, wenn ich bitten darf.« Und er wies auf das Fachwerk rechts und links, das ganz mit Garben gefüllt war.

Ich rauchte nicht. Ich wollte die Qual des Ekels als Opferung darbieten vor dem Altar dieser Stunde, die mir so Schwerwiegendes und nie Geahntes schenkte.

Der Doktor arbeitete, und der junge Arzt assistierte. Dabei sprach er in kurzen, abgerissenen Sätzen, und der Protokollführer schrieb nach. Ein Stück des Innern nach dem anderen wurde beschaut, untersucht und beiseite gelegt, und der Gestank wuchs immer noch.

Da lag der Magen – aufgeschnitten und seines Inhalts entleert.

»Brandige Flecken – Anzeichen von Arsenikvergiftung«, sagte der Doktor. Und dann, während eine breithalsige Flasche vom Wagen geholt wurde, um den Körperteil für das Auskochen in der Apotheke versiegelt aufzubewahren, fiel mein Blick nach dem Wohnhaus hinüber, wo der junge Hausherr und Gatte jetzt auf der Schwelle in sich zusammengebrochen kauerte.

Fast tat er mir leid in diesem unbeherrschten Sich-preisgeben, das ihm den Kopf kosten konnte, denn daß in ihm der Mörder zu suchen war, daran zweifelte ich nun nicht mehr. Vielleicht hatte er sich der Mitbesitzerin entledigen wollen, die zwischen ihm und seiner Beute stand, vielleicht auch – wer konnte wissen?

Ebenso wurden Teile des Darms in anderen Flaschen verstaut und diese sorgsam versiegelt.

Und dann sah ich etwas wie einen blutroten Beutel, von der Hand des Doktors gewogen, Ein Schnitt hinein – ein Stutzen, ein Erschrecken fast in seinen Augen.

»Gravida!« sprach er noch dunkler, noch grollender, als seine Stimme sonst klang.

»Gravida«, wiederholte tiefatmend der Richter, und der schreibende Sekretär sagte kopfnickend zweimal: »Gravida! Gravida!«

»Gravida«, murmelte selbst der Gendarm, obwohl der Latein doch nicht kannte. Wie ein Schicksalsspruch ging das fremde Wort von Mund zu Mund.

Und er war es auch. »Damit freilich ändert sich das Bild«, sagte gewichtig der Doktor, »Nun sind die Indizien eines Selbstmords gegeben.«

Zu gleicher Zeit hob er ein rosiges Püppchen, wie aus Glas geblasen, an zwei Fingern empor und sagte: »Fötus – drei Monate alt – in Spiritus und siegeln wie auch das andere.«

»Wie läßt sich das alles erklären?« erlaubte ich mir zu fragen. »Vergiftet und dann noch ertränkt?«

»Das findet sich manchmal zusammen«, erwiderte der Doktor. »Wenn die fürchterlichen Schmerzen kommen, die das Arsenik verursacht, wirft man sich gerne ins Wasser, denn das kürzt die Qual etwas ab.«

Armes Ding! Armes Ding!

Da lag das Köpfchen so friedlich, jetzt ganz auf die Schulter gesunken, und der bläuliche Mund schwieg, wie er geschwiegen hatte, als Todesnot ihn verzerrte.

Für mein Leben gern hätte ich ihr ein einziges Mal die Wange gestreichelt. Aber ich wollte vor diesen harten Männern keine Theateraufführung machen, und darum stopfte ich meine zuckende Hand rasch in die Tasche.

Eine Pause entstand. Der Doktor hatte sich in den Finger geschnitten, und um der sich daraus ergebenden Todesgefahr sofort zu begegnen, wurde allem Wehtun zum Trotz unverdünnes Karbolöl auf die Wunde gegossen und ein Notverband ringsumgeschnürt.

Derweilen reimte ich mir das ganze Drama zusammen, das sich hier abgespielt hatte:

Der drüben saß, die Hände ineinandergekrampft und schuldbewußt zu uns herüberschielend, der hatte zuerst mit der hübschen Tochter gebandelt – eine gute Partie immerhin, vielleicht auch nur eine Liebschaft, aussichtslos bis aufs weitere, da die Mutter als Herrin des Hofes die Zügel nicht aus der Hand gab. Aber dann hatte die selbst ein Auge auf ihn geworfen, und der Schwächling, zwischen die Wahl gestellt, der verführten Tochter das Wort zu halten oder sich der alternden Mutter bedingungslos zu verkaufen, war der Versuchung erlegen und hatte Liebe und Ehre zum Teufel geschickt.

Nun saß er da, hoffnungslos und von den Furien gepeitscht. Kein Mörder vor der Gerechtigkeit dieser Welt, doch ewig ein Mörder vor dem eigenen Gewissen.

Was mochte sie ausgehalten haben, die zwiefach Verlassene, als sie die Frucht ohne Stillstand, ohne Erbarmen wachsen fühlte in ihrem Leibe, während der Mann, der zu ihr gehörte, mit der verliebten Alten in notgedrungenem Getändel scheu und beklommen neben ihr herschlich? – Bis ihr endlich ein wohltätiger Hausierer das Pülverchen in die Hand drückte, das ihr Erlösung versprach!

Armes Ding! Armes Ding!

Unversehrt, unzerfleischt war nur ihr Kopf noch da, der in

seiner Todeslieblichkeit über die Verstümmelung des Leibes ruhig hinwegsah. Aber nun kam die Reihe auch an ihn.

Der Doktor hatte plötzlich ein Instrument in der Hand, gezahnt wie eine Säge, und ging ans Werk, die Hirnschale zu durchschneiden.

»Um Gottes willen – wozu noch?« rief ich entsetzt und machte Miene, ihm in den Arm zu fallen.

Mit einem halben Lächeln wehrte er ab. »Vorschrift«, sagte er und führte die Säge weiter.

Da hielt ich mich nicht länger. Ich stürzte hinaus und verbarg mein Grauen draußen in der Öde der Stoppeln. Erst als ich die Wagen vorfahren hörte, kehrte ich auf den Hof zurück.

Eben wurde der Sarg – jetzt mit übergestülptem Deckel – zum Wohnhaus zurückgetragen.

»Von Verhaftungen wollen wir absehen«, hörte ich den Untersuchungsrichter zum Gendarmen sagen. »Flucht und Verdunklungsgefahr liegen nicht vor, und was sich wohl schließlich ergeben wird, sieht man schon jetzt.«

Wie die Heimfahrt war, weiß ich nicht mehr. Ich finde mich erst wieder, als ich eingeschlossen in meiner Giebelstube, ohne zu essen – der Leichengeschmack saß mir noch fünf Tage lang tief unten im Schlunde – ohne zu ruhen und ohne ein Menschenantlitz zu sehen, des Ungeheuren, das über mich hereingebrochen war, in langen, harten Kämpfen Herr zu werden suchte.

Nicht jener Elende war schuld, auch nicht die mannsgierige Alte, *ich* war schuld, das ganze Männergeschlecht war schuld, daß dieses junge Blut verderben mußte. Denn wie die eine verdarben alljährlich Tausende und Abertausende, deren Leichname man aus dem Wasser zog, die, von Kohlendunst erstickt, von Lysol vergiftet, durch den Polizeibericht der Welt ein letztes Lebewohl zuriefen. Und nicht sie allein, auch alle die Heerscharen, die im Straßenkehricht und im Sumpf der Bordelle verkamen, hatten *wir* auf dem Gewissen.

Sie *wollten* es so, gewiß, aber auch, wenn sie nicht gewollt hätten, sie *mußten* ja, weil wir als Träger eines stärkeren Willens es so beschlossen hatten.

Die Erkenntnis der Wehrlosigkeit alles Weiblichen gegenüber dem Mannestum wuchs in mir groß – und damit die Forderung einer Verantwortlichkeit, die wir jungen Mannsleute kaum ahnten, wenn wir lachend ein Fest der Liebe dem anderen folgen ließen.

Wohl durfte ich erlöst aufatmen bei dem Gedanken, der Gefahr einer Reue bis heute ausgewichen zu sein. Aber das war wohl mehr instinktmäßig geschehen und stand mit tausend Glückzufällen im Bunde. Von nun an sollte sich alles ändern.

Asket wollte ich werden, Priester der Menschenliebe wollte ich werden, und selige Brüderlichkeit sollte überall dort regieren, wo bisher der Höllenzwang der Sinne sein Zepter geführt hatte.

Nun, ich bin *kein* Asket geworden, gewiß nicht, und die Erkenntnis von der Wehrlosigkeit *alles* Weiblichen hat auch nicht standgehalten, denn was streitbar ist und kanaillenhaft, dem fällt der Heiligenschein doch schließlich einmal selbst aus dem künstlichsten Lockengebäude. Aber die Erinnerung an jene Vormittagsstunden ist mir in Fleisch und Blut hineingewachsen und hat mahnend allemal ans Herz gepocht, wenn eine wilde Gelegenheit mich von Verantwortung freisprechen wollte.

Mein Roman »Das Hohe Lied«, dessen Stoff mich wohl zwanzig Jahre lang begleitet hat, ehe ich ihn niederschrieb, mag als Zeuge jener Gedankengänge gelten, und wenn man ihn mißverständlich als Verherrlichung des Buhlerinnentums aufgefaßt hat, so ist dies nicht meine Schuld.

Will man eine Tendenz aus ihm herauslesen, so kann es nur die eine sein: Ihr Männer, ehrt und schützt den heiligen Besitz, den ihr im Weibe habt! Sonst wird unter eurer Hand

selbst das treugeartete, das edelblütige, das zur Glückbringe-
rin geschaffene Weib nichts besseres als eine Dirne.

Die Ferienzeit verging. Als die Frostnächte kamen, fing auch
die Seele, näherkommender Not gewärtig, zu frösteln an.
Nun nicht mehr zaudern, sonst konnte es sich ereignen, daß
ich wieder einmal als verbummelter Student am Heimatsboden kleben blieb.
Geld nahm ich diesmal nicht an – ich hätte genug, erklärte ich
jedem, selbst meiner Mutter – und fuhr von dannen, müder
noch, als ich gekommen war.
Meinen lieben Arbeitswinkel, den ich mir der Kosten halber
nicht hatte sichern können, fand ich im Besitze eines Fremden, der diesmal nicht zu vertreiben war, und so sah ich mich
genötigt, mir einen anderen Unterschlupf zu suchen. Ich fand
ihn in der Schützenstraße nahe dem Dönhoffsplatz. Ein
Zimmerchen, zu dem man, ähnlich wie dort, gelangte, wenn
man die Wohnstube der Wirtsleute behutsam durchquert hatte. Nur daß in ihr niemand schlief, wie bei meinen lieben
Freunden, die ich nun endgültig verließ.
Ein richtiges Dirnenviertel. Dirnen auf allen Steigen. Dirnen
auf jeder Treppe. Dirnen mittags, Dirnen nachts. Wenn ich
einschlief und wenn ich aufstand, drang durch die Tür des
Nebenzimmers das Kosen oder Keifen einer Dirne.
Mir war es gerade recht. So steckte ich doch tief im Volkstum,
und das waidwunde Gefühl gewollter Selbsterniedrigung war
auch dabei.
Die Tretmühle des Kollegbesuchens und des Stundengebens
sollte noch einmal in Gang gesetzt werden. Aber ich hatte
keine Lust mehr. Zu beidem nicht. Wohl belegte ich, was zu
belegen war, wohl stöberte ich im Anzeigenteil der Tages-
blätter umher. Aber wenn ich ans Werk gehen sollte, blieb ich
am Schreibtisch sitzen.
Von da an wurde es nicht mehr recht Tag in meinem Leben.

Jetzt haben sich die Bilder in meiner Erinnerung verwischt. Aber lange Jahre hindurch habe ich an das, was zu jener Zeit geschah, nur denken können wie an einen Dämmerzustand, in dem ich, meiner selbst nicht mächtig, dahinlebte, unfähig eines Entschlusses, unfähig selbst, den Notwendigkeiten des Tages und der Stunde ins Auge zu sehen.

Ich fand kaum mehr den Mut, vor die Haustür zu treten. Ich schlang hinunter, was meine Wirtin mir brachte. Ich saß und las und wußte nicht, was ich las.

Erst wenn die Lampe abends auf dem Tische stand, begann ich aufzuwachen. Dann bekam das tagsüber Aufgenommene ein ungewisses Leben; wirre Gedanken quälten sich daraus empor, und während die Feder ihre ersten Flüge wagte, schoß als eine tollkühne und sofort zu bekämpfende Phantastik der zage Trost mir durch den Kopf: »Vielleicht kommst du *doch* noch durch.«

Die Niederschrift einer philosophischen Abhandlung beschäftigte mich, die ich, wenn das Glück gut war, künftig einmal als Doktorarbeit verwerten konnte. Ich nannte sie: »Die vierfache Wurzel der Teleologie.« Der Kundige wird sofort erkennen, welch ein Größenwahn in diesem Titel steckt, der durch seinen Anklang an den Namen eines berühmten Erstlingswerkes zu Vergleichen herausfordern mußte.

Die Naturgeschichte des Zweckbegriffes hatte es mir seit langem angetan. Ich sah in ihm den letzten Schlupfwinkel der landläufigen Gottesanschauung, die ich historisch und polemisch zu durchleuchten für nötig hielt, um damit zugleich dem lieben Gott selber zu Leibe zu gehen.

Dies waren meine abendlichen Vergnügungen, denen ich frönte, bis spät nach Mitternacht der künstlich aufgepeitschte Gedankenzorn in Erschlaffung zusammensank.

Am nächsten Morgen begann das Elend von neuem und ging weiter – wochenlang, monatelang.

Als ein unnennbares Glück mußte ich es betrachten, daß meine Freundin Mathilde für die Wintermonate nach Berlin gekommen war. Sie bewohnte in der Köthener Straße ein Pensionszimmer, wo ich sie wöchentlich einmal um die Dämmerstunde besuchen durfte. Dann ging sie selber in die Küche und bereitete mir ein Beefsteak, dessen Duft allein schon eine Wonne war. Derweilen saß ich still in die Sofaecke gedrückt, und so wohltätig wirkte der bloße Gedanke, von einem lieben Menschen umhegt und umsorgt zu sein, auf mein Gemüt, daß die qualvolle Spannung, in der ich dauernd dahinlebte, sich zu lösen begann und eine unbezwingliche Schläfrigkeit mich befiel, die manchmal erst wich, wenn das Beefsteak schon kalt war.

So schleppte ich mich von einem der dunklen Tage zum anderen. In einer Art von seelischem Starrkrampf sah ich zu, wie einer, der aussah wie ich und sprach wie ich und sich bewegte wie ich, zwecklose und hoffnungslose Dinge tat, die ebensogut unterbleiben konnten, mochten sie im Augenblick noch so notwendig erscheinen.

Bei einem Rechtsanwalt hatte ich mir einige Arbeiten verschaft, Übertragungen ins Französische und Englische, die leidlich bezahlt wurden und mir fürs erste weiterhalfen. Auch mein Freund Neumann half, und erst recht half meine Freundin Mathilde, so daß ich körperliche Not nicht zu leiden brauchte.

Aber je weiter der Winter voranschritt, desto klarer sah ich ein, daß es so nicht weitergehen konnte.

Was tun? Wieder eine Stelle suchen wie jene, in der es mir nur allzu wohl gewesen war? O nein. Damit wäre mein hochgemutes Opfer zur Farce geworden.

Fort von Berlin! Das war es! Sich verkriechen in irgendeinen Winkel, wo niemand meinen Stolz und meine Schande kannte, wo ich verbauern und versauern konnte, in Bedientenhaftigkeit versunken, von einem Gut zum anderen geschoben, wie in meiner Heimat die Hofmeister, die, wenn sie langsam ergrauten, als altes Hausinventar, als Spaßmacher und Blitzableiter, als Saufkumpane und Prügeljungen immer noch ihren Platz ausfüllten.

Nicht jedem ging es so gut wie meinem Freunde Reubekeul, der als Hauslehrer in einer Pfarrfamilie nicht bloß Frieden und Arbeitsfreude, sondern auch eine liebliche Braut gefunden hatte, die ihm Halt und Hoffnung geworden war, so daß er nun nach bestandenem Mittelschulexamen sich ein bescheidenes Glück im Winkel aufbauen konnte.

Nein, so gut konnte es mir nicht ergehen. Und es *sollte* auch nicht. Für Idyllen war kein Platz in meinem Leben. Verfallen, niederbrechen, durch Selbstzerstörung hohnlachend zugrunde gehen, das ja, nicht aber in kläglichem Verzicht aus dem Abfall des Gewesenen sich eine Bettlermahlzeit kochen, an der man sich nur Ekel aß.

Ich studierte den Anzeigenteil der »Kreuzzeitung« und der »Post«, wo ich in Fülle fand, was ich suchte. Ich ließ mir Bilder machen, die mein Äußeres empfahlen – der allzu noble Graf-Waldemar-Bart war längst der Schere zum Opfer gefallen –, ich schrieb Meldebriefe und erhielt auch Antwort.

Fort von Berlin! Hinaus in den Schiffbruch! Je schneller es ging, desto besser. Fort, nur fort!

Das war meiner Jugend Dämmerung.

ZWANZIGSTES KAPITEL

Die Rettung

Auf dem Dönhoffsplatz, gegenüber dem Denkmal des Freiherrn vom Stein, stand das Preußische Abgeordnetenhaus, ein unansehnlicher Kasten, der sich aus Zeiten enger Armut in die Fülle des größeren Deutschlands hinübergerettet hatte.

Dort trat ich eines Tages ein – aus Unmut, aus Verlassenheit, und weil ich mit den Mittagsstunden nichts Besseres anzufangen wußte.

Und aus diesem Gange erwuchs mir eine neue Zukunft.

Ich hatte es gut getroffen. Der Saal war übervoll. Drüben in einem Verschlage, der der Parkettloge eines Theaters ähnelte, saß eingepfercht ein Häuflein älterer Herren, alle dunkel gekleidet – nur einer, der Massigste, der Markigste von ihnen, der den rechten Eckplatz innehatte, trug Kürassieruniform.

Das Herz fing mir zu schlagen an. Das war mein Feind und der Feind des Volkes. Das war der große Verderber Bismarck.

Was vorging, verstand ich nicht gleich. Ein kleines Männchen mit runden Brillengläsern und einem Eulenkopf – später erfuhr ich, daß es Windthorst war – redete heftig auf Bismarck ein, und dieser verbeugte sich bisweilen, lächelte halb zustimmend und halb ironisch und schrieb mit einem armlangen Bleistift Bemerkungen auf ein vor ihm liegendes Blatt.

Als der kleine Mann geendet hatte, brachte er ihm mit leise aneinandergelegten Handflächen einen Beifall dar, von dem man nicht wissen konnte, ob er als Hohn oder als Höflichkeit gelten wollte, und wandte sich dann lebhaft an seinen Nach-

bar, einen alten Herrn mit langen, weißen Bartkoteletten
– das war der Minister des Innern, Herr von Puttkamer, wie
man rings um mich flüsterte – und sprach so lebhaft und
dringlich auf ihn ein, als ob er ihm seine Ansicht mit einem
Hammer einrammen müsse. Aber plötzlich horchte er auf
– vom Präsidentenstuhle war der Name »Eugen Richter« in
den Saal hineingeklungen –, schoß herrisch zu einer unwahr-
scheinlichen Höhe empor, warf den Bleistift unwirsch vor
sich hin und verließ den Saal.

Noch einmal blauaufflammend erlosch der Farbenfleck in der
zuschlagenden Tür.

Eugen Richter – das war mein Mann! Das war der trotzige
Tribun, der gegenüber der Kriecherei vor Fürstenthronen,
gegenüber den Keulenschlägen der junkerlichen Reaktion
den Nacken steif hielt – einer der wenigen in deutschen Landen, die ihren Mannesmut noch nicht zu Markte getragen
hatten.

Er sprach – er sprach mit heiser blecherner Stimme und einem
Zähneziehen, als wolle er Ströme von Scheidewasser über die
Köpfe der Gegner ergießen. Dabei schob er die linke Schulter
vor wie ein losschlagender Boxer.

So war's recht! So war's recht! Das Gewissen eines in Knechtschaft ersterbenden Volkes hatte durch ihn Faust und Stimme
bekommen. In ihm war Hoffnung, in ihm Erlöstsein. Wenn
man den übermütigen Bedrückern so kühn entgegentrat,
mußten sie nicht in ihres Nichts durchbohrendem Gefühle
bereuend zu Kreuze kriechen?

Aber das taten sie nicht. Im Gegenteil. Als er geendet hatte,
erhob sich auf der Rechten, dort, wo die gutsherrlichen
Machthaber des platten Landes und die vielen Landräte
saßen, erhob sich einer, ein geschniegelter und schönfrisierter
Herr, und erwiderte ihm mit knarrender Korpsstudenten-
stimme – oh, ich kannte sie wohl, diese schmißbedeckte Suffi-
sance! – erwiderte ihm Dinge, die mich in Zorn und Wut er-

starren machten. Ich hatte nur einen Gedanken: Dem Kerl müßte man aufsengen – gezogene Pistolen – zehn Schritt mit Avancieren – und niederknallen. Denn das war die Sprache, die er verstand, die einzige.

Und dann kam Rickert, der bekannte Führer der »Sezession«, die sich unlängst von den Nationalliberalen getrennt hatte. Den liebte ich. Liebte ihn schon nach den ersten Augenblicken, in denen er geredet hatte. Ein mittelgroßer Mann, in den Fünfzigern etwa – langgestrichenes Braunhaar, scharfe Brillengläser vor guten, erregt blickenden Augen – eifrig, eilig, mit warmem, weichem, vielleicht allzuweichem Pathos ... Ach, das tat wohl, die schurigelnde Hoffart jenes Gardeassessors gekennzeichnet und verurteilt zu sehen! Nur schärfer, unerbittlicher, spießrutenhaft, skorpionenhaft hätte es geschehen müssen. Mir war, als sollte ich zu ihm hinüberrufen: »Kß! Kß! Kß!« Und als er geendet hatte, blieb mir das mutlose Gefühl: »Es hilft ja doch nichts.«

Aber ich liebte ihn, liebte ihn mit zager, ein wenig mitleidiger Liebe, und ich habe ihn immer geliebt, auch als ich nach bald zweijähriger Zusammenarbeit mich von ihm trennen mußte.

Doch ich will hübsch der Reihe nach erzählen.

Seit jenem Tage, an dem ich durch Zufall ins preußische Abgeordnetenhaus hineingeraten war, hatte ich ein neues Interessengebiet, in dem ich alsbald widerstandslos gefangensaß. Allem, was Politik heißt, hatte ich bisher nur dasjenige Maß von Anteilnahme entgegengebracht, das einem grollenden Staatsbürger zukommt und das sich darauf beschränkt, die Fäuste zu ballen und im übrigen die Dinge gehen zu lassen, wie wenn sie auf einem fremden Planeten ihren Schauplatz hätten.

Mit einem Male sah ich, daß in meiner nächsten Nähe, von meiner Stube aus in fünf Minuten zu erreichen, sich tagtäglich ein Drama abspielte, das weit mehr bedeutete als alles Theater, das Leben und Vaterland und das eigene Schicksal selber war.

Von nun an wurde ich Stammgast in dem Hause am Dönhoffsplatz, und wenn dort gerade nichts los war – der graue Palast am anderen Ende der Leipziger Straße, der sich das »Reichstagsgebäude« nannte, beherbergte Kämpfe und Erschütterungen von noch ganz anderem Kaliber, denn dort wurde die Weltgeschichte brühheiß aus dem Ofen gezogen.

Von nun an las ich die Parlamentsberichte in den Zeitungen mit gierigem Auge und zitterndem Herzen, und was ich nicht verstand, dessen suchte ich durch ergänzende Arbeit Meister zu werden.

So konnte es nicht ausbleiben, daß meine Freundin Mathilde, die den Plan meiner Selbstverbannung mit Bestürzung verfolgt hatte, auf mein neues Treiben aufmerksam wurde; und als sie mir bei unserer nächsten Zusammenkunft – die Unterhandlungen mit einem pommerschen Rittergutsbesitzer standen schon dicht vor dem Abschluß – die lächelnde Frage vorlegte, ob ich nicht doch lieber in Berlin bleiben und zur Politik übergehen wolle, da hatte ich zum erstenmal, seit wir uns kannten, die widrige Empfindung, sie mache sich über mich lustig.

Aber das tat sie durchaus nicht. Denn wenige Tage darauf erhielt ich von ihr einen Brief, darin stand nichts weiter als: Der Reichs- und Landtagsabgeordnete für Danzig, Herr Landesdirektor Rickert, lasse mich bitten, ihn dann und dann in seiner Wohnung zu besuchen.

Spornstreichs rannte ich zu ihr.

Was das bedeute? Nichts bedeute es, als daß sie Herrn Rickert, in dessen Hause sie verkehre, von mir erzählt habe und daß er der Meinung gewesen sei, für solch eine frische und unverbrauchte Kraft könne man, wenn sie sich bewähre, immer Verwendung finden.

Da sank ich in die Sofaecke, wo ich sonst in dumpfer Ermattung vor mich hingedrönt hatte, wie von einem Blitzschlag gefällt, und konnte mich kaum wieder hochzwingen. –

Zur festgesetzten Stunde zog ich die Klingel in dem Hause der Matthäikirchstraße, wohin ich befohlen war.

Ein herzerfreuender Händedruck – ein vertrauendes Forschen aus eilig abirrenden Augen ... Was ich wisse? Was ich könne? Was mich für die Laufbahn eines politischen Journalisten qualifiziere?

Oh, ich war nicht blöde. Ich wisse alles. Ich könne alles. Und für die Laufbahn eines politischen Journalisten sei ich nicht nur hervorragend talentiert, sondern auch mit besonderem Fleiße vorbereitet.

Volkswirtschaft? »Aber selbstverständlich.« ... Meinen Schmoller kannte ich doch. Daß ich von allem, worauf es ankam, keine Ahnung hatte, ging mir erst später auf.

Na schön. Fürs erste möge ich mich im Büro der »Liberalen Korrespondenz« bei deren Redakteur, Herrn Bartsch, melden und ihm mitteilen, daß ich von nun an die Parlamentsberichte übernehmen würde.

Damit war ich entlassen.

Als ich im Hausflur stand, öffnete er hinter mir die Tür und rief mir nach: »Eine Frage noch. Sind Sie Jude?«

Ich verneinte.

»Das ist gut«, erwiderte er. »Ich bin zwar Vorsitzender des Vereins zur Abwehr des Antisemitismus, aber wenn Sie Jude wären, könnte ich Sie nicht anstellen.«

Das Büro der »Liberalen Korrespondenz«, die als hektographiertes Parteiorgan von der »Sezession« gegründet war, um die gesinnungsverwandten Zeitungen mit Nachrichten zu speisen, befand sich auf dem Hofe desselben Hauses, in dem Rickert seine Wohnung hatte.

Herr Bartsch, ein aufgeschwemmter Vertilger von Mosel mit Selter, gutmütig, redselig, zum Sich-unterordnen vorherbestimmt, führte allda in ängstlicher Pflichttreue ein ungesundes Hinterstubendasein, dem er sich nur sonntags für etliche Stunden entraffte, um in dem nahen Tiergarten für die ganze nächste Woche die Lungen voll Luft zu pumpen.

Er empfing den jungen, flotten Akademiker mit dem leblosen Aufblick des gescheiterten Schulmeisters, zu nachsichtiger Hilfe im voraus bereit.

Rickert hatte ihn bereits benachrichtigt. Am nächsten Vormittage sollte ich in einer Sitzung des Herrenhauses mein neues Amt antreten. In ihm war ich noch nie gewesen. Seine Vornehmheit hatte mich stets bewogen, in scheuem Bogen drum herumzugehen.

Nun hielt ich eine Empfehlungskarte an Herrn von Forckenbeck in Händen, der als Oberbürgermeister von Berlin dorthin gehörte, und kam mir so wichtig vor, als wäre ich selber schon Mitglied.

Mit Verbeugungen ließen die Diener mich ein. Einer wies mir den Weg durchs Treppenhaus in eine langgestreckte Galerie, in der Gruppen hochstämmiger Männer langsam daherschritten, und ging fort, den Gesuchten zu holen.

Schwarze Lederpolster luden zum Ausruhen ein. Ein blauer Duft zog mir entgegen. Inbrünstig sog ich ihn auf. Wie lange schon hatte ich ihn nicht mehr geschlürft, den Rauch der echten Havannas, der so weihevoll wie eine Opferwolke in diesem Tempel der Feudalität gen Himmel stieg!

»Da gehen sie nun in Haufen«, dachte ich, »die Helden der Romane, die ich immer noch nicht geschrieben habe – die Fürsten und die Grafen, deren Leben nichts wie Romantik ist – zum Greifen nahe und doch wie weltenfern.«

Ich hätte sie beim Kragen nehmen und wegschleppen mögen, nur, um sie zum Zweck des Bedichtens kennenzulernen.

Und dann kam Herr von Forckenbeck, den ich von den Bildern der illustrierten Blätter her längst kannte, gab mir freundlich die Hand und ließ mir einen Platz auf der Mitgliedertribüne anweisen, dort, wo die blaublütigen Damen saßen, deren Männer – oder hier müßte man wohl sagen »Gemahle« – Preußens Gesetze lächelnd bestätigten.

In welch erlauchter Ruhe spielten die Dinge dort unten sich ab! Die Herren von der »anderen Fraktion« – das waren die Bürgermeister – wurden so wohlwollend abgetan, daß ich, wäre ich einer von ihnen gewesen, vor lauter Scham den Mund nicht mehr aufgetan hätte.

In den zwei hinteren Winkeln des Saales befanden sich Ecksofas mit dunklen Lederpolstern, ähnlich wie die in der Wandelhalle. In jedem von ihnen hatte sich ein langer junger Herr niedergelassen und wurde beim Sich-lang-hinstrecken immer noch länger.

»Die müssen *ganz* vornehm sein«, dachte ich mir, »denn sonst könnten sie sich nicht so lümmeln.«

Und richtig! Als der Namensaufruf der Abstimmung sie in ihrer erhabenen Beschaulichkeit störte, ergab sich's, daß der eine – ich glaube – ein Prinz mit halbfranzösischem Namen, der andere ein Fürst war, dessen Name golden in Preußens Geschichte erglänzte.

Der Bericht, den ich abends auf dem Büro in den gewünschten zehn Zeilen zusammenfaßte, kam noch rasch auf den Stein, und als ich am nächsten Morgen das Berliner Tageblatt öffnete, fand ich ihn auf der vordersten Seite gleich nach dem Leitartikel wieder.

Voll Andacht betrachtete ich mir das erste Gedruckte, das nun aus meiner Feder in die Welt ging.

»Eine gewisse staatsmännische Weisheit muß doch wohl drin sein«, sagte ich zu mir mit bescheidener Selbsteinschätzung, »sonst hätte ein so bedeutendes Blatt ihm nicht die erste Stelle eingeräumt.«

Wenige Tage später erhielt ich eine Einlaßkarte zur Journalistentribüne des Reichstags und fühlte mich hiermit feierlich in die Gilde aufgenommen.

Ein günstiger Zufall verschaffte mir einen Platz auf der untersten Bank dicht vor der Brüstung, so daß ich, Bismarcks mächtige Schädelwölbung senkrecht unter mir, in Ruhe feststellen konnte, daß von den drei Haaren, mit denen die Witzblätter seine kahle Platte begabten, nicht ein einziges da war. Auch wie häufig das Wasserglas mit der mattgelben Flüssigkeit – die einen sagten, es sei kalter Tee, die anderen, eine nicht sehr schwache Kognakmischung – neu aufgefüllt vor ihn hingestellt wurde, blieb mir durchaus nicht verborgen. Ich beobachtete, wie mit dem rechten Arm zugleich der ganze Riesenkörper erbebte, wenn er seine steilzügige Unterschrift auf die hingebreiteten Bogen pflanzte; und wie er gelegentlich seine Ministerkollegen anschnauzte, das sah ich auch. Manchmal war mir, als sei ich ganz in ihn hineingekrochen und lächelte und verneigte mich statt seiner – oh, mit welch niederträchtiger Grazie er das tat! – und stutzte und grollte und verwunderte mich statt seiner – jede Verwunderung kam einer Todesdrohung gleich – und schaute statt seiner mit rasch zurückgewonnenem Gleichmut auf die Pygmäenschar hinab, die ihm das Leben sauer machte.

Mein Haß gegen ihn wagte sich erst wieder hervor, wenn er nicht mehr da war. Solange ich ihn vor mir sah, war das menschliche Übergewicht seiner äußeren Erscheinung und seines inneren Gefüges so stark, daß kein anderes Gefühl als das der menschlichen Unterwerfung in mir aufkommen konnte.

Und er erschien in Wahrheit als der einzige Mensch unter lauter Puppen, die die Regierungsbänke bevölkerten. Wesenlos saßen sie da – alle sahen sie gleich aus und benahmen sich gleich, und wenn sie redeten, war's, als klappere eine Maschine. Die echten Symbole jener unpersönlichen Begrifflichkeit, die der gute deutsche Untertan »Obrigkeit« oder »Behörde« nannte. –

Und dann kamen zwei unvergeßliche Tage – unvergeßlich

schon darum, weil ich ihnen Stellung und Aufstieg verdankte – da sah ich ihn menschlicher denn je. Allzu menschlich sah ich ihn.

An dem ersten geschah folgendes:

Irgendeine der Linksparteien – ich glaube sogar die, für die ich arbeitete – hatte eine Interpellation wegen der landläufigen Wahlbeeinflussungen eingebracht, die schon längst zum Himmel schrien.

Von den Landratsämtern aus war ein engmaschiges Netz von konservativen Vertrauensmännern über die Wahlkreise hingeworfen. Jeder Amtsvorsteher, jeder Ortsschulze, jeder Gendarm und beinahe auch jeder Gastwirt und jeder Lehrer handelte als Agent der Regierung. Daß die Gutsherren ihre Leute mit Wahlzetteln versahen und unter Aufsicht der Inspektoren wie eine Hammelherde zur Urne trieben, verstand sich von selbst – jedes Wider-den-Stachel-Löcken hätte sofortige Entlassung mit sich gebracht –, aber auch die Bauern und die kleinen Handwerker des platten Landes sahen sich, wenn sie nicht bereits von Überzeugungs wegen zu den Regierungstreuen gehörten, schon um des lieben Friedens willen genötigt, sich ihnen anzuschließen. Denn die Benachteiligungen und Zurücksetzungen, die ihnen anderenfalls drohten, waren ohne Zahl. Wären die Städte nicht gewesen, die sich eine gewisse Selbständigkeit zu wahren gewußt hatten, Deutschland oder wenigstens dessen nordöstlicher Teil – im Süden und Westen regierte der Pfaffe – hätte sich schon längst in einen schwarzweißen Kirchhof verwandelt.

So wenigstens fühlten wir damals – und viele meinen, die Geschichte habe uns recht gegeben.

Das Bild jener Wahlbeeinflussungen, die, wie gesagt, in den Landratsämtern ihren Ursprung hatten, war von dem ersten der Redner in seiner ganzen charaktermordenden Abscheulichkeit vor der Welt aufgerollt worden. Was konnte darauf erwidert werden? Handelte es sich doch um Tatsachen, die viel zu offenkundig dalagen, als daß ein Leugnen möglich war.

Da erhob sich Bismarck, der in wachsender Nervosität schon zwei Bleistifte zerbrochen hatte.

Der Saal erstarrte.

War niemals gut Kirschen mit ihm essen, so heute weniger denn je.

Man wußte, daß er Kummer hatte. Familienkummer. Sein Sohn Herbert, der damals noch als Junggeselle sich seines Halbgottums erfreute, war unlängst, so raunte man sich zu, mit der Frau eines schlesischen Magnaten nach Venedig durchgegangen und erhob seinem Vater gegenüber Anspruch auf künftige Heirat.

Da habe dieser – so flüsterte man ferner – sich mit dem Sohne eingeschlossen, habe eine Pistole vor sich hingelegt und ihm ehrenwörtlich erklärt: »Wenn du nicht auf der Stelle verzichtest, so schieße ich mir hier vor deinen Augen eine Kugel vor den Kopf.«

Hieraus konnte man folgern, in welcher Stimmung er war und wessen man sich von ihm zu versehen hatte.

Und er begann mit seiner hohen, fast bellenden Stimme – räuspernd, schluckend, würgend wie gewöhnlich. Er war kein guter Redner – erst wenn der Gegenstand ihn fortriß, schleuderte er seine Blitze über die erschauernde Welt.

Was die Herren nur immer an dem preußischen Landrat zu mäkeln hätten. Der preußische Landrat, so konservativ er auch sein möge, tue seine Pflicht, man möge ihn in Ruhe lassen. Der wahre Krebsschaden sei übrigens nicht der konservative, sondern der liberale Landrat.

Eine Woge des Staunens rauschte durch den Saal und brandete an der Tribünenwand.

Hatten wir recht gehört?

Der *liberale* Landrat? Wo hätte es das je gegeben, soweit die deutsche Zunge klingt?

Der liberale Landrat – das war ein schreiender Widersinn, eine contradictio in adjecto war's.

Sitze klappten, Pultdeckel scheuerten – eine neue Woge, diesmal körperlich und aus schwarzen Menschenleibern gebildet, wälzte sich gegen die Bundesratsestrade und nach dem Platze hin, von dem aus der Gewaltige sprach.

Der Präsident mahnte zur Ruhe, und er fuhr fort: Er wolle hierfür nur *einen* Beweis bringen. Es habe der Landrat Baumbach vor der letzten Reichstagswahl sich nicht versagen können, mit dem Kandidaten der Liberalen, dem Abgeordneten Lasker, von einem Wahlbezirk zum anderen zu kutschieren, um ihn auf diese wirksame Weise den Insassen des Kreises ans Herz zu legen. Ob dieses Beispiel genüge?

Ein nicht endenwollendes Hallo erhob sich. Baumbach – der Bruder des Lindenwirtin-Dichters übrigens – war Landrat in dem freiheitlich regierten Ländle Sachsen-Meiningen, wohin die eiserne Faust des preußischen Innenministers nicht reichte. Was dort geschah, mochte den derzeitigen Gewalthabern wohl ein Greuel sein: Hatten sie doch alles, was nicht regierungsfromm war, zu Reichsfeinden gestempelt.

Dieser unverzagten Menschenverachtung gegenüber, die die tausend täglichen Schandtaten mit dem Mantel der Liebe zudeckte, um aus jenem harmlosen Geschehnis, das keinerlei Bedrohung und Seelenzwang mit sich brachte, ein fluchwürdiges Verbrechen zu machen, schien jedes Abwehrmittel recht.

Die beiden Angegriffenen waren zur Stelle und blieben die Antwort nicht schuldig.

Aus ihrem Zeugnis ergab sich, daß Baumbach ein einziges Mal mit Lasker, der als sein alter persönlicher Freund bei ihm wohnte, in demselben Wagen gesessen hatte und daß von irgendeiner Einwirkung des Landrats auf die Wähler seines Kreises nicht die Rede sein konnte.

Und es ergab sich noch mehr: Nämlich, daß der konservative

Gegenkandidat Laskers Bismarcks eigener Sohn Herbert war und daß er, um dessen Aussichten zu fördern, an die meiningische Regierung ein amtliches Schreiben gerichtet hatte, worin sie ermahnt wurde, nach Kräften dahin zu wirken, daß Lasker nicht gewählt würde. Ein Geheiß zur Wahlbeeinflussung, wie es dringender nicht gedacht werden konnte.

Zornig erhob sich der Kanzler, um die letzte der Behauptungen als reine Unwahrheit zu bezeichnen – das bewußte Schreiben sei vielmehr erst *nach* der Wahl an jene Regierung ergangen –, aber der fatale Eindruck ließ sich nicht mehr verwischen, und die Linke triumphierte. Es war klar, daß der Sieggewohnte dies Geschehnis in seine Ruhmeskränze nicht würde hineinflechten können.

Doch Bismarck war nicht der Mann, den Schatten einer Niederlage auf sich sitzen zu lassen, und der nächstfolgende Tag sah ihn schon wieder kampfbereit auf dem Plane.

Heute handelte es sich um einen Gesetzentwurf, der dazu dienen sollte, der fortschrittlichen Stadtverwaltung Berlins, die dem gestrengen Machthaber schon immer zu trotzen gewagt hatte, eins auszuwischen. Daß sie bei Erhebung der städtischen Mietsteuer den Wert seiner Dienstwohnung, anstatt ihn auf seinen Einspruch hin herabzusetzen, noch um ein Beträchtliches erhöht hatte, war nicht gerade sehr liebenswürdig gewesen. Ein Nadelstich, der durch einen anderen Nadelstich vergolten werden mußte. Und eben dazu erschien das neue Gesetz, das die Dienstwohnungen der Reichsbeamten von den Schätzungen der städtischen Steuerkommission unabhängig zu machen bestimmt war.

Der Herr Reichskanzler, der die Geschicke der Welt in seinen zwei Händen zu wägen pflegte, bemühte sich höchstselbst, diesen Quark zu kneten. Und er tat dies in einer Weise, die nicht bloß die fortschrittlichen Väter der guten Stadt Berlin, sondern auch die hinter ihnen stehende gesamte Linke mit ihren tückischen Machenschaften und ihrem niedrigen Parteigeist der Verachtung der Mit- und Nachwelt preisgab.

Es würde mir schwerfallen, die wahnwitzige Erregung zu schildern, die diese Standpauke auf der linken Seite des Hauses hervorrief.

Ich sah hinunter auf einen wirren Halbkranz heißer, verzerrter, augenaufreißender Gesichter, die aus einem schwarzen Knäuel dicht aneinandergedrückt nach oben starrten. Auch die Rechte hatte sich erhoben und freute sich schmunzelnd an dem mächtigen Helfershelfer, der wie ein Gott aus der Wolke für sie herniederstieg.

Die Entgegnungen verhallten ungehört; immer wieder erhob sich der Allmächtige, immer dichter hagelten die Giftpfeile seines Hohnes auf die Gezüchtigten nieder, die wutzitternd die Hände nach ihm spreizten.

Da plötzlich zischte mitten aus dem dumpfen Gebraus und Gebrodel hell wie ein Peitschenhieb der Ruf »Schamlos!« bis zu mir empor.

Stille entstand. Das war zu kühn gewesen.

In diesem Augenblick hättet ihr Bismarcken sehen sollen!

Der mächtige Körper wuchs noch höher empor. Die Glieder bäumten sich. Die Rechte griff zum Pallasch, und mit federnden, hüpfenden Schritten tanzte er – buchstäblich *tanzte* er, wie etwa Knaben über dem Steckenpferd tanzen – am Präsidentensitz, am Rednerpult vorbei nach der linken Seite der Estrade hinüber, dem Beleidiger entgegen, der unbekannt dort unten im Haufen sich barg, immerzu rufend: »Wer ist der Unverschämte? Wer hat das gesagt? Nur einer, der selber keine Scham kennt, kann so etwas sagen! Wer hat es gesagt?«

Das Schweigen dauerte an, und er stand da, die Hand am Säbelkorb, den Kopf hintenübergeworfen, bereit, jeden niederzuschlagen, der ihm etwa entgegentrat.

Da legte sich der Präsident ins Mittel. Er selber habe den Ausruf nicht gehört, aber der Herr Reichstagsabgeordnete, der ihn getan habe, möge sich doch nennen – das verlange die Würde des Hauses.

Schweigen auch jetzt.

Da schob sich aus dem verdeckenden Haufen eine kleine, dickliche Gestalt, und eine sehr wehleidig gewordene Stimme sagte: »Ich bin es gewesen.«

Die Spannung löste sich. Dem Abgeordneten Struve wurde sein Ordnungsruf zuteil, und Bismarck schritt mit den Worten: »Bei Herrn Struve wundert mich das nicht!« beruhigt schnaufend auf seinen Platz zurück.

Da erhob sich noch einmal die Stimme des Missetäters und bat ums Wort.

»Das Wort hat der Herr Abgeordnete Struve.«

»Ich habe meinen Ordnungsruf erhalten, Herr Präsident, aber der Herr Reichskanzler hat mich einen Unverschämten genannt und gesagt, ich habe keine Scham. Was geschieht *darauf?*«

Das war eine sehr heikle Frage. Denn dem Präsidenten des Reichstags stand dem Reichskanzler gegenüber ein Recht der Rüge nicht zu. Und nie werde ich den hilflosen und hilfeflehenden Blick vergessen, den der höchste Vertreter des Volkes, der spätere Kultusminister v. Goßler war's, den Kopf zur Seite wendend, dem Allmächtigen zuwarf.

Der stand noch immer, um nach Erledigung des Zwischenfalles seine Rede fortzusetzen, und nahm das Wort:

»Der Herr Abgeordnete – hm, hm, hm – sagt – hm, hm, hm –, ich habe ihn einen Unverschämten genannt – hm, hm, hm –, das habe ich wohl auch getan – hm, hm, hm –, aber, da der Herr Abeordnete *endlich* die Güte gehabt hat, sich zu melden – hm, hm, hm –, nehme ich keinen Anstand zu erklären: Ja, der Herr Abgeordnete kennt wohl Scham.«

Auch ohne den höhnisch abtuenden Klang der Stimme gehört zu haben, werden viele behaupten wollen, daß dies keine Genugtuung, sondern eher eine neue Beleidigung gewesen sei. Aber Herr Struve und alle anderen gaben sich wohl oder übel zufrieden, und die Verhandlung nahm ihren Fortgang.

Was Bismarck noch weiter gesagt, was die da unten ihm erwidert haben, weiß ich nicht mehr. In mir brannte nur die eine Frage: »Wie wirst du diesen Vorfall wiedergeben?« Denn – schrecklich, es sich einzugestehen – nicht bloß wie gestern Baumbach und Lasker, auch Oberamtmann Struve, der Sohn des alten Achtundvierzigers, war Mitglied der Partei, in deren offiziellem Organ ich Bericht zu erstatten hatte.

Ich selbst war eine offizielle Persönlichkeit geworden, denn meine Darstellung mußte bindend werden für jeden – und auf jeden zurückwirken, der zur Partei gehörte.

Auf dem Wege zur Redaktion überlegte ich hin und her. Ich mochte die Szene darstellen, wie ich wollte, Lorbeern für meine Auftraggeber ließen sich nicht daraus ernten. Im Gegenteil, da war kein Zweifel, sie hatten kläglich abgeschnitten. »Ach was«, entschloß ich mich leichtsinnig. »Laß sie hernach auf dich schimpfen. Sag lieber gar nichts.«

Ich setzte mich also an meinen Tisch, schrieb einen braven Bericht, und statt den Zwischenfall zu schildern oder seiner auch nur Erwähnung zu tun, setzte ich ans Ende die dick unterstrichenen Worte: »Die Stimmung war eine fieberhafte.«

Kaum war das Blatt zum Austragen fortgeschickt worden, da stürzte Rickert aufgeregt und mit ängstlich suchenden Augen zur Tür herein.

»Ist die Nummer schon weg?«

»Jawohl, die Nummer ist weg«, antwortete Bartsch.

Entmutigt sank er in einen Stuhl, und einen hoffnungslosen Blick zu mir emporsendend rief er: »Unglücksmensch, was haben Sie geschrieben?«

»Ich?« fragte ich unschuldig zurück. »Ich habe geschrieben: ›Die Stimmung war eine fieberhafte.‹«

»Aber nu weiter – weiter.«

»Weiter nichts«, entgegnete ich. »I wo werd ich denn.«

Da sprang er auf, kriegte mich zu packen, und mich umarmend rief er: »Sie sind mein Mann! Sie sind mein Mann! Kommen Sie morgen vormittag zu mir. Dann werd ich Ihnen sagen, was ich mit Ihnen vorhab.«

Und als ich am nächsten Tage, wie befohlen, bei ihm erschien, eröffnete er mir folgendes: »Sie haben gestern so viel Umsicht und Zurückhaltung entwickelt, mein Lieber, daß ich glaube, wir werden es mit Ihnen wagen dürfen. Ich suche nämlich seit langem eine schriftstellerische Kraft, mit der wir ein Volkswochenblatt gründen können, um die Ansichten der Partei auf dem platten Lande zu verbreiten. Es müßte etwa im Kalenderstil gehalten sein und außer der Politik, die wir ja selber besorgen würden, einen populärwissenschaftlichen Aufsatz mit dazugehörigen Bildern, eine Erzählung, wenn möglich abgeschlossen, ein Gedicht, Rätsel und dergleichen enthalten. Das Batt soll pro Quartal nicht mehr als fünfzig Pfennige kosten und außerdem in Mengen gratis verbreitet werden. Rudolf Mosse wird es drucken und für die Hälfte der Unkosten einstehen. Würden Sie bereit sein, die Stelle des Redakteurs zu übernehmen?«

»Des *leitenden* Redakteurs?« fragte ich ganz benommen.

»Wenn Sie es so nennen wollen, auch das«, erwiderte er lächelnd.

»Denn mehr als einen würde das Unternehmen gar nicht tragen. Aber Mitarbeiter müßten Sie sich natürlich schaffen. Besonders die Erzählung macht mir Sorgen, denn die Fähigkeit, wahrhaft volkstümlich zu schreiben, findet sich unter unseren Literaten fast gar nicht.«

»Ich bin ja eigentlich ein Dichter«, erwiderte ich, »und wenn Sie das Schreiben dieser Erzählung mir überlassen wollten, so würde das die Mitgift sein, die ich in das Unternehmen hineinbrächte.«

»Verstehen Sie sich denn auf den volkstümlichen Stil?« fragte er zweifelnd.

»Ich habe es noch nicht probiert«, erwiderte ich. »Aber ich denke mir: Einer wie ich muß lernen, sich auf alles verstehen, sonst kann er gehen Filzschuhe wichsen.«

Herr Rickert, der als Altpreuße die Redensart kannte, lächelte nachsichtig dazu, und nachdem ich die Anweisung erhalten hatte, mich demnächst den führenden Männern der Partei, den Herren Lasker, Bamberger, Kapp, von Bunsen, und vor allem dem künftigen Herausgeber, Herrn Mosse, in meiner neuen Würde vorzustellen, war ich entlassen.

Vorher aber öffnete er noch die Tür zu einem Nebenzimmer, nahm mich beim Arm und führte mich zu einer matronenhaften Dame, die verschrumpft und vermickert, mit einer kränklich roten Nasenspitze und ausgeblaßten Augen hinter einem Buche am Nähtisch saß.

Das war seine Frau, die kluge, gütige Frau, die fast zwei Jahre lang mit sanftem Zuspruch und regelnder Mahnung mein wirres Leben begleitet hat, die mir an Stelle Mathildens, die bald wieder fortging, eine Freundin war, ohne daß ich es ahnte, und die mir ab und zu auch den Segen gönnte, meine zappelnden Beine unter einem weißdamastenen, silberbelichteten Tischtuch zur Ruhe kommen zu sehen.

Ich ging dahin wie im Traume. Vor vier Wochen am Rande des Abgrunds – stellungslos – hoffnungslos, ein Gescheiterter in der Wissenschaft wie im Leben, und heute Herr eines eigenen Blattes, das wohl noch im Schoße der Zukunft schlief, das ich selbst aber aus dem Nichts heraus zu formen hatte, um es vollgegossen mit eigenen Ideen gleich einer überlaufenden Schale dem bildungsdurstigen Volke zum Trunke zu reichen.

Freilich, auch der Bedenken gab es genug. Die Partei, für die ich fortan zu arbeiten, der ich als ehrlicher Mann mich angehörig zu fühlen hatte, war nicht die meine. Die meine, die, nach der ich in Sehnsucht schielte, war ihr benachbart und hatte das meiste mit ihr gemein – sie hat sich auch später mit ihr verschmolzen – aber sie lag weiter links. Und nach links – zur Demokratie, zum Republikanertum hin – drängte mein ganzes Wesen.

Heute ist es kein Kunststück, Republikaner zu sein. Es ist so trivial, daß man sogar aus Snobismus, aus Ästhetik, und um stolz und unzufrieden auszusehen, lieber zur Monarchie zurückkehren möchte – die Gemüts- und Zweckmonarchisten lasse ich unangetastet; damals aber war innerhalb der Bourgeoisie dieser Gedanke ein Wahnsinn, dem selbst die Überbleibsel des Achtundvierzigertums mit einem Achselzucken gegenüberstanden . . . Dem Sozialismus hatte ich mich wieder entfremdet, und die Fortschrittspartei gab vor, so königstreu zu sein wie alle die anderen. Auch den Namen »Demokrat« verschmähte sie. Er erschien halb komisch, halb anrüchig, mochten ihre Angehörigen auch noch vor kurzem darauf geschworen haben. Aber unter der Decke des Monarchismus schwelte drüben, das fühlte man, beides immer noch weiter, während *meine* Leute sich im Haß gegen Bismarck und in der Liebe zum Freihandel aufrichtigen Herzens genugtaten.

Unterschiede waren immerhin da, aber mir blieb keine Wahl. Wollte ich nicht zugrunde gehen, so mußte ich das Rettungsseil ergreifen, das sich mir darbot. Und war ich erst am Werke, konnte ich Gutes tun auch da, wo ich stand.

Mein erster Gang war zu Herrn Mosse.

Mit scheuer Verzagtheit war ich in der Jerusalemer Straße alltäglich an seinem Königreich vorbeigeschritten, denn wenig Hoffnung gab es, daß ich dort jemals Fuß fassen könnte. Und nun schritt ich dreist und frohgemut die stolze Treppe hinan, um mich schlichtweg bei dem Allgewaltigen melden zu lassen.

Er wußte schon von mir und empfing mich mit ermunterndem Händedruck – durchaus nicht wie ein gebietender Chef. Er war's ja auch nicht – das zu betonen schien mir Pflicht, diesmal und jedesmal, wenn ich mit einem Anliegen oder einer Beschwerde mich in die Höhle des Löwen begab. Ich konnte mir auch manches erlauben, was das sonstige Federvieh nicht gewagt hätte. Denn für hundertzwanzig Mark monatlich und zwei nasse Hinterzimmer als Wohnung schrieb ich alsbald das ganze Blatt selber von vorne bis hinten, vom Leitartikel bis zu den Rätseln, die ich, wenn alles fertig war, mitsamt dem Gedicht noch rasch in den Setzerkasten diktierte. Ich durfte mich also mit einigem Recht als unersetzlich betrachten.

Bei Lasker und bei Bamberger war ich auch – zwei spezifisch jüdische Köpfe von höchstem Rang, jener ein heißer Patriot voll weher Erlöserstimmung, dieser weltbürgerlich kühl und eine sanftkitzelnde Lauge. Bunsen, ein Grandseigneur von halbenglischem Gepräge, hielt mich für einen besseren Botenjungen, ließ sich aber gern eines anderen belehren, und Kapp, ein Riese mit graublondem, aufrechtstehendem Stirnbusch, tat mich gar in der Flurtür ab.

Als ich ein Menschenalter später das Pamphlet seines Sohnes gegen Bethmann-Hollweg las, worin von dem »Sumpf der Demokratie« geredet wurde, mußte ich unwillkürlich des Sumpfes gedenken, dem er selber entstiegen war, denn sein Vater hatte einst als verfolgter Demokrat in Amerika eine Zuflucht gefunden. Was er dann später noch tat, steht in Deutschlands Leidensgeschichte verzeichnet.

Während die Vorarbeiten für das zu gründende Volksblatt ihren Anfang nahmen – den Gesetzen der Mimicry entsprechend sollte es »Das Deutsche Reichsblatt« heißen und den amtlichen Reichsadler kühn an der Stirne tragen –, während ich geschäftig von einer Werkstatt zur anderen, von einem

Politiker zum anderen lief, blieb ich auch für die Parteikorrespondenz unentwegt tätig, und solange die Parlamente tagten, war mein Schreibeifer gar nicht zu bändigen.

Die Partei trug sich damals mit weitausschauenden Plänen. Nicht zufrieden mit der großen Tageszeitung, die sie in Berlin geschaffen hatte – sie hieß »Die Tribüne« und war aus einem aufgekauften Käseblatt zu einem wichtigen politischen Organ geworden –, wollte sie in einer Reihe deutscher Mittelstädte täglich erscheinende Blätter gründen, die den schon bestehenden konservativen oder fortschrittlichen Zeitungen Konkurrenz zu machen hatten.

So auch in Landsberg a. W.

Ein jedes Redaktionsbüro ist von einem Stabe gelegentlicher Mitarbeiter bevölkert, die auch, wenn sie nicht gerade beschäftigt sind, dort herumsitzen, um nach Aufträgen auszuschauen oder doch mindestens die Zeit totzuschlagen.

Darum ging es auch in den Zimmern der »Liberalen Korrespondenz« her wie in einem Taubenschlag.

Unter den dortigen Stammgästen hatte ich einen Herrn Pederzani-Weber kennengelernt. Ein schöner Mann, den ich schon darum mit besonderer Anteilnahme betrachtete. Dann aber auch, weil er als Mönch aus einem österreichischen Kloster entflohen war. Ihn hatten die Gewaltigen der Partei ausersehen, die »Neue Landsberger Zeitung« – ich glaube, so hieß sie – zu gestalten und siegreich weiterzuführen.

Bevor er nach seinem neuen Wirkungskreise abreiste, nahm er mich eines Tages beiseite und fragte mich, ob ich mir einen Nebenverdienst verschaffen wolle, indem ich seine Zeitung mit telegraphischen Nachrichten versorgte. Außer den zurückerstatteten Spesen sicherte er mir für jede Depesche nicht weniger als eine Mark fünfzig.

Freudig sagte ich zu, denn für eine Mark fünfzig erhielt man damals ein Mittagsmahl von fünf Gängen.

Besonders komme es ihm, so fuhr er fort, auf die Probenummer an, die am nächsten Montag morgen, zu einem Zeitpunkt also, an dem die anderen Blätter nicht erschienen, in die Welt gesetzt werden solle. Damit von vornherein die Konkurrenz über den Haufen geworfen würde, müsse diese Nummer eine höchst wichtige, wenn möglich sensationelle Nachricht enthalten, und hierin baue er auf mich. Denn ich bliebe ja im Zentrum jedes Geschehens.

Ich beteuerte ihm, daß ich alles Denkbare daransetzen wolle, ihm zu Diensten zu sein, und beruhigt reiste er ab. Aber von nun an erhielt ich die ganze Woche hindurch täglich einen Brief mit dem Poststempel Landsberg a. W., worin Herr Pederzani-Weber mich beschwor, die sensationelle Nachricht, die für das Gedeihen seines Blattes unumgänglich notwendig sei, um Gottes willen nicht zu versäumen.

So kam der Märzensonntag heran, an dem ich der übernommenen Pflicht Genüge tun sollte.

Nach Tisch holte ich meinen Freund Otto Neumann ab, um mit ihm einen Lindenbummel zu machen; denn dort, wo das Herz der kaiserlichen Residenz am lautesten schlug, konnte man den geheimen Gang der Weltgeschichte am ehesten belauschen.

Es war ein Vorfrühlingstag von Gottes Gnaden. Ein holdes, von Sonnenahnung durchtränktes Grau lag über der Welt. Die Spatzen an den Droschkenständen schrien vor Wonne, und wenn die lustwandelnden Menschenkinder auch nicht taten wie sie, so stand doch Wonne hellgolden geschrieben auf jedem Menschengesicht.

Alles war gut und schön, aber von der großen, weltbewegenden Nachricht, die man in Landsberg a. W. dringend erwartete, zeigte sich nicht die mindeste Spur.

Wir gingen ins Café Bauer und sahen bei einer Schale Schwarz die Pariser und die Londoner Zeitungen durch. Denn es war ja immerhin möglich, daß die Berliner Redakteure irgend etwas übersehen hatten, was in Landsberg a. W. von Wichtigkeit schien. Aber auf weiter Flur war alles abgegrast. Selbst die Sportnachrichten hatten bereits Verwendung gefunden.

Mutlos gingen wir auf die Straße zurück, wo die Spaziergänger jetzt in dicken Knäulen einander auf die Hacken traten. Keinem der hübschen Mädchen sahen wir unter den Hut, um so heftiger aber faßten wir die ernsten Männer ins Auge, besonders die, die es eilig hatten, denn wenn jemand Träger einer wichtigen Nachricht sein konnte, dann waren nur sie es.

Aber nichts ereignete sich. Selbst der Auflauf, der sich vor der russischen Botschaft gebildet hatte, während Schutzleute den Weg für ein- und ausfahrende Equipagen freihielten, konnte nichts weiter zu bedeuten haben, als daß daselbst ein Empfang stattfand oder ein Fest gefeiert wurde.

Es war eben ein Märzensonntag wie jeder andere, und in seiner Gewöhnlichkeit ertrank auch die letzte Hoffnung.

Doch als wir vom Brandenburger Tor zurückkehrten, hatte der Menschenhaufe rechts und links von der Durchfahrt des russischen Botschaftsgebäudes sich um ein Erhebliches vergrößert.

Ein reitender Schutzmann hatte vor ihr Posto gefaßt, und wo der sich sehen ließ, war immer was los.

Wir fragten unsere Vordermänner, aber die wußten auch nichts. Nur, daß die einfahrenden Gäste sehr aufgeregt ausgesehen hätten, war ihnen aufgefallen.

Da, wie wir noch lauernd herumstanden, hallte von weit her, von *ganz* weit her ein Ruf an unser Ohr, der uns hoch auffahren ließ, ein Ruf, der uns Nachkriegsleuten nur allzu bekannt ist, denn durch ihn sind vier Jahre lang unsere Wahngebilde am Leben geblieben, der Ruf: »Extrablatt! Extrablatt!«

Und zu gleicher Zeit brachen die Schutzleute vor uns ihr amtliches Schweigen und graunzten den Nächststehenden etwas von »Zar« und »Ermordung« entgegen.

Wir sahen uns an. Wir kniffen uns in die Ellenbogen. Sollte es möglich sein? Nicht zu fassen war es.

Derweilen schwoll der Ruf immer stärker. Wie ein Vollorchester warf er seine Wellen über uns.

Zettel leuchteten gleich weißen Bannern über der jenseitigen Menge, und endlich – endlich hatten sie die Schutzmannskette überflogen und waren bei uns.

»Kaiser Alexander II. von Rußland einem fluchwürdigen Attentate zum Opfer gefallen. Eine Bombe, die . . .« und so weiter.

Da stand's. Von keinem Ungläubigen mehr zu bezweifeln.

Fast wären wir uns in die Arme gefallen. Gut, daß wir an uns hielten. Man hätte uns sonst, als mit den Verschwörern im Bunde, ins Kittchen geschleppt.

Und während wir mit dem noch feuchten Blatt zum nächsten Telegraphenamt eilten, wurde ich das dumpfe Gefühl nicht los, als ob eine höhere Macht, nur um mir gefällig zu sein, so Schreckliches habe geschehen lassen.

Auf dem Amte besahen wir uns unsere Barschaften und fanden, daß ich mich kurz fassen müsse, wollten wir nicht hungrig zu Bette gehen.

Ein Streit erhob sich um das Wort »fluchwürdig« und einige andere von ähnlichem Gefühlsinhalt. Neumann hielt es für gemütsroh, sie zu unterdrücken, während ich der Ansicht war, Gefühl könne ja auf der Redaktion nach Belieben entwickelt werden, besonders da es von mir mit fünf Pfennigen pro Wort zu bezahlen sei.

So entmenscht hatte die Publizistik mich schon! –

Als ich am nächsten Tage das Büro der »Liberalen Korrespondenz« betrat, kam mein Freund und Gönner Herr Bartsch mir mit den mißmutigen Worten entgegen: »Wissen Sie auch, daß Sie mich um meine ganze Nachtruh gebracht haben?«

»Wieso denn?«

»Um drei Uhr früh poltert mich der Telegraphenbote aus dem Bett, weil Pederzani bei mir anfragt, ob es wirklich wahr sei, daß der Zar ermordet ist, oder ob Sie das bloß geschwindelt hätten. Ohne meine Bestätigung getraue er sich nicht, die Nachricht zu bringen.«

Also, was soll ich noch sagen? Die Vorsehung hatte sich umsonst bemüht: die Probenummer der »Neuen Landsberger Zeitung« war erschienen, ohne meiner Depesche Erwähnung zu tun.

Mit diesem Erlebnis begann und schloß meine Tätigkeit im journalistischen Nachrichtendienst. –

Inzwischen nahmen die Vorbereitungen für meine eigene Probenummer ihren Fortgang.

In jeder größeren Zeitungsdruckerei gibt es einen Raum, »Akzidenzsaal« genannt, in dem die gelegentlichen und zufälligen Arbeiten gesetzt und für die Presse fertig gemacht werden. So auch im Hause Mosse.

Während ich die einen Stock tiefer gelegene Setzerei des »Berliner Tageblatts« niemals betrat, herrschte ich dort oben als Gebieter und Günstling zugleich. Bald kannte ich jeden Setzer beim Namen und war mit jedem gut Freund. Keine Überstunde fiel ihnen zu schwer, und wenn es drei und wenn es vier Uhr morgens wurde, zum Abschied bekam ich noch immer einen freundlichen Gruß.

Von der Wichtigkeit, mit der ich dort oben schaltete, wird man sich kaum eine Vorstellung machen, auch wenn ich schildere, wie zärtlich ich um die Gesundheit der Männer besorgt war, die zwischen heizenden Glasflammen wie in einem römischen Bade stehend arbeiteten, während von den geöffneten Fenstern her ein eisiger Zug über sie herstrich – wenn ich bekenne, daß ich auch das Geringfügigste selber tat, daß ich beim »Umbrechen« den Winkelhaken gewaltsam an mich riß und nicht wiederhergeben wollte und daß ich dem Korrektor um jedes stehengebliebenen Fehlers willen zornig zu Dache stieg. Am liebsten hätte ich das ganze Blatt selber gemacht, nur um keine fremde Hand daran rühren zu lassen.

Wegen des politischen Teils mußte ich fürs erste mit meinem Auftraggeber in engster Fühlung bleiben. Die Leitartikel lieferte er selber, und die politische Wochenschau, die ich probeweise hatte verfassen dürfen, erfuhr durch ihn nach der königstreuen Seite hin eine kräftige Umgestaltung.

Der unpolitische Teil aber gehörte vom ersten Augenblicke an mir. In ihm durfte ich mich austoben, soviel mein Herz nur begehrte. Und dies tat ich so gründlich, daß, als die Spalten ausgemessen wurden, das Dreifache des zur Verfügung stehenden Raumes von mir belegt und beschrieben war. – Selbst eine Probenummer kommt zu ihrem Ende.

Und eines Vormittags hielt ich den ersten aus der Presse quellenden Bogen, der wie alles Neugeborene patschnaß war, gleich einer Siegesfahne in zitternden Händen. Mein Blick eilte gierig zur letzten Zeile. Da stand – wahrhaftig, da stand: Verantwortlicher Redakteur: Hermann Sudermann.

Zum erstenmal in meinem Leben las ich diesen Namen gedruckt. Gedruckt, wie man Friedrich von Schiller und Friedrich Spielhagen liest, ganz schlicht, ganz selbstverständlich, und doch – wie aufregend, wie schicksalhaft!

Das erste Exemplar trug ich zu meiner Freundin Mathilde, das zweite legte ich vor Frau Rickert nieder, und beide Frauen waren zufrieden.

Und als ich das dritte, das für die Eltern bestimmt war, zum Postamt getragen hatte, rannte ich im Tiergarten umher wie ein Wilder und wiederholte mir immer aufs neue: »Du bist *nicht* vor die Hunde gegangen, du brauchst *nicht* zu hauslehrern. Du kommst in die Höhe. Du fährst in die Wolken. Nun gibt's kein Zurück mehr, sondern bloß noch ein Vorwärts und ein Empor!« Klar vorgezeichnet lag mein Weg:

Politiker und Journalist würde ich sein, so lange, bis ich das Schreiben aus dem ff gelernt hatte. Dann aber zurück zur

Dichtung, zum Roman oder zum Drama gar! Nicht mehr als Außenseiter, als Stümper, als einer, vor dem man die Türen verschließt und dessen Geschreibsel man achselzuckend zurückschickt, sondern als einer, der schon etwas gilt und dem man als Kampfgefährten begegnet.

Von Zeit zu Zeit setzte ich mich auf eine Bank und zog die Probenummer aus der Tasche, um mich von neuem drin zu vertiefen. Und immer wieder blieb mein Auge an dem Namen hängen, der, losgelöst von mir, ein geheimnisvolles Sonderdasein führte, dem Namen, der für das alles verantwortlich war.

Verantwortlich wie ich für mein kommendes Leben.

Nachwort

Die Autobiographien von Künstlern des 19. und des beginnenden 20. Jahrhunderts erfreuen sich, wie die zahlreichen Neuausgaben zeigen, wieder großen Interesses: Da steht die selbstgefällige Pedanterie von Richard Wagners »Mein Leben« neben der genialischen Egozentrik der »Memoiren« des Hector Berlioz, da spannt sich der Bogen von der beruhigten Biedermeierlichkeit der Lebenserinnerungen von Justinus Kerner oder Ludwig Richter bis zu den Kindheitserinnerungen der Ricarda Huch und Arthur Schnitzlers »Jugend in Wien«, und Wilhelm von Kügelgens »Jugenderinnerungen eines alten Mannes« finden nicht anders als Carl Ludwig Schleichs »Besonnte Vergangenheit« wieder neue Liebhaber. Daß sich das Interesse fast ausschließlich auf die Erinnerungsbücher von Künstlern richtet – Bismarcks »Gedanken und Erinnerungen« etwa, die an stilistischer und gedanklicher Brillanz nahezu jedes der genannten Bücher übertreffen, gibt es in keiner Taschenbuchausgabe, dagegen Kerners und Richters Erinnerungen schon längst –, verrät etwas von dessen Ursprung: Denn in einer hochindustrialisierten Massengesellschaft, die von Anonymität und Normativität geprägt ist, besitzt die unverwechselbare Individualität des Künstlers, mit der das 19. Jahrhundert einen Kult trieb wie kein Jahrhundert zuvor, eine gewaltige Attraktivität, zumal wenn durch die historische Distanz den Werken des Künstlers alles Irritierende und Beunruhigende genommen ist und sie als gesichertes Kulturgut erscheinen. Am Lebensgang des Künstlers fasziniert der Aufstieg zu gesellschaftlicher Prominenz, ganz aus eigener Kraft und jenseits der vorgeschriebenen Berufsbahnen und Instanzenwege, ein Glück, das wahrlich nur wenigen noch gegönnt ist und gerade deshalb als Wunschtraum beständig gegenwärtig bleibt. Selbstverwirklichung in der eigenen Arbeit, Selbstbestimmung von Weg und Ziel, Eigenständigkeit in Lebensstil und Arbeitsweise, unbeschnittene Subjektivität im Urteilen und Handeln, und all dies honoriert mit Anerkennung über den Tag hinaus: als Möglichkeit scheint dies im Lebensweg des Künstlers auf, und einer Zeit, die für den einzelnen nur wenige Chancen zu individueller Lebens- und Arbeitsgestaltung bereithält, muß sich der Künstler zwangsläufig als geheimes Ideal präsentieren. So verlaufen die Identifikationsprozesse mit berühmten Künstlern des 19. Jahrhunderts zumeist risikolos: Denn der heimliche Wunsch nach völlig individueller Lebensgestaltung verbindet sich hier beim Leser mit der beruhigenden Gewißheit, daß der Künstler, der dies individuelle Leben vorgeführt hat, sich mittlerweile allgemeiner Anerkennung und Verehrung erfreut – was sich von den Gegenwartskünstlern ja in aller Regel nicht sagen läßt, an deren tatsächlichen Lebensbedingungen überdies das romantisierende Künstlerbild sehr rasch zuschanden ginge.

Es ist nicht auszuschließen, daß Hermann Sudermanns »Bilderbuch meiner Jugend«, das 1922 zum erstenmal erschien, ähnliche Lektüreerfahrungen provoziert. Denn die Karriere, die sich in ihm abzeichnet, ist nun tatsächlich nahezu beispiellos: Sie führt aus der Hoffnungslosigkeit einer kleinbürgerlichen Existenz am Rande des Deutschen Reiches auf eine Höhe des Ruhms, die der gefeierte Bühnenautor allenfalls noch mit Gerhart Hauptmann zu teilen hatte. Hermann Sudermann (1857–1928) freilich ist heute nahezu vergessen, seine Stücke, die Jahr für Jahr Furore machten, werden nicht mehr gespielt, seine Romane, zu denen mit »Frau Sorge« (1888) und »Der Katzensteg« (1889) zwei der populärsten Werke des wilhelminischen Deutschland zählen, werden kaum noch gelesen, und für die Literaturwissenschaft war er ohnehin immer nur der ungeliebte Autor von »Die Ehre«

(1889) oder »Heimat« (1893) aus der wenig geliebten Epoche des Naturalismus. Daß Sudermann aber nicht nur Beispiele für den Naturalismus liefert, sondern daß er eine Schlüsselfigur für die Literatur des wilhelminischen Deutschland schlechthin ist, ja daß bedeutende Autoren der frühen Moderne – von Arno Holz und Arthur Schnitzler bis zu Franz Werfel und Else Lasker-Schüler – ihn verehrten und mit ihm korrespondierten, hat bis heute ohnehin kaum jemand zur Kenntnis genommen; dabei vermöchte dies allein schon die Neuausgabe der vergessenen Autobiographie des fast vergessenen Autors zu rechtfertigen.

Nun ist aber die im »Bilderbuch meiner Jugend« vorgeführte Epoche nicht die wilhelminische Ära, sondern die Bismarckzeit, und das bedeutet: Das »Bilderbuch« ist das Erinnerungsbuch eines Erfolgsautors, in dem der Erfolg gar nicht vorkommt. Erst das Deutschland Wilhelms II., der persönlich dem Autor des skandalträchtigen Stücks »Sodoms Ende« den Schillerpreis verweigerte, ist die große Zeit Sudermanns, die Ära Bismarcks erscheint eher als die Gründerzeit seines Ruhms, eine Epoche des Tastens und Suchens, der Hoffnungen, Aufschwünge und ständigen Rückschläge. Und so, wie sich der oft trügerische Glanz des Wilhelminismus über die in der Bismarckzeit gelegten politischen Fundamente erhebt, so speisen sich die Energien, die Sudermann zu ständig neuen Erfolgen treiben, aus den in der Bismarckzeit erworbenen Erfahrungen, aber auch aus den damals enttäuschten Hoffnungen und nicht verwundenen Ängsten. Bezeichnend genug ist die Geschichte von Sudermanns erstem Erfolg, die das Buch abschließt, unlöslich mit der mächtigen Gestalt Bismarcks verknüpft; über ihn schreibt der Autor: »Mein Haß gegen ihn wagte sich erst wieder hervor, wenn er nicht mehr da war. Solange ich ihn vor mir sah, war das menschliche Übergewicht seiner äußeren Erscheinung und seines inneren Gefüges so stark, daß kein anderes Gefühl als das der menschlichen Unterwerfung in mir aufkommen konnte.« Diese ambivalente Haltung Bismarck gegenüber spiegelt Sudermanns gesamte Einstellung zu jener Epoche: Denn mag er diese Zeit als eine des Elends und der Not durchlitten und gehaßt haben, so kommt er doch niemals mehr von ihr los; mühelos lassen sich deshalb sämtliche wichtigen Motive aus Sudermanns Werken – ob sie unter Wilhelm II. oder erst in der Weimarer Republik entstehen – im »Bilderbuch« nachweisen. Sudermann wagt sich tatsächlich erst hervor, als »er nicht mehr da war«: Seine ersten Erfolge als Autor fallen in die Zeit der beginnenden Auseinandersetzungen zwischen dem Kaiser und Bismarck, und zum anerkannten Erfolgsautor wird er erst im Jahr von Bismarcks Demission. Gerade diese intensive Bindung aber an die Epoche seiner Erfolglosigkeit, die zugleich die Epoche der politischen Erfolge Bismarcks ist, hat Sudermanns »Bilderbuch meiner Jugend« zu einem der wenigen eindringlichen Erinnerungsbücher über die Bismarck-Ära werden lassen.

Kaum ein anderes Buch besitzt einen derart hohen Zeugniswert für die Bedingungen, denen eine Schriftstellerkarriere in der zweiten Hälfte des 19. Jahrhunderts unterworfen war (abgebrochenes Studium und Hauslehrerexistenz, Romanzeitungen und persönliche Beziehungen zu anerkannten Autoren, vom Theater abgewiesene Stücke und Redakteurstätigkeit), und kaum ein weiteres Buch mißt die Lebensbedingungen der Bismarckzeit mit einer derartigen Spannweite aus: Es führt den Leser aus dem Elend ostpreußischer Dörfer in den Prunk der Bankiersvillen des Berliner Westens; behäbige, aber auch gehässige Kleinbürgerlichkeit in Elbing und Tilsit kontrastiert mit der Trostlosigkeit in den Proletarierwohnungen Nord-Berlins; die Stupidität burschenschaftlicher Riten erscheint neben der lebendigen Lehre in den Hörsälen Wilhelm Scherers und Emil Dührings; und weiter werden geschildert: ostpreußische Gutshöfe, Kaschemmentheater, noble Ostseebäder, Bismarck im Berliner Abgeordnetenhaus, Redakteure, Künstler, Sozialisten, Kokotten, Betrüger ... Hier wird tatsächlich ein Zeitalter besichtigt; die Erinnerung an die Fülle des Erlebten ruft zahllose kulturhistorische Details herbei: Lebensgewohnheiten, Moral, Gesprächsformen, Kleidung, Mobiliar – sei es das des Herrenhauses oder das eines Tilsiter Bordells: »Die Bilder des alten Kaisers und der Kaiserin hingen über dem Sofa und darunter ein gerahmter Spruch, der von irgendwelchen Zierden des deutschen Weibes handelte.« Dabei ergibt die Bilderfolge des Buches keineswegs eine Gesamtszenerie, in die sich nostalgisch flüchten ließe: In dem weiten Farbenspektrum dieser Szenen dominieren doch die Grautöne; die erlittene Not und Hoffnungslosigkeit wird nicht bunt übermalt. Sudermanns »Bilderbuch« hält die Härte der Zeit fest und verweigert dem Leser gerade die nostalgischen Fluchträume, die er so gern im 19. Jahrhundert finden möchte.

Für Sudermann aber ist seine Jugend der Raum, aus dem die Bilder seiner Werke steigen. An zahlreichen Stellen des Buches weist er auf biographische Details hin, die in seine Bücher Eingang fanden, oder auf Erlebnisse und Anregungen, denen sie ihre Entstehung verdanken. Doch bedarf es der konkreten Hinweise gar nicht: Der Leser Sudermanns weiß bei der Lektüre der Kindheitskapitel, daß er sich mitten in der Welt der »Litauischen Geschichten« befindet, und er wird auch die ersten Sätze des Buches sogleich als Hinweis auf zentrale Motive von Sudermanns Werk verstehen: »Der Vorderwald und der Hinterwald und dazwischen ein Gutshof, tief eingebettet in grünes Geheimnis. Auf diesem Gutshof kam ich zur Welt. Doch nicht etwa im Herrenhause, sondern in einem daneben gelegenen dürftigen Feldsteinbau.« Dieser Gutshof ist Schauplatz von Sudermanns Erstlingsroman »Frau Sorge«, und das Verhältnis von Herrenhaus und Feldsteinbau nimmt die soziale Grundspannung von Vorderhaus und Hinterhaus in seinem Bühnenerstling »Die Ehre« vorweg. Auf diese Weise ließe sich das »Bilderbuch« als der umfassende Bilderfundus des Dramatikers und Erzählers Sudermann durchmustern, was freilich an dieser Stelle nicht geschehen kann. Nur ein Beispiel sei dafür gegeben, wie Momentaufnahmen aus der Kindheit miniaturartig in die Werke eingebaut werden. Sudermann erzählt, welche Schrecken die »große Landstraße« für die Kinder bereithielt; da gab es neben manch anderem Entsetzlichen »gar alte Bettelweiber, die im Graben saßen und einem die Schnapsflasche hinstreckten«. Man vergleiche damit die Szene in »Johannisfeuer« (1900), in der Marikke von ihrem Schrecken angesichts ihrer ersten Begegnung mit der Weszkalnene, einer ständig betrunkenen Bettlerin, berichtet: »Ich geh' so still hin – es war schon ziemlich hell –, da richtet sich im Graben dicht neben dem Weg was auf. Ich seh' hin: da ist es ein Bettelweib, und die ruft: ›Marikke …!‹« Es sind Kindheitsängste, die hier ihre Gestaltung erfahren, Ängste, die den 43jährigen Autor von »Johannisfeuer« genausowenig verlassen haben, wie sie der 65jährige Sudermann bei der Niederschrift seines »Bilderbuchs« vergessen hat. Dies lenkt den Blick auf eine zentrale Bedingung von Sudermanns schriftstellerischer Existenz: Denn die Erlebnisse und Erfahrungen seiner Kindheit und Jugend stellen für ihn nicht einen reichen Schatz dar, auf den der Erfolgsautor ruhig und überlegen zurückgreifen könnte, sondern sie treten viel häufiger als Ängste, Bedrohungen und Schrecknisse in die bewußte Erinnerung, so daß der Versuch, sie in den Dramen und Romanen zu gestalten, nicht selten an einen psychischen Bewältigungsprozeß erinnert. Dies soll im folgenden am »Bilderbuch« nachgewiesen werden.

Der Erfolgsautor Sudermann tritt in den Erinnerungen noch nicht auf; die ersten Erzählversuche sind mißlungen, und das einzige Jugenddrama »Die Tochter des Glücks« ist für Sudermann selbst »ein unfaßbarer Mist« – wer das im Nachlaß erhaltene Stück gelesen hat, wird ihm da nicht widersprechen wollen: Wenn Otto Brahm von Sudermanns erstem Erfolgsstück »Die Ehre« hat schreiben können, der Autor habe es »halb Marlitt, halb Ibsen im Herzen« geschrieben, so ist »Die Tochter des Glücks« noch ganz Marlitt. (Interessant übrigens ist, daß Sudermann sich hier falsch erinnert: Er schreibt, das Stück habe fünf Akte gehabt; tatsächlich hat es, wie fast alle seiner Erfolgsstücke, nur vier Akte.) Nun ist aber das gesamte Geschehen des an Erfolgen so armen »Bilderbuchs« auf Sudermanns ersten großen Erfolg gerichtet: Denn es endet damit, daß das erste Exemplar der von ihm redigierten Zeitung erscheint.

Seine Reaktion auf dies Ereignis beschreibt er so:

»Und eines Vormittags hielt ich den ersten aus der Presse quellenden Bogen, der wie alles Neugeborene patschnaß war, gleich einer Siegesfahne in zitternden Händen. Mein Blick eilte gierig zur letzten Zeile. Da stand – wahrhaftig, da stand: Verantwortlicher Redakteur: Hermann Sudermann.

Zum erstenmal in meinem Leben las ich diesen Namen gedruckt. Gedruckt, wie man Friedrich von Schiller und Friedrich Spielhagen liest, ganz schlicht, ganz selbstverständlich, und doch – wie aufregend, wie schicksalhaft!«

Und sogleich schickt er ein Exemplar der Zeitung seinen Eltern. Daß Sudermann hier den Erstdruck seines Namens mit einem Geburtsvorgang vergleicht, entspringt weniger rhetorischem Überschwang als einem vorbewußten Erahnen des eigentlichen psychischen Vorgangs: Denn neugeboren fühlt sich derjenige, der hier zum erstenmal seinen Namen liest. Abgestreift sind Herkunft, Werdegang, Hoffnungslosigkeit und Elend; ein neuer Mensch ist entstanden, eine Gestalt, die sich mit Schiller und Spielhagen vergleichen kann und nichts mit dem fern der Großstadt aufgewachsenen jungen Ostpreußen mehr gemein hat. Dies will der Glückliche mit seiner Sendung seinen Eltern sagen (vor allem dem Vater, der das

Treiben seines Sohnes immer mit Mißtrauen beobachtet hat;
nicht zufällig gehört das Porträt des Vaters zu den bewegend-
sten Stücken des Buches).

Es scheint, als schließe die Vision vom gelungenen Leben den
Bericht vom nicht-gelungenen Leben ab und als erfahre auf
diese Weise alles Leidvolle und Triste, alles Unnütze und
Überflüssige, das diesem Werdegang anhaftet, zum Schluß
eine Umdeutung ins Sinnhafte, die jeder der vorangegangenen
Zeilen Hohn spricht. Kein Zweifel freilich: Sudermann hat sein
Buch in einer Bewegung konzipiert, die vom Dunkel ins Licht
führt, aus der Erfolglosigkeit in den ersten Erfolg, der für all
das steht, was später an Ruhm und äußerem Glanz folgen wird.
All dies leuchtet ihm aus seinem Namen entgegen: »Du
kommst in die Höhe. Du fährst in die Wolken.« Doch schließt
sein Buch nicht in dieser Euphorie, sondern merkwürdig herabgestimmt, still, ja fast schon verschreckt:

»Von Zeit zu Zeit setzte ich mich auf eine Bank und zog die
Probenummer aus der Tasche, um mich von neuem darin zu
vertiefen. Und immer wieder blieb mein Auge an dem Namen
hängen, der, losgelöst von mir, ein geheimnisvolles Sonderdasein führte, dem Namen, der für das alles verantwortlich
war. Verantwortlich wie ich für mein kommendes Leben.«

Dieser Schluß enthält den Kern von Sudermanns Problematik,
denn er bekennt das Versprechen auf das endliche Gelingen
seines Lebens, das der gedruckte Name vorspiegelt, als uner-
füllbar ein. Der eigene Name tritt dem Autor, gedruckt und
somit öffentlich geworden, als ein fremder entgegen (»losgelöst von mir«). Sie verraten so den Preis, um den der ange-
strebte Erfolg sich realisiert: die Aufspaltung in eine öffentliche und eine private Persönlichkeit. Neu geboren wird
Sudermann in diesem Augenblick gleichsam nur als öffentliche Gestalt, und nur für diese gilt das Glücksversprechen. Davon »losgelöst« wird ein anderer Sudermann weiterexistieren,
eine nicht-öffentliche Gestalt mit all den Zwangsvorstellun-

gen und Traumata, den Hoffnungen und Ängsten, denen ein schweres Leben ihn unterwarf. Kein Schrecken und kein Verzicht, keine Verletzung und keine Erniedrigung wird vergessen; dies alles wirkt weiter und läßt ihn nicht los. Daneben gibt es von nun an den öffentlichen Sudermann, den erfolgreichsten Theaterautor seiner Zeit, den Schloßbesitzer und eleganten Herrn aus dem Berliner Westen. Nur als solchen hat die Öffentlichkeit ihn kennengelernt, und als solchen hat wohl auch er selbst sich gesehen. Dennoch nennt der 65jährige die Geburtsstunde seiner öffentlichen Existenz die Geburtsstunde seines »Sonderdaseins«. So gerät ihm gegen die eigene Intention die Schilderung seines ersten Triumphs, mit der er sein Buch harmonisch abrundend hatte ausklingen lassen wollen, zum Bericht einer lebenslangen Niederlage: Schärfer hätte er das Glücksversprechen, das für ihn in dem gedruckten Namen lag, nicht widerrufen können. Das ernste Leben seiner Jugend mündet nicht ins Glück, sondern in die Zerspaltenheit.

Es läßt sich diese Zerspaltenheit bis in die Gestaltung der Sudermannschen Autobiographie hinein verfolgen, ja sie wird gleichsam zu deren Darstellungsprinzip. Das »Bilderbuch meiner Jugend« ist weniger Autobiographie als eine Biographie, die der öffentliche Sudermann über den nicht-öffentlichen Sudermann schreibt, indem er diesen sich anzugleichen versucht. Die Veröffentlichung der Jugendgeschichte gerät deshalb nicht zur Konfession, viel weniger noch zur Anklage, sondern zur Umprägung der Biographie des Aussichtslosen und Unerkannten nach der Realität des gesellschaftlich Anerkannten: Hier spricht ein Erfolgreicher über einen Erfolglosen, dessen Ängste und Hoffnungslosigkeit in der beruhigenden Gewißheit des mittlerweile erlangten Erfolgs bewältigt werden sollen. Gerade darin aber zeigt sich, daß seine Jugend für Sudermann sich im Prozeß des Erinnerns nicht zu einer Idylle »besonnter Vergangenheit« verklärt hat, sondern noch immer mit der Gegenwärtigkeit einer realen Bedrohung in seinem Leben wirksam ist. Seine eigene Vergangenheit besitzt für Sudermann die Wirklichkeit einer Zwangsvorstellung. Diese Zwangsvorstellung, als die das Leben des gesellschaftlich Erfolglosen in die Realität des Erfolgreichen hineinwirkt, bändigt Sudermann, indem er von ihr erzählt und sie gestaltet.

Das Verfassen der Autobiographie wird folglich zum Bewältigungsprozeß.

Gegen die Gefahr des Abgleitens in die Idylle ist Sudermanns »Bilderbuch« allein schon durchs biographische Material ausreichend gewappnet: Zu elend, zu freudlos und unglücklich verläuft diese Jugend, als daß sie den Stoff für Idyllen herzugeben vermöchte. Armut, der Kampf ums tägliche Brot, enttäuschte Hoffnungen, die ständige Angst, das gesetzte Ziel nicht zu erreichen: aus solchem Material können kaum Idyllen entstehen. Gleichwohl steht dem »Bilderbuch meiner Jugend« jegliche Tristesse völlig fern: Heiter, ja geradezu fröhlich klingt der Bericht über das längst vergangene Elend, und von der Betrübnis dieser Jugend überträgt sich dem Leser kaum je etwas. Mag das Geschehen zur Freude auch nicht den geringsten Anlaß geben, mögen die Ereignisse auch noch so hoffnungsfern verlaufen, über allem liegt dennoch ständig ein aufgeräumt-optimistischer Grundton, wie er dem Stoff weniger angemessen kaum sein könnte. Ein Zwiespalt zwischen dem erinnerten Leben und seiner sprachlichen Darbietung tut sich auf, der mit einer Umfälschung der Biographie ins Biedermeierlich-Idyllische ebensowenig zu tun hat wie mit der kleinbürgerlich-humorvollen Vergoldung der Misere. Der Zwiespalt liegt darin, daß, obgleich Sudermann an keiner Stelle des Buches die Trostlosigkeit seiner Jugend zu verschweigen oder zu übertünchen sucht, seine Sprache jedoch sich der Not und dem Jammer verweigert: Sie widerruft im Grunde die leidvollen Erfahrungen seiner Jugend. Das freilich scheint durchaus in seiner Absicht gelegen zu haben; am 13. Mai 1920 schreibt er an seine Frau:

»Meine ›Erinnerungen‹ habe ich beiseite geworfen, weil sie begannen, mein Denken und Fühlen ganz und gar in Anspruch zu nehmen, und zwar in einer mich schwer niederdrückenden Weise. Die Kleinbürgermisere, aus der ich stamme und der ich letzten Endes die Verdüsterung meines ganzes Daseins zu verdanken habe, legte sich von Tag zu Tag lähmender auf mein Gemüt – ich war mir zudem nicht klar, ob ich mich vollkommen richtig zeichnete und ob ich dem Instrument nicht von vorneherein eine falsche Klangfarbe gäbe. Nur mit Humor kann man diesem Jammer beikommen, und den vermochte ich nicht aufzubringen.«

Diese Sätze sind für die Gestaltung des »Bilderbuchs« höchst aufschlußreich. Das Vergangene, so wird hier deutlich, entzieht sich deshalb der Benennung, weil es für Sudermann ständig gegenwärtig ist und im Augenblick der Niederschrift noch immer erlebt wird. Aus der zeitlichen Distanz, die sich zwischen die vergangenen Geschehnisse und die Gegenwart des Verfassers gelegt hat, hat sich ein psychischer Abstand zu den damaligen Ereignissen nicht ergeben: Sie sind real wie im Augenblick ihres tatsächlichen Erlebens. Die Vergangenheit lastet als ständiger Druck auf der Gegenwart; Sudermann weiß dies und spricht es präzise aus. In dieser Sicht stellt sich der Versuch, die eigene Biographie zu schreiben, als verzweifelte Anstrengung dar, eine Distanz zum Vergangenen herbeizuzwingen.

Die Lösung, die Sudermann vor Augen hat, erscheint auf den ersten Blick paradox: Sich selbst und den »Jammer« der »Kleinbürgermisere« will er »vollkommen richtig« zeichnen und bedient sich dabei der Mittel des Humors. Paradox ist dies deshalb, weil der Humor mit der Existenz des Elends versöhnt: Der »vollkommen richtig« gezeichnete Jammer läßt humorvolle Darstellung nicht zu; der humorvoll gezeichnete Jammer ist kein Jammer mehr. Gleichwohl liegt nirgends die Intention, mit der Misere zu versöhnen, Sudermanns »Bilderbuch« zugrunde. Im Gegenteil: Die Absicht, den Jammer wahr zu zeichnen, ist überall klar erkennbar. Das nicht weniger klar erkennbare Auseinanderklaffen von bedrückendem Darstellungsgegenstand und humorvoller Sprache weist deshalb zurück auf die Problematik, mit der sich Sudermann auseinanderzusetzen hatte: Die Bemühung um realitätsgerechte und unverfälschte Darstellung der »Kleinbürgermisere«, der er entstammt, entspringt dem Wunsch nach deren Bewältigung; er will sich der bedrückenden Vergangenheit durch deren Gestaltung entledigen. Gerade weil aber seine Vergangenheit ihm noch so nahe ist und unbewältigt auf ihm lastet, distanziert er sich von ihr mit den Mitteln der Sprache. Er dichtet gleichsam seine Sprache gegen das Leid ab, um sich selbst gegen die Einbrüche des nur mühsam eingedämmten Elends zu wappnen, als das seine Vergangenheit in ihm droht. So bleibt das erzählte Elend stumm: Sudermanns Sprache redet über das Leid, von dem er berichten will, gleichsam hinweg. Der Humor verhilft ihm zu der schützenden Distanz, aus der heraus er ohne innere Erschütterung über das Vergangene überhaupt zu reden vermag. Dieser Humor will deshalb nicht vergolden, sondern er soll denjenigen, der sich seiner bedient, schützen. Es ist ein verzweifelter Humor.

Daß das Großsprecherisch-Schwadronierende des offiziellen wilhelminischen Humors in nicht wenigen Fällen – ironisch kaum gemildert – dabei stilistisch Pate gestanden hat, widerspricht dem deshalb nicht, weil es allemal auf die innere Unsicherheit des Arrivierten deutet, dem das Erreichte als nicht sicher gilt und der es deshalb auch nicht sicher zu benennen vermag. Noch die Selbstverständlichkeit, mit der der Bericht über den damals anscheinend obligaten Verlust der Unschuld im Bordell mit dem Satz: »Es kommt die Zeit im Jugendleben, da Unschuld ein Verschulden wird«, eingeleitet wird, bekämpft die Angst von einst. Die offenbare Unsinnigkeit dieses Satzes, in der sich nur die Unsinnigkeit des Rituals spiegelt, dem man sich zu unterziehen hatte, hält dies fest: Dem Vorgang, der sich sinnvoll nicht begründen läßt – der Pervertierung des Allerprivatesten zur öffentlichen Pflichtübung –, wird mit Hilfe des Humors Sinn aufgezwungen, um die ausgestandene Angst nicht sinnlos werden zu lassen. Darauf aber kommt es an: Nur die Angst, der nachträglich ein Sinn beigelegt werden kann, vermag überhaupt bewältigt zu werden, und aufgesetzt forsch redet der Humor diesen Sinn herbei. So übertönt der Humor die vergangenen und gegenwärtigen Ängste, indem er die Ereignisse, die an deren Ursprung stehen, in sinnvolle Bezüge spannt. Gerade dies aber macht ihn so sehr zum positiven Abbild der erlittenen Ängste, daß er gelegentlich fast ins Groteske abgleitet. So zu Beginn des achten Kapitels: Nach dem Einjährigen verläßt Sudermann die Schule in Elbing, verzichtet damit auf alle seine Zukunftsträume und tritt als Lehrling in eine Apotheke ein. Deren größte Attraktion sind die Gifte:

»Die Gifte! Das war das Geheimnisvolle, das Romantische bei der Sache. Nicht bloß mich selber, ganze Familien, ganze Dörfer, ganze Städte vermochte ich umzubringen, falls es mir Spaß machte. Oft, wenn niemand mich überraschen konnte, liebkoste ich die breithalsigen Fläschchen und fühlte mich als Herr über Leben und Tod.

Meine amtliche Tätigkeit hingegen bestand fürs erste nur in Tütendrehen. Ich lernte es rasch, ich kann es auch heute noch und bin gerne bereit, es Zweiflern zu beweisen. *Diese* Kunst wenigstens werden meine Kritiker mir nicht abstreiten können.«

Die Assoziationen, die Sudermann von den Giften zu seinen Kritikern, die ihm zeitlebens schwer zugesetzt haben, führen, liegen dabei nicht so deutlich auf der Hand, als es zuerst scheinen könnte; unbewußte Tötungswünsche und dergleichen spielen hier wohl keine Rolle. Tatsächlich gelangt in den Spannungen dieser Sätze aber Sudermanns stärkste Angst zum Ausdruck: daß seine Jugend, die ihn ohnehin nicht losläßt, mit ihrer »Kleinbürgermisere« wiederkehren könnte. In der Situation, über die hier berichtet wird, verdichtet sich die gesamte Misere, als die seine Jugend erscheint. Auf eine kurze Phase relativen Glücks – die Schulzeit in Elbing – sind wiederum Aussichtslosigkeit, Hoffnungslosigkeit, Erniedrigung gefolgt, die ständigen Wegbegleiter seiner Jugend. Diese seine hoffnungslose Lage erst macht ihm die Gifte so faszinierend; in ihnen finden seine Hoffnungen zu negativer Gestalt. Denn nicht der Wunsch, andere zu töten, beherrscht seine Phantasien, sondern die in dem Gift ruhende Macht über das Leben der anderen. In der Faszination des Gifts verbergen sich verzerrt seine Aufstiegswünsche, sein lebenslanges Ziel, heraus aus der Misere zu kommen, in der er, als er Lehrling in der Apotheke wird, tiefer steckt denn je. Die Erinnerung an die damals allein mit Hilfe der Phantasie gelungene Überwindung der Misere aber ist es, die ihm, der doch das Elend der Kleinbürgerwelt längst hinter sich ließ, in einer fast selbstverständlichen Gedankenverbindung seine Kritiker ins Gedächtnis ruft: Denn sie sind es, die, indem sie ihm seine Kunst »abstreiten«, ihm seine Erfolge abstreitig machen und ihn damit in die Misere zurückstoßen wollen, als die er seine Jugend sieht. Die Kürze des Schritts vom Tütendrehen als der untersten Form des Gelderwerbs zu seinen Kritikern, die ihm im ständigen Angriff auf sein Werk den erreichten Status streitig machen, beweist, wie wenig die »Kleinbürgermisere« verwunden ist: Zeitlebens wird die Überempfindlichkeit, mit der Sudermann auf die Angriffe seiner Kritiker reagiert, ja mit der er deren Heftigkeit nicht zuletzt provoziert, aus der Angst kommen, wieder in das Elend hinabgestoßen zu werden. Mit dem Begriff des Minderwertigkeitskomplexes wird dabei Sudermanns psychische Reaktion deshalb nur unzulänglich erfaßt, weil er sich in der Bezeichnung eines mangelnden Selbstwertgefühls erschöpft, nicht aber das Spezifische der Sudermannschen Statusangst umgreift: die Aushöhlung seiner Gegenwart durch seine Vergangenheit in ihrer Gesamtheit. Die Ausstaffierung mit großbürgerlichem, ja feudalem Besitz – Sudermann legt sich eine Grunewaldvilla und ein Landschloß zu – erscheint in dieser Sicht genauso wie Sudermanns Arbeitswut als ein Beschwichtigungsversuch ohne Ende, als ein Herabzwingen dessen, was sich nicht vergessen läßt. Seine großen Erfolge überkrusten diese Erinnerung nur; das kurze Wort eines Kritikers genügt, um die dünne Decke zu zerschlagen und ihm die Misere drohend wieder vor Augen zu stellen. Die selbst für großbürgerliche Verhältnisse der wilhelminischen Ära ungewöhnlich aufwendigen Wohnungen, die er sich zulegt, erklären sich deshalb auch nicht aus Kompensation, zu der den »Neureichen« sein Minderwertigkeitsgefühl triebe, sondern sie sind in einem sehr konkreten Sinne Absicherungen: Bollwerke und Schutzschilde gegen seine Vergangenheit. Dieses kunstvoll aufgebaute Absicherungssystem zunichte zu machen, bedarf es nur weniger Sätze eines Kritikers: Sudermann stürzt dann gleichsam in Sekundenschnelle hinter seine Riesenerfolge ins ostpreußische Elend zurück. Ein Beispiel muß hier genügen: Als ihn die Nachricht von der Verleihung des Nobelpreises an den Rivalen Gerhart Hauptmann erreicht, schreibt er am 15. November 1912 aus seiner Grunewaldvilla seiner Frau nach Lugano:

»Sei ruhig, es tut nicht weh! Es tut überhaupt nichts mehr weh. Ich habe dazu allzuviel durchmachen müssen. Wohl möchte ich mit meinem Diokles zu ihm sprechen: ›Warum Dir nichts als Ehren und mir nichts als Schmach?‹ Aber es lohnt nicht, zu fragen und zu rechten. Ich habe mir mein Schicksal gewählt und muß es tragen.«

Natürlich sind diese Sätze, die immerhin der erfolgreichste Bühnenautor der Zeit schreibt, an Wehleidigkeit kaum zu übertreffen. Dennoch sind sie bestürzend, gerade weil in ihnen das Mißverhältnis zwischen dem eigenen gewaltigen Erfolg – in der Spielzeit 1911/12 gibt es immerhin 1169 Aufführungen von Sudermanns Stücken – und der Reaktion auf die Ehrung des anderen, die sogleich – und wohl nicht zu Unrecht – als Kritik am eigenen Werk verstanden wird, so eklatant ist. Sudermann verliert durch Kritik förmlich den Boden unter den Füßen und stürzt hinab in die Erfolglosigkeit und Not seiner Jugend, die sogleich vor seinen Augen erscheint: »Ich habe allzuviel durchmachen müssen.« Im Kritiker sieht er – mit anderen Worten – denjenigen, der ihn am liebsten wieder Tüten drehen lassen möchte.

Aus Passagen wie der besprochenen setzt sich das Buch zusammen; hinter dem humorvoll-heiteren Bericht werden in immer neuen Variationen und Brechungen die nicht bewältigten Ängste und zerstörten Hoffnungen der Jugend sichtbar. Aktuell werden diese Ängste – über ihre ständige Gegenwärtigkeit hinaus – aus der besonderen Situation, in der Sudermann seine Erinnerungen schreibt. Denn die erinnerte Zeit (die Jugend) ist mit der Zeit des Erinnerns (den Jahren gleich nach dem Ersten Weltkrieg) dadurch verbunden, daß es Abschnitte innerer und äußerer Gefährdung in Sudermanns Leben sind. Die Situation des Nachkriegs mit ihrer materiellen Unsicherheit und ihren sozialen Kämpfen wird von ihm nicht mit der ruhigen Gelassenheit desjenigen wahrgenommen, der vieles erlebt und gesehen hat und sich deshalb, abgehoben von den aktuellen Geschehnissen, einen heiter-beschaulichen Rückblick gönnen kann, sondern es sind gerade die Gegenwart und die sie prägende Unsicherheit im Hinblick auf alles Zukünftige, die die Jugend mit besonderer Intensität heraufbeschwören. Die Wirrnisse der Gegenwart in ihrer ganzen Bedrohlichkeit rücken das Schreckbild der Jugend mit ihrer Aussichtslosigkeit, Hoffnungslosigkeit und materiellen Not besonders nahe. Wenn also Sudermann häufig Reflexionen über die aktuelle politische Lage in die Erinnerungen einfließen läßt, dann nicht deshalb, weil eine bedrohliche Gegenwart ihn in eine besonnte Vergangenheit fliehen ließe, sondern weil eine bedrohliche Gegenwart die bedrohliche Vergangenheit herbeizitiert und sich mit ihr zu *einem* Bild der Gefährdung verzahnt. (Auch deshalb dürfen manche für uns heute befremdlichen politischen Äußerungen wie etwa Sudermanns Reaktion auf den Versailler Vertrag im 6. Kapitel, die in der 1949 erschienenen Ausgabe des »Bilderbuchs« gestrichen waren, in einem Neudruck nicht unterschlagen werden.) Das Lastende der Gegenwart weckt immer wieder die Erinnerung an seine harte Jugend; ein Satz hierfür nur als Beispiel:

»War es in meiner Primanerzeit schon höchstes Ziel meiner Sehnsucht gewesen, auf dem Schafotte zu sterben, so hätte ich noch jüngst unter den Maschinengewehren der Schergen Noskes mein junges Leben in aller Bequemlichkeit aushauchen können, während es dem saturierten Sechziger als einzig nennenswerte Tragik übrigbleibt, von einem überraschten Teppichräuber niedergeknallt zu werden.«

Die aufgesetzte Kaltblütigkeit dieses Satzes darf nicht daran hindern, ihn wörtlich zu nehmen. In ihm bildet das verschränkende Element zwischen Jugend und Gegenwart tatsächlich die Vorstellung materieller Unsicherheit, die sich in der Sorge um den erlangten Besitz auf der einen Seite (Gegenwart), in einer in Not und Besitzlosigkeit gründenden Revolutionsromantik auf der anderen Seite (Vergangenheit) bekundet. Das unvermittelte Umschlagen der politischen Terminologie (Schafott, Noske) in Besitzkategorien (saturiert, Teppichräuber) macht deutlich, worum es im Grunde geht: Die Gegenwart droht dem Autor des Satzes seinen erworbenen Besitz zu rauben und ihn damit in seine eigene Vergangenheit zurückzuwerfen. Weil die Furcht vor der Not untrennbar ist von der Furcht vor der eigenen Jugend, ja die eine sich in der anderen verbirgt, erscheinen die Ängste der Jugend in einer Situation politischer Unsicherheit mit besonderer Kraft.

Ernsthafte materielle Gefährdungen hat Sudermann auch im Alter nicht zu fürchten gehabt; noch in den Inflationsjahren, der Zeit der größten materiellen Unsicherheit, ehrt der Cotta-Verlag seinen Autor mit kostspieligen Gesamtausgaben. Daß dennoch allein die Jugend (den geplanten zweiten Band, in dem die ersten großen Erfolge zu beschreiben gewesen wären, hat Sudermann nie begonnen) in dieser Zeit in solche Nähe rückt, hat abgesehen von der politischen Instabilität noch einen anderen Grund: der historische Standort Sudermanns. Denn die Zeit des Nachkriegs ist nicht mehr seine Zeit: Als der Autor der »Ehre« und der »Litauischen Geschichten« im Jahre 1922 seine Autobiographie veröffentlicht, erscheinen Werke wie Brechts »Trommeln in der Nacht« und Ernst Tollers »Maschinenstürmer« – und es ist auch das Jahr, in dem der »Ulysses« von James Joyce erscheint. Sudermanns Erfolg aber ist so sehr an die gesellschaftlichen Bedingungen der wilhelminischen Ära gebunden, daß er nach dem Krieg zu keinem Stil mehr finden wird, in dem sich die neuen Wirklichkeiten spiegeln; selbst »Der tolle Professor« (1926) wirkt auf weite Passagen hin so, als sei er dreißig Jahre früher geschrieben worden. »Purzelchen« (1928), sein letzter und sicher schwächster Roman, scheitert gerade daran, daß er vom sündigen Treiben der »Goldenen Zwanziger« noch so erzählt wie einst vom »Sodom« des Berliner Westens der Jahrhundertwende. Gerade dieser Roman aber enthält Sudermanns Bekenntnis, wie sehr ihm seine Unzeitigkeit bewußt war; die Heldin sagt zu ihrer Mutter:

»Manchmal, wenn ich so richtig gebummelt hab, dann möcht ich am Morgen Bäume ausreißen vor Kraft . . . dann ist mir zumute wie der Magda von Sudermann, der, wie du immer erzählst, Mammi, in deiner Jugend mal so berühmt war.«

(Magda heißt die Heldin von Sudermanns Erfolgsstück »Heimat«.) Dies ist nicht die eitle Koketterie eines Erfolgsautors, der er zu dieser Zeit ohnehin nicht mehr ist, sondern der gleiche verzweifelte Humor, der das »Bilderbuch« prägt: Humor als Selbstschutz. Denn nicht zuletzt die Einsicht, daß dies nicht mehr seine Zeit sei, löst den Prozeß des Erinnerns aus und treibt ihn zurück in die Welt seiner Jugend; auch deshalb fließt das aktuelle politische Geschehen beständig in die Darstellung ein. Die Erinnerungen an Kindheit und Jugend schaffen ihm dennoch nicht den ersehnten Raum von Geborgenheit: Der junge Sudermann war in seiner Zeit so wenig zu Hause, wie dies später der alte Sudermann ist, der seine Jugend beschreibt. Die drei Jahrzehnte zwischen Jugend und Alter, die Jahre von 1890 bis 1920 dagegen sind die Epoche des Erfolgsautors Sudermann, der so sehr im Einklang mit seiner Zeit stand, daß er aus jeder Zeitstimmung und aus jedem aktuellen Problem einen Publikumserfolg zu machen verstand. Bezeichnend genug fand nichts aus diesen Jahrzehnten ins »Bilderbuch« Eingang: Denn hier erzählt einer, der nicht mehr im Einklang mit der Zeit steht, von einem, der noch nicht zu solchem Einklang fand. Das Spannungsverhältnis aber zwischen »noch nicht« und »nicht mehr«, das das Alter in der Jugend sich wiedererkennen läßt, verhindert zugleich die Flucht aus der Zeit in die Vergangenheit: Denn wie sein Alter ist für Sudermann seine Jugend eine Zeit ohne Geborgenheit.

Weckt nun zwar die leidvolle Erfahrung der Gegenwart die Erinnerung an die Leiden der Jugend, so tut sie dies doch im Zeichen der Hoffnung, daß noch alles gut ausgehen möge. Auch dieser Wunsch spricht aus Sudermanns Erzählweise. Denn nicht in eine Folge von Bildern, wie es der Titel nahelegen könnte, löst sich der Zusammenhang des erinnerten Lebens auf, sondern in eine lose geknüpfte Kette von Geschichten, die jeweils ihren guten Ausgang finden. Sudermann läßt seinen Helden – und damit sich selbst – am jeweiligen Ende der erzählten Geschichte neuen Atem schöpfen und aus deren glimpflichen Ausgängen oder gar Happy-Ends stets neue Hoffnung beziehen. Das 8. Kapitel schließt mit dem Satz: »Wir leben *immer* im Märchen, nur merken wir's selten.« Märchenhaft am »Bilderbuch« ist, daß jeweils am Ende von Not und Hoffnungslosigkeit ein unerwartet guter Ausgang steht; im Märchen stehen der schmerzliche Verlauf der Geschichte und deren gutes Ende zueinander im Widerspruch und werden doch durch ein wunderbares Ereignis miteinander versöhnt. Wunder kennt der Lebensweg Sudermanns nicht, sondern nur dessen Willen zum guten Ausgang. Er ist neben dem Humor Sudermanns wichtigstes Hilfsmittel bei der Bewältigung des Leidvollen der Jugend. Er erstickt die leidvolle Erfahrung unter der Suggestion, daß das Leben trotz allem ein gutes Ende finde. Davon freilich muß der Autor vor allem sich selbst überzeugen: Denn seine Geschichten erzählen davon, da wir nicht im Märchen leben, und ihre märchenhaften Schlüsse künden gerade darin, daß sie dem Lebensgang aufgezwungen erscheinen, nicht von der Realität des Märchens, sondern von dem Wunsch, daß das Leben als Märchen endlich Wirklichkeit werden möge.

Regensburg, im Januar 1981   Ernst Osterkamp

Ernst Wiechert

ein Ullstein Buch

Hermann Sudermann
Die Reise nach Tilsit
und andere
Litauische
Geschichten
Langen Müller

Sudermann konnte klarumrissene Geschichten
von vornehmen und einfachen Leuten
erzählen, stimmungsvoll oder dramatisch.
Die »Litauischen Geschichten« gelten als Beispiel
für die klassische Bauernnovelle.
Inhalt:
Die Reise nach Tilsit · Miks Bumbullis · Die Magd
192 Seiten

Langen Müller